现代医院管理指导丛书

现代医保

支付方式改革与医院管理实践

王兴鹏　曹俊山　俞卫　主编

清华大学出版社
北京

本书封面贴有清华大学出版社防伪标签，无标签者不得销售。
版权所有，侵权必究。举报：010-62782989，beiqinquan@tup.tsinghua.edu.cn。

图书在版编目（CIP）数据

现代医保支付方式改革与医院管理实践 / 王兴鹏，曹俊山，俞卫主编. — 北京：清华大学出版社，2024.1（2025.5重印）
（现代医院管理指导丛书）
ISBN 978-7-302-65017-1

Ⅰ.①现… Ⅱ.①王… ②曹… ③俞… Ⅲ.①医疗保险—支付方式—体制改革—研究—中国 ②医院—管理—研究—中国 Ⅳ.① F842.684 ② R197.32

中国国家版本馆CIP数据核字（2024）第001936号

责任编辑：孙　宇
封面设计：钟　达
责任校对：李建庄
责任印制：丛怀宇

出版发行：清华大学出版社
　　　　　网　　址：https://www.tup.com.cn，https://www.wqxuetang.com
　　　　　地　　址：北京清华大学学研大厦A座　　邮　编：100084
　　　　　社 总 机：010-83470000　　邮　购：010-62786544
　　　　　投稿与读者服务：010-62776969，c-service@tup.tsinghua.edu.cn
　　　　　质量反馈：010-62772015，zhiliang@tup.tsinghua.edu.cn
印 装 者：三河市龙大印装有限公司
经　　销：全国新华书店
开　　本：185mm×260mm　　印　张：22　　字　数：398千字
版　　次：2024年3月第1版　　印　次：2025年5月第3次印刷
定　　价：238.00元

产品编号：098922-01

编 委 会

主　编　王兴鹏　曹俊山　俞　卫

副主编　王爱荣　厉传琳　龚　波　周绿林

　　　　　郑兴东　狄建忠

编　委（按姓氏笔画排序）

于海跃　上海市中医医院

王兴鹏　上海申康医院发展中心

王爱荣　上海申康医院发展中心

厉传琳　上海申康医院发展中心

刘雅娟　上海市交通大学医学院附属新华医院

许　岩　上海市胸科医院

许冠吾　上海市第一人民医院

孙　湛　复旦大学附属中山医院

杨少春　上海市交通大学医学院附属新华医院

束嘉俊　上海市第一人民医院

何双双　上海市第一人民医院

狄建忠　上海市第六人民医院

沈　婷　上海市中医医院

宋　雄　上海市交通大学医学院附属新华医院

张娴静	上海申康医院发展中心
陈玲玲	上海创奇健康发展研究院
邵　红	上海交通大学医学院附属新华医院
金　瑞	上海交通大学医学院附属瑞金医院
周　帅	上海交通大学医学院附属瑞金医院
周绿林	江苏大学管理学院
郑兴东	上海市第一人民医院
赵　明	上海申康医院发展中心
柏　杨	上海申康医院发展中心
钟力炜	上海市中医医院
俞　卫	上海创奇健康发展研究院
俞骏仁	上海市第六人民医院
闻　烈	上海交通大学医学院附属仁济医院
姜　若	上海市第六人民医院
耿　韬	上海市医疗保障局监督检查所
钱欣月	上海交通大学医学院附属仁济医院
高卫益	上海交通大学医学院附属瑞金医院
曹俊山	上海市医疗保障局
龚　波	上海市医疗保障局监督检查所
梁红梅	上海市交通大学医学院附属新华医院
锁　涛	复旦大学附属中山医院
谢之辉	上海交通大学医学院附属瑞金医院
蔡　蕾	上海市第一人民医院
瞿文君	上海市第一人民医院

丛书总序

医院管理的现代化是医疗卫生服务体系现代化的基础和保证，是公立医院高质量发展的关键引擎和内在需要。70多年来，我国医疗体制和服务体系的发展史，亦是现代医院管理制度的进步史和变革史。

新中国成立后，针对一穷二白的医疗卫生状况，我国初步建成城市省、地、县三级公立医院网络和农村县、乡、村三级医疗卫生服务网络，使医疗服务覆盖到中国从城市到乡村的每一个角落。改革开放以来，我国持续发力医疗卫生服务体系建设，医院管理的制度规范不断完善。1989年卫生部颁布《医院分级管理办法》，开启了具有中国特色的医院管理体制的重要尝试。1994年，国务院颁布《医疗机构管理条例》，在法规层面确立医疗机构评审制度。此外，《医疗事故处理办法》《药品管理法》《传染病防治法》《医疗技术临床应用管理办法》等一系列法律法规的颁布实施，标志着医疗服务全要素纳入法制管理。党的十八大以来，更是将现代医院管理提升至新的历史高度。2016年，习近平总书记在全国卫生与健康大会上首次提出要着力推进包括"现代医院管理制度"在内的五项基本医疗卫生制度建设。党的十九大提出了"实施健康中国战略"的重大部署，再次将"健全现代医院管理制度"作为其中的重要内容。现代医院管理制度已成为我国基本医疗卫生制度的五个重要支柱之一。

近年来，以加强管理规范化、精细化、科学化，推动医院高质量发展为主线，各级政府积极开展相关制度探索，着力探索医疗服务供给侧结构性改革有效路径，加快推动公立医院治理体系和治理能力现代化改革；各试点医院初步构建起以患者需求为导向、以高质量发展为引领、保障可持续的医院运行新机制；相关研究团队也在实践基础上进一步总结凝练创新，提出一系列中国特色现代医院管理制度建设的理论和方法。

以此为背景，在清华大学出版社的周密组织下，来自国内多家医院和科研院校的专家团队紧密合作，经过两年多的实地考察和反复讨论修改，《现代医院管理指导丛书》得以付梓。本套丛书共6册，分别是《现代医保支付方式改革与医院管理实践》《现代医院高质量管理与医院评审》《现代医院运营与绩效管理》《现代医院学科建设与人才培养》《现代医院文化管理》《现代医院数字化转型》。在内容上，涵盖现代医院管理的管理工具和方法、国内外最新研究进展以及标杆医院的实践案例，融合了系统性、科学性、前沿性和实用性的要求；同时，在形式上采取图文互动、案例与理论相结合的方式，提升丛书的可读性和可参考性。

期待本套丛书能为推动医院管理现代化、推动公立医院高质量发展和健康中国建设提供有益帮助，也能为医院管理领域的理论研究者、政策制定者、实践探索者提供良好的借鉴。

张宗久
2023年12月于北京清华园

前　言

医疗保障是减轻群众就医负担、增进民生福祉、维护社会和谐稳定的重大制度安排。党中央、国务院高度重视人民健康，建立了覆盖全民的基本医疗保障制度。党的十八大以来，全民医疗保障制度改革持续推进，在破解看病难、看病贵问题上取得了突破性进展。党的二十大报告明确提出"深化医药卫生体制改革，促进医保、医疗、医药协同发展和治理"，为下一步医改指明了方向。

现代医保支付方式改革，是调节医疗服务行为、引导医疗资源配置的重要杠杆，也是支撑医院高质量发展和人民群众获得高质量医药服务的必然要求。2019年以来，国家医保局先后启动30个城市的DRG付费国家试点和71个城市的DIP付费国家试点，并推动医保管理机制的深刻转变，包括医保付费从按项目付费向价值付费转变、从最终买单向主动作为转变、从单纯的手工审核向大数据运用转变、从粗放的供给侧管理向精细的供给侧管理转变。

医保、医疗、医药是"命运共同体"。多方参与、协同治理是"三医"高质量发展、将制度优势转变成治理效能的必然要求。无论是提高医疗服务的质量和水平，还是提高医疗保障水平，都有赖于公立医院高质量发展。公立医院高质量发展是医药卫生体制改革的重中之重，是医保、医疗必须共担的重要使命，也是广大人民群众最为关切的大事。

在深化医药卫生体制改革的关键时期，医保支付改革驶入"快车道"，将倒逼医疗机构和医务人员主动规范医疗服务行为，提升服务内涵质量，注重体系创新、技术创新、模式创新和管理创新，加强成本控制，促进分级诊疗，推动医院发展方式从规模扩张转向提质增效、运行模式从粗放转向精细化管理、资源配置从注重物质要素转向更加注重人才技术，更好地服务健康中国建设。

本书以医保供给侧改革为研究视角，在厘清基本概念的基础上，立足现代医院管理与高质量发展方向，全面梳理三医联动改革发展历程，多角度分析医保供给侧改革中医保支付方式改革、医疗服务价格管理、多层次医疗保障和医保监督管理的政策思路和工具，并从医保管理、采购管理、医院成本管理、病种精细化管理、价值医疗管理、多层次医疗服务供给、绩效管理等多个维度分析相关管理在医院层面的实施情况。

未来，我们的医保支付改革将坚持把保障人民健康放在优先发展的战略位置，以体制机制改革创新为内在动力，促进医保、医疗、医药协同发展和治理，实现好、维护好、发展好最广大人民根本利益。

王兴鹏

2023 年 12 月

目 录

第一篇 概 论

第一章 现代医院管理与高质量发展 ····································· 3
  一、前言 ··· 3
  二、现代医院管理制度 ··· 7
  三、公立医院高质量发展 ·· 9

第二章 医保供给侧改革与公立医院高质量发展 ·············· 12
  一、医保供给侧改革的发展与理论思路 ························ 13
  二、公立医院运营机制与医保供给侧改革政策 ·············· 17
  三、医保供给侧改革与公立医院高质量发展 ················· 25
  四、结语 ·· 34

第三章 医保供给侧改革对医院管理的影响 ······················ 36
  一、三医联动 ··· 36
  二、医保供给侧改革 ·· 38
  三、医院管理的发展方向 ··· 51

第二篇 医保供给侧改革

第四章 医保支付方式改革 ··· 57
  一、概述 ·· 57
  二、数量付费法 ··· 64
  三、前瞻支付法 ··· 66
  四、价值付费法 ··· 69

五、组合支付模式 ·· 74

第五章　医疗服务价格管理 ··· 77
　　一、医疗服务价格形成基础 ··· 77
　　二、我国医疗服务价格策略的变迁与发展 ·· 87
　　三、我国药械创新价格政策 ··· 100

第六章　多层次医疗保障 ··· 108
　　一、商业健康保险 ·· 108
　　二、国内外商业健康保险 ·· 111

第七章　医保监督管理 ··· 127
　　一、我国医保监督管理体系及发展趋势 ·· 127
　　二、不同医保支付方式下的医保监督管理 ·· 137

第三篇　医院医保相关管理

第八章　医院医保管理模式 ·· 155
　　一、医院医保管理模式 ·· 155
　　二、医院医保管理办法及管理工具 ·· 159

第九章　采购管理 ··· 167
　　一、医院采购管理概述 ·· 167
　　二、医院药品采购 ·· 173
　　三、医院耗材采购 ·· 178

第十章　医院成本管理 ··· 183
　　一、医院成本管理概述 ·· 183
　　二、医保管理与医院成本管理的关系 ··· 187
　　三、战略成本管理概述 ·· 189
　　四、医保改革下医院的战略成本管理策略 ·· 195
　　五、展望 ·· 210

第十一章　病种精细化管理 ·· 212
　　一、病种精细化管理体系概述 ··· 212
　　二、病种管理评价体系形成 ··· 218

第十二章　价值医疗管理 ························ 227
　　一、价值医疗概念及研究进展 ···················· 227
　　二、价值医疗模式下的临床路径管理 ················ 231
　　三、价值医疗管理及提升 ······················ 238

第十三章　创新技术（含药品）推广应用 ·············· 246
　　一、新技术应用管理 ························ 246
　　二、新技术评估在药品遴选中的应用 ················ 265
　　三、新技术推广 ·························· 280

第十四章　多层次医疗服务供给 ·················· 283
　　一、医院商业健康保险管理模式 ·················· 283
　　二、多层次医疗服务供给及管理 ·················· 285

第十五章　医院绩效管理 ······················ 294
　　一、医院绩效管理方法 ······················ 294
　　二、医保支付方式改革下的医院绩效管理策略 ············ 303
　　三、医院绩效管理模式 ······················ 306

参考文献 ······························ 324

第一篇

概 论

第一章 现代医院管理与高质量发展

一、前言

(一) 医院

综合各类辞书的定义，医院是诊治或看护病人的场所，是医疗机构中的一类，以诊治疾病为主要任务，且设有病房。不同时期、不同经济社会发展环境下，对医院的定义及其任务的理解也有差异。世界卫生组织（World Health Organization，WHO）对医院的最新定义是，医院是为急性和复杂情况提供持续服务的场所，是全民健康覆盖（Universal Health Coverage，UHC）的基本要素，对实现可持续发展目标（Sustainable Development Goal，SDG）至关重要。同时，医院将稀缺资源集中在规划良好的转诊网络内，与卫生系统内其他部门相互支撑，通过协调和整合等，补充和放大卫生系统其他部门的有效性，以应对人群健康需求、推动卫生系统发展。此外，医院通常可以为医生、护士和其他保健专业人员提供教育环境，也是临床研究的重要基础。根据世界卫生组织的定义，对医院的定义包括三个要素，即资源集中、服务提供、系统协同。其中，资源集中指把包括卫生专业技术人员、医疗设备、病房和相关设施等在内的各类卫生健康资源以一定的形式组织起来；服务提供包括面向个体和人群健康提供观察、诊断、治疗和康复等各类健康服务；系统协同指与卫生系统中的其他部门各司其职、各展所长，协同开展人群健康相关的公共卫生和临床诊疗、医学教学和科研各项活动，实现满足人群健康需求、推动卫生事业发展的目标。张治国、张亮将医院定义为运用医学科学和技术，为患者、特定人群或健康人群提供医疗、预防、保健和康复等服务的场所；具有一定数量的病床、医务人员和必要的设备，通过医务人员的集体协作，达到保障人民健康的目的。

医院可据产权属性、经营目的、收治范围与功能等进行分类，如按举办主体分为公立医院、民营医院；按经营目的分为营利性医院、非营利性医院；按收治范围分为综合性医院、专科医院；按功能定位分为三级医院、二级医院、一级医院等。

（二）公立医院

公立医院是经济类型为国有和集体举办的医院，担负着主要的医疗保健任务和大量的防病治病工作，是形成中国城乡三级医疗网络的主导力量。各级公立医院根据功能定位履行各自职能，除了临床诊疗，部分公立医院还承担着初级卫生保健、医学教学、医学科研和科技创新等职能。

医院作为保障人民健康的实体机构，以救死扶伤为天职，公益性是医院的基本社会属性。同时，医院通过提供健康相关服务，间接促进社会经济发展，医院、医务人员与病人的关系，属于服务与被服务的关系，医院也具有服务性。此外，医院作为一个经济实体，其医疗活动受到商品经济价值规律的制约，除了要遵循医疗服务的内在规律外，还要遵循商品经济的价值规律，注重经营管理，故医院也具有经营性。

除了具备医院的属性，公立医院作为我国医疗服务体系的主体、人民群众看病就医的主要场所和保障群众健康的主阵地、突发公共卫生事件应对的中流砥柱，也具有保障性。此外，公立医院也是实现医疗服务高质量发展的主力军，是建设健康中国的有力支撑，还具有先进性。

（三）现代医院管理的发展趋势

医院管理指按照医院工作的客观规律，运用现代管理理论和方法，对人力、财力、物力、信息、时间的资源，进行计划、组织、协调与控制，以充分发挥医院整体运行功能，最终实现最佳综合效益的管理活动过程。

随着经济社会发展、人民群众健康需求不断增长、医学科技进步，现代医院管理面临一系列挑战，对管理专业化、管理精细化的需求也越来越高。

管理专业化主要体现在管理人员的专业化、职业化上。一方面，医院管理的理论、方法和人才培养机制逐步成熟。在大部分医学院校先后开设社会医学与卫生事业管理、公共事业管理等专业开展本科教育的基础上，近年来，清华、北大、协和等国内知名高校先后开设医院管理学领域的研究生学历和学位教育，为医院管理人才培养奠定了坚实基础。另一方面，医院管理人员大多由医疗业务岗位转岗而来，未经过医院管理教育和培训，不将管理岗位作为主要职业岗位的情况正在逐步转变。各级政府、办医主体和医院相较以往更加重视培养塑造"懂医学的管理者"和"懂管理的医学家",创造各种条件开展岗位相关的人员培训、工作锻炼,包括赴海外知名医疗机构开展跟岗培训等,医院管理人员正逐步走向专业化、职业化。

管理精细化主要体现在管理工具的信息化上。随着医院信息化建设的不断深入,各信息子系统先后开发、优化,信息传递速度、共享范围不断突破,信息透明和各方监督力度增强。在此基础上,医院内各信息子系统逐渐协同、融合、统一,并与院外信息系统安全互通,医疗大数据对医院改善服务、提高质量、控制费用、优化流程的促进作用越来越显著,并随着信息技术的进步以及在其他行业应用实践持续完善和提升。同时,医疗大数据辅助医院管理决策的功能也得到越来越广泛的应用,并得到各级医院越来越多管理者的认同和应用。

(四)现代医院管理的热点领域

现代医院管理要顺应现代医院建设发展和改革的需要,面临来自宏观经济社会发展、卫生政策环境、疾病谱和人群健康需求、市场竞争等多重压力和影响。各级各类医院应积极采取措施,应对这些压力和挑战。其中,建设多院区医院或组建医联体、医院集团并优化其管理,深化医院运行机制改革等,是近年来诸多大型公立医院管理探索和创新的重点、难点和热点。

1. 医院多院区管理

设立多院区、牵头组建域内医联体或医院集团是下一步大型公立医院,尤其是综合性医院发展的方向,也是行业关注的热点话题。

针对多院区医院或一院多区、一院多址医院,目前尚没有统一的定义,综合有关研究结论,可以理解为一家医院(同一法人,行政隶属、经费来源、机构名称、党政班子相同),拥有两个或两个以上法律认可的执业院区且地理位置分散,人财物实行一体化管理,统一规划、合理分配,医教研业务一体化管理,资源内部流通无障碍,在此基础上开展医疗卫生服务活动。

多院区医院的形成有诸多原因,既有医院自身发展的需要,如医院原单体院区空间不足、流程不畅、接诊能力饱和、学科发展受限等,需要拓展新的空间,提高规模效应;也有政府指令性因素,如为满足经济社会发展需求的区域卫生和健康服务体系建设、扩容优质医疗资源,以及快速应对突发公共卫生事件等。

从公立医院高质量发展的要求和医院推动多院区建设的目标出发,多院区医院建设不单纯是医院规模、体量的扩容、单院区的复制(资源重复配置),也不是低水平重复建设(学科优势分散),而是学科、人才、技术、功能等的通盘布局和考量，是克服规模扩大、地域分散、制度流程差异、技术服务和资源配置差距、品牌和文化差异等困难，实现服务和管理同质、优质资源高效利用。这既有赖于政府及办医主体在多院区发展中发挥统筹协调作用，包括行政编制、推动区域卫生规划、协调政府投入、医保支付、人员编制、资产划转等政策支持，给予相应的工作指导等；医院应练好"内功"，聚焦院区周边社区人群的健康服务、经济社会发展需求，推动学科发展、产业提升，更要发展多院区，实现技术、服务、管理同质化优化，推动卫生健康事业发展的重要前提。

2. 医疗联合体和医院集团组建和管理

医疗联合体（医联体）是广义的医院集团中的一类。组建医联体是推进分级诊疗制度落地、构建"基层首诊、双向转诊、急慢分治、上下联动"的科学合理就医新格局的重要抓手，对缓解我国卫生服务提供与居民健康需求之间的矛盾、破解"看病难、看病贵"问题具有积极的现实意义。与医联体相比，其他医院集团的组建则更聚焦优质医疗资源扩容、区域均衡布局、专科能力提升、管理实践复制和品牌传播等方面。

围绕医联体建设，2013年以来，国家层面出台了一系列政策文件，各地结合自身实践开展了积极的探索。尤其是2016年以来，福建省三明市作为首批分级诊疗试点城市和医联体建设试点城市，从改革区域卫生健康体系管理体制和运行机制的角度，探索医联体建设，积累了很好的经验，得到党中央、国务院的充分肯定并向全国推广。

从持续支撑分级诊疗制度、提升区域医疗服务体系和服务能力建设目标出发，下一步医联体和医院集团组建会和管理研究和实践的重点包括两方面：一是如何创新治理架构、运行机制和管理制度，建立利益紧密一致的医联体或医院集团，打破或不打破行政隶属关系，联合区域内各类医疗卫生资源，提供全生命周期健康一体化服务；二是如何推动包括医保供给侧改革在内的配套政策创新，通过以医院集团为单元的支付、设立不同等级医院合理支付梯度等引导支持医院推动医联体和医院集团建设，支撑分级诊疗制度落地见效。

3. 医院运行机制改革

公立医院运行机制改革是公立医院改革和高质量发展的核心。关于公立医院运行机制的改革可以追溯到20世纪末。1997年《中共中央、国务院关于卫生改革与发展的决定》指出要"改革卫生机构运行机制"。卫生机构要通过改革和严格管理，建立起有责任、有激励、有约束、有竞争、有活力的运行机制。2017年《国务院办公厅关于建立现代医院管理制度的指导意见》指出，"到2020年，基本形成维护公益性、调动积极性、保障可持续的公立医院运行新机制。"

时隔20年，公立医院运行机制改革的目标由"有责任、有激励、有约束、有竞争、有活力"转变为"维护公益性、调动积极性、保障可持续"，其不仅体现了医疗卫生服务提供的经济学特点、公立医院的属性和运行发展的内在规律，更凸显了经济社会不同发展阶段，政府和社会对公立医院作用发挥的期待。总体而言，公益性是公立医院的根本属性，是公立医院运行发展始终坚持的核心要义；调动积极性，是从提升薪酬待遇、发展空间、执业环境、社会地位等方面入手，充分调动医务人员的积极性、主动性、创造性；保障可持续，指既要减轻患者看病就医的经济负担、保障医保基金安全，又要保障政府投入可持续、医院运行和发展可持续。

二、现代医院管理制度

（一）现代医院管理制度

现代医院管理制度一词作为中央卫生政策的专用名词提出，最早可以追溯到2011年2月国务院办公厅《医药卫生体制五项重点改革2011年度主要工作安排》，其中明确"探索建立高效的公立医院管理体制，形成规范化的公立医院法人治理结构，积极推进现代医院管理制度。"

同年3月，在《国民经济和社会发展第十二个五年规划纲要》第八篇《改善民生　建立健全基本公共服务体系》第三十四章《完善基本医疗卫生制度》中明确，"推进现代医院管理制度，建立科学合理的用人机制和分配制度。"此后，现代医院管理制度的概念在医药卫生体制改革、公立医院改革相关的政策文件中被多次提出，内涵越来越丰富，地位越来越高，有关改革实施也由"推进"改为"建立""加快建立""建立完善"和"健全"。

现代医院管理制度是中国特色基本医疗卫生制度的重要组成部分。根据2017年7月《国务院办公厅关于建立现代医院管理制度的指导意见》（国办发〔2017〕67号）的要求，现代医院管理制度的建设目标是权责清晰、管理科学、治理完善、运行高效、监督有力；具体包含一套运行机制和一套治理机制，即维护公益性、调动积极性、保障可持续的公立医院运行新机制和决策、执行与监督相互协调、相互制衡、相互促进的治理机制。运行机制聚焦微观管理范畴，以期实现管理规范化、精细化和科学化；治理机制立足中观管理范畴，强调明确举办主体、监督主体的权责，处理好其与医院经营管理自主权的关系。

文件印发以后，国家层面分两批确定了162家建立健全现代医院管理制度的试点医院，各试点医院所在地方应加大对试点医院的支持力度，做好政策的统筹衔接和实施的具体指导，协同推进医疗、医保、医药联动改革，在重点领域和关键环节不断创新突破，为试点工作创造了良好改革环境。各省份积极强化对建立健全现代医院管理制度试点工作的跟踪指导，健全督促检查、评估问效机制，及时发现解决试点工作中出现的新情况、新问题，及时总结提炼试点经验，不断巩固拓展改革成效。

"十三五"时期，建立现代医院管理制度是公立医院改革的核心任务。其间，围绕破除"以药补医"，建立维护公益性、调动积极性、保障可持续的运行新机制这一改革目标，着眼于建立更加成熟定型的制度体系，在管理体制、补偿机制、支付制度、人事薪酬制度和绩效考评机制等关键环节取得了一系列实质性突破，解决了制约公立医院改革发展的全局性、根本性和长期性的问题。《国民经济和社会发展第十四个五年规划和2035年远景目标纲要》将深化医药卫生体制改革作为重点，明确加快建立现代医院管理制度等改革任务。综上，建立健全现代医院管理制度，是过去十余年乃至"十四五"时期公立医院改革发展的主旋律。

（二）建立健全现代医院管理制度与改革医疗保障制度的关系

医疗保障体系是医药卫生四大体系之一。医疗保障制度是减轻群众就医负担、增进民生福祉、维护社会和谐稳定的重大制度安排。自2009年起推行的新一轮医药卫生体制改革，将基本医疗保障制度建设与公立医院改革、基本药物制度健全、健全基层医疗卫生服务体系、促进基本公共卫生服务均等化等并列为5项重点改革领域。医药、医保、医疗"三医联动"，是深化公立医院体制机制改革的必由之路。

2018年5月，国家医疗保障局正式成立。原本分散在四个部门下的城镇职工医保和城镇居民医保、新农合、医疗救治、医疗服务和药品价格管理职能整合起来，实现统筹管理，使医保基金得到充分的管理和调控，并以"超级买方"（医疗服务的主要购买者）的身份推动降低药价、信息标准化建设、医疗保障制度改革等一系列工作。

2019年，国家医保局在全国30个城市开展了按疾病诊断相关分组付费国家试点，即"CHS-DRG付费试点"。2020年，我国在71个城市启动了区域点数法总额预算和按病种分值付费试点，即DIP付费试点。到2021年年底，我国101个城市已经全部进入实际付费阶段。在国家组织付费试点的同时，相关省份也推进了省级试点。

从改革内容来看，医疗保障制度改革与医药卫生事业发展和建立健全现代医院管理制度紧密相关，聚焦在运行补偿、行为引导和约束两方面。医保基金总额预算和医保支付既是医院经济运行和服务补偿的重要来源,也会直接影响医院运行行为、医生个体诊疗行为和公立医院的公益属性。同时,公立医疗服务体系建设、服务模式创新等,如医联体建设、医院集团建设、多院区管理等也需要医保基金支付和结算等方面的改革创新支持和引导。此外,医药服务价格形成和调整的相关制度,是医院经济运行的保证和理顺补偿机制的重要基础。药品、医用耗材集中带量采购制度改革及形成的竞争充分、价格合理、规范有序的供应保障体系,既有助于降低医院采购成本和患者就医负担,也利于挤干经济运行的水分,引导医院走内涵建设的发展道路。

三、公立医院高质量发展

(一)推动高质量发展是我国新时期经济发展的鲜明主题

2017年10月,习近平总书记在党的十九大报告中明确提出,我国经济已由高速增长阶段转向高质量发展阶段。

同年12月,习近平总书记在主持召开党外人士座谈会时指出:"实现高质量发展,是保持经济社会持续健康发展的必然要求,是适应我国社会主要矛盾变化和全面建设社会主义现代化国家的必然要求。高质量发展是我们当前和今后一个时期确定发展思路、制定经济政策、实施宏观调控的根本要求,必须深刻认识、全面领会、真正落实。"

在之后举行的中央经济工作会议上,习近平总书记指出"中国特色社会主义进入了新时代,我国经济发展也进入了新时代。新时代我国经济发展的特征,就是我在党的十九大报告中强调的,我国经济已由高速增长阶段转向高质量发展阶段。这是一个重大判断,我们必须深刻认识其重大现实意义和深远历史意义。""高质量发展,就是能够很好满足人民日益增长的美好生活需要的发展,是体现新健康理念的发展,是创新成为第一动力、协调成为内生特点、绿色成为普遍形态、开放成为必由之路、共享成为根本目的发展。""更明确地说,高质量发展,就是从'有没有'转向'好不好'。"这是对高质量发展最为概括的论述。

此后的5年,中国经济以推动高质量发展为主题,坚定不移贯彻新发展理念,以深化供给侧结构性改革为主线,坚持质量第一、效益优先,切实转变发展方式,推动质量变革、效率变革、动力变革,发展成果更多更好地惠及全体人民,不断实现人民对美好生活的向往。5年的实践验证了:推动高质量发展,是保持经济持续健康发展的必然要求,是适应我国社会主要矛盾变化和全面建成小康社会、全面建设社会主义现代化国家的必然要求,是遵循经济规律发展的必然要求。

(二)公立医院高质量发展及其要求

2021年3月,习近平总书记在看望参加全国政协十三届四次会议的医药卫生界、教育界委员时强调,"要把保障人民健康放在优先发展的战略位置,坚持基本医疗卫生事业的公益性,聚焦影响人民健康的重大疾病和主要问题,加快实施健康中国行动,织牢国家公共卫生防护网,推动公立医院高质量发展,为人民提供全方位全周期健康服务。"

2021年6月,《国务院办公厅关于推动公立医院高质量发展的意见》正式印发,是建立健全现代医院管理制度的升级版。文件将公立医院高质量发展归纳为"一个中心、一个目标、一条主线、三个转变、三个提高、三个化、五个新",即以人民健康为中心,以建立健全现代医院管理制度为目标,坚持和加强党对公立医院的全面领导,发展方式从规模扩张转向提质增效、运行模式从粗放管理转向精细化管理、资源配置从注重物质药物转向更加注重人才技术要素,提高效率、提高质量、提高待遇,推进人性化、功能化、智能化,构建新体系、引领新趋势、提升新效能、激活新动力、建设新文化。

为推进公立医院高质量发展,国家发展改革委牵头重点支持国家医学中心、国家区域医疗中心、省级区域医疗中心的建设,推动国家和省域优质医疗资源扩容下沉,扩大优质医疗资源辐射范围,进一步缩小区域间差距,促进区域的均衡布局,更好地满足群众就近享有高水平医疗服务的需求。力争5年内基本完成国家医学中心项目的布局,2022年年底前完成区域医疗中心规划布局、基本完成省级区域医疗中心的规划布局。财政部每年安排约110亿元,支持公立医院综合改革。人力资源社会保障部牵头出台薪酬和职称两项改革重要举措,充分调动医务人员积极性。国家医保局实施国家组织药品耗材集中采购,推动DRG和DIP试点城市全部进入实际付费阶段,建立医疗服务价格动态调整机制,在2021年共有24个省份实施调价。国家卫生健康委开展公立医院高质量发展促进行动,推进公立医院运营管理、全面预算管理、内部控制、成本核算等一系列举措,强化行业监管。国务院医改领导小组秘书处点面结合推进公立医院高质量发展落地见效。

2022年,国家卫生健康委在全国范围内遴选了9个省级行政区的14家大型高水平公立医院开展公立医院高质量发展试点,先行先试、突破创新,通过委省共建方式,探索解决改革发展中的重点、难点和堵点问题,按照"1年能起步、3年见成效、5年上台阶"的目标,对标对表、挂图作战,打造公立医院高质量发展的样板、建立现代医院管理制度的模板,带动全国公立医院"上台阶、上水平"。

（三）推进公立医院高质量发展与医保供给侧改革的关系

医保高质量发展与公立医院高质量发展相辅相成、协同深化。包括医保供给侧改革在内的医疗保障制度改革是促进公立医院高质量发展的必然要求。

"十四五"时期，医疗保障制度改革的重要内容之一是优化医疗保障协同治理体系，即发挥医保支付、价格管理、基金监管综合功能，通过加强公立医院成本管控、改革公立医院绩效激励制度、提高医疗服务质量、提升信息化管理能力等，促进医疗保障与医疗服务体系良性互动，支撑公立医院高质量发展，使人民群众享有高质量、有效率、能负担的医药服务和更加优质便捷的医疗保障。

以医保支付机制改革为例，2022年，国家医保局启动了DRG/DIP支付方式改革三年行动计划，重点聚焦"抓扩面、建机制、打基础、推协同"四个方面，扎实推进这项支付方式改革在"十四五"期末实现全覆盖。其具体开展了四部分的工作：一是狠抓统筹地区、医疗机构、病种分组和医保基金四个方面的全覆盖；二是建立完善四个工作机制，包括完善核心要素管理与调整机制，健全绩效管理与运行监测机制，形成多方参与的评价与争议处理机制，建立相关改革的协同推进机制；三是牢牢抓住专业能力、信息系统、标准规范和示范点的建设，夯实基础，确保支付方式改革能够行稳致远；四是引导和协调医疗机构重点推进编码管理、信息传输、病案质控和内部运营机制建设四个方面的协同。

据统计，全国已有200多个地区正在推进住院费用DRG/DIP支付方式改革。从改革进展情况看，一些试点地区确实产生了参保群众个人医疗费用负担水平下降、医疗机构内部管理加强、医保管理服务能力提升的效果，初步达到了患者得实惠、医保基金可持续、医疗机构得发展的目标。

此外，包括深化药品和医用耗材集中带量采购制度改革、完善药品和医用耗材价格治理机制、稳妥有序试点医疗服务价格改革等在内的改革完善医药价格形成机制的举措，对支撑公立医院应用先进技术、推动诊疗服务过程和结果优化，支撑行业高质量发展，也有重要意义。

（厉传琳　赵　明）

第二章　医保供给侧改革与公立医院高质量发展

随着经济水平和社会文明的发展，世界各国都会建立一个由社会共同筹资的全民医疗保障体系。虽然在筹资方式、覆盖人群和保障水平方面各国都会根据自己国家的政治、文化和经济状况采取不同的形式，但在医疗资源约束下如何让全体居民能够获得最好的健康水平则是世界各国共同面临的挑战。高质量的医疗系统需要在提高全民健康的目标下优化资源配置效率，包括平衡医疗、预防和健康管理之间的资源配置，建立与之匹配的医疗服务体系和医疗保险的筹资与管理机制。而医药企业的不断创新是医疗服务质量和资源配置效率提升的驱动力。医疗、医保和医药企业的协同创新是高质量医疗服务体系建设的基础。

2020年2月25日，中共中央、国务院《关于深化医疗保障制度改革的意见》明确了我国医疗保障制度在2025年和2030年的具体发展目标和改革举措，包括了对医疗服务的两项改革目标："建立管用高效的医保支付机制"和"协同推进医药服务供给侧改革"。医保支付机制改革的目标是希望协同医疗机构优化诊疗方案，控制成本，提高医疗服务的性价比，为技术创新和高质量服务提供空间。医药服务供给侧改革的目标是协同医药企业，重点解决药品耗材流通市场带金销售等不规范行为导致的价格和使用方面的扭曲行为，为效果显著的创新药品和耗材提供空间。

2021年6月4日，国务院办公厅发布了《关于公立医院高质量发展的意见》（国办发〔2021〕18号），明确了公立医院高质量发展的具体目标，要求公立医院发展方式从规模扩张转向提质增效，运行模式从粗放管理转向精细化管理，资源配置从注重物质要素转向更加注重人才技术要素。医保供给侧改革如何协同推进公立医院高质量发展的三个转变是公立医疗系统提升群众满意度的关键。

在国家宏观政策的引导下，作为医疗支付方的医保和医疗组织方的办医机构在大方向上是一致的，即用有限的资源提供高质量的服务，但是在发展路径上会有不同。本章是从医保的视角分析供给侧的改革，首先讨论医保供给侧改革政策的理论思路，然后讨论医保药品耗材集中采购和支付机制改革的影响，最后一节探索医保支付机制和医药供给侧改革政策如何协同公立医院高质量发展。

一、医保供给侧改革的发展与理论思路

社会医疗保障系统发展的历程中，筹资无法满足需求是一个永恒的矛盾。虽然供给侧改革还涉及医生合理薪酬等重要的管理方面改革，解决筹资和需求矛盾是社会面临的共同问题，是如何在公平和效率、边际成本和边际效益之间取得平衡的问题。

（一）医疗保障的社会目标与筹资能力之间的矛盾

1. 全民医疗保障是社会经济和文明发展的要求

由社会/政府筹资建立覆盖全民的医疗保障体系是社会文明发展的必然结果。但是建立全民医疗保障体系的社会意愿与建立可行的社会筹资机制之间具有很大的差距，多数国家用了几十年才从部分人群的医疗保险计划逐步发展成全民医保。例如，德国是世界上最早建立社会医疗保险的国家，从1883年在蓝领工人中建立了医疗保险之后，经过89年才最后完成了覆盖全民的医疗保障体系，问题的核心是如何建立一个多数民众可以接受的筹资方案。一个国家中最容易建立的社会医疗保障项目是政府职工和企业，因为雇主可以支付主要费用，承担了转移支付的功能。最不容易完成筹资的是农民和个体经营者，需要通过国家财政体制的转移支付才能完成医疗保险的筹资需要。

作为社会主义国家，我国从建国之初就开始建设医疗保障体系，1951年率先建立了国有企业劳保医疗制度，1952年建立了国家职工公费医疗制度。但是我国农村人口比例非常高，新中国成立初期高达90%以上，以当时的经济水平，财政是无力承担全民医疗保险的筹资任务，因此1959年在农村建立了集体筹资相互帮助的合作医疗。1978年开启经济改革之后，农村很多地方的集体经济不复存在，合作医疗曾一度解体。到20世纪80年代末，农村合作医疗覆盖率下降至5%以下。而国有企业职工的医疗保险在改革初期也遇到了困难，很多企业无力支付职工医疗费用。

随着经济改革取得重大成功，经济水平快速增长，国家开始建立覆盖全民的医疗保障体系。城镇职工基本医疗保险于1998年开始建立，由财政补贴的新型农

村合作医疗于2003年启动，城镇居民基本医疗保险于2007年开始试点，随后新农合与城镇居民医疗保险于2018年合并。至此，我国基本医疗保险体系经过近70年的不懈努力初步完成，2021年参保人数达到136 424万人，参保覆盖面稳定在95%以上。我国医疗保障体系70年的发展历程也再一次说明社会目标与筹资能力之间存在一定的差距，建立全民医保需要从社会意愿和经济发展两个方面同步推进。

2. 控费是社会医疗保障体系的常态

覆盖全民的社会医疗保障建立之后立刻面临的问题就是如何在资源有限的情况下控制因保险带来的需求快速增长。在医疗保障的支持下，居民对医疗服务的需求一定会高于保障体系建立之前，虽然其中包括了因经济条件限制没有及时就医的合理部分，但不可忽略的问题是道德风险带来的需求增长。医疗保险中的道德风险指保险方无法客观观察（或者观察成本太高）医疗服务的合理性，从而导致医疗资源的过度使用。

这里需要关注的是我们如何定义过度。如果医疗服务中使用的药品或者治疗手段对疾病治疗没有任何作用，甚至对患者身体有害，这种资源使用可以明确认为是过度。但是在医疗保险中，我们讨论的过度通常是资金限制下如何在有效的医疗服务干预措施中取舍，选择成本效益比较好的药品耗材和诊疗方案。医保保障待遇的取舍涉及很多复杂因素，包括疗效的不确定性、创新药的成本效益、受益人群数、疾病严重程度等。医保控费再上一个层次是人群之间的利益平衡，例如预防是让健康人群获益和治疗是患病人群获益，有限资金在预防和治疗之间的分配必然导致不同人群的获益，决策还不能仅仅依据成本效益。如果从国家层面上考虑，医疗该用多少资金要同其他公共服务比较，权衡利弊，也不能简单地用生命无价这样的原则来决定公共服务（如教育、生活环境等）的资金分配。

3. 个体和群体之间医疗决策的矛盾

在很多情况下医生在治疗决策中会面临社会需要集体决策的问题，但群体合理往往不等于个体合理。适应证之外疾病用药的医保覆盖政策就是一个典型的例子。一般情况下，一款新药在临床试验中对一个特定疾病无效，往往指干预组患者的平均疗效与对照组之间没有明显差异。但是临床试验的疗效结果都是分散呈现的，有些患者是有效的，只不过干预组的有效人数并不比对照组多。同理，有效的药品可能对一些患者没有效果。因此，当一些患者没有有效药品的时候，医生会使用一些不在适应证之列的药物，而有些适应证之外的用药确实有显著疗效。问题是大规模的超适应证用药会导致医保费用远超新药准入测算值，突破了医保对新药准入决策的预算。例如，依库珠单抗是用于治疗两种罕见血液疾病（阵发性睡眠性血红蛋白尿症和非典型溶血性尿毒症）的药物，根据 2019 年的定价，一个患者每年治疗费用在 40 万美元。当时 FDA 只批准了 3 种适应证，可该药实际应用高达 39 种疾病，依库珠单抗 2019 年的全球销售额达 40 亿美元。适应证之外用药是否合理的问题在医保政策制定中一直存在争议。例如，2009 年获 FDA 批准的抗癌药物阿瓦斯汀（Avastin），当年销售额达 59 亿美元。2011 年 6 月，美国 FDA 根据临床试验结果取消了阿瓦斯汀治疗乳腺癌的有效指南（即不在适应证之内），但是美国老年医疗保险局（CMS）继续支付阿瓦斯汀用于乳腺癌患者的治疗。CMS 认为 FDA 的数据不足以颠覆老年医疗保险关于用药政策的标准：医学合理和必要性。而这个最终决策应该来自医生，医生的决策针是对个体患者，而不是群体试验结果。这是典型的个体决策与群体依据之间的矛盾，但医疗保险支持了医生的决策。

4. 预防与治疗之间的平衡

一个国家的社会医疗保障控费决策中另外一个常碰到的矛盾就是在预防与治疗之间如何平衡资金分配。虽然理论上讲，医疗资源前移，改变健康生活行为，注重早期筛查等预防性干预是提高人群健康最有效的手段，资源配置应该向预防倾斜。但在政策制定中却并不能采用这样简单的思路。首先，很大一部分疾病是来自基因等其他不可控因素，在任何时候我们总是面临健康人群的预防保健和患病人群的救治。其次，预防和治疗通常不是一个人群，预防的效果是长期的，治疗的需要是急需的。总之，我们在预防和治疗之间的资源配置也必须有一个平衡的标准。目前卫生经济学对预防干预举措的评估通常采用成本效益方法，治疗和预防在成本效益方面平等比较，即一项预防干预措施每增加一单位质量调节生命年（QALY）的成本增量同一项治疗措施放在同一个政策层面上比较。

不过需要注意的是，如果从理论上较真，成本效益这个标准执行起来也存在问题。首先，成本效益计算方法是非常具体的比较，例如一个疾病在哪一个群体进行筛查、筛查的频率等。成本效益的增量比值，往往针对的是这个疾病的治疗成本效益，并不是所有疾病治疗的成本效益，而我们在资源配置面临的问题是如何在治疗和预防之间分配医疗资源，或者就是分配预算。此外，从社会的视角来看，我们也面临棘手的问题。例如，预防举措可以减少未来的病死率，但治疗可以减少当前的病死率。如果我们只有一千万的预算，我们是应该先救未来的人群还是当前的人群？还有一些文化和宗教等方面的思想也影响我们在预防和治疗之间的资源配置决定。Halley S. Faust 和 Paul T. Menzel，一位是预防医学教授，另一位是哲学教授编写了一本书，对这个问题进行了非常系统的讨论。

5. 医疗与其他公共服务之间的资金分配

虽然不断改善人民健康水平是社会发展的一个重要目标，医疗所需的社会资源也必须同教育、公共设施、贫困救助和经济发展等公共服务项目保持平衡。如何用好有限资源，医疗服务供给侧的服务和治疗效率非常重要。如何制定合理的公共资源在医疗服务方面的配置比例是一个涉及社会经济、文化、政治体制等等多方面因素的综合问题。根据世界各国的实践来看，高收入国家医疗费用占GDP的比例在12%左右，美国是一个极端例子达到了18%。多数国家医疗费用的增长要高于GDP的增长，社会医疗保障部门如何控制费用增长和优化不同需求之间的资金配置是一个决策难题。这里包括不同疾病人群之间、预防和治疗之间、长期和短期目标之间的平衡。

（二）资源配置决策指标

资源配置决策中经常涉及的经济指标包括任何医疗干预的成本效益、社会支付意愿和支付能力。

1. 新技术的成本效益增量比

医保在考虑是否将新技术（药品、耗材、器械等）纳入保障范围时常用的一个参考标准就是成本效益增量比。因为治疗不同疾病的技术之间很难用具体疗效来比较各自的重要性，经济评估通常从社会视角出发，使用质量调整后的生命年（Quality Adjusted Life Year，简称QALY）来衡量效益，使用包括间接成本在内的全成本来衡量成本。成本效益增量比就是新技术与现有技术成本效益增量的比值，即每增加一个QALY所需付出的额外成本（C1-C0）/（QALY1-QALY0），通常用英文字母缩写ICER（incremental cost effectiveness ratio）表示。如果两个创新药品要进入医保，ICER值低的应该被优先考虑。

需要指出的是ICER不能作为国家医保选择新技术的唯一标准，新技术准入还需要考虑其他重要因素。例如，成本效益分析对老人不利，因为老年人的生存年限短，针对老年人的新技术的效益就会偏低。还有些药品虽然价格昂贵，ICER值超出国家可接受阈值，但这些药是治疗该疾病的唯一用药，即常说的孤儿药，医保在准入决策中也会优先考虑。因此，在国家医保的实施政策中，成本效益是新技术纳入的重要参考，但不是唯一标准，最终的决策需要根据具体情况进行调整。

2. ICER阈值

影响新技术准入的另外一个因素是国家购买力。经济水平直接影响国家社会医疗保障水平，也会影响每一QALY社会所能支付的水平。这个水平既反映一个国家的民众对社会医疗体系筹资的意愿，也反映国家政治体制对社会公共服务的制度安排。因此，每个国家都会设立一个成本效益增量（ICER）阈值，是在现有经济水平下社会医疗保障体系新技术准入的参考标准。经济学理论认为一个国家的 ICER 阈值应该是社会民众愿意为每一质量调整后的生命年支付的水平。实际操作中社会支付意愿同社会筹资能力总是存在差距，从长期看社会民众的支付意愿会影响医保预算，但在任何一个时间节点，新技术的准入必须取决于当前预算。

3. 医保预算约束

满足 ICER 阈值的新技术并不一定能纳入医保，最终要看预算是否允许。据说美国最初的 ICER 阈值是老年医疗保险支付肾透析一年的费用，约 5 万美元，反映了社会意愿在预算中的体现。正是因为 ICER 阈值包括了主观和客观的因素，ICER 阈值的调整很难找到明确的调整系数。目前美国的 ICER 阈值是 5 万至 10 万美元之间。如果一个新药的 ICER 低于 5 万美元，那这个新药的准入应该没有争议，如果 ICER 在 5 万至 10 万美元之间，则取决于医保当前预算，超过 10 万美元则被认为成本效益不高。

从长期看，社会民众的意愿可以影响筹资政策，使政府增加预算以满足人民对新技术的需求。国与国之间的比较也会影响民众意愿，最终影响筹资政策和预算。因此，世界各国逐步形成了与人均 GDP 挂钩的成本效益阈值制定原则。影响社会民众意愿和预算制定除人均 GDP 之外还有很多因素，各国 ICER 阈值与人均 GDP 的关联也存在很大差异。预算基本成为一个国家社会医疗保障系统对新技术准入的唯一标准，国家之间的差异仅仅在政策改革中作为参考。

二、公立医院运营机制与医保供给侧改革政策

虽然民营医疗机构近年来发展很快，我国医疗服务供给的主体还是公立医院。根据 2021 年我国卫生健康事业发展统计公报显示，全国医院总数达到 36 570 家，其中民营医院占 68%，但是公立医院的床位数占 70%，诊疗人次数占 84.2%，入院人次数占 81.4%。因此，公立医院仍然是我国绝大多数居民医疗服务的主要提供方，其运营机制和医保关于公立医院的各项政策直接影响医疗服务的质量和群众就医体验。医保希望通过药品耗材集中采购和支付方式改革引导医院降低运营成本、调整优化资源配置，扩大医疗服务创新、技术和质量提升的空间。

（一）我国公立医院的运营方式

1. 公立医院当前运营方式的基本特点

我国公立医疗机构分为一类和二类，基层和公共卫生等医疗机构一般属于一

类，由政府全额拨款，收支两条线管理。而区、县、市和国家所属公立医院一般为二类医疗机构，由财政差额补助。差额补助的标准差异很大，主要根据医院所属政府部门的经济状况和政府的具体政策。政府补助主要有三类：基本补助（医务人员基本工资福利等）、基建、专项（设备、科研、一般公共卫生项目等），还有一些其他补助项目（如离退休职工的各种福利等）。政府还会根据政策调整提供短期过渡性补助，如药品耗材实行零差价，政府会提供过渡性补助让医院进行调整。上述三项补助中，基本补助比较稳定，但差距也大，从基本不提供任何补助到基本工资全额补助的力度都有。因此，各地公立医院的运营状况差距非常大，政府补助越少，医院盈利压力越大。

作为公立医院院长，除了政府补助之外，医院面临的另外一个压力就是医疗服务的价格，公立医院收费是由政府管制，医疗服务价格直接涉及民生，价格调整非常慎重。例如，如果门诊费按照医生的时间成本设定，医生按照门诊规范看病，收费就要显著提高，而对于我国普通居民收入的水平，诊疗费提高就会直接影响到普通居民的医疗可及性。住院也是类似，如果护理费按照成本收费，居民住院费用也要显著提高。为了保证公立医院能够为多数居民提供医疗服务，价格必须控制在一定水平之下。在这种价格政策下，我们不难理解为什么医生只能用3分钟时间看一位病人，住院部的护理人员不能提供很多服务，因为只有这样医院才能够保证足够盈余支持职工绩效薪酬和医院发展项目。

2. 公立医院公益性目标对成本结构的影响

公立医院差额补助的运营机制直接影响医院管理方式和医疗服务行为。在差额补助的机制下，医务人员的全部绩效工资和部分基本工资都要由医院筹措，医院科研、人才培养，也都来自医院盈余。在很多地方，医院基建，旧楼改造、设备更新都是医院自筹全部或者部分资金完成。因此，医院的发展布局必须考虑各个专科的经济效益，盈利能力比较强的科室会得到优先发展，导致一些盈利能力不强的科室发展不足，不能满足居民就医需要，例如儿科在很多医院发展比较弱，不能满足群众需要。

公立医院当前运营机制对诊疗方案的影响也不可忽视。虽然医院绩效考核和奖金分配已经被明确要求同科室利润脱钩，但是医院总体运营的驱动力还是盈余，在这样的目标导向下，科室和医生在制定诊疗方案的时候一定会考虑医院盈余。目前多数地区药品和耗材已经达到了零差价，经济效益对药品耗材使用的选择明显减少，医院诊疗方案盈余的获得专项检查检验和治疗方案（手术方案等）。患者在这一类决策中自主选择的能力很弱，最主要的原因是无论哪一种选择都包含了不确定性。医生通常采取的措施是尽可能减少风险提高疗效，但是当医院盈余成为非常重要的因素时，医生又面临着成本控制，提高盈余的压力。如何在社会经济效益和个体治疗效益之间平衡，医生确实难以决策。

3. 公立医院运营模式改革的难点

公立医院差额补助的运营机制导致上述种种问题的根源在于医院必须靠自己挣钱来解决医务人员薪酬的大部分和医院发展的一部分资金，既然盈余是医院和医务人员发展的根本，盈余最大化的管理目标是很自然的。更加严重的问题是政府很多针对公立医院的改革政策直接影响医院的盈余，每当这一类政策出现之后，院长都要在新的政策环境下保证医务人员的薪酬正常发展，保证医院的发展投入不受影响。当医院必须满足薪酬和发展的刚性需要时，针对政策变化的调整方向自然是医疗服务和诊疗方案，很可能导致新的问题出现，即所谓的按下葫芦浮起了瓢。

政府部门非常清楚公立医院的问题，但从根本上改革则一直难以落实，关键在于三个方面。第一，让医院不要为了盈余产生各种与社会目标不一致的行为，首先要保证医务人员合理薪酬收入和医院发展基金。而医院的收入只有三个渠道：政府财政拨款、医保支付、个人自付。个人自付部分公立医院是不能增加的，这是国家制定的基本原则。因此，公立医院运营机制改革的关键是政府财政和医保必须保证医院资金需要。要做到这一点，地方政府的一把手必须有决心和协调能力。福建三明做到了这一点，但为什么不能推广值得深思。第二，一旦政府保证了医院工资和发展基金，有效的绩效考核管理必须跟上，否则医院就会从之前全力提升盈余的工作状态转换成低效率的工作方式。这几年绩效考核要求绩效奖金同科室盈余脱钩时，院长最担心的就是工作效率，因此很多医院把绩效奖金同工作量挂钩，避免激励机制改变引起工作积极性下降。但是工作量同最佳诊疗方案还是不一致的，跑量不是医疗服务效率提升的正确导向。第三，政府保证医院运营资金需要建立严格有效的预算管理制度。政府办医部门的预算管理水平会直接影响到公立医院的合理发展。预算管得不好，医院的发展受到很大限制，政府办医的各种举措也很难落实。这三点听起来不是什么创新政策，这些年一直都在讲，问题的关键是能否实实在在地把政策实施中牵涉的其他各种问题解决，保证政策落地。这里首先涉及政府资源在各个领域中的分配，其次是管理能力。往往一个政策仅有方案是不行的，没有一批能够把政策落地的各级管理人员，方案是无法执行的。这也是为什么我们很多地方都去福建三明学习经验，但是回去后能够把三明政策方案落地的却极少。

1) 集采纠正药品耗材流通模式与使用激励

国家医疗保障局成立以来，启动了一系列的管理和改革政策。其中药品耗材的带量采购和价格谈判显著降低了药品费用。医保局的集采政策体现了医疗需方代理人的角色，保护了患者利益，但对医院和医药企业则是一个很大的冲击。本节分别讨论政策对医院医生和企业的影响，探讨政府拥有市场垄断能力后如何以社会福利最优的视角取得平衡。

（1）带金销售导致的用药扭曲与资源浪费

医保集采之前，我国药品耗材领域长期以来的带金销售方式给诊疗方案的合理性带来了很大的冲击。受回扣等经济手段的影响，医生不能客观根据患者病情和政府购买力采用性价比最好的药品和耗材。其结果使得诊疗方案被扭曲，医疗费用包含了很高的流通领域成本，同时也导致了医生和医院的腐败行为，直接违背了公立医院的办医初衷和社会责任。

医保带量采购和价格谈判给医保目录调整提供了有利条件，让更多的好药进入医保，同时也淘汰了临床疗效不确切及易被滥用的药品，显著提升了参保人群的用药质量和范围。据国家医保局的信息，医保局已经连续5年调整医保药品目录，累计将618个药品新增进入目录范围。2022年医保药品目录调整，共有111个药品新增进入目录，3个药品被调出目录。从谈判和竞价情况看，147个目录外药品参与谈判和竞价（含原目录内药品续约谈判），121个药品谈判或竞价成功，总体成功率达82.3%。谈判和竞价新准入的药品，价格平均降幅达60.1%。医保集采政策加快了创新药进入医保的速度，显著下降了常用药的价格，极大地提高了医生在药品使用方面的合理性和性价比。

（2）药品价格的合理范畴

医保集采政策对企业的冲击很大，人们议论最多的就是企业的发展前景和研发积极性。针对这个问题前国家医保局副局长陈金甫在2022年2月11日深化药品和高值医用耗材集中带量采购改革进展国务院政策例行吹风会上做了系统的解答。陈局长明确指出医保集中采购制度和具体操作设置始终是从企业健康发展、医疗质量和老百姓就医可及性三个目标的平衡综合考虑的。针对企业，医保局在集采制度设计中从三个方面支持企业降低成本。一是带量采购、招采合一，极大降低了企业销售成本；二是确保医院及时回款，通过医保垫付等措施让企业能够显著降低货款积压的成本；三是建立省级采购联盟，不让企业为同一件事情跑很多地方，减轻企业行政成本。总之，医保集采的目的是鼓励企业从原来的带金销售公关走向真正的药品质量和成本的竞争。

合理价格来自公平竞争，我国医药企业数量大，发展不平衡，带金销售模式可以使没有竞争力的产品进入医疗机构。医保集采制度打掉带金销售模式，完善了市场竞争机制，使中国医药企业走向质量维护、创新驱动，让有竞争力的企业占领市场，推动医药企业优胜劣汰，提升社会资源的配置效率。近几年医药企业的研发投入数据也展示了这个趋势。虽然我国医药企业的平均研发投入占收入的比例比较低（2%左右），但是一些头部药企的研发投入快速上升。据国家医保局陈金甫副局长在国务院例行吹风会上的发言，集采以来部分头部企业的研发投入从6%~10%上升到20%。这些数据说明医保集采并没有影响医药企业的研发积极性。

（3）世界各国药品价格政策发展趋势

无论一个国家的经济水平如何，医疗费用增速超过社会购买力是各国面临的共同问题。经济合作组织（OECD）在2010年曾经做过一个预测，OECD国家和金砖五国在未来50年的平均医疗费用增长率会一直超过人均GDP增长2~4个百分点。近年来价格昂贵的创新药是医疗费用上升的一个重要因素。如何控制创新药品价格，既让民众能够尽早用上新药，又要保持医保预算平衡，还要兼顾企业研发积极性是各国政府都在面临的挑战。

美国是特别依靠市场机制的国家，过去法律禁止联邦政府与医药企业谈判药品价格，以防政府的市场垄断能力影响医药企业发展，因此创新药一直以来都是在美国卖到最高价格。但是美国医疗费用不断升高，2021年达到4.3万亿美元，占GDP的18.3%，远超其他发达国家（GDP的12%左右）。高额医疗费用使得老年医疗保险控费压力越来越大。美国政府问责办公室（US government accountability office，GAO）2021年的调查报告分析了41种药品在美国、加拿大、澳大利亚和法国的零售价格，以及个人自付额。GAO的研究比较了美国去掉折扣之后的实际支付价与其他三个国家能够获得的市场公开价。报告显示美国平均的实际支付药价是其他三国公开价格的2~4倍，实际价格差异还会更大，再一次把要求政府谈判药品价格的呼声推向高潮。

2022年8月，拜登签署了通胀控制法案（Inflation Reduction Act，IRA）（P.L. 117-169）。在其他条款之外，这项方案包括了控制医疗保险费用，限定老年医疗保险（覆盖65岁以上老人和残疾人）药费个人支出的上限。更重要的是这项方案首次授权老年医疗保险局进行药品价格谈判，谈判药品的选择标准是保险费用高，独立来源的药品。谈判价格将在2026年开始实施。老年医疗保险局将首先从药品保险中选择10个费用高的药品谈判；2027年再增加15个药品，2028年将从药险扩展到门诊保险选择15个药品，2029年再增加20个药品。总得来说，政策实施保持了平缓渐进的方式，到2029年也就累计谈判60个药品。不过，这是价格谈判，不是准入谈判，所有药品都已经在保险目录中。

美国开始药品价格谈判意味着世界上除了一些小国家再没有国家的药品对社会保险是自由定价的了。不过各国的政策仍然有很大不同，设定的价格也不一样。

美国 IRA 也从需求和企业的角度出发设定了一些豁免谈判的原则。例如，生物医药小公司的药品、没有接受联邦资助和学术成果转移的药品、孤儿药、有类似生物药很快上市等，这些政策会影响到药企未来的研发策略。从长远看，美国药价远高于其他国家的时代将会逐步弱化，药企在美国的利润一定会受到影响，药企的全球定价策略也会进行调整。美国药品谈判政策的改变对世界其他国家的定价将带来冲击，企业让利的空间变小，至于各国价格的变化还要看各国市场对企业的贡献和国家的配套政策。但无论如何，企业健康发展、医疗质量和百姓就医可及性还是医保谈判药品价格的基本目标。

2）医保支付方式改革

国家医保局供给侧改革的另外一个重大举措是支付方式从按照服务项目支付到按照疾病组打包支付。经过一段时间的试点之后，医保局于 2021 年 11 月推出了《DRG/DIP 支付方式改革三年行动计划》，从 2022 年到 2024 年，试点城市要实现四个全覆盖：统筹地区、医疗机构、病种和医保基金全面覆盖。到 2024 年底，全国所有统筹地区全部开展 DRG/DIP 付费方式改革，到 2025 年底，DRG/DIP 支付方式覆盖所有符合条件的开展住院服务的医疗机构，基本实现病种、医保基金全覆盖。经济学通常称 DRG/DIP 支付方式为前瞻性支付方式（Prospective Payment System，PPS），即按照当地的平均水平预先定价，医院在价格已知情况下决定诊疗方案。这种支付方式有两个关键词，预先定价和平均成本，医院能否按照当地同类医院和病种的平均成本提供医疗服务是前瞻支付方式的导向。本节从三个方面分析前瞻支付方式对医疗服务的影响：支付方式的导向、医生伦理的变化和供方的主动性。

（1）按项目付费和前瞻定价付费的导向

前瞻性支付方式的关键因素是预先按照平均水平定价。同按照项目付费比较，前瞻支付方式的实质是从医保承担全部成本风险（按照项目付费）转变为让医生（或医院）与医保分担医疗成本的风险。医保按照实际服务项目付费的导向是做得越多经济效益越好，医生在制订诊疗方案时没有成本控制的思考，没有认真考虑每一个诊疗手段的成本效益，医生和医院都在走量，费用增长快，资源浪费大，让本来就十分有限的医保资金不能用在效益最大的地方。

在前瞻支付方式下，医生在制订诊疗方案时需要考虑检查、检验和各种医疗干预手段的必要性，如果成本高于当地平均水平，医生（或医院）就要承担超出的部分。但是如果可以将成本控制在平均水平之下（预先的定价），医院可以保留盈余。在这种激励下，医院管理者和医生都会全面考虑成本控制，包括水电煤等运营成本和药品耗材采购成本等。前瞻支付方式的另外一个作用是推动地区医院之间的竞争，当所有医院都希望把治疗成本控制在地区平均水平之下后，地区平均成本也会逐年下降，最后稳定到一个质量和成本平衡的生产效率水平。

美国老年医疗保险于1983年实施DRG之后，医疗费用显著下降，整个20世纪80年代老年医疗保险短期住院的费用增长率都低于其他医疗部分，在DRG实施之前，短期住院费用增长率都是高于其他部分的。实施后的第一年（1984年）住院天数下降了9%。同时，医院短期住院的利润在1984年和1985年创历史新高，达到了14%。更为重要的是当时担心的医疗质量问题基本没有出现。

（2）成本控制与医生伦理的矛盾

前瞻支付方式确实提高了医院和医疗服务的效率，即在没有损失质量的前提下降低了成本，但医疗保险或者政府相关部门把平衡成本控制和医疗质量的难题转给了医院和医生。这个转化改变了医生诊疗方案，包括检查检验、药品耗材的使用，甚至是否手术治疗等重大决策，挑战了医生的专业自主权和医生伦理道德标准。所有这些变化会影响医患之间的关系。

当1983年美国率先将DRG用于短期住院支付之后，美国医生行业内讨论最多就是医生的伦理道德在控制成本时该如何把握。例如，美国波士顿大学医学院资深教授诺曼·莱温斯基就在新英格兰杂志很尖锐地提出了这个问题。他说医生在行医的时候应该只服从一位主人，就是患者。DRG支付方式让医生控制成本，相当于又多了一位主人，这会导致决策的矛盾。莱温斯基教授主张医生应该只考虑患者的利益，不必考虑成本或者社会的一些问题，如果必要甚至可以反对其他的因素。作为一个社会，控制社会医疗系统的成本是必要的，如果医保不能覆盖某些昂贵的药品或者治疗手段（如器官移植），医生仍然有义务告诉患者当前技术可以达到最好治疗方案，医生的心目中应该只有患者利益。

目前，我国开始推动住院按照DRG/DIP与美国的情况还不同。由于公立医院采取差额补助机制，医院医务人员的大部分收入来自于盈余，医生的诊疗决策在很大程度上受经济效益的影响。而美国当时医生的诊疗决策受到外部因素的影响较少，独立性较强。如果过去患者担心医生为了盈余影响医疗决策，现在则更多担心医生在控制成本的前提下还要至少保持原有盈余水平的情况下如何保证医疗质量。药品耗材零差价虽然避免了医院使用高价产品营利的行为，但当医生开始使用性价比更好的药品材料时，医院的盈余（收减支）确实在下降。虽然有些地方政府财政提供了补助，但是补助基本上是一次性的，而且也不是全部补足，医院还是需要改变医疗方式或者是科室配置来达到平衡。因此，为了让医生回归以患者为中心的地位，医保、财政和医院主管部门要配套合作，要保证医生能够享有以患者为中心的行医环境，包括保护医生的法律保障。遗憾的是这些措施并没有具体落地的计划和检查考核。

（3）供方主动性在前瞻支付下的作用

DRG/DIP 的价格主要受三个方面的影响：一是医保预算，二是平均成本，三是新技术的应用。医保预算取决于政府财政能力和企业筹资水平。城乡居保的 70% 是地方财政补助，虽然国家有最低标准，地方还是可以根据财力增加补助额。城镇职工保险的比例一般是固定的，筹资水平取决于企业职工的薪酬水平，薪酬增加幅度大，医保筹资额度也大。DRG/DIP 的定价原则是当地所有医院在同一个分组中治疗的平均费用。虽然在具体实施中会有调整，但是平均的原则是不变的。新的药品、材料和器械的应用每年都会进入医保，导致一些疾病组成本的变化，因此所有各组的系数（权重）都要进行调整。

对于医院来讲，治疗成本受到两个方面的影响：一是医生诊疗方案的制定，包括药品耗材、检查检验项目的选择；二是医院通用运营成本，包括医院通用耗材的采购价格、水电煤使用的管理、手术室等资源的使用率、床位使用率等。对于医生来讲，他们面对的是每一位患者，无论 DRG/DIP 怎样分组，同一个 GRG/DIP 组中的健康状况和疾病严重程度还是会有差异。理论上讲，如果每一组中资源使用高于平均水平和低于平均水平的患者人数差不多，医院就可以接受平均定价。但实际情况并不是这样，有些疾病组患者人数很少，对称分布就不可能。一些专科能力在当地比较强的科室，重症患者也会多。当一些病组的患者疾病严重程度不是在地区平均水平基础上对称分布时，平均定价对医院就不一定合适，此时医保应该能够有调整方法，不让医院在医疗行为方面扭曲。从经济学的角度，平均支付和按项目支付的组合是最优方式。

（4）医疗资源使用效率的全面提升

医保支付方式改革只能推动医院和医生关注成本，医疗资源使用效率的全面提升需要医院运营机制的改革。公立医院差额补助的机制使得医院必须追求盈余，虽然绩效奖金分配不再同科室盈余挂钩，但医院盈余减少仍然直接影响到所有人的收入。在这样的运营环境下，医生会更愿意接受疾病严重程度低于平均水平的患者，导致推诿重症患者的情况。因此，实行前瞻支付方式需要医保管理更加精细化，避免负面的激励导向。国家医保局最近将医保数据系统统一就可以为医保精细化管理提供支撑，是非常重要的举措。但医院运营机制也需要配套改革，例如，有些省市在药品耗材实行零差价之后提高了基本工资的补助比例，甚至达到了 100%。只有这样才能让医院管理者有能力关注医疗服务的质量和社会责任。

医疗资源使用效率全面提升的另一个重要因素是医生的责任心。医保管理的精细化可以改善，但不能替代医生为每一位患者制定诊疗方案。从宏观来讲，我们可以肯定当前的医疗服务中有些诊疗手段和药品是无用的。例如，美国医学会权威期刊 JAMA（The Journal of American Medical Association）2019年10月发表了 William H. Shrank 等人的一篇论文。作者分析了美国2012年至2019年间发表的54篇论文/研究报告在6个领域（及时医治、医疗合作、过度或者低价值医疗、定价、欺诈、复杂管理）的71项医疗浪费。根据估算，美国在这6个领域产生的浪费在7600亿至9350亿美元之间，干预之后可能节省的金额在1910亿至2860亿之间。我国的医疗组织结构虽然同美国不同，但在上述领域中也存在浪费。例如，医院全方位成本管理的水平，医生对疗效不佳，甚至无效药品使用的把握，办医机构对所属医院绩效管理的方式和资源配置的能力等都会影响医疗资源使用效率。医保支付方式对医疗机构和医生在成本控制方面是一个极大的推动，但是实际效果还取决于公立医院举办部门的支持和配套政策，没有医院和医生积极主动的参与，支付方式的改革效果会与政策初衷相去甚远。

三、医保供给侧改革与公立医院高质量发展

医保政策对公立医院的影响只是国家医疗服务系统改革的一个部分，公立医院的发展需要对接国家经济发展的战略目标，通过技术创新提高医疗服务质量，满足人民群众对健康水平日益增长的需求。本节讨论公立医院高质量发展的国家战略、医保改革政策与国家战略的协调和技术创新的驱动力。

（一）公立医院高质量发展

中国改革开放40年经历了经济高速增长，GDP从1978年的3679亿元上涨到2018年的90万亿元。但是这种模式带来的经济结构性体制矛盾不断积累，发展不平衡、不协调、不可持续问题十分突出。中国共产党在总结百年奋斗重大成就和历史经验的决议中提出：我国经济发展进入了新常态，已由高速增长阶段转向高质量发展阶段，强调贯彻实现创新成为第一动力。

1. 公立医院高质量发展的国家战略

2021年6月4日，国务院办公厅发布了《关于推动公立医院高质量发展的意见》（简称《意见》），文件提出了公立医院在5年之内建设目标的三个转变："发展方式从规模扩张转向提质增效，运行模式从粗放管理转向精细化管理，资源配置从注重物质要素转向更加注重人才技术要素"。这三个转变体现了国家对公立医院质量提升的三个基本方向。

在公立医疗体系建设方面，高质量发展包括了两个层面的医疗组织结构和重

大疫情救治体系：第一个层面是打造国家级和省级高水平医院，开展疑难危重症诊断治疗技术攻关，开展前沿性科学研究和成果转化，提供高级人才培养工作；第二个层面是在城乡分别建立医疗集团，城市以三级或者最高水平医院牵头，乡村是以县级医院牵头，医院之间协同发展（包括民营医院），同时带动基层医疗机构，推进以全科医生为主体的医防结合体系；重大疫情救治体系是根据新冠疫情引起的诸多问题提出的建设方案来提高公立医院对重大疫情的应对能力。

2. 公立医院高质量发展的内涵和任务

《意见》特别提出了激活公立医院高质量发展新动力的五大改革举措：人事管理制度、薪酬分配制度、医务人员培养评价制度、医疗服务价格和医保支付方式。这五大改革举措是影响公立医院运营机制和医务人员激励机制的关键推手，如果能够实现配套政策的落地，公立医院的质量一定会更上一层楼。这五大改革举措的落地直接关系到公立医疗体系两个层面的建设，但这些举措不仅仅涉及医院管理部门，还需要医保局、财政部、发改委和教育等部门的协同和支持，能够有效落实这些政策需要各个相关部门的配合。政策落地的程度和质量关键就在各个相关部门的配合。除了卫健委之外，公立医院的质量仅仅是其他部门诸多工作之一，当公立医院需要的配套政策同这些部门中其他任务在资源配置等方面有冲突，或者需要联动改革时，各相关部门的配合力度决定了公立医院高质量发展的推进程度。

此外，《意见》还就公立医院内部管理机制提出了4点具体要求，包括运营管理体系、预算管理机制、内部控制制度和绩效评价机制。运营管理体系强调了法治建设、医院管理决策系统建设和大数据支持下的精细化管理。预算管理机制则明确了推进全过程预算管理，加强预算绩效管理和预算约束，以及医院财务信息向社会公开等。内部控制制度则围绕医院重大风险、重大事件和重要流程开展风险评估和内部控制评价。绩效评价机制提出了三个主体（医院、个人、医疗集团/医共体）的绩效考核内涵。医院绩效考核医疗质量、运营效率、持续发展和满意度；个人考核以岗位职责完成情况为核心，考核结果与薪酬挂钩；医疗集团/医共体应则重点关注基层服务能力和居民健康。

五大改革举措来自上级单位和外部协同医疗机制，而4项管理重点则取决于内部整体管理水平。《意见》明确了建设高质量公立医院的指导思想、组织框架和内外部体制机制的改革任务，同时提出了宏观建设目标，"为更好满足人民日益增长的医疗卫生服务需求"；"为更好提供优质高效医疗卫生服务、防范化解重大疫情和突发公共卫生风险、建设健康中国提供有力支撑"。《意见》提出的这些举措都是已经在做的事情，《意见》再次明确说明关键在于做好。各地根据自己的情况制定公立医院高质量发展规划时，政府资源投入要实施预算绩效管理，需要明确人民健康和就医情况的具体问题、建设目标和考核指标，以检验国家投入是否达到了预期效果。过程虽然是必要条件，但结果才是政策实施的最终考核标准。

我国公立医院发展不平衡不充分的问题还是十分严重的，主要体现在人才方面。虽然国家在资源配置方面考虑了地区间的平衡，但是优秀的医疗骨干多集中在大城市和发达地区，造成人才不平衡分布。统计数据显示，每千人口执业医师数北京最多，天津、上海和浙江位列前五，基本上呈东—中—西递减分布状态。

2022年10月16日，习近平总书记在党的二十大报告中明确指出"从现在起，中国共产党的中心任务就是团结带领全国各族人民全面建成社会主义现代化强国实现第二个百年奋斗目标，以中国式现代化全面推进中华民族伟大复兴。""中国式现代化是全体人民共同富裕的现代化。"公立医院高质量发展中政府资源配置需要解决地区间和城乡间不平衡和不充分的问题，而重点需要解决的是医生和护士，特别是骨干医护人员在欠发达地区和县乡地区工作、学习和生活待遇问题。同床位数、机构数和设备数不同，人是可以流动的，各级政府可以在资金预算上给予倾斜，但能够留住人才还需要地方政府和医院在生活和个人事业发展的环境方面努力。纠正人才分布不平衡不充分的问题需要时间，需要各级政府坚持不懈的努力，正如习近平总书记在党的二十大报告中指出"共同富裕是中国特色社会主义的本质要求也是一个长期的历史过程。"

（二）医疗保障高质量发展

医疗保障体系的发展需要协同社会经济高质量发展的新形态。本节首先讨论医保高质量发展的基本内涵和方向，然后分析医保全国统一管理和对创新技术的支持在高质量发展中的意义。

1. 医保高质量发展策略

国家医疗保障局胡静林局长2021年3月9日在《学习时报》发表了推动医疗保障高质量发展的文章，提出了医保高质量发展的内涵的五个"更加"：更加公平、更有效率、更可持续、更加安全、更加便捷。首先，这五项目标都是在现有政策上的提升，是"民生领域从"有没有"到"好不好"的发展，是持续奋斗、渐进实现共同富裕、共享医保改革成果的过程"。其次，这五项目标中涉及资源配置的是第一项（更加公平），其余4项都是管理手段的提升。

资源配置重点解决的是"共同富裕"的问题。胡静林局长在文章中对"更加公平"提出了三个努力方向：一是全覆盖，即人人享有医保；二是城乡间、区域间基本制度政策统一；三是待遇与公共服务均衡。同时也提出了权利和义务对等、支持贫困人群又要防范福利主义的政策要求。医保在资源配置的策略是通过统一基本制度政策来实现医保资源配置的公平性。在全国统一的政策下，地方政府的投入会逐步减小差距。

胡静林局长的文章指出医保高质量发展的本质是质量和效益为价值取向的发展。与"更加公平"需要渐进推动的举措不同，医保其他四项管理手段的推广和提升已经开始实施。医保战略购买的各项政策已经扭转了药品耗材市场带金销售的模式，价格谈判让有限资金购买疗效更好的创新药品，带量采购让优质企业扩大规模、降低销售成本来实现药价下调。好药纳入、劣质药淘汰，医保目录的调整则体现了医保投入/产出效率的提升。医保支付政策改革把资金使用效率提升的责任延伸到医院。医保筹资秉持了与经济社会协调发展的理念，与医疗协同发展确保基金安全运行。医保在公共服务方面强调便捷，充分使用智能和网络技术，让群众办理业务的流程更为简便。在这些措施的推动下，医保服务质量在不断完善提高。

2. 医保信息管理平台建设

医保数据系统的统一是高质量发展的基础。我国医疗保障体系是由不同部门在不同城市试点开始逐步建立的，城镇职工和城镇居民医疗保险最初由人社部主管，新农合由卫生部门主管，医疗救助则由民政部主管，价格管理和药品招采也分别由不同部门负责。2018年国家医疗保障局成立之后，所有与医疗保障有关业务都归并到了国家医保局，但是信息系统是由各地、各部门自行建设，业务编码不统一，数据系统也无法拆解合并，医保管理决策很难科学高效展开，亟需建立全国统一的信息管理系统。因此，国家医保局于2019年3月启动了国家医保信息平台建设工作，经过2年多的努力，国家医保信息平台已在全国31个省份和新疆生产建设兵团上线，覆盖13.6亿参保人的全国统一的医保信息平台全面建成。

医保信息平台包括公共服务、经办管理、智能监管、分析决策共4大类14个业务子系统，将为医保决策管理、公共服务、医疗服务质量和研究提供非常重要的决策支撑数据。首先，平台建成为异地结算和网上各种业务办理提供了技术支撑。我国社会经济发展很快，人口流动性大，异地就医、结算和办理各种手续的需求非常大。但是我国除港澳台之外的31个省、自治区、直辖市、城镇职工有639个医保统筹区和城乡居民有601个统筹区（2019年数据），每个统筹区的筹资和待遇都可能不同，如果这些数据不能全国联网办理，群众办事的难度、进度和繁琐程度不言而喻。根据医保局规划财务和法规司王文君司长介绍，通过率先上线的异地就医管理子系统，2021年全国异地结算超过了一亿人次。

第一，平台为分析全国医药耗材使用种类和价格、检查检验和治疗方案在不同地区、城乡之间和不同级别医院之间的差异提供了非常重要的数据支持。为医疗质量、待遇水平和保障范围的统筹和相关问题的国家政策制定提供更加准确的信息。

第二，平台可以为医疗服务和政府决策研究提供支持。平台数据既有诊断码和操作码，也有年龄、性别和医保类型数据。更重要的是，这些数据包括了患者在国内不同地区所有医保定点医院的就诊记录。经过对数据脱敏处理，平台可以提供代表性全国样本数据（如2%的门诊和10%的住院样本），为科学研究和政府决策提供支持。例如，样本数据可以分析疾病发病分布和每一个特定疾病的诊疗方案、疗效和费用等关键变量之间的关系等问题，以及地区和城乡间的差异等重要问题。

第三，平台可以为加强医保费用的监管提供特别重要的支持。根据医保局规财和法规司王文君司长的采访资料，2022年平台覆盖了约40万家定点医疗机构和约40万家定点零售药店，实现了业务编码统一、数据规范统一、经办服务统一，让一切医保相关服务有迹可循、有据可查。平台给医保基金智能监管提供了应用基础，可以快速发现违规骗保行为，精准提供决策依据，全面提升了医保基金监管的水平。

3. 医保对新技术的支持

医保在医疗服务供给侧改革的总体目标是提高资金使用效益，淘汰无效或者效益低的产品，引进成本效益好的新技术，包括药品耗材、器械，鼓励创新诊疗方案。

医保通过创新药品的价格谈判和医保目录调整显著改善了人民群众新药、好药的可及性。2023年1月18日，国家医保局印发了2022年版医保药品目录。医保局的文件显示，本次调整，共有111个新药新增进入目录，3个被药监部门注销文号的药品被调出目录，国家医保药品目录调整后总数达2967种，其中西药1586种，中成药1381种。

自国家医保局成立以来，药品目录调整政策不断完善，调整工作的科学性、透明度和规范性越来越好。国家医保局关于2022版药品目录政策解读强调了目录申报条件对新药的注重，如5年内获批新药和5年内说明书发生重大改变的药品等。本次医保谈判的药品参与数量和谈判成功率都创下历年新高，共计147个药品参加准入或谈判，最终121个谈判或竞价成功，成功率达82.3%。从历年新增药品价格平均降幅可以看到医保谈判对创新药使用的可及性有显著改善：2016年59%，2017年44%，2018年57%，2019年61%，2020年51%，2021年62%，

2022 年 60%。

医保对新技术的支持还体现在支付方式改革政策方面。在医保推出按照病组（DRG）和病种（DIP）预先定价支付住院服务政策之后，很多人担心新技术（药品、耗材、治疗手段等）的应用会受到影响，主要是因为 DRG/DIP 定价依据是过去的诊疗手段，不包含新技术成本。为鼓励新技术应用，一些城市开始采用 DRG 除外支付机制，即新技术短期内不纳入 DRG，待技术应用成熟后再纳入 DRG 支付。例如，北京市医保局 2022 年 7 月开始试点新药新技术 DRG 除外支付管理。文件提出三年内药监部门批准的新药和器械、三年内纳入医保目录的新药、适应证发生重大变化的新药和由于价格调整新增的可另行收费的医疗器械可以申报 DRG 除外支付。DRG 除外支付实际上就是暂时按项目支付，当新药品和新技术疗效显著，成为常规诊疗手段后再纳入 DRG 支付。如果新技术或者药品对 DRG 费用影响很大，但仅应用于同一病组中的部分患者，这个新技术或者药品就不应纳入 DRG，或者采用项目付费，或者重新增加一个 DRG 病组。总之，DRG 除外支付同 DRG 结合体现了医保支付方式的优化。

（三）数字技术与医疗服务模式创新

数字技术包括大数据、区块链、云计算、物联网和人工智能。国内外发展趋势显示，数字技术从三个方面影响着医疗服务组织模式。一是医疗服务场景家庭化模式：随着互联网技术的发展和可穿戴设备医用功能的提升，未来医疗服务一定会更加接近患者，一部分疾病诊断、检查检验，甚至住院服务都可能从医院转移到家里完成。二是多专科诊疗模式常规化：目前多专科诊疗模式一般用在疑难杂症的会诊，由于成本高，并没有普及；随着数字技术的发展完善，以患者为中心的多专科（MDT）综合诊疗的成本会越来越低，将逐步发展为常规诊疗模式。三是诊疗方案的个性化：以患者年龄、性别、生命体征和检查检验数据（数字孪生）为依据的个性化诊疗方案在大数据支持下将成为未来治疗疾病的一种创新模式。这些技术创新将会改变医疗服务的提供模式，资源效率和医疗质量得到极大提升。

1. 医疗服务场景家庭化

互联网是医疗服务走近患者的技术基础。2015 年，我国第一个互联网医院——乌镇互联网医院，在企业和政府的合作下在浙江桐乡建立。2018 年，国务院发布《关于促进"互联网＋医疗健康"发展的意见》，卫健委随后制定了《互联网诊疗管理办法（试行）》等 3 个文件，为互联网医院的发展建立了服务分类、准入和法律责任等配套规范制度，国家医保局《关于完善"互联网＋"医疗服务价格和医保支付政策的指导意见》制定了互联网医院的支付政策。国家一系列政策为互联网医院的发展打开了绿色通道，但互联网医院的业务开拓还需要很多条件，早期发展比较缓慢。2019 年末暴发的新冠疫情加速了互联网医院的建设，2022 年 11 月国家卫健委的数据显示我国已经建设了 1700 多家互联网医院。

互联网和数字技术将医疗服务场景延伸到患者是医疗创新的发展方向，重点体现在核心诊疗业务的发展。目前互联网医院主要的服务是在线咨询、复诊开方、在线购药，而远程会诊、疾病自测和远程监测等服务是由医院主办的互联网医院提供，一般都没有达到正常运营的规模。根据国家远程医疗与互联网医学中心和健康界发布的《2022 中国互联网医院发展报告》，互联网医院的核心诊疗服务在不断提升，对比 2020 年，2021 年在线复诊业务的提及率由 81.3% 上升到 100%；远程会诊率提及率由 69.1% 上升到 71.8%；慢病管理提及率由 56.8% 上升到 65.0%；远程门诊提及率由 51.2% 上升到 63.1%；家庭医生余额服务提及率由 36.6% 上升到 39.6%。互联网医院核心诊疗业务的提升反映了医疗服务场景正在逐步从医院转向家庭，但是能真正落实核心诊疗业务的常态化，替代相同的门诊业务还有很长的路要走，这也是评估互联网医疗改革供给侧的关键指标。

乡村和欠发达地区医疗资源相对匮乏，最需要互联网医院的支持。但是目前看来互联网医院的发展不均衡，主要集中在一线城市，虽然同当地经济水平有关，但政府的政策导向也十分重要。根据动脉网 1104 家互联网医院的数据分析，截至 2021 年 6 月，山东、广东、江苏是互联网医院最多的省份，企业型互联网医院则集中在宁夏和海南省，四川（成都）和天津近年发展也很快。怎样引导乡村和偏远地区发展互联网医院应该是政府政策下一步的重点导向。

互联网医院受众人群也还存在问题。从需求来看，老年人行动不便，慢病多，线上医疗受益最大。但是老年人上网操作能力却是最弱的，赛柏蓝器械的调研发现互联网医院的用户主要是年轻人，24～30 岁人群占 57%，40 岁以上仅占 13%。如何改善操作性能，让老年人能够使用线上诊疗服务是互联网医院发展的另一个挑战。

总得来看，我国互联网医院在新冠疫情的推动下无论是业务内容还是市场布局发展还是很快的。但如果从诊疗服务从医院转移到家庭这个指标来看还没有实质性变化，即医院的门急诊次数没有下降。目前大部分服务在疫情回归正常之后主要还是补充和便利，真正替代医院的服务还需要完整诊疗项目的闭环。

2. 互联网通信技术加持多专科会诊

互联网通信技术（Internet-Communication Technology，ICT）支持下的多专科会诊（MDT）是医疗服务高质量发展的一个切入点。MDT 可以显著提高疾病治疗的效果早已被医学界认同。例如，癌症治疗 MDT 包括手术、肿瘤、放射和心理方面的医生，不仅可以获得最优诊疗方案、避免医疗决策错误，也让患者感到安心。所以，医疗服务高质量发展的一个方向就是能够根据临床需要开展多专科会诊，这也是目前世界各国医疗服务的努力方向。高质量的 MDT 需要有四个关键要素：专家资源、数字信息共享系统、合作组织机构和执行监管部门。因此，能够大规模推广 MDT 模式的门槛也很高。但是近年来快速发展的 ICT 技术让 MDT 广泛应用成为可能。

我国利用 ICT 开展 MDT 诊疗工作比较普遍的模式是通过视频会议系统。即各科专家在不同的地点通过视频终端会诊，患者的疾病信息可以在终端共享。如上所述，建立有效的 MDT 诊疗系统需要四个关键因素：专家资源、数字信息共享系统、组织机构和执行监管部门。例如，中南大学湘雅医学院附属海口医院（海口市人民医院）建立了医联体"互联网+"的 MDT 模式。在这个模式中，海口市人民医院提供了专家资源，医联体是组织机构的基础，数据共享系统是医联体医疗协作服务平台，海口市人民医院把这个协作平台纳入医院日常医疗业务进行管理完成了执行和监管任务。

类似海口市人民医院的例子还有很多，其共性就是牵头单位具有丰富的专家资源，同时承担建立合作组织，信息系统共享平台建设和执行监管工作。这些 MDT 模式不同点主要在于合作组织的范围。海口市人民医院的案例是医联体，重庆医科大学附属儿童医院最近成功完成 MDT 会诊的合作单位是贵州省兴义市人民医院，这个案例的医疗合作单位已经跨省。

浙江邵逸夫医院是国内最早有效开展互联网医疗的医院，MDT 会诊是建立在 2015 年就上线的绍医（纳里）健康云平台之上。邵医（纳里）健康云平台在组织合作方面是开放型的，多点执业的医生和医疗机构都可以加入，据"健康界"的一篇文章报道，截至 2021 年 5 月，健康云平台在浙江省内覆盖了 11 个地区、82 个区市县 210 余家医疗机构，在全国 30 个省、自治区、直辖市接入超过 5300 家医院，在平台上注册医护人员高达 28.7 万名，每月的核心业务 30 多万人次。国务院深化医药体制改革领导小组专门刊发了《浙江省邵逸夫医院探索"互联网+医疗服务"新模式提升医疗服务和医院管理水平》的经验做法，向全国推广。浙江邵逸夫医院的健康云平台是未来互联网医疗的样板。

互联网通信技术（ICT）与 MDT 结合的诊疗在发达国家的发展是人工智能技术的应用。人工智能通过 MDT 数据库为专家诊断方案提供支持。进入 MDT 首先需要数据，ICT 在支持 MDT 诊疗时碰到的难题是把医院信息系统（HIS）和其他医生使用的各种软件的数据转换到通用平台之上。其次是把不同医院之间的数据标准化。管理和执行功能也是 ICT+MDT 诊疗模式中关键部分。一旦 HIS 数据，

MDT讨论内容和患者信息全部进入数据库之后，人工智能就可以开始开发MDT诊疗功能，为MDT专家提供支持。尽管AI的加入还在试验中，但很多医疗专业人员相信AI进入MDT诊疗只是时间问题。

虽然ICT+MDT的应用在国内外已经开始积累了经验，但这种模式的经济效益却少有信息。从国内的情况看，这些医院的运营基本上都是在外来资金支持下建立，ICT+MDT的正常业务收费很难支持成本，尽管现在很多专家通过手机终端参加MDT会诊，但也不能大规模推广，毕竟医生的碎片时间是有限的，而有时间的医生也不一定就是合适的医生。发达国家对MDT的成本效益分析有一些，但ICT+MDT基本没有。例如，Chowdhury等搜索了Econlit、Embase和PubMed数据库关于MDT治疗腰背痛的成本效益研究。截至2019年8月，仅找到了7项研究，涵盖2 095位患者，结论也不一致。从社会经济效益来看，MDT是否获得较好的成本效益因病而异。从医疗质量来看，MDT的医疗质量和疗效都是好的。因此，MDT诊疗模式的经济效益是属于成本增加，质量也提高的类型，MDT诊疗常态化的必要条件是医院增加收费，在MDT收费标准没有解决之前医院很难扩展MDT业务。如果数字技术和互联网通信技术可以大规模降低成本，MDT的诊疗模式就有可能成为常规业务，提高医疗服务的质量。

3. 人工智能技术推动医疗模式变革

阿兰·图灵1950年提出计算机是否可以模拟人类思考之问宣告了人工智能研究的开始。随后几十年中，人工智能在医学图像分析、自动诊断、药物研发、医疗机器人和健康管理等医学领域取得了巨大的进步，其中人工智能在诊疗方案中的突破对医疗模式变革具有颠覆性的意义。虽然人工智能技术在20世纪70年代就已经开始被用于诊断系统，专家在临床决策支持系统中输入规则，系统可以根据患者的症状和检查结果自动诊断疾病，但是由于医疗决策中有很多复杂的因素，有很多不确定性，需要很多权威医学知识，医疗决策还会涉及法律和伦理等种种问题，人们期待已久的人工智能技术诊断复杂疾病的能力在随后几十年中都没能进入常态化的临床实践，人工智能的应用热潮和资本投入也是起起伏伏，基本上是每十年一个周期在推进。

在过去的几年中，越来越多的医疗机构开始使用人工智能技术来解决疾病的诊断和治疗方案，ChatGPT的出现又一次把人工智能研究和应用推向一个新的高潮。以肿瘤治疗领域为例，在循证医学大数据的支持下，人工智能模型为疾病预防、控制、治疗和康复提供决策支持。例如，美国FDA已经批准了多项通过影像诊断乳腺癌的人工智能算法，最近美敦力的心脏监测算法，佳能与MR设备结合的算法等其他领域中人工智能的应用也开始获得FDA批准进入实际应用。国内人工智能驱动的医疗器械发展也非常快。据国家药品监督管理局（NMPA）《2021年度医疗器械注册工作报告》显示，截至2021年12月31日，NMPA批准的AI类医疗器械注册证书（二类证及三类证）一共153个。2022年，创新医疗器械继续上升，据《2022年度医疗器械注册工作报告》国家药监局共批准55个创新医疗器械产品上市，相比2021年增加了57.1%。其中颅内出血CT影像辅助分诊软件为国内首款基于深度学习技术实现颅内出血分诊提示以及测量分析的人工智能医疗软件。

值得关注的是人工智能技术改变医疗模式创新。肿瘤数字孪生（cancer patient digital twins，CPDTs）就是其中一个典型案例。数字孪生模型是为每一位患者建立一个数字模型，把患者的蛋白质组、临床症状数据同临床研究、人群等数据整合到多尺度多模态模型中，在超级计算机的运算下预测各种治疗方案在这个虚拟患者（数字孪生）身上的疗效和结果，从而为实际患者制定最优治疗方案。CPDTs的关键是继续学习能力。由于测量准确度、数据缺失和认知不完全等因素导致的不确定性和多样性，继续学习技术可以把预测能力做到最好。当然，CPDTs的实际应用也面临数据、模型整合和伦理道德方面的挑战。我国在数字疗法方面的研究进展也很快，海南省已经将数字疗法作为创新突破点，并且提出了21条具体政策措施推动数字疗法在海南发展。海南是国家医药领域创新的一个试验区，国家给予了很多特殊政策。但是海南的医疗专家资源缺乏，虽然很多大医院在海南建立了分院，专家资源、教学和科研也很难在短期内向海南聚集。因此，海南发展数字疗法具有独特意义，可以结合互联网通信技术开展各种医疗服务和教学科研活动，成为数字、智能和信息技术在医疗服务领域创新的前沿。

四、结语

医改政策的目的是满足人民群众对医疗服务的需要。政策会直接影响资源配置的机制，而资源配置的机制变化必然会影响医疗服务的行为，最终改变患者的就医体验。评价一项政策的实施效果就是看政策落地的程度和质量，即人民群众对医疗服务改善的满意度。

医保集采和价格谈判打掉了药品流通领域的代金销售机制，同时规范了价格谈判的管理机制。改革显著降低了企业销售成本（包括医生、医院的回扣）和一部分企业利润，节省了医保资金，让医保能够纳入更多的好药新药，极大地改善了重大疾病患者使用新药好药的可及性。

医保住院按照病种（DIP）/病组（DRG）的前瞻支付方式让成本进入医生选择药品耗材、检查检验等诊疗手段的决策之中，同时激发了医院控制成本的积极性，显著降低了医疗费用的增速，但患者对住院费用增速降低难有感觉，除非DRG收付费同时改革。

改革的效果同精细化管理能力密切相关。医保集采面临的首要问题就是价格的合理性。企业研发的积极性必须有利润支撑。同完善竞争的市场比较，任何人都无法准确估算合理利润，这在研发风险极高的医药企业尤其突出。改善政府谈判质量可以考虑两点：一是让市场竞争决定价格，对有同类竞争的产品，给竞争更大的权重；二是让时间提高合理性，对独家生产的产品，价格变化要小步慢进（3～5年时间），企业和政府平稳磨合。严格讲政府是无法准确制定价格的，但是现在包括美国在内的世界各国都谈判药品价格，我们肯定也要谈判，这可能是博弈论讨论的问题。

医保按病组（DRG）和病种（DIP）支付改革的核心内涵从另外一个角度去看就是让医院和医生在预算约束下配置医疗资源，争取最好疗效。这里预算是每一个病组/病种的价格。应将这种方式扩大，包括门诊和预防之后就是按人头支付的方式。DRG/DIP考核的指标是患者疗效，按人头支付的考核指标是人群健康水平。如果医保局与卫健委合并，那就是全国按人头支付的机制，卫健委在预算约束下满足全国人民的健康需要，考核的是全国人民的健康水平。

我国城乡居保覆盖了10亿人口，人均筹资水平不到职工医保的五分之一，靠财政不断增加投入来缩小两大保险之间筹资水平的差异需要很长时间。值得关注的是人工智能的快速发展，在互联网通信技术的支持下，如果能大规模降低医疗服务中的人工成本，缩小地区和城乡医疗质量差距很可能会在技术爆发中实现，创新是生产力提升的巨大驱动力，非常值得关注。

（俞　卫）

第三章 医保供给侧改革对医院管理的影响

医保作为医疗服务及医药市场的战略购买者,在优化医疗资源配置、提升医疗服务水平等方面发挥着杠杆作用,是三医联动改革中重要的一环。

自国家医保局成立以来,按照"一个多层次保障体系建设、四大运行机制建设和两个协同"总体框架,在待遇保障、基金支付运行监管、医药服务供给等方面出台了各项改革举措。医院作为医疗服务的供给方,在一系列改革措施的综合作用下,内部必然发生变革,例如支付方式的改革使得控费更严、管理要求更精细,集中采购与医疗服务价格调整直接影响医务人员工作积极性,高压监管态势要求诊疗规范、收费合理等。

本章结合影响医院的几项重大改革,围绕院内管理、经济运行、临床业务开展等方面分析改革带来的医院内部转变,并基于改革要求,进一步明确医院未来发展方向。

一、三医联动

(一)三医联动基本概念

三医联动指医保体制改革、卫生体制改革与药品流通体制改革联动,即医保、医疗、医药改革联动。医保、医疗、医药三者相互影响,医保基金的支出受医疗行为及药品使用的影响,医疗系统受医保支付标准、限制及药品生产销售的影响,医药系统中药品的使用则受到医疗方案及医保限定的影响。

"三医联动"的本质是为了解决目前医疗卫生改革中,由于各部门分散改革,导致医改政策存在碎片化问题,难以实现改革目标。通过对医保、医疗、医药政策的顶层设计和有机整合，来统一组织、统一实施、统一管理，有效整合资源，确保真正实现"三医联动"的整体性治理格局，实现深化医改的目标。

(二) 三医联动的发展

1. 孤立改革的失败

计划经济时期，医疗卫生的投入以政府为主，药品的生产、流通与价格采取统一的计划管理，医疗与医药之间无过多的利益瓜葛，医疗保障体系主要为公费医疗、劳保医疗和农村合作医疗。该阶段医疗费用较低，药品价格便宜且医保覆盖率高，医疗卫生体制相对稳定，但随着医疗需求的日益增长，政府压力过大、医院及人员积极性较低、医疗技术水平难以提升等弊端逐渐凸显。

改革开放时期，随着社会主义市场经济体制的建立，医保、医疗、医药领域的制度改革也随之而来。医保方面，"两江"改革取得一定成效后，我国于1998年正式建立城镇职工医疗保险制度。医疗方面，政府进一步扩大公立医院运营自主权，在政府投入不足、缺乏监管的情况下，医院不断扩大规模，并逐步偏离非营利性轨道，造成医疗系统效率低下，卫生资源短缺与浪费现象并存。医药方面，为增强企业自主能力，开始实行所有权和经营权分离，引入市场竞争机制，激活企业自主权，但过分的市场化及追求经济利益导致了药品费用居高不下，"看病难、看病贵"成为这一时期最显著的问题，高额的医疗费用也进一步增加了医疗保障体制改革的难度。

2. 三医联动

2000年，前国务院副总理李岚清在全国城镇职工基本医疗保险制度和医药卫生体制改革工作会议上提出，城镇职工基本医疗保险制度、医疗机构和药品生产流通体制三项改革需要同步推进，即"三医同动"。

2007年，前国务院总理温家宝在调研城镇居民基本医疗保险和社区医疗卫生体系建设等问题时，提出要统筹考虑医疗体制、医保体制、医药购销体制的改革，自此，"三医联动"在全国迅速开展。

2014年起，"三医联动"开始成为深化医药卫生体制改革重点工作任务之一。2015年，党的十八届五中全会提出推进健康中国建设，深化医药卫生体制改革，实行医疗、医保、医药联动，这是"三医联动"首次出现在国家层面的政策中。2016年，"三医联动"作为当年工作重点，首次在政府工作报告中被提到。

2016年1月，《关于整合城乡居民基本医疗保险制度的意见》要求突出医保、医疗、医药三医联动，加强基本医保、大病保险、医疗救助、疾病应急救助、商业健康保险等衔接。6月，《关于积极推动医疗、医保、医药联动改革的指导意见》

进一步强调了三医联动的重要意义,指明了改革的重点内容,确立了医保在医改中的基础性作用。12月,《"十三五"深化医药卫生体制改革规划》提出将"三医联动"改革作为基本原则,按照腾空间、调结构、保衔接的要求,统筹推进管理、价格、支付、薪酬等制度建设。

2017年,《关于进一步深化基本医疗保险支付方式改革的指导意见》再次强调医疗、医保、医药各项改革统筹推进,注重改革的系统性、整体性、协调性。

2018年,国家医保局正式成立,其成立的目的之一是为了统筹推进医疗、医保、医药"三医联动"改革。随着国务院机构的调整重组,我国的医疗卫生体制改革进入了新阶段。根据"促降价、防滥用、严监管、助发展"的总体改革思路,国家医保局从支付方式改革,到医疗服务价格调整,再到信息化、标准化建设及基金监管,多措并举,充分发挥医保的杠杆作用,协同推进"三医联动"改革。

二、医保供给侧改革

(一)医保支付方式改革

1. 医院管理模式的调整

在按项目付费的背景下,医院的医保管理重点为是否合法合规,即严格掌握三目录的医保适应证、医保政策规定等,即可实现医院医保的有效管理。但随着群众就医需求的不断增长,医疗费用高速增长,单纯的按项目付费模式导致医保基金难以负荷,总额预付制应运而生。

总额预付制指综合考虑参保人就诊量、均次费用及增长率等相关因素后测算出的年度医保基金支出预算,在实际执行过程中一般为结余留用、超支不补,该支付方式使得医院医保管理在合法合规的基础上进一步考虑费用控制。参考医保目录分类,医疗费用的构成可分为药品、耗材与诊疗项目,因此在保障规范诊疗的基础上,费用的控制也将从这三方面入手。结合医院管理部门职能划分,在分管领导的带领下,由医保办、医务处、门急诊办公室、财务处、药剂科、资产管理处、信息中心等部门联合组成医保管理工作组,根据医保局下发总额预算,结合我院实际业务情况,制定门急诊和住院各科室的年度、季度、月度预算,并以保证服务质量与数量为前提条件,从均次费用、药占比、耗占比等角度开展定期分析,规范临床医疗行为,加强合理用药、合理使用高值耗材监管。

总体而言,总额预付制仍是一种较为粗犷的控费手段,预算过高难以实现控费目标,预算过低则会出现推诿病人、降低医务人员工作积极性的情况,甚至引起医疗供给不足、医疗质量下降等情况。基金的实际使用情况也取决于医院或医生，无法从医保的角度对不同级别的医院形成服务能级激励，容易造成三级医院人满为患、基层医院门可罗雀的现象。DRG支付则通过组数、权重、CMI、时间消耗指数、费用消耗指数、低风险组死亡率等指标展开医疗服务能力、效率与质量的评估，并通过权重调整引领医院高质量发展，实现医保基金的高效使用。该支付方式推动医院在合规、控费的基础上，进一步加强院内精细化管理。入组率是DRG支付的重要影响因素之一，因此，院内医保管理架构在原有基础上需进一步增加病案室，同时为形成院内有效激励，辅以绩效考核，将绩效办纳入院内医保管理工作小组。在院内数据分析及绩效考核指标制定时，考虑DRG关键指标，从原有的院、科两级分析，进一步细化到院、科、病组、医生个人四级分析，且进一步展开同类医院间的横向比较，充分认知自身学科或病组的优势与劣势，扬长补短，促进医院医疗业务水平提升。

2. 医院财务管理的调整

随着全民医保的实现，医保的覆盖范围与保障水平不断扩展与提升，公立医院的收入构成中，医保收入占比逐渐增大，医保基金能否及时、足额拨付进一步影响到医院的经济能否平稳运行。在传统的按项目付费模式下，医院的收入取决于所提供的医疗服务项目数量及价格，由于医疗服务实行政府指导价，相对固定，为防止出现收不抵支、医院无法正常运转的情况，医院会通过增加服务供给来保障医院收支平衡。就医保基金收入而言，只有出现违反医保支付限定或相关政策的情况，才会发生医保追款或罚款，即只要确保各项收费合理合规，医保收入则相对稳定。

在总额预付制下，医保局按月拨付资金，并于年终进行统一清算，超出医保总额预算的部分按"超支分担"的原则，部分不予拨付，这部分拒付金额与医保监督检查中产生的扣款与罚款共同成为医院的"亏损"。随着信息化水平的不断提升，医保监管逐步细化，检查频率较之以往也有所增加，因而导致相关扣款及罚款也明显高于以往。同时，由于疾病的产生存在不确定性，故患者的医疗需求也难以精准测算，公立医院应立足公益性定位，尽可能满足不同患者的医疗需求，但若患者数量增长将不可避免地出现总额超支，过度超支则会引发医院"经济危机"。在总额预算超支和医保监管扣罚的双重作用下，医院的财务管理风险进一步加大。一方面，在总额预算下达后，财务处应联合医保办、医务处、门急诊办公室等多部门基于历史情况及当年医院发展目标，科学、合理地分解预算并监督执行；另一方面，加强对诊疗项目、药品、耗材的使用监管，尽量减少因违规收费而产生的扣款。

从广义上来说，DRG付费模式与总额预付制相似，医院垫付的医保资金与医保实际拨付资金间的差额构成医院医保收入的"盈"或"亏"。但是，由于当前的DRG付费是医保局与医院间的结算方式，而患者与医院间的结算仍是按项目结算，因此，患者实际结算中的医保统筹支付与该疾病病组的医保支付标准间的差额才是盈亏平衡的关键，而患者个人支付部分与DRG医保实际支付标准之和才是真正意义上的"收入"，扣除成本后，才可算是医院的盈余。且因DRG支付有权重调整，CMI指数、RW值等开始成为影响医院收入的重要指标，医疗能力、效率和质量与医疗费用间形成联动，传统的诊次成本核算、床日成本核算及医疗服务项目成本核算已难以满足当前医院运营决策需求，需在院、科两级成本核算的基础上进一步细化至病种成本分析，并充分考虑不同病种难度相对应的资源消耗，结合个体治疗的差异性，准确计算盈亏平衡点。

3. 医院专科病种的调整

2010年，原卫生部（现国家卫生健康委）提出建设临床重点专科，并公布了评估方案及评分标准，随后各省市相继开展重点专科的建设和评估工作。国家临床重点专科的成功申报是医院或科室能力的体现，后续该专科不仅能获得经费支持，在医院评审、专科技术准入、科研立项、继续教育、相关培训基地认可、评先评优和专科医务人员学术任职、国际交流、评先评优等方面也能获得一定的政策倾斜，因此，各大医院在很长一段时间内对重点专科的建设热情高涨。

"十三五"期间，原国家卫计委（现卫生健康委）提出进一步加强对临床专科建设发展的规划引导和支持。为满足人民群众对优质医疗资源的需求，解决跨区就诊问题，2017年，《"十三五"国家医学中心及国家区域医疗中心设置规划》提出打造国家医学中心和区域医疗中心，只有具备一定数量的国家级临床重点专科，并且医疗技术水平、临床业务能力、教育、科研等各方面均符合相应标准的医院才可参与评选。以"双中心"的引领、辐射、带动作用，实现医疗资源的结构优化和布局调整，不断提高我国整体医疗服务水平。

在"十二五"和"十三五"临床重点专科建设的基础上，结合当前疾病谱、就医需求等多方面因素，"十四五"时期构建了整体性、系统性、制度性临床专科能力建设要求，以重大疾病诊疗需求为导向，建设临床重点专科群，加快优质医疗资源扩容和区域均衡布局，形成临床专科能力建设的长效机制，带动诊疗能力提升，为公立医院高质量发展打下坚实基础。

由此可见，既往医院重点专科、重点病种的建设主要受到卫健委等卫生主管部门政策导向的影响，而从医保支付方式改革的角度来看，在实施DRG支付之前，按项目付费或总额预付制从其本身的内涵而言，不会对医院的重点专科、重点病种造成影响，二者只是医保基金拨付的一种方式，不会对拨付基金设置使用科室或病种的限制。但上海市为了提高医保总额预算的科学性、合理性和公平性，在2014年与复旦大学数学科学学院和复旦大学公共卫生学院合作，通过对2010—2016年医院整体数据和长期以来医保数据的挖掘、整理、建模，形成了多维度的数学模型，从卫生资源、服务情况、重点病种、重点学科四个维度进行医院年度总额测算，使得医保基金的拨付与重点专科和重点病种挂钩，但只是激励模式而非控制手段，即重点专科和重点病种数量越多、医疗质量越好、医疗效率越高，医院获得的总额预算就越多。

在实行DRG支付后，不同病种的支付标准势必会对医院的重点病种带来一定的影响，进而影响重点专科。一般认为，重点专科或重点病种是该科室医疗业务水平的象征，因此会吸引更多的疑难杂症患者前来就医，而复杂的疾病通常伴随着较高的资源消耗，以地区平均水平测算得到的支付标准可能会出现支付不足的现象，从而导致越高难度的科室或病种亏损越严重，不利于科室或医院的良性发展。为防止该现象的产生，一方面有赖于医保局在分组器、支付比例及特病单议等政策上的有效调整，另一方面则需要医院自身调整病种构成，在落实三级医院公益性功能定位、聚焦危重疑难杂症的同时，以新技术、新项目的持续开展和医疗效率的不断提高，有效降低医疗成本，促进临床科室"量"与"质"的良性循环。

4. 医院绩效考核的调整

绩效考核是影响医院运营、工作人员工作效率的重要因素，科学、有效的绩效考核方案可以促进院内各科室在有限资源条件下的良性竞争，从而激发各科室医疗技术水平的提升和业务创新上的活力，以实现医院的进步与可持续发展。绩效考核方案受到上级部门政策导向及医院自身发展目标的双重影响，作为医院重要收入来源之一的医保基金，其支付方式的转变将引起院内绩效考核方案的动态调整。

"计划经济"下的公立医院充分具备公益性，但发展能力不足，导致医疗技术水平难以提升。随着社会主义市场经济的建立，为保障正常运转，医院更倾向于以数量规模为主的外延型发展。并且，在按项目支付的模式下，医院处于持续扩张阶段，需以足够的业务数量来保障收入，实现经济的平稳运行，在此导向下，院内的绩效考核在保障成本/收益的同时，侧重于业务量的增长。

第一，随着总额预付制的全面铺开，医院开始形成控费意识，根据年初制定的医保预算院内科室分配方案，每月开展执行情况分析，针对超支的科室，按超支比例在月度绩效考核中进行扣减，以尽量避免预算超支带来的财务风险。

第二，考虑到国家临床重点专科建设的不断推进，以及总额预算数据测算与重点专科、重点病种间的正向关联，对重点专科及病种单独增加绩效奖励，用以激发临床积极性。

第三，受药品、耗材取消加成的影响，开始进一步聚焦劳务性收入，针对此类收入高、新技术、新项目开展多的科室给予绩效考核倾斜。第四，面对日益严峻的医保监管形势，在常规检查中产生的医保扣款及罚款，经责任认定后通过绩效考核下扣至科室或个人，起到警示作用，进一步规范临床医疗行为。

DRG不仅是医保支付的工具，也是有效衡量医疗服务质量-效率的工具，其本身就可用于院内绩效考核，DRG医保支付方式改革则进一步加强了院内绩效改革的必要性和迫切性。就考核层级而言，在原有的院-科-个人基础上，进一步增加按病种考核，并结合财务成本分析，基于盈亏程度计算奖励与扣罚。就考核维度而言，参考DRG关键指标，CMI值、RW值、时间费用消耗指数等，针对难度大、效率高的病组增加绩效奖励。就功能定位而言，充分考虑学科特色及发展目标，若因DRG自身缺陷导致的科室或病种出现亏损，给予一定绩效扶持，防止此类科室丧失工作积极性，充分保障患者就医需求，立足公益性定位，专注危重疑难杂症的救治，展现医疗技术水平。

（二）医药服务价格管理

1. 医保三目录动态管理

医保三目录指医保药品目录、诊疗项目（医用耗材）目录、医疗服务设施范围，对应到医院的实际工作则为药品、耗材、诊疗项目的管理，主管部门分别为药剂科、资产管理处和财务处。院内医保三目录的调整通常结合医保政策变化及临床实际需求，从项目编码、价格、使用范围限制三个方面，由主管部门指定专人进行动态信息维护，其中，药品、耗材还需完善进销存管理及使用情况分析。

随着医保药品目录调整周期缩短、调整时间相对固定，医院内部需形成规范化工作流程，以确保该项工作的顺利落地、平稳过渡。首先，对比医保药品目录与院内在用药品清单，明确新增药品、剔除药品及调整药品。其次，了解临床用药需求和历史用药情况，结合临床药师综合评判结果，召开院内药事会，遴选入院新药，在新药正式入院前采取临采模式，确保药品及时供应。最后，提前完成价格、支付比例、医保适应证、停用调整，设置生效时间，确保政策的精准执行，并提前通知临床科室，及时调整用药方案。在日常的药品管理工作中，因医院的在用药品有数量限制，而患者疾病的发展有不确定性，当治疗所需药品不在院内药品目录清单内，须畅通临时采购流程，确保患者就医得到保障。

公立医院医用耗材种类繁多、专业性强、规格复杂、使用量大，导致其管理难度较大。医用耗材的管理涉及采购、入库、临床申领使用、收费、库存盘点等多个环节，包含数量正确、使用合理合规等多项要求，故需形成资产管理处、医务处、院感办、医保办、信息科等职能部门协同管理的工作组。医用耗材的新品准入应当经过院内耗材管理委员会论证，在供应商的选取上应综合考虑资质、企业信誉等条件，同时开展基于质量、价格、效果的综合分析，选择更具优势的产品。搭建院内耗材管理信息平台，集供应商资质证件、耗材规格、科室采购需求、出入库登记、临床使用收费等功能于一体，依托REID码，实现"一物一码一扫描"的可追溯、全流程封闭管理。

医疗服务水平是医院的核心竞争力，通过诊疗项目的广度与难度得以体现，而诊疗项目的不断拓展则依托于医院新技术、新项目的开展，因此，以绩效考核手段激发临床的创新活力显得尤为重要。根据《新技术新项目准入制度》，针对临床提交的申请表，由医疗技术临床应用管理委员会和医学伦理委员会进行评估、审核，确保开展合法合规，后由医务处、医保办、财务处等部门联合对医院医疗新技术申报、物价实行统一梳理，推动临床的合理应用及规范收费管理，并加强医疗新技术的日常监督和动态追踪评价管理，确保新技术的应用质量，保障医疗安全。

2. 医疗服务价格调整

20世纪50年代，政府对医院的财政拨付不足，为保障医院的正常运转，允许药品、耗材加价销售，在后续很长一段时间内药品和耗材收入成为医院的重要收入来源，甚至出现"以药养医""以械养医"的情况，医院公益性逐渐丧失。为了切断医院与药品、耗材之间的利益联系，国家于2017年、2019年分别实现了药品加成、耗材加成的全面取消，并按照"总量控制、结构调整、有升有降、逐步到位"的原则逐步开展医疗服务价格调整，用以补偿医院因取消加成造成的收入损失，保障医院的正常运转，通过提高反映医务人员劳动价值的医疗服务项目价格，调动起其参与改革的积极性与主动性。

多方研究表明，医疗服务价格调整有利于医院收入结构的优化，促进了药占比、耗占比的降低，但是二者占医疗收入的比重仍然较高，不同医院补偿率差异较大，部分医院因补偿不足出现亏损，运营压力增大。从患者角度来看，就医负担并未明显减轻。医疗服务价格的动态调整涉及药品、耗材、检查、化验、医疗服务等多项内容，且有升有降，政策执行初期医院收支变化情况难以精准预测，故需加强业务数据的动态、及时监测，为医院运营策略的调整提供决策参考。根据项目大类，分析政策执行前、后医院收入结构的变化，并展开精细化成本核算，进一步明确医院、科室乃至具体项目的盈亏，针对亏损的部分究其原因并采取优化措施。

医疗服务价格改革的根本目的是减轻群众就医负担、推动公立医院高质量发展，取消加成政策使得药品和耗材从收入转变为成本，医疗服务价格调整则强调医务人员技术劳务价值，二者直接推动了医院对药品、耗材的管控，以及对劳务性收入项目的鼓励开展。首先，从质量、效果、价格等多维度展开对比分析，进而选择经济效益更高的药品及耗材。其次，加强临床的使用监督，针对药占比、耗占比过高的科室或病例展开合理性分析，发现问题及时与科室沟通，以"回头看"模式确保整改到位。最后，在绩效考核方案中加大对劳务性收入的奖励，形成激励机制，推动临床自觉优化科室费用结构。

3. 集中采购政策执行

为进一步提高医保基金的使用效率，切实降低患者就医费用，国家医保局于2019年起，按照"招采合一、以量换价、及时回款"的操作原则，开始组织药品、耗材的集中带量采购，基于药品一致性评价、耗材全生命周期质量监管，保障患者用较低的价格用上质量更好的产品。

带量采购，顾名思义，最重要的工作环节为"报量"和"采购"。最初的药品采购量由医保局直接根据上一年度实际使用量按比例测算，后续逐渐发展成为上一年度使用量与本年度预估使用量综合考虑后上报采购量，允许因特殊情况出现采购量明显上升或下降；耗材的带量采购则基于药品的工作经验，在参考历史总量的基础上，由医院自行统计上报。该统计模式的优化更具科学性，给了医院充分的自主性去按照发展目标调整用药情况，也可减少类似新冠疫情等特殊情况引起的部分药品使用量激增的影响，避免出现因客观因素导致的采购量未完成现象。但这也给医院的使用数量统计和预测提出了更高的要求，一方面要根据采购目录准确筛选院内在用目录，并统计全年使用情况；另一方面需根据使用科室，深入了解临床需求，估算未来使用量。同时，随着带量采购政策的常态化，医院应进一步考虑基于历史数据，结合时间序列预测模型、因果关系预测模型等方法，提高采购量预测的精准度。

中标结果公布后，即进入政策"执行期"，各家医院根据最初上报的采购量进行药品采购及使用。首先将中标品种和院内在用情况进行比对，调整在用目录并通知临床科室，且为满足用药需求多样性，酌情保留同类可替代产品。因带量采购引起的价格大幅下跌，会使得部分人群对产品的质量造成怀疑，从而产生抗拒心理，对此需加强政策宣教，转变该类人群的观念。带量采购的结余奖励政策，进一步提高了医院使用中标产品的意愿，由于结余奖励的计算方式还涉及同类替代品种的使用情况，故在鼓励临床优先使用中标品种的同时，由临床药师展开中标品种及其同类替代品种的使用监测与分析，针对采购量完成不理想的科室视实际情况展开约谈，并将医保结余留用基金用于采购量达标科室的绩效奖励。

（三）多层次医疗保障下的医疗服务供给

1. 医保、商保融合下的医疗费用支付保障

《"十四五"全民医疗保障规划》明确指出我国的多层次医疗保障制度体系以基本医疗保险为主体，医疗救助为托底，由补充医疗保险、商业健康保险、慈善捐赠、医疗互助等共同构成。在患者就诊及费用结算上，最常见的是享受城镇职工医疗保险或城乡居民医疗保险报销待遇，其中，高血压、糖尿病、尿毒症、恶性肿瘤等疾病患者可进一步根据各地不同的医保政策标准，经申报审批后享受门诊慢性病、门诊特殊病或门诊大病待遇，并于医院直接持卡结算。该三类待遇作为基本医疗保险的重要组成部分，实现了参保人报销水平的提高以及个人就医负担的减轻。近年来，为进一步盘活个人账户基金，发挥医保共济保障功能，一方面允许参保人利用账户余额购买指定范围的商业医疗保险，如沪惠保，另一方面建立门诊共济账户，实行"家庭共济"政策。

无论是基本医保的持卡实时结算，还是共济账户基金的无感支付，均需建立在医院和医保部门结算系统的数据交互基础之上，故医院必须按医保要求实现院内信息接口和系统的改造，结合不同参保人群对应的医保待遇及限制完成基础信息维护设置，保障结算路径的畅通与正确、医保交易信息上传与发票费用明细等信息及时、准确、无误。此外，由于"门慢""门特"或"大病"等针对特定的疾病，支付范围可能也有药品、耗材和诊疗项目限制，需要由医生或专职人员进行病种、治疗项目的审核，通过定期的政策培训，加强临床与审核人员间的沟通，提升工作人员对医保政策与临床业务的把握，利用信息系统对患者医疗费用进行分拆结算，人工与信息的结合在确保参保人享受应有待遇的基础上，保证费用发生得合法合规。

我国的基本医疗保险以"广覆盖、保基本"为特点，商业医疗保险作为其补充，有助于进一步提高医疗保障程度。2012年，《关于开展城乡居民大病保险工作的指导意见》揭开了大病保险试点推行的序幕，"太仓模式""湛江模式"等作为典型的商保与医保结合模式，在提高大病保险的保障水平上取得了显著成效。商业医疗保险公司承办大病保险是基本医保与商保融合发展的模式之一，而作为医院，尤其是大型三甲医院，也会接诊无医保、仅有商保的患者群体。当前商保的报销模式大部分都是患者就医结算后持发票至保险公司报销，必然有一部分费用需要患者先行垫付，若金额较大，则会给患者带来一定的经济负担，医院可参考

商保公司与医保部门的合作模式,探索与商保公司的合作及费用直付。一是保险公司与医院直接联网结算。以美国为例,购买商业医疗保险的被保险人发生的医疗费用,可从其持有的医疗保险卡中直接抵扣,卡内余额不足部分则由其自行支付。二是保险公司将保险款"预存"在医院,当该保险机构参保人发生医疗费用是直接从"预存款"中扣除。三是建立第三方结算系统,因医院费用结算模式、保险公司或险种间结算待遇存在差异,可由第三方结合双方需求,进行数据标化转换,实现医疗费用的结算和保险待遇的报销。

2. 普通、特需医疗相结合的多元化供给

公立医院作为我国医疗服务供给的主体,其所提供的医疗服务项目范围、数量、质量等直接影响患者就医需求是否得到满足。从服务方式来看,医院提供的服务范围可区分为门诊、急诊和住院;从类型来看,则可以分为普通医疗和特需医疗。

门诊是患者就医的第一个窗口,科学、清晰的类型划分有助于患者准确高效地找到自己所需就诊的科室。根据全国医疗服务价格项目规范管理规定,门诊分为普通门诊、专家门诊、特需门诊三类,结合医院的科室划分,一般会设置为某科室下的普通、专家及特需门诊,同时,为了方便患者在缺乏医学知识、不了解自身症状对应的学科专业情况下,更易找到正确的科室或医生,开设以疾病或症状命名的专病门诊为患者提供选择参考,避免患者因门诊选择出错而往返奔波,减少资源浪费。

受传统观念影响,无论大病小病,部分患者都更倾向于大医院、大专家,引起了挂不到号、就诊时间等待过长的"看病难"问题,也不利于实现医疗资源的有效分配。通过"精准预约"挂号模式,患者提前上传病情相关材料,经鉴别后转至专业对口、级别合适的医生处,实现"按需分配",落实分级诊疗体系中专家的功能定位,实现医疗价值最大化。同时,结合分时段预约,减少患者的排队等待时间。

随着医学学科的不断细化,各科室或医生在本领域内的业务水平专业性也更强,但现代医学的"生物–心理–社会"模式表明人体的健康或疾病受到多种因素影响,且患者也可能同时患有多种疾病,因而在治疗上更需要学科间的交叉融合、科室间的通力协作,故多学科联合门诊、院内外会诊、MDT等更能满足患者就诊需要。

当前我国医疗服务需求与供给之间的矛盾仍然严峻,而随着经济水平的不断提升,部分经济条件允许的患者期望得到更好的医疗服务与环境,同时在经济全球化背景下国际化医疗需求也越来越多,特需医疗及国际医疗部的出现进一步丰富了患者就医选择,解决了部分患者群体的个性化就诊需求,《关于城镇医药卫

生体制改革的指导意见》《关于印发推进医疗服务价格改革意见的通知》等文件也为特需医疗服务的存在与收费提供了政策支持。公益性是我国医疗卫生事业的基本价值取向，作为公立医院，应在保证基本医疗服务的前提下，控制特需服务占比，满足多元化、个性化等不同层次患者的医疗服务需求。

3. 模式、流程优化下的就医便捷可及

传统的医疗服务流程中，挂号、就诊、结算、预约、检查等环节的耗时远高于患者实际就诊耗时，随着电子医保码及医疗收费电子票据的全面上线，基于"脱卡支付"的就医流程改造取得革命性进展。凭借电子医保码，实现患者在医院窗口、自助机、医生诊间的扫码结算，或利用手机进行就医费用的一键结算。通过业务环节的整合及付费流程的重塑，减少患者付费环节，缩短患者排队时间，在降低医疗运营成本的同时，大幅提升了患者满意度和获得感。

2019年末新冠疫情，在很长一段时间内影响到人们日常生活的方方面面，受防疫政策影响，部分有医疗需求的患者无法到院就诊，出现用药中断等情况，严重影响其治疗，该客观因素推动了以实体医院为依托的"H模式"互联网医院快速发展。结合医保脱卡支付的实现，复诊患者可通过互联网医院完成就诊配药医保付费等看病全过程，优化了医疗服务流程，提升了医院运行效率，扩大了服务范围，也增强了就医便捷度。随着信息化技术的提升、院内管理的优化以及相关政策的调整，互联网医院的服务范围不断扩展，一是允许代配药服务及大病医保等就医结算，二是基于智能客服缓解咨询压力，提高患者搜寻效率，三是开展部分检验、检查、治疗项目的线上预约功能，缓解线下接诊压力，四是开发互动式随访模块，实现患者全周期管理。

由于当前全国医疗资源分布不均，部分偏远地区医疗资源匮乏，当地重症患者的治疗难以得到保障，得益于跨省异地就医实时结算政策，患者可前往北上广等地区寻医问诊且通过医保支付实现本人费用负担的降低，但对于部分需长期随访的患者，两地往返的时间、费用成本较高，互联网医院则可实现患者在当地就可享受优质的医疗服务，推进合理的分级就医新秩序，一定程度上改善了医疗资源分布不均、配置不合理的情况。

结合当前深化医改的要求，为进一步提高医疗服务的可及性，医院应积极参与医联体建设，实现医联体内优质医疗资源共享、信息互通、专业互补、技术互助，带动整体医疗服务能力提升。综合运用特色专科建设、专家门诊下沉、联合病房建设、专家"面对面"查房、远程查房、带教示范、疑难病会诊及开设双向转诊通道等多种服务手段，保障患者在不同医院间的同质化诊疗管理，并帮助医联体单位创建优势专科，优化服务效能，进一步落实分级诊疗，促进医疗资源高效使用。

同时，积极响应国家定点帮扶等重大战略，在医疗技术、临床教学、科研创新等方面展开"一对一"指导，提升帮扶地区的医疗技术与服务管理水平，为当地打造高水平医疗团队，"护航"当地群众的身体健康。

（四）医保监督管理

1. 医院监管的主要内容

2021年5月1日《医疗保障基金使用监督管理条例》的正式施行，标志着我国医保基金监管制度体系建设进入了新时代。随着医保监管的规范化、精细化、法治化，医院内部的医保监管工作也面临着更高的要求。

医院医保监管，顾名思义，即为医保基金规范使用的监督和高效使用的管理。医保基金使用的范围，以医保三目录为基础，定点医疗机构服务协议书、基本医疗保险不予支付费用的诊疗项目范围等政策文件为补充，医院诊疗行为产生的医疗费用，必须满足医保部门制定的标准或要求，才可纳入医保支付，否则被视为违规。一是参保人员结算标准与其医保待遇相匹配；二是使用医保目录内的药品、耗材及诊疗项目，符合支付标准及限制范围；三是严格把握不支付范围，如整形美容、自杀等情况，不允许医保结算。医保支付作为患者就医全流程的中后端，其规范性不仅受医保相关政策的影响，更受前端医疗行为及收费行为的影响。医院或医生开展的临床医疗行为必须符合医疗机构执业许可证、医师资格证与执业证规定范围，即具备相应资质。门诊、住院病历资料是医保支付的重要依据，医疗服务的提供必须符合实际需要，即具有治疗指征。不同的药品、耗材、诊疗项目本身有其项目内涵，例如药品的适应证、耗材的使用范围、诊疗项目具体包含的治疗过程及操作，相关费用的收取，应基于客观发生的医疗行为，选择与之相对应的收费项目，即正确收费。医疗技术的快速发展为疾病的治疗方式提供了多样性选择，医保基金的有限性则希望医院提供足够、有效、适度的医疗服务，同时，部分诊疗项目内涵存在包含、交叉关系，故在医疗服务提供与费用收取时，需同步考虑经济性与合理性，即适度医疗与合理收费。

医保基金的高效使用更多依赖于支付政策的制定与优化。医保目录的动态调整，有利于患者获取临床价值高、经济性强的药品、耗材及诊疗项目；医保支付方式的改革，尤其是当前的DRG/DIP支付，则能倒逼医院在提升医疗服务水平的同时加强院内精细化管理；不同级别医院间的医保梯度支付标准，有助于分级诊疗体系的构建，实现不同层级医疗资源的有效使用；取消加成、集中采购制度结余的医保资金为医疗服务价格调整创造了空间，对医疗技术创新的支持进一步促进医学的发展，聚焦医务人员技术劳务价值的调整方向则能推动公立医院高质量发展。医院作为政策调整的重要参与方之一，应当牢牢把握政策目标，并结合院内各部门职责进行任务分解，协同推进政策落地。在制定医院发展规划及运营战略时，重点考虑政策导向，以政策助推医院高效运行、可持续发展。

2. 医院监管的重要手段

当前医保部门对医院的监管主要采取人工监管与信息化监管相结合的模式，人工监管指由监管人员基于医疗病史及费用清单，对比发现是否有错收的情况，并结合收费项目内涵进一步核查人员、设备、耗材等资质；信息化监管则指基于医院上传的医保结算明细交易数据，结合规则进行筛选，如限女性的项目是否存在男性患者发生结算、限支付天数的药品实际结算天数是否超额、A 项目内涵包含 B 项目是否存在同时收取的现象，等等。综合看来，目前的医保监管以事后监管为主，而事后发现违规必然会伴随追款、罚款等相关处罚措施，该模式有利于减少医保基金的损失，但却不利于医院的平稳运行，为防止医保扣罚、约谈、暂停结算等措施给医院带来经济、医疗运转、社会声誉等方面的不良影响，医院内部需建立人工与信息化相结合的事前、事中、事后全流程监管模式。

事前监管指根据医保的政策，展开院内临床、行政职能部门的培训，全院上下树立遵守医保法律法规的意识，以意识驱动行为的规范。同时，针对信息手段可以实现控制的项目，结合医保监管规则及院内实际情况进行预设，例如年龄、性别、参保人群的限制，对于有明确资质要求的项目设置到科室或医生个人，对于按天、按小时收费的项目设置当日最高收费数量，部分不得同时收取的诊疗项目、药品或耗材设置互斥等。无法通过系统控制的部分，在投入临床应用前，由相关部门审批，结合医保政策规定，明确费用可否纳入医保支付，在违规费用发生前就加以控制。

事中监管指对于部分无法采取系统严格管控但又有监管标准的项目，通过设置系统提示、人工审核的方式保障其规范性。针对部分有医保限制范围或最高支付标准的项目，设置系统弹窗提醒，供临床收费时参考；对于需结合诊断及病情来明确相关费用所享受医保支付标准的情况，如门诊大病等，设置人工审核窗口，由专职人员进行费用的审核与拆分结算；在医生工作站及收费系统中植入医保实时监管系统，结合既往出现的违规现象提醒医生修改，对于明确违规但仍存在收费信息的部分在结算时予以拒付。

事后监管指根据上级部门下发的违规数据及既往工作经验累计，同样采取人工与信息化手段结合的方式，基于已发生的医保结算数据，结合病史进行筛查，定期复查历史违规行为，保障其整改的有效性、持续性，针对新发生的违规行为分析其原因并通知相关部门整改。形成医保违规规则库，并依此规则扩充系统前置管控及实时监控提醒，构建院内医保全流程监管闭环，保障违规行为发生减少甚至不发生。

无论是医保基金的使用监管，还是医保政策的有效执行，均需医院各部门通力合作，因此，需建立院内医保管理小组，根据部门职责落实责任分工，以解决问题或实现目标为导向，将医保工作要求与各自主管条线的工作要求相融合，二者相互优化、相互促进，不断提升院内管理水平。

3. 医院监管的落实方式

医保部门对医院的工作要求可分为两大块，医保基金的使用监管和改革政策的有效落地。为实现医院内部的有效管理，首先应在思想上引起重视，充分认识医保工作的重要性，始终坚持把医保工作作为重要任务，与业务工作齐抓共管。在深入学习政策的基础上，结合医院实际情况，在院内形成自上而下的执行机制，以及自下而上的反馈机制，并保持与上级主管部门的持续有效沟通。

第一，结合不同的管理要求，组成行政、临床专项工作小组，通过多方协商、意见汇总形成院内工作方案，明确各部门责任分工，并由各部门细化内部工作流程与内容、负责具体执行。

第二，定期分析与反馈，实现院内管理的持续优化。就基金监管而言，针对出现的问题，形成院内医保违规收费统计报表，按违规类型进行费用统计，以费用是否减少为标准核实整改是否落实到位。就政策的执行而言，按照上级部门的时间要求，召开院内任务分工会、协调推进会、成果验收会等，解决客观问题，保障顺利推进，对于总额预算拨付、集中采购等常态化执行、动态化监管、规范化考核的政策，在政策落地后仍应开展持续性监管，以月度报表分析全员执行情况，结合政策要求，针对执行偏差采取有效管控，达成政策目标。

第三，建立院内医保管理奖惩机制，多措并举强化院内的正向、反向激励。总额预付的结余留用金额用于奖励院内医保控费成效显著的科室；DRG改革试点奖励则结合各项核心指标，构建院内科室绩效考核体系并打分，按排名设置梯度绩效奖金，引导科室参考政策调整科内运营；集中采购等存在医保配套激励措施的工作，结合上级部门的考核指标及计算方式，测算院内各科完成情况及对应的结余奖励金额，用于院内激励；基于医院自身医保管理目标，制定考核指标，例如医保投诉率、整改完成率、医保费用增幅等，纳入全院考核指标，或者设立专项经费用于年终奖励科室或个人。同时，对于违规现象较多、拒不整改、政策执行效果较差的科室采取相应惩罚措施。总额超支、常规监督检查被扣罚等现象扣减科室或个人月度奖金；经提醒但无明显改善的，采取约谈、暂停相关项目开展等措施实现有效管控；结合院内医保相关考核指标，对于考核未达标科室，在评优评先上实行一票否决制，并于部门年终考核等相关考评时进行扣减。

三、医院管理的发展方向

（一）信息化管理

《"十四五"全民医疗保障规划》明确提出加快医保信息化建设，依托全国统一的医疗保障信息平台，实现数据共享和分级管理，基于大数据提高决策科学性。同时，受当前互联网医疗的飞速发展、医院管理要求的不断提高，信息化建设既是上级部门的工作要求，也是提升医院运转效率、增强患者满意度的重要基础。

一是医疗业务信息化。提升以电子病历为核心的信息化建设水平，根据临床实际需求，优化科室常用功能。结合医疗业务流程建设各种智能医疗应用场景，包括远程实时会诊、远程重症监护等，实现流程再造；打造院内集成信息系统平台，打破多院区信息屏障，并结合当前检查检验项目互通互认要求，实现不同医院间的信息共享，为患者提供更高效、更科学的诊疗服务。

二是患者就医信息化。根据患者实际需求，构建医院门户网站、微信公众号、手机App、智能查询系统等，进一步提升患者的就医速度与质量。基于"精准预约"及分时段就诊，帮助患者和医生更加科学地协调时间，提高问诊的效率。结合医疗付费"一件事"、互联网医院等多项信息化建设的不断进步与完善，改善医院的整体服务秩序与服务效率，提升医疗服务质量和患者满意度。

三是医院管理的信息化。一方面结合医院医疗准入、职权管理、数据分析等需求，构建院内权限控制系统及业务运行监测系统，实现院内不同科室、不同级别人员的分级管理有效落实，并整合院内各部门运行数据，为决策提供参考。另一方面，将部分审批、申请流程由线下转为线上，在提高工作效率的同时，实现相关材料的有效保存及便捷查询。

（二）精细化管理

《科学管理原理》是第一本关于精细化管理的著作，科学管理学之父泰勒在书中指出，科学管理由各种要素组成，通过工作定额、能力与工作相适应、标准化原理、差别计件工资制、计划执行相分离的方式可以实现工作效率最大化。

医院的管理同样也是由人、财、物、信息等多种因素构成，参考泰勒的管理理论，医院精细化管理的实现首先应根据不同岗位的工作流程、内容及工具测算工作人员的"合理日工作量"，并将之与收入挂钩，合理安排劳动强度，实现收入与付出的相对平衡。其次，根据不同的岗位职责选择合适的人员，实现人尽其用，挖掘员工的工作潜力。再次，基于不同的工作内容，制定相适应的标准，如十八项核心制度、临床路径、医疗质量管理体系等，一方面促进医疗效率的提高，另一方面实现院内考核的公平、公正。又次，建立合理的绩效分配制度，形成激励机制。最后，临床与管理各司其职，相辅相成。

精细化管理应当以医疗业务为核心，在质量控制、流程优化、成本核算、绩效考核、数据分析等多环节提高医院整体的执行率与工作效率，推动医院运营从规模扩张型向质量效益型转变。

（三）专业化管理

当前大部分医院都存在重临床、轻管理的现象。医疗作为医院的核心业务，相关人才的培养是重中之重，加强临床医生及科研人才队伍建设，符合当前客观医疗需求和医院实际发展需要。但是，公立医院收不抵支现象使得医院的持续、良性运营受到挑战，《关于加强公立医院运营管理的指导意见》《国务院办公厅关于推动公立医院高质量发展的意见》等文件的出台进一步强调了医院运营管理水平提升的重要性与紧迫性。

与临床人员配备相比，管理人员的数量与质量确实相对较低，导致部分"管理工作"出现"转嫁临床"的现象，既影响医生临床工作的开展，也无法达到有效管理目的，引起了临床科室与行政部门"内耗"。医院的高质量发展依托于医疗水平和管理水平的双重提升，既要注重医疗与管理专业人才的培养，也要注重二者的融合发展。医院的管理以服务临床为目的，当前部分医院管理人员由临床转岗而来，丰富的临床经验使其在制定管理计划时比纯管理出身的人员更具实践性与可行性，但个人倾向、管理经验缺乏等因素也会引发相对公平性、宏观调控性等问题，故管理人员上岗前应当经过系统化的医院管理学习与培训，非管理出身人员须及时转变思想观念及角色定位，将原工作经验成为优化管理的助推器而非束缚；纯管理背景的人员也应积极深入临床，了解实际业务的开展，基于客观现实，制定、优化管理方案。结合不同岗位需求安排相关培训课程，有助于该岗位人员素质的综合提升，同时通过临床与行政双向挂职、轮岗等方式，加强沟通、交流与相互理解，从而实现双方的良性互动。

（四）人性化管理

人性化管理—指人性化的员工管理。员工的积极性、主动性和创造性是医院进步与发展的动力源泉，坚持以人为本的管理理念才能激发员工的工作热情，从而保障工作的效率与质量。马斯洛需求层次理论将人类的需要由低到高分为生理、安全、社交需要、尊重和自我实现五级。生理需要即合理的工作报酬、良好的环境等保障员工的基本生活；安全需求即保障员工的人身安全、身体健康等；社交需求即医院内部的人际交往、上下级间的沟通、工作氛围等和谐温馨；尊重需求即通过完善的激励机制，鼓励员工积极进取，认可其进步或成就，给予公平的晋升机会；自我实现即注重人才培养，知人善用，激发员工潜能，助其实现自我抱负。

人性化管理二指人性化的患者管理。树立以患者为中心的服务理念，从院内环境布局，到就医流程的设置，都应充分考虑患者舒适度与便捷性。以统一的医院标识、建筑风格、装修色调，彰显医院文化；以清晰的标牌、地面导诊线、院内电子导航系统，帮助患者快速找到目的地；基于人流量设置休息区、座椅、自助机等，实现人员分流，减少患者排队时间，优化候诊环境；发挥志愿者力量，为患者提供机器操作指导及就诊引导服务，解决残疾人、老年人等特殊群体的就诊问题；设置宣传墙，用于医患间的信息传递，通过文字、图片、视频等，科普常见病的有效预防或治疗方式，介绍医院常规业务的开展流程，如检验检查如何预约、报告如何获取，方便患者就医，缩短就诊时间。

（五）总结

国家医保局成立的目的之一是统筹推进"医保、药品、医疗"三医联动改革，在行动上通过战略购买，从而撬动医药行业结构优化。作为医院管理的重要影响因素之一，医保侧供给改革已经涉及医院管理的方方面面，医院应将其政策导向及具体措施纳入整体运营战略制定的考虑范畴，把改革政策有效转变为医院高质量发展的新引擎，坚持"人民至上、生命至上"，为持续提高人民健康水平，全面推进健康中国建设作出新贡献。

（闻　烈　钱欣月）

第二篇

医保供给侧改革

第四章 医保支付方式改革

一、概述

（一）医保支付方式概念

医疗保险费用的支付是医疗保险运行体系中的关键环节，也是医疗保险最重要和最基本的职能之一。医保支付方式是医保机构对服务提供方提供服务进行补偿的方式，指在医疗服务发生过程中，医疗保险机构对被保险人接受的医疗服务进行结算，并向医疗机构支付的具体方法。

（二）医保支付方式分类

依据医疗保险系统构成和运行过程，医疗保险支付方式主要包含医疗保险需方和供方支付方式，随着医疗保险制度的不断完善，供方支付方式已经成为医疗费用的主要支付方式。

1. 按支付时间分类

1）后付制

后付制（post payment system）指医疗保险方在费用发生后，以被保险人实际发生的医疗费用为基础向医疗服务机构进行支付。目前我国大部分地区采用基于成本的后付制，按服务项目付费（fee for service，FFS）是典型的后付制，根据各类保险制度特点和社会经济及历史传统等情况，后付制在不同国家或医疗保险制度又呈现出多种形式。

后付制的优势主要是医疗机构和医务人员在医疗服务过程中较少考虑医疗费用控制等医疗保险制度的约束，更有利于患者对医疗服务需求的满足；但后付制劣势在于风险完全由医保机构承担，可能会激励医疗服务供方产生诱导需求等道德风险，导致服务供给过度，从而造成医疗费用的上涨。由于医疗服务项目的数量及类别繁杂，不同医疗机构服务质量与科技水平存在差异，如何科学合理确定各级医疗机构各种医疗服务项目的支付标准，成为实施后付制必须面对的问题。

2）预付制

预付制（prospective payment system）指在医疗费用发生之前，保险方按照一定的标准将医疗费用预先支付给医疗服务提供方，包括人头付费法、按床日付费法、按疾病诊断相关组付费、病种付费法和总额预算法等。当前按疾病诊断相关组付费（diagnosis related groups，DRG）这一预付制已经成为支付方式改革的重点。按照预付计算的单位不同，预付制又可分为总额预付制，即以医保机构与定点医疗机构协商一定时期的总预算数作为支付的最高限度来强制性控制支付费用；按服务单元付费，即按预先确定的次均门诊或次均住院费用标准或床日费用标准支付；按工资标准支付，即薪金制；按确定的病种费用标准支付，即按人头支付方式，疾病诊断相关分组付费（Diagnostic Related groups，DRGs）；按病种分值付费（Diagnosis-intervention Packet，DIP）等。

由于后付制的缺陷，预付制得到进一步发展和应用。预付制的优势主要是能有效抑制诱导需求，较好地控制医疗机构和医务人员对医疗服务的过度提供，同时能够约束对医疗保险需方过度利用医疗服务的行为。预付制的劣势在于医疗机构和医务人员为了自身的利益，可能会采取一定的措施控制医疗服务的成本，导致医疗服务供给不足，如减少对被保险人服务数量的提供、降低医疗服务的质量等，损害被保险人的利益。确定不同支付方式的支付标准是预付制实施过程中的难点问题，针对提供服务的医疗机构的内部管理及信息系统等提出了更高的要求。

当前由后付制向预付制转变是医保支付方式改革的重要内容。世界各国医疗保险的实践表明，在控制医疗费用的效率和效果等方面，预付制比后付制更有优势，医疗保险支付方式呈现由后付制向预付制发展的趋势。

2. 按支付对象分类

1）向需方支付方式

向需方支付方式，也称为间接支付方式，指被保险人在接受医疗机构提供的医疗服务后，先由被保险人向医疗机构支付所发生的医疗费用，然后由医疗保险机构依据医疗保险相关规定或合同给予被保险人全部或部分的费用补偿。医疗保险机构与医疗服务机构不发生直接的支付关系。向需方支付方式主要包括起付线、比例自付和保险限额，由于这种支付方式流程复杂，管理成本高，不利于合理控制医疗费用，因此，向需方支付方式难以在实际工作中被进一步推广。

2）向供方支付方式

向供方支付方式，也称为直接支付方式，指被保险人在接受医疗机构提供的医疗服务后，由医疗保险机构按照医疗机构提供的服务数量和标准把医疗费用直接支付给提供医疗服务的机构。这种支付方式下被保险人只需按照医疗保险的相关规定或合同约定支付应该由个人自付的医疗费用，主要包括按项目支付、按服务单元支付、按病种支付、按人头支付和按总额预付。向供方支付方式操作简便，管理成本相对较低，有利于合理控制医疗费用，因此，在实际工作中向供方支付方式逐渐取代向需方支付方式。

3. 按支付内容分类

1）对医生的支付方式

对医生的支付方式指对医务人员所提供医疗服务支付报酬的途径与方法。如工资制、按人头付费制、以资源为基础的相对价值标准（resource based relative value system，RBRVS）等。

2）对医疗服务的支付方式

对医疗服务的支付方式指医疗机构为被保险人提供的医疗服务支付费用的具体方法，主要包括对门诊医疗服务的支付、对住院医疗服务的支付、对药品和护理服务的支付等。

4. 按支付水平分类

1）全额支付

全额支付指被保险人接受医疗机构提供的医疗服务后，医疗保险机构支付被保险人发生的全部医疗费用，即被保险人享受完全免费医疗。

2）部分支付

部分支付指被保险人接受医疗机构提供的医疗服务后所发生的医疗费用，医疗保险机构依据保险规定或合同约定只承担其中一部分医疗费用，被保险人则需要按保险规定或合同自负一定比例的医疗费用，包括起付线、按比例自付、封顶线、混合支付等。

5. 按支付主体分类

1）分离式

分离式指医疗保险机构和医疗服务提供方相互独立，医疗保险机构负责医疗保险费用的筹集与支付，医疗服务提供方则负责向被保险人提供医疗服务。

2）一体化方式

一体化方式指医疗保险机构和医疗服务提供方两者合为一体，既负责医疗保险费用的筹集与支付，又承担为被保险人提供医疗服务，如美国的健康维持组织

（health maintenance organization，HMO）。

（三）医保支付方式发展历程

1. 国外典型国家医保支付方式

医保费用支付制度在整个医保系统中发挥至关重要的作用，同时医保费用支付也是医疗保险的基本职能之一。医疗保险费用支付方式从宏观上影响着国家医疗卫生事业的发展，从微观上与患者的医疗服务数量和质量息息相关，因此医疗费用支付制度也成了各个国家政府研究的重点。通过对德国、美国、英国、新加坡四个典型国家医保费用支付制度进行整理分析，从而了解国外典型国家的医保费用支付制度的发展历程，为我国医疗保险支付方式提供借鉴经验。

1）德国医疗保险支付方式

德国是属于社会医疗保险模式，医疗保险是国家立法强制实施的，并由雇主雇员承担一定比例缴纳医疗保险费用，我国与该模式极其相似。医疗费用主要采用总额预付制，将支付体系分为两个互相独立的部分：门诊急诊系统支付体系和住院系统支付体系，并且门急诊系统和住院系统实施不同的支付制度。门诊和急诊的医疗费用支付方式以总额预算为基础，按照医疗服务的项目付费。住院产生的医疗费用支付方式最初是全额支付，后逐步发展为在总额预算的基础上，按照平均床日支付。同时，德国对医生实行"积分"付费制度，各医学会在总费用移交医学会后，按"积分"付费给医生。按照这样的方式，每一单项服务被规定为若干"分数"，每一"分数"的数值由某一类医疗费用预算和某一协会的所有医生在一年中的"分数"的总和的比值来确定。

德国根据医疗服务机构的性质和服务内容，对医疗保险开业诊所、医院和康复护理机构采取不同的费用偿付方式。德国对开业诊所采取总额预付制，由疾病基金会和医师协会、牙医协会达成契约收费标准，按人头确定服务费用；1996年以前，保险机构与医院按照定额结算，确定每家医院的平均住院床日费用；对康复机构和护理机构的费用支付是按照患者的住院天数及所确定的日服务价格计算，一般每年支付一次。

由于德国医疗保险服务项目目录涵盖范围广，将门诊和住院分开，并根据不同医疗服务机构内容的差异采取不同的医疗费用支付方式，这种支付方式不能有效提高医疗服务效率，造成医疗费用快速上涨。因此，德国从1977年开始进行持续不断的医疗保障体制改革，改革的目的是开源节流，促使制度可持续发展，改革措施主要对医院实行按病种支付医疗费用的制度，以点数法方式支付法定医疗保险补偿的门诊费用缩小患者自付比例和待遇范围。

2）美国医疗保险支付方式

由于美国形成市场经济体制，崇尚自由，强调个人自我承担健康责任的社会观念，在医疗保健和保障筹资方面衍生出以私人商业保险为主体的医疗保障制度，没有覆盖全体国民的基本医疗保健的社会保险体系。直至20世纪30年代经济危机削弱了人们支付医疗费用的能力，此后私人医疗保险随之兴起。1965年美国政府通过了由公共筹资建立政府医疗照顾计划（Medicare）和政府医疗救助（Medicaid）的法案，标志着公私混合的社会医疗保险体系形成。美国最初使用传统的一次一付费、按服务付费为主的补偿形式，但因在医疗服务过程中供给者产生引致性需求，导致其费用大幅上涨。例如，1970年医疗服务费用增长了10.6%，且GDP的增幅小于医疗支出的增幅。为此，20世纪七八十年代以来，美国采取了各类控制医疗费用上涨的改革，其中支付制度改革是主要手段之一，主要包括筹资模式预付制度改革、健康维护者组织（HMO）形式的创新、按疾病诊断组分类（DRGs）等补偿方式创新和综合的"管理保健"改革。例如，1976年，美国建立了一种新型的病例组合分类方案——诊断相关分类系统（Diagnosis Related Groups System，DRGs），并在此基础上，创立了一种新的支付方式——预付制（Prospective Payment System，PPS），DRGs系统分为1350个疾病分组，而且平均两年修改一次。

美国虽然是以商业保险为主，但是分别为65岁以上的老年人以及需要照顾的特殊群体提供了专门的Medicare和Medicaid公共医疗保险。美国原有的商业医疗保险模式在奥巴马医疗改革之后发生了巨大的变化。2010年，时任美国总统的奥巴马签署《患者保护与平价医疗法案》（patient protection and affordable care，简称ACA法案）。该法案的内容包括压缩Medicare支付给医院和其他医疗服务提供者的巨额费用，要求进行支付方式改革，用新的医疗保险支付方式代替传统的按服务项目和服务数量付费。ACA法案对医疗系统支付制度做出了改变，例如实施责任医疗组织的联合支付激励和一揽子支付，从而控制医疗费用。

3）英国医疗保险支付方式

国家医疗保障模式由国家通过财政预算和国民保险税等渠道筹集医疗保险基金，为全民提供综合、平等的医疗卫生服务。英国是世界上第一个建立典型全民医疗保障制度的国家，是典型的国家医疗保障模式，由政府代表国家以税收的形式筹集医疗保险资金并通过国家财政预算拨款的形式将资金分配给医疗机构，由医疗机构向国民提供免费或低收费的医疗服务。英国国家医疗服务体系曾被世界卫生组织认为是欧洲最大的公费医疗机构和世界上最完善的医疗服务体系之一，英国根据医疗卫生机构的等级实行不同的支付制度，英国的医疗服务体系被分为三个级别，医疗保险付费方式主要分为对初级卫生保健全科医生进行支付和对二级卫生服务机构的支付。对于初级卫生保健全科医生费用支付主要是按人头收费方式来进行分配，二级卫生服务机构主要提供高质量的卫生保健服务，多数是按结果付费、采取按服务单元付费的方式来支付。所以英国医生的薪酬主要来源于三个方面：一是采取按人数付费的补偿机制，全科诊所的总额预付费用由注册居民的人数决定；二是开展一些特色的政府购买服务项目，如外科手术、儿童健康、康复指导等；三是通过质量与结果框架（Quality and Outcomes Framework，QOF）考核后的额外奖励费用。QOF 考核奖励约占全科医生平均年收入的 20%。

4）新加坡医疗保险支付方式

新加坡的储蓄基金型模式指主要通过强制性储蓄积累方式满足居民的医疗保障需求，特点是筹集医疗保险基金是根据法律规定强制性地把个人消费的一部分以储蓄个人公积金的方式转化为保健基金。它是以保健储蓄为基础，强调个人责任的同时又发挥社会共济、风险分担的作用。医疗储蓄基金支付采取按项目支付，设定封顶线，即医疗储蓄账户拥有者及其亲属，无论是工作还是退休期间，患病时均可从医疗储蓄账户提款，支付住院、手术和特定的门诊费用；但对提取的项目和相应的提款数额设有严格的封顶线；允许用账户支付相对昂贵的门诊治疗费用，病种限定在放疗、化疗、肾透析、人工受孕、艾滋病药物治疗和 B 型肝炎疫苗注射；每个保险年度可索赔的限额为 20 000 新元，终身为 80 000 新元。

新加坡储蓄基金支付方式通过实施健保双全计划和保健基金计划来实现其支付功能。健保双全是一项保费低的医疗保险计划并带有共同支付的功能，并可用保健储蓄账户中的公积金支付相应的保险费，主要负担患者大额医疗费用与慢性病的基本医疗保险，对投保者的住院及部分门诊费用给予偿付；主要针对 B2 级与 C 级病房和政府选定的公立医院进行补贴，住院津贴最高为 80%。就诊人员可利用"健保"双全医疗保险以及公积金账户内的保健储蓄来支付其住院账单。保健基金计划作为保健储蓄计划的补充，是新加坡政府设立的一个保本基金，为新加坡公民提供医疗安全网，主要用于资助保健储蓄仍不足以支付医疗费的贫困国民。

2. 中国医保支付方式制度演进历程

医保支付方式作为医保基金代表参保人对医疗服务提供方进行经济偿付的制度安排，对降低患者看病负担、控制医疗费用、调节医疗服务行为和促进医疗资源配置起到了重要的经济杠杆作用。我国医保支付方式的制度演进历程伴随社会医疗保险制度的建立、改革和完善而不断发展。

改革开放初期的公费医疗时代，为了实现控费目标，诸多地区引入医疗费用定额包干的做法，"剩余归己，超支自理"。20 世纪 80 年代初，为了配合经济体制改革和国有企业改革的推进，我国医疗保障制度改革主要围绕医疗费用控制、建立责任共担的社会医疗保险制度进行，改革探索采取自下而上、逐步推进的方式进行。

1997年医改出台《关于卫生改革与发展的决定》，提出"基本建立社会统筹与个人账户相结合的城镇职工社会医疗保险制度。建立对医患双方的制约机制，积极探索科学合理的支付方式，有效地控制医药费用不合理增长"。1998年国务院发布《关于建立城镇职工基本医疗保险制度的决定》开启社会医疗保险时代。1999年的配套文件《关于加强城镇职工基本医疗保险费用结算管理的意见》提出，"采取总额预付结算、服务项目结算、服务单元结算等方式"，明确了我国医保支付方式的基本框架。在该阶段，许多城市自主探索支付方式改革，出现了上海的总额预付下的分级预算管理、淮安的按病种分值结算、柳州的"总额包干"的约定项目结算、牡丹江和济宁的单病种付费等典型经验。

2009年《关于深化医药卫生体制改革的意见》提出，"完善支付制度，积极探索实行按人头付费、按病种付费、总额预付等方式"。随后的配套文件《医药卫生体制改革近期重点实施方案（2009—2011年）》，"鼓励地方积极探索建立医保经办机构与医药服务提供方的谈判机制和付费方式改革"。2011年人社部出台《关于进一步推进医疗保险付费方式改革的意见》要求，"以医保付费总额控制为基础，结合门诊统筹探索按人头付费，针对住院和门诊大病探索按病种付费"。

2012年人社部出台的《关于开展基本医疗保险付费总额控制的意见》要求，"用两年左右的时间，在所有统筹地区范围内开展总额控制"。同年，原卫生部也出台了《关于推进新型农村合作医疗支付方式改革工作的指导意见》，要求"推进新农合支付方式改革，门诊费用以总额预付为主，住院按病种付费、按床日付费等支付，鼓励各地参照疾病诊断相关组（DRGs）付费"。为了进一步提高医疗保险支付方式的引导作用，提高医疗保险基金的使用效率，2016年人社部出台《关于积极推动医疗、医保、医药联动改革的指导意见》，要求"全面推进付费总额控制，加快推进按病种、按人头等付费方式，积极推动DRGs应用，探索总额控制与点数法的结合应用，建立复合式付费方式"。2017年国务院办公厅印发《关于进一步深化基本医疗保险支付方式改革的指导意见》，提出"全面推行以按病种付费为主的多元复合式医保支付方式，各地要选择一定数量的病种实施按病种付费，选择部分地区开展DRGs付费试点。2018年12月，国家医保局发布《关于申报按疾病诊断相关分组付费国家试点的通知》，提出"加快推进按疾病诊断相关分组（DRGs）付费国家试点，探索建立DRGs付费体系"。

2020年，医保支付方式改革覆盖所有医疗机构及医疗服务，全国范围内普遍实施适应不同疾病、不同服务特点的多元复合式医保支付方式，按项目付费占比明显下降"。同年，国家卫健委在深圳市、克拉玛依市和三明市开展 DRGs 收付费改革试点。

在上述政策指导下，我国医保的角色已经从制度建立初的事后付费者向战略购买方转变，支付方式也由单一付费不断向多元复合式付费发展。目前，医保支付方式基本上形成了"以总额控制为基础，以协商谈判和风险共担机制为核心，门诊按人头付费、门诊慢病、大病和住院按病种付费为特点，项目付费不断减少，病种分值和 DRGs 付费正在逐步推进"的总体框架。

二、数量付费法

（一）总额预算支付方式

总额预算（global budget）支付方式，通常简称总额预付制，指医保经办机构通过对服务地区的历史数据、人口密度、医院规模、服务数量和质量、设施设备等因素进行综合考察和测算之后，根据上年度实际发生的医疗费用和协议约定的增长率，制定定点医疗机构下年度的医保支付总额，向定点医疗机构定额包干，盈亏自负或超支合理分担。预算总额一般一年调整一次。实践过程中，总额预算分为两类：对每个定点医疗机构的定额包干预算和对区域内所有定点医疗机构进行定额包干预算。总额预算支付方式是一种供方支付方式，主要用于住院医疗费用的支付，偶尔也用于门诊医疗费用的支付，属于预付制类型。

总额预算支付方式的优点：①能够有效控制医疗费用增长，促使医院在收入总量固定的条件下主动控制服务成本，提高医疗资源利用率；②预算总额一般由医疗保险经办机构通过直接或协商的方式分配给区域医疗服务机构，采用定期预支、年终结算的方式，操作简单，管理成本较低；③医疗保险经办机构仅履行基金的管理职责，超支医疗费用由医疗机构全部或部分承担，双方责任明确，有利于降低医保基金赤字风险。

总额预算支付方式的缺点：①预算总额标准的确定比较难，医疗机构为了节约成本而降低医疗服务质量，甚至推诿医疗资源消耗多的重症患者，更倾向收治轻症患者的可能；②医生为避免使用医保目录范围内的服务和药品而过多使用自费项目，导致患者自付费用增加；③激励效果较差，抑制了医务人员临床创新的积极性。

（二）按服务人次支付方式

按服务人次支付方式（Flat Rate）指制定每一门诊人次或者每一住院人次的费用支付标准，医疗保险机构根据医院实际提供的服务人次，按照每一人次的费用支付标准向医院付费。当费用低于标准时，按实际费用结算；费用高于标准时，在经过定额标准结算后，超出标准并符合条件的部分，由双方按比例分担。

按服务人次支付方法优点：①简便易于操作，管理成本相对较低；②能够促使医疗机构形成服务成本优化的内驱动力；③事先确定的付费标准有助于缩短患者住院时间，减少患者医疗费用支出，提高医疗机构的经济效益，从而有效地控制医疗费用。

按服务人次支付方式缺点：①医院的收入与服务次数直接相关，可能会出现对住院患者的住院次数或住院时间进行分解或延长，以增加住院总日数或门诊次数等；②医院出于成本控制需要，可能会出现选择性收治患者，加深医患矛盾；③易使医疗机构削减必要的医疗服务，导致服务质量下降。

（三）按服务项目支付方式

按服务项目支付（Fee For service），指医疗保险机构和医疗服务提供者预先确定各类医疗服务项目的支付标准，医保经办机构根据患者在定点医疗机构接受的各类医疗服务项目，如挂号、检查、护理等，按项目服务量乘以项目单价加总的方式进行费用偿付。其主要操作流程是根据临床路径确定服务项目，再针对服务项目成本制定每项服务的付费单价，参保人员在享受医疗服务时对服务项目逐一计费，由医保基金和参保患者按照各自支付的比例进行结算。按服务项目支付方式属于典型的后付制，符合一般的市场规律，适用范围广泛，是目前多数地区住院服务的主要支付方式。

按服务项目支付方式的优点：①医疗服务的实际数量很大程度决定了医疗机构的收入，因此，为增加就医患者医疗机构会升级和完善医疗设备、技术和服务等硬件和软件，有利于医疗技术进步，调动医疗服务提供者工作积极性；②医疗服务提供方将以患者需求为导向，不断提高自身的专业技能和医疗水平，促进医疗服务能力持续提升；③患者可以选择更加多样性的医疗服务、患者自主权力大，满足了多样化的就医需求；④医疗费用支付额仅需依据服务价值标准，收费方式简单，易于操作。

按服务项目支付方式缺陷：①属于后付制类型，账单审核在事后、工作量大，管理成本高；②医疗消费存在供方主导性，医生为了逐利可能会存在诱导需求和过度供给倾向，导致医疗费用不合理增长，不利于解决"看病贵"问题；③由于后付制的无约束支付特征为医院的道德风险和寻租提供了可能，加剧公立医院的畸形发展，导致区域内医疗卫生资源的优化配置，制约基层医疗机构提升服务能力，不利于解决"看病难"问题；④该种支付方式会促使医疗机构扩张发展，医疗机构为增加收益过度重视高、精、尖诊疗技术，弱化对预防保健的投入，造成重治不重防局面。

三、前瞻支付法

（一）按病种支付方式

按病种付费是一种新型医疗费用支付方式，以疾病分级为基准，制定病种付费标准金额，医保部门依据病种标准支付给医疗机构。根据采用疾病诊断及手术操作的多少、次序以及是否考虑病例个体特征和严重程度可以将按病种付费分为单病种付费、疾病诊断相关组付费（DRGs）、区域点数法总额预算和按病种分值支付（Diagnosis-intervention Packet，DIP）。其中医疗机构投入与所治疗的住院病人数量、疾病复杂程度和服务强度成正比。

按病种付费的优点：①有利于医疗机构和医生产生节约成本，减少医疗资源浪费，合理控制医疗费用；②有利于医疗机构和医务人员提高诊疗水平，缓解医患关系，提升医疗服务效率；③该支付方式对管理要求较高，有助于促进医疗服务的标准化和规范化，提高整个医疗系统的管理水平。

按病种付费的缺点：①操作难度较大，对病种的分类及标准制定技术要求较高，定价需要大量数据支撑，对制定者专业要求高。②按病种付费会促使医院或医生推诿重症患者，提高被保险人疾病等级，诱导患者手术和住院，或者让被保险人提前出院，降低服务强度，影响医疗服务质量。

（二）按疾病诊断相关组支付方式

按疾病诊断相关组（Diagnosis Related Groups，DRGs）支付方式，是以国际疾病分类法（International Classification of Diseases，ICD）为基础，兼顾成本和效果的支付方式，即综合考虑病例的年龄、疾病诊断、合并症、并发症、治疗方式、病情严重程度及转归和资源消耗等因素，将患者分入若干相关诊断组进行管理的体系。它采用预付管理机制，对各DRG病组制定定额支付标准，将复杂随机的医疗支付过程标准化，支付方不再依据患者住院实际花费付账，而是按照DRGs组确定的医疗服务的对象和结果进行支付，也称为按疾病诊断相关组-预付制（DRG-Prospective Payment System，DRG-PPS）。目前，按DRG付费是国际上普遍认同的用于衡量医疗服务质量效率以及进行医保支付的分组工具，主要适用于短期住院患者疾病费用支付，具有全覆盖性、成本一致性、动态调控性和可比较性。

按疾病诊断相关组支付方式的优点：①由于医保支付给住院患者的医疗费用只与诊断病种有关，能够激励医院主动控制成本，减少不合理费用的发生；②制定了规范的诊断相关组并对其所消耗的资源进行评估和测算，有利于规范医疗服务流程，促进医疗服务质量的提高；③通过统计方法将疾病与诊断相关、诊疗资源消耗相近的疾病聚类到一组进行管理，有效简化了医保管理，可推动医保支付管理和医院绩效管理有机结合。

按疾病诊断相关组支付方式的不足：①DRG分组和应用需要较好的信息基础条件和专业人员队伍，效能发挥受制于病案质量改善和诊疗流程的规范化；②DRG成本核算和定价存在滞后性，不能很好地体现当前价格政策，需要进行适时调整；③医院为了获得更多的补偿，会出现编码高靠、分解住院、推诿重症病人等问题，加重患者疾病负担，需要配套建立基于DRG的智能监管来应对。

（三）按病种分值支付方式

按病种分值支付方式，亦称"基于大数据的住院按病种分值付费"（Big Data Diagnosis-intervention Packet，DIP）分值付费，是基于病例分组的医保支付方式，根据不同疾病类别所发生费用之间的比例关系，给相应的病种确定病种分值，并在总额预算机制下，根据年度医保支付总额、医保支付比例及各医疗机构病例的总分值计算分值点值；医保部门基于病种分值和分值点值形成支付标准，对医疗机构病例实现结算的支付形式。

病种分值支付方式通过大数据分析技术，利用患者"疾病诊断＋诊疗方式"的共性特征对病案数据进行客观分类形成病例组合，能够减小组内差异度，客观反映疾病严重程度、治疗复杂状态、资源消耗水平与临床行为规范。按病种分值付费反映临床客观现实，较易为医院接受，是我国本土发展的病例组合发展方式，主要适用于住院医疗费用结算（包括日间手术、医保门诊慢特病医疗费用结算），精神类、康复类及护理类等住院时间较长的病例不宜纳入DIP；可探索应用于普通门急诊付费标准的建立，或医疗机构收费标准的改革。

按病种分值支付方式的优点：①通过对病人的充分细分，可以实现病种内病人的单一化，有利于对住院病人的精细化管理；②测定病种费用平均水平，有利于控制医保支出，管理医保总额预算；③基于大数据理念，编码适应性强，基础条件和分组技术障碍少，能有效平衡临床应用与医保支付间的关系；④能够提升医保基金使用效率，实现医保基金监管规范化、精细化和科学化。

按病种分值支付方式的不足：①仅使用自然组合进行分组，易形成临床歧义分组；部分同类病种之间费用差距小，导致病组区分度不够，易形成无效或低效分组；②病种分类及病种分值定制标准缺乏科学性，且病种分组过于细化，影响医生的诊疗活动，医保管理难度较大；③医保机构与医疗机构的沟通机制有待完善，二者之间缺乏协商，信息不对称，导致医疗机构难以及时改进医疗行为。

（四）按床日支付方式

按床日支付（per-diem payment）方式是预付制中按服务单元支付的主要方式之一，指医疗保险经办机构制定每一个住院床日的平均费用标准，然后根据病人住院期间病情在治疗中的进展情况（住院费用或资源消耗水平）进行分段，确定各段的床日费用支付标准，出院后以实际住院天数核算的一种付费机制，与每个病人每日或每次治疗的实际花费无关。按床日支付方式具有费用结算简单，主要由病人疾病诊断、医疗机构级别及住院天数决定医保支出的特点，一般而言，按床日支付方式主要适用于住院床日比较稳定的病种，对于病情变化剧烈、日均住院费用差别较大的病种适用程度较差，因此，多数地区都是践行的专科性按床日支付方式。

按床日支付方式的优点：①有助于医疗服务供方降低服务成本，提高工作效率；②支付标准单一固定，医疗保险机构无须对病例进行逐项审核，减少工作量，有利于降低医保管理成本；③可以减少医疗机构过度检查及过度医疗问题，有助于提高医疗机构的自我约束力。

按床日支付方式的不足：①可能会刺激医院延长患者住院时间，造成医疗费用上涨，加大医保基金压力；②医疗服务供方推诿重症患者，引起医患矛盾，造成医患信任危机；③医疗服务供方可能通过减少必要的服务而降低医疗成本，影响医疗服务质量和被保险人利益。

（五）按以资源为基础的相对价值标准支付方式

按以资源为基础的相对价值标准支付方式（Resource-based Relative Valuescale，RBRVS）主要是根据医师在为病人提供医疗服务过程中所消耗的资源成本高低来计算每次服务的相对值，并结合服务量和服务费总预算，计算出每项诊疗服务的医师劳务费。它是以资源消耗为基础，以相对价值为尺度，常被应用于评估医务人员的劳务报酬，用于核算医师劳务价值费用的方法。涉及的3个主要资源投入要素：医师工作总量（total work，TW），包括工作时间和工作强度；开业成本（Practice Expense，PE）包括医师的医疗事故和责任保险；分期偿还医师所受专业培训的机会成本（Amortization for Special Training，AST）主要用业务成本指数（RPC）反映。RBRVS 的计算公式：$RBRVS = TW \times (1+RPC) \times (1+AST)$。

核算医师劳务费的方法适用于医师作为单独经营主体，患者以服务项目支付医疗费用的卫生服务体系（如美国）。而在我国，医院和医生是一体的，医院和医保之间进行结算，公立卫生机构及卫生部门都是由国家给予固定薪资或固定薪资加上部分奖金的形式结算医师劳务费，医院作为经营主体的医疗卫生体制一定程度上弱化了国内医师劳务费与医师投入价值的相关程度。因此，中国不能直接照搬美国的相对值表，为改变这种投入与产出的脱钩现象，突出绩效工资对医师工作的激励导向作用，国内大部分医院借鉴了哈佛大学研制的 RBRVS 评估系统，进行了改良并运用到医院绩效管理中，而不是医保支付制度中。

以资源为基础的相对价值标准是医院考核、发放医师绩效奖金的一种绩效管理方式，属于医生酬金的支付方法，具有以下优点：①将医师劳务价值与药品和检查脱钩，可以降低医疗成本和医院运营成本；②考核医疗服务质量、效率、水平等相关指标，了解各部门的实际工作情况，有利于全面体现绩效管理成果，提升绩效管理水平和医疗服务效率；③传统的绩效管理方法难以对医务人员的工作量进行准确细化的衡量，RBRVS 可以多角度、全方位地进行综合评价，保证考核指标的科学准确。

RBRVS 存在的不足：①衡量医师服务量时，单纯考量了不同医疗服务项目的相对价值，未考虑医生能力和患者的严重程度、复杂程度；②考核方法主观性强，医院采用的考核指标重视经济效益忽视实际情况，影响考核结果的有效性；③绩效考核沟通反馈机制不足，由于绩效考核工作中缺乏有效的信息和沟通，无法利用考核结果明确工作中存在的问题，不利于医院完善管理制度。

四、价值付费法

（一）按人头付费

按人头付费（capitation）属于预付制类型，指根据合同规定的时间（一个月、一季度或一年），医疗保险机构根据医疗服务机构提供的参保人数和规定的人均定额标准，预先向服务提供者支付的固定费用，在此期间医疗机构提供合同规定内的医疗服务均不再另行收费，是一种预先定额支付、患者基本免费的结算方式。

医院的收益与实际发生的医疗费用关系不大，与参保人数和额度标准有直接关系。按人头付费主要应用于门诊费用的支付，也可以同时覆盖门诊和住院费用，适用于实现首诊制的医疗卫生服务体系和医药分开、分别管理的环境。

按人头付费的优点：①操作便利、核算简单，管理成本较低；②医院收入与提供服务人数成正比，有利于控制医院或医生过度医疗服务的行为，增强医院对医疗费用的控费意识；③重视预防，保障项目齐全，有助于促进基层医疗机构的发展，特别是普通门诊和预防保健服务。

按人头付费的不足：①医疗服务提供者为降低医疗费用支出而减少高新医疗技术的使用，降低医疗服务质量；②医院选择性接受病人，推诿重症病人，减少患者对医疗服务的利用，引发医患矛盾；③由于地理区域划分，医疗机构为争取病源使医院间竞争受限，现实中民众选择就医的自主权受到制约。

（二）疾病价值付费

2006 年，哈佛大学管理学家 Porter 对美国医疗服务的低效率进行批评，认为医疗服务的定义应当是创造价值，"价值医疗"的概念随之兴起。"价值医疗"遵循以较低成本改善健康结局的理念，能兼顾患者需求和资源有限性，通过分析效果和成本，在重视患者体验的同时，以最优价值为目标，促进医疗方案持续改进。因此，基于疾病价值付费是一种医疗保险交付模式，通过对疾病及功能障碍严重程度相关指标进行评估，以及医疗机构的疗效价值确定付费标准，其目的是以一定的成本获得更好的医疗质量和健康结果，促进医疗机构提高医疗质量和服务水平。

《关于进一步深化基本医疗保险支付方式改革的指导意见》（国办发〔2017〕55 号）指出：将监管重点从医疗费用控制转向医疗费用和医疗质量双控制，要求我国医保支付方式改革从关注服务提供者的"服务数量"转变为关注"服务质量"，更重要的是"以患者为中心，关注患者的治疗疗效"。以价值为导向的医保支付方式正在来临。我国基于疾病价值的医保支付致力于 3 个维度的价值实现：经济价值、工具价值和内在价值。在支付机制的运作过程中，基于价值的医保支付通过设置相应的指标，采取奖惩措施调节主体行为，这一过程中支付改革的指标以医疗服务收入、医保支出等经济性指标为主，经济性指标变化的背后是支付改革对医疗行为、临床路径、医疗组织管理、医疗服务者职业认知等的工具性调节，而支付改革的最终指向是实现患者健康产出、提高就医体验等内在价值。

例如，2022 年长沙市在现有医保政策和付费情况下，长沙医疗保障局在全国率先开启的"康复病组按价值付费"医保支付试点改革的探索，将 15 个功能障碍突出、病程较长、并发症较多且具有代表性康复病种纳入此次医保付费改革范围，根据患者医疗、康复、护理需求不同，将整个急性后期康复治疗分为"恢复期"和"慢性期"两个阶段，主要借鉴了国外针对住院康复机构的"功能相关分组（FRG）"和针对专业护理机构的"患者导向支付模型（PDCRG）"，并采用合适的评估量表对康复医疗价值进行评估。此外，在对医疗机构进行年终清算拨付时，市医保局设立"康复疗效价值评估激励金额"，依据各医疗机构年度康复疗效价值评估结果，对康复价值评估较好的医疗机构予以奖励。"长沙市康复病组按价值付费"医保支付试点改革，取得了一定的成效，对于调动医疗机构主动控制成本，鼓励康复医疗机构和医务人员提高诊疗水平，更专注于患者的需求和疗效，实现提升医疗价值的共同目标具有重要作用。

（三）按绩效付费

目前，按绩效支付在国际上有多种定义，按绩效支付经常与其他类似术语通用，如按结果付费、基于价值付费、基于绩效筹资等。世界银行将按绩效支付定义为"通过以激励为基础的支付提高卫生系统绩效的一系列机制"。美国医疗保险和医疗补助服务中心（Centers for Medicare & Medicaid services，CMS）提出，按绩效支付是"采用经济和其他激励措施，鼓励医疗服务质量改进，提供以病人为中心的高价值医疗"。综合现有理论研究和实践探索可知，按绩效支付是依据卫生服务提供者的工作绩效支付医保费用的方式，其目的是通过规制和激励医疗卫生机构、医生个人或组织，关注医疗卫生服务质量、成本控制和经济可负担性，改变单纯以服务量为依据的支付方式，以期提高服务质量和医保基金使用率。广义上的医保按绩效支付，不但包括专门的按绩效支付项目和方案，还包括其他以提高服务质量和效率为核心的激励管理手段。

按绩效支付属于预付制范畴，基本原则是以医疗质量和医疗成本控制为依据，通过奖惩结合的激励模式，促使医保机构对表现好的医疗机构予以支付，对表现不好的医疗机构减少支付。按绩效支付注重考核绩效考核结果，常与其他付费方式相结合，对质量评价复杂性较高，尤其是绩效考核指标体系的设计具有较大的挑战性。按绩效支付方式在发达国家运营较早，在数量付费之后注重质量付费，同时，后付制走向预付制，随着医疗卫生服务体系和医保付费体系发展逐渐成熟，按绩效支付被更多的国家采用。

按绩效支付的优点：①通过奖惩结合的激励模式，促使医疗机构人员的行为具有约束作用，提升医疗服务质量；②有利于保障患者的治愈效果，提高患者满意度，减轻医保费用支付压力；③需要建立科学合理的指标考核体系，有利于推动信息系统技术的开发。按绩效支付也存在不足，具体如下：①医生为了降低医疗成本获得奖励，减少患者必要的医疗服务，对患者健康不利；②诱导医院和医生推诿重病及贫困病号，提高"质量分"；③可能会导致医生的工作满意度降低，不利于专业服务。

（四）创新药（技术）支付办法

创新药具有全球公认的"三高一长"，即高技术、高投入、高风险、长周期的突出特征，创新药能有效解决临床没有被满足的需求，给患者带来更多健康获益。客观上要求高回报，高回报通常需要专利保护及专利保护期内的高价格同时发力方可实现，鉴于多数情况下高价格通常导致创新药经济性评价的增量成本－效果比值（Incremental Cost Effectiveness Ratio，ICER）较高，且高于阈值。2020年，国家医疗保障局出台《基本医疗保险用药管理暂行办法（国家医疗保障局第1号令）》，以价值为导向的创新药医保谈判准入模式开始确立。目前，创新药医保支付模式为医保准入后给予一定比例医保报销，或者医保不予准入，患者全部自费，其中，创新药医保准入需要考虑其临床价值（如有效性、安全性等），也要考虑创新药物的社会价值（如公平性、可及性等），以及创新药物的经济价值等多维度价值。医药领域的创新支付，是医药与保险的交叉领域，以医药公司付费为主导，保险科技公司为执行方，将保险/金融产品作为工具，致力于降低患者医疗经济压力，使患者获得更好的生存质量。

为了降低昂贵新药的风险，国际上创新药支付模式有基于财务的风险管理，基于疗效的风险管理和基于金融工具风险管理（如抵押贷款方式）。支付方更多地要求与企业共同承担药品上市后的风险管理。如2011年建立的英国"Cancer Drug Fund（CDF）"和澳大利亚政府"Life Saving Drugs Program（LSDP）"，对临床效果优异，但无法达到ICER阈值标准的创新药采取（Coverage With Evidence develepment，CED）的风险协议管理，即批准有条件的暂时医保报销，等到药品各方面纳入条件成熟后，医保支付方再考虑正式将其纳入医保目录。这样有利于保障患者能够及时使用最新治疗技术，减少创新药准入时间，又确保了基金付费安全。此外，国际上采取风险分担的创新准入支付协议较多的国家有澳大利亚、意大利、瑞典、美国、英国、荷兰。诺华、罗氏和辉瑞属于签订协议较多的跨国药企，涉及领域多为肿瘤和罕见病药物，其中按疗效付费占绝大部分，也包括"量价挂钩"等协议。

2015年以来，我国逐步建立了由医保主导的创新药谈判准入机制，谈判药品遴选范围主要是临床需求大、疗效显著及治疗费用较高的专利药、创新药或独家品种。例如我国台湾地区根据临床疗效，将创新药划分为突破性创新药（第1类新药）、临床价值有中等改善新药（2A类）、临床价值相近于目录内参考品的新药（2B类）。在支付方面，基于新药类别制定相应的支付标准，如第1类新药以10国（包括美国、日本、英国、加拿大、德国、法国、比利时、瑞典、瑞士、澳大利亚）药价的中位数作为支付标准，对我国台湾地区开展的临床试验以10国药价中位数的1.1倍进行支付；第2类药则根据药品临床价值情况，选择10国药价最低价、原产国药价及疗程剂量比例法制定支付标准，最后核价结果不得高于10国药价中位数。中国台湾地区基于临床价值和疗效支付，有利于降低创新药支付风险。

2017年以来，随着大量创新药进入医保目录，为响应国家政策鼓励定点零售药店为参保人提供药品，发挥药店在医保药品供应保障方面的积极作用，高值新特药直送平台（Direct to Patient，DTP）逐渐成为当前创新药支付模式的重要平台，国内DTP已探索针对某些具备特定属性的创新药开展金融分期付款购药模式。例如，浙江省内的DTP药房均在店内开通分期购药服务，患者只需在第三方平台在线提交分期需求，审核通过后即可核实取药。江西省实行定点医疗机构和专业药店"双通道"管理，患者可按国家谈判后的医保支付价到药房购买创新药，仅需支付自付费用。通过DTP分期支付方式，既能减轻患者短期支付压力，又能帮助创新厂商获得更多的市场份额，还能帮助DTP获取更多的患者，是一种创新的商业支付模式。

（五）门诊统筹

门诊统筹是医疗保险基金结算的方式之一，指对于参保人的门诊费用纳入医保基金支付范围，该费用由医疗保险中的统筹基金和个人账户共同负担。即通过统一地筹集、使用医疗保障基金，以互助共济和风险共担的方式提供疾病费用保障的一种门诊保障形式。门诊统筹支付方式按照基金的拨付方式和流向可分为两类，包括社保经办机构对医疗机构的费用支付和医疗机构对参保者的费用补偿。其中，社保经办机构对医疗机构的费用支付主要通过衡量医疗机构的服务质量等指标，用医保基金对医疗机构的消耗进行补偿的费用支付方式；而医疗机构对参保者的费用补偿主要通过起付线、封顶线和支付比例进行约束，医疗机构通过对参保者和诊疗费的核定，参照起付线、封顶线和支付比例，按照规定提供给参保者的医疗费用补偿。目前，我国门诊统筹保障方式大致有三种，即门诊大病统筹、门诊小额补贴及普通门诊费用统筹，其中普通门诊费用统筹是全国各地普遍实施的门诊统筹方式。

门诊统筹的作用：①门诊统筹将门诊小病纳入统筹基金支付范围，对常见病、多发病按比例报销，有利于减少资金滥用风险，提高医保基金共济能力；②参保患者能够在门诊解决其小病的费用支付问题，减少了"小病大治"等过度利用住院服务的行为，从而促进了医疗资源的合理利用；③门诊统筹有助于降低参保职工患者的住院概率和个人医疗负担，具有较高的政策效益；④有利于医保对基层的监管，通过对不同级别医疗机构实行不同的报销比例，促使基层医疗机构优化医疗资源配置，健全医疗卫生服务体系。

门诊统筹的不足：①由于基层医疗机构人才匮乏、诊疗设备落后等因素，基层医疗组织诊治服务落后，制约门诊统筹进一步发展；②门诊统筹定位模糊，试点区域的经验推广存在困难，由于各试点地区的发展历史和经济状况不同（如门诊统筹的筹资和结算方式不一），门诊统筹发展地区差异较大；③保障水平无法满足参保人的正常需求。目前，虽有众多地区已建立了门诊大病统筹制度，保障水平虽高于对普通疾病的保障，但覆盖的病种少，保障范围狭窄，无法缓解长期用药带来的经济压力。

五、组合支付模式

实践表明，因各支付方式本身存在限制，单一的支付方式难以解决现阶段的医疗费用不合理增长、医疗质量下降等问题。总额预付因"管理简单、成本低，控费效果好"的优点被大多数医保经办机构接受，这种粗放的管理方式造成了医院承担的风险逐渐变大。为了应对这种变化，医院通过推诿重症患者、提高患者自付比例的方式，与医保经办机构相互博弈，导致患者得不到完善的治疗、医生因费用超标而扣奖金；按病种付费具有"控费效果较好，利于促进临床路径医疗服务标准化建设，规范诊疗行为、保证医疗安全"的优点，但病例的选择、治疗方案的标准化和费用的测算仍为攻克的难点，且医务人员在实施过程中会出现分解住院和减少必要医疗服务的行为；按人头付费控费效果好、易管理且能促进医疗机构主动控费，但容易出现医疗机构提供医疗服务的质量或数量下降的问题，并且按人头付费对医院条件有较高的要求，较易在二级、三级医院开展。

因此，为了克服单一支付方式的缺点，我国各个地区开始结合本地的服务特点，因地制宜地进行多元复合式医保支付方式的改革，促进医疗机构之间良性竞争，激励医疗机构加强自我管理。

（一）多元复合式医保支付方式

多元复合式医保支付方式指两种或两种以上的医保支付方式结合起来进行医疗保险费用偿付的支付方式，是根据基层医疗卫生机构和公立医院、门诊和住院、长期病和慢性病、精神病、中医药服务、临终关怀和医疗康复等多种形式和特点的医疗服务，综合运用多种方式将医保基金支付给医疗机构。复合式医保支付方式内部的不同支付方式具有相互取长补短，从而形成合力，既要合理使用医保基金，同时又能激励医务工作者，保证医疗质量的作用。

复合式医保支付方式的优点：①改变了单一的按成本发生额进行补偿的支付方式，采取不同种类支付方式混合使用的支付方式，将粗放式的支付方式转变为精细化的支付方式，有利于医疗机构主动控制费用；②有利于单纯避开后付制与预付制的缺陷，实现医保支付的中性，促进医生完善其代理人作用，降低参保人道德风险；③通过改变医保补偿方式，可以有效引导医疗服务提供方在临床用药、医疗技术引入和应用等方面的规范行为，从而保证患者利益最大化。

我国现阶段的支付方式改革主要方向是总额预算基础上的多元复合支付方式，但即便是多元复合型支付方式，也会有不可避免的缺陷和局限：①以总额预算为基础的多元复合式支付方式，预先确定医保报销总额，使医疗机构为节约成本获取效益引导医生增加诊疗行为，加重患者医疗负担；②医生为了追求利益规避报销目录规定的常用药，由于医生与患者信息不对称引发供方诱导需求，医生诱导患者购买高价进口药；③由于支付手段多元化，社会保障管理部门难以形成一套系统、科学、合理的考核方案。

（二）多元复合式医保支付方式改革的实践

我国复合式医疗保险支付方式改革经历了两个阶段，第一阶段是按服务项目付费为主的复合型医疗保险支付方式改革阶段（1988—2010年），延续了计划经济体制下按服务项目支付的后付制方式。第二阶段是按总额预算付费为主预付制支付方式改革阶段（2011年—至今）。2021年，国家医保局发布的年度10项重点工作清单中，特别强调我国要初步形成总额预算基础上的多元复合支付方式。

在国家政策和现实需要的驱动下，全国各地都进行了多元复合式医疗保险支付方式改革的实践。2020年2月，《中共中央、国务院关于深化医疗保障制度改革的意见》提出，在持续推进医保支付制度改革中，要推行以按病种付费为主的多元复合式医保支付方式，医疗康复、慢性精神疾病等长期住院病例实行按床日付费。鉴于此，浙江省衢州市在DRG付费的基础上，积极探索针对医疗康复、精神疾病等长期住院病例实行按床日付费的多元复合型医保支付方式。具体模式如下：首先，衢州市按床日付费分为三种类型，即医疗康复、长期精神病、长期慢性病住院（单次住院60天以上），考虑到患者入院后在病程的不同时段医疗费用会存在差别，结合实际花费、资源消耗情况，分段设置床日标准；其次，对于长期慢性病、长期精神病住院患者，整个住院周期内无过多治疗活动，每日费用稳定，可不分段；再次，针对医疗康复患者支付分为三个阶段：第一阶段，患者在经过治疗后，初期康复用药及诊疗所产生的费用相对较高，适当提高支付标准；第二阶段，费用趋于准确且稳定，适当降低支付标准；第三阶段，可进入社区、家庭进行康复治疗，采用最低的支付标准；最后，衢州市在实践中不断完善了体系，形成了医疗康复、精神疾病等长期住院病例按床日付费的多元复合式医保支付方式，降低医疗成本，提高了医疗服务质量和医疗卫生资源合理利用水平。

（周绿林）

第五章　医疗服务价格管理

医疗服务价格管理是重要的经济和民生事项。在市场经济中，价格是资源配置的指挥棒。医疗服务价格是医疗服务价值的货币表现，也是配置医疗资源，调节医疗服务总量、结构的重要杠杆。合理的医疗服务价格水平，能够正确引导供求双方的行为方式，提高基本医疗服务的可及性，增加患者的获得感，甚至可以促进医学科学技术发展。

本章将从医疗服务价格形成基础、我国医疗服务价格策略的变迁与发展、我国药械创新价格政策三方面展开，对我国医疗服务价格的现状和未来的发展趋势进行系统地梳理、分析。

一、医疗服务价格形成基础

2000年财政部、税务总局发布的文件《关于医疗卫生机构有关税收政策的通知》（财税〔2000〕42号）中，对"医疗服务"进行了较为明确的定义，即医疗服务指医疗服务机构对患者进行检查、诊断、治疗、康复和提供预防保健、接生、计划生育等方面的服务，以及与这些服务有关的提供药品、医用材料器具、救护车、病房住宿和伙食的业务。从这一定义可以看出，医疗服务既包含医务工作者的劳务，也包括医务服务中所涉及的药品、耗材、检查设备等物耗。

提供医疗服务需要有供需双方、服务交换的场所、所提供的服务和交换的媒介（即价格）等条件同时存在，这就符合市场运行的五大基本要素，也符合市场的商品交换原则，所以医疗服务市场是客观存在的。

（一）医疗服务市场基本特征

根据公共经济学理论，社会产品分为公共产品和私人产品。公共产品有两个关键特征：非排他性和非竞争性，即不可以阻止一个人使用该产品，且每个人对这种产品的消费都不会导致其他人对该产品消费减少。之所以具有这两个特征，是因为公共产品是社会全体成员的共同利益（社会公益性），并且难以排他或者排他的成本大于收益。因此也可以认为公共产品是不论个人是否愿意购买，都能使整个社会每一成员获益的物品。

而私人产品则具备排他性和竞争性，可以阻止一个人使用该产品，且一个人对私人产品的消费会减少其他人消费该产品。私人产品是满足社会个体成员各自不同消费偏好的需求。

还有一类产品介于二者之间，兼具部分公共产品和部分私人产品性质，称为准公共产品。例如，一般有偿消费是产品排他性的具体实现形式，如一个产品需要有偿消费，而消费目标属于或者接近于社会公益目标，则该产品是准公共产品。

随着科学技术的进步，产品消费的排他操作日益简单，在排他性可选择的情况下，"公益性质"成为区分产品类型的关键。如果"公益性质"使社会效率的降低，可通过赋予产品排他性，提高产品的供给效率，在这个过程中公共产品就转化为准公共产品。因此，在公益性、效率的抉择下，产品属性会发生转变。

医疗服务是具有较强外向性的产品，与社会福利（公益性）相关。根据医疗服务内容不同，可将其分为三类，分别是公共卫生服务、基本医疗服务和非基本医疗服务，这三类分别具有不同的特点。

通常情况下，公共卫生服务属于公共产品，如重大疾病预防控制、环境和卫生防疫、健康教育等，这类医疗服务一般由政府提供支持，面向全体居民，是免费的、公益性的公共卫生干预措施，主要起疾病预防控制作用。

基本医疗服务属于准公共该产品，如一般疾病诊疗、妇幼保健服务、疗养休养措施等，这类医疗服务是在当前的医疗水平下，医疗机构所能提供、患者所能支付起的基本药物和基本治疗技术服务，具有公益性，但需要患者支付一定费用。

非基本医疗服务，可认为是超出社会平均水平的特需医疗服务，如整形美容、特需病房、点名手术等，属于私人产品。

由于医疗服务的特殊性、复杂性，有时并不能将这三类医疗服务简单地归为公共产品、准公共产品和私人产品，因为医疗服务的公益性和私人性之间的边界不是十分清晰，且公益性是后天赋予医疗服务的性质，该性质的有无、强弱处于动态变化之中，因此还要根据具体医疗服务项目的公益性、排他性进行判断。例如，某种原属于私人产品的预防疫苗接种，在卫生政策的支持下可转变为准公共产品或公共产品。

基本医疗服务和非基本医疗服务还具有非均质性（非均等性）的自然属性，进而导致这两种医疗服务消费的非均质性。即在一定的时空条件下，不同患者对这两种医疗服务的消费在质和量上不具备均等性，一些患者消费医疗服务的品质或数量往往会优于或多于另一些患者。相较而言，公共卫生服务则具有均质性的自然属性和消费的均质性，这也是其公共产品属性得以存在、维系的重要条件。

消费的均质性减少了消费者之间争夺的可能性。相反，消费的非均质性会导致消费者之间的拥挤和争夺，造成消费不足或消费过度的现象，带来效率的损失。

医疗服务除了具有以上作为消费产品的特征之外，在交易的过程中也有着不同于一般产品的市场特性，包括信息不对称、不可替代性、垄断等。

信息不对称是医疗服务市场的一个显著特征。疾病的发生具有不确定性，且医疗服务的专业性和技术性很强，大部分人不具备专业的医疗知识，不清楚自己具体的医疗需求，很难对医疗服务的购买进行合理的判断，这就造成了医疗服务市场的信息不对称。

由于信息不对称，在医疗服务市场中供方（即医生和医疗机构）处于主导地位。患者需要医疗服务时，需要由医生进行病情诊断，并决定采取何种治疗方式，这形成了患者和医生之间的委托代理关系。但是，在这种委托代理关系中，医生不仅是替患者做出病情判断并选择治疗方案的代理人，也是医疗服务的提供者，即医生和患者存在利益冲突关系。

同时，由于医患双方之间严重的信息不对称，必然存在道德风险。当医生的利益和患者的利益发生冲突时，很容易诱发医生（医疗机构）的败德行为：当医生和患者的利益发生冲突时，在信息不对称的情况下，医生会利用自己代理人和医疗服务提供者的双重身份进行需求诱导，使自己的利益达到最大化。

不可替代性也是医疗服务市场的特征之一。一方面，患者有医疗需求只能寻求医生的帮助，即便所需的医疗服务比较短缺或价格昂贵，一般也没有可替代的其他办法或途径，这也导致医疗服务的需求相对缺乏价格弹性（价格黏滞）。另一方面，医疗服务的生产和消费必须同时进行，且人们无法预知自己的健康变化，不能通过储备这种服务来适应市场的变化。此外，在提供医疗服务的过程中，医务工作者所发挥的作用目前还很难被机器、设备等外物替代，这也是医疗服务不可替代的表现之一。

由于高技术壁垒、不可替代性等原因，医疗服务市场是一种不完全竞争的市场，因此还具有很强的垄断特征。同时，患者和医生的行动距离受到一定限制，较强的地域性也是其垄断性的原因之一。在我国，公立医疗机构占医疗服务市场的主要部分，并且按照区域规划设置医疗机构的位置以及划分医院等级，一定区域内的医疗机构具有相当的供给特权和区域垄断地位。

(二) 政府与市场的作用

基于市场机制的调节，一般商品的价格波动可因供求关系的变化自发地走向均衡，完成资源的最优化配置。但医疗服务有其特殊性，单靠市场的调节不仅不能够使资源达到有效配置，还会产生副作用，导致资源配置状况的恶化，即市场失灵现象。

三种类型的医疗服务中，属于公共产品的公共卫生服务由政府免费提供，一般无需考虑市场价格及价格影响因素；非基本医疗服务为私人产品，相对而言其价格受市场调节的作用较大。而基本医疗服务作为准公共产品，具有多重特殊性，且覆盖面广，影响范围大，因此接下来两小节的内容将着重讨论这一类医疗服务的政府与市场关系以及价格影响因素。

从政府与市场关系来看，首先，基本医疗服务因公益目标而成为准公共产品，但其排他性、竞争性和私人产品没有较大区别，必须在政府干预或校正之下，通过财政以及其他行政手段，削弱排他性和竞争性，提升公平性，才能让更多人能够消费到，实现其公益目标。

其次，医疗服务消费的非均质性较强，存在消费不足或过度消费的可能。消费不足表明医疗服务的公益性没有得到保证，而消费过度，则会导致医疗资源利用的低效率和浪费。因此为弥补医疗服务的消费不足和抑制其消费过度，需要政府介入干预。

最后，因医疗服务市场的信息不对称而引发的道德风险、垄断以及不可替代性而导致的价格黏滞等因素都影响了市场机制作用的发挥，导致资源配置效率低，也会影响到医疗服务的可及性和质量。

以垄断为例，我国基于疾病分布特点，为了方便患者就医，根据行政区域划分了一、二、三级医院，这三级医院应该是协作关系。但当市场机制过强时，他们之间的关系就由协作就变成了竞争，而由于人员和设备配置水平的差异，这三级医院的竞争力相差较大，竞争的结果反而会进一步加剧垄断。

医疗服务市场的特殊性在于以上几种市场失灵的现象同时存在，更加削弱了市场机制的作用。因此，政府需要介入医疗服务市场，维护市场秩序和规律，提高经济运行效率，增加社会福利，维护公众利益。其中价格管理通常是政府干预医疗服务市场的有效手段之一，如对医疗服务项目或产品进行最高限价、最低保护价和政府指导价等。所以，医疗服务，尤其是基本医疗服务的价格受政策影响较大。

政府干预医疗服务市场的最终目标是实现社会公益性，但仍然因为医疗服务的多重特殊性，其公益性的实现比较复杂，仅依靠政府的投入和管理并不能达到预期目标。在医疗服务市场的信息不对称、医疗服务消费的非均质性和人们的非餍足性行为特征相互作用下，再加上医疗资源的稀缺性，如果政府价格矫正力度过大，医疗服务的价格低于成本，反而会带来一系列负面影响。

一是政府既要承担一部分成本亏损，又要保障医疗服务的供给，财政负担沉重；二是可能会对医疗服务供给体系造成威胁；三是供方的动力机制被抑制或扭曲，医疗服务质量降低。在价格低于成本的情况下，由于信息不对称的存在，无论政府采取何种监管手段，都难以避免医疗服务的供给方（包括相关要素产品的生产方）为获取利益而偷工减料、以次充好，或者谎报成本，增加和政府谈判的筹码。最终，政府虽然在医疗方面投入巨大，但社会福利水平并没有得到提升，甚至可能下降。

而市场机制是缓解或解决这些负面影响的有效手段。在医疗服务市场中，除了公立医疗机构外，民营医疗机构具有自己的特色，可能以较高的价格向社会提供优质的医疗服务，在满足人们多元化的医疗需求的同时，也能对公立医疗机构形成竞争压力，促进其改善服务质量，提升经营管理水平。同样，公立医疗机构相对低价且优质、规范的医疗服务，会对民营医疗机构形成压力，迫使后者控制其医疗服务价格。

不同经济形式的医疗机构围绕医疗服务的质量和价格而产生的竞争，将给不同收入阶段的患者带来消费者剩余，进而提升整体社会福利水平。

因此，在医疗服务市场中，政府与市场作为资源配置的两种手段，要相互配合，互为补充。市场失灵需要政府的有效干预；但同时也要警惕政府失灵的现象发生，如政府缺位、越位等。因此，政府干预需要合理、适度和有效。政府和市场只有找准各自的作用空间，处理好相互之间的关系，才能发挥有效作用。

（三）医疗服务价格影响因素

由前文分析可知，医疗服务公益性的实现要在保证效率的前提下强调公平性。只注重市场效率会削弱医疗服务的公益性，而一味强调公平性，则损害效率，进而影响公益性的实现水平。从另一个角度看，政府的适当干预可以提高医疗服务市场效率，而市场机制作用的发挥也会促进公益性的实现。而在医疗服务价格的形成中，市场机制和政府干预也是如此，都要发挥各自的作用。

从市场机制的角度来看，影响医疗服务价格的因素包括成本、市场竞争、供求关系等。由于医疗服务的公益性质、垄断的市场特征以及价格黏滞现象等，市场竞争和供求关系对医疗服务价格有一定影响，但没有像一般商品那样显著。

医疗服务成本是其价值的重要组成部分，而价格是医疗服务价值的货币表现，在医疗服务价格的形成过程中,成本是核心影响因素。以成本为基础定价,一是可以保障合理的比价关系,二是方便确保和医保、财政、区域经济等宏观因素相协调,三是便于根据成本变动进行价格调整。

理论上,医疗服务的价格和其成本呈正相关。医疗服务成本既包括有形成本,如人力成本、材料成本、药品试剂成本等,也包括无形成本,即医务人员的劳务技术价值,主要指医疗服务项目的技术难度、时间消耗和风险程度等。在制定医疗服务价格时,既要考虑有形成本,也要考虑无形成本。

市场竞争程度可由市场集中度来反映。市场集中度[①]一定程度上可以说明市场机制能否在交易活动中发挥作用及作用的强度。在制定医疗服务价格时,可以参考市场竞争程度,若市场集中度低,则说明竞争较为充分,可考虑充分发挥市场机制,扩大可实行市场调节价的医疗服务项目范围。

在市场环境中,医疗机构通过医疗服务的质量、价格差异来进行竞争。大型医疗机构在医疗资源方面具有显著优势,由此形成的竞争力一定程度上影响其价格的制定。此外,对于支付能力较高的患者来说,也很看重就医体验,这一点也能影响医疗服务价格,通常民营医疗机构在这方面具有优势。

从供求关系的角度来看,医疗服务不同于其他商品或服务,患者对医疗服务的需求受价格变化的影响相对较小。但不同医疗服务的市场需求弹性存在一定差异:一般基本医疗服务缺乏弹性,其价格的波动变化对市场需求量的影响很低,而非基本医疗服务项目的价格需求弹性则较大。

从影响医疗需求的因素来看,除了必要的医疗需求外,消费群体的年龄、社会阶层也会影响其医疗消费心理或者需求:健康可以看作一种投资品,随着年龄增长,理性消费者和高收入者的健康投资会增加,相应的医疗服务需求也会增加。另外,生活方式和生活环境变化引起的疾病谱变化,也会影响到医疗服务需求。这些都是在制定医疗服务价格时需要关注的方面。

政府作用一般是医疗服务价格的约束因素,主要针对基本医疗服务。从这方面来看,影响医疗服务价格的因素主要包括政府财政补助水平、公立医疗机构补偿机制、医疗卫生政策等。

政府财政补助水平和公立医疗机构补偿机制是保证医疗服务公益性的关键,也是影响公立医疗机构医疗服务价格的重要因素。公立医疗机构是政府举办的医

---

① 市场集中度是用来衡量一定地区内医疗服务机构的数目和相对规模差异的指标,可用赫氏指数(HHI)来计量,HHI 等于特定市场里所有医疗机构的市场占有率的平方和。在医疗服务市场,通常可以采用医疗机构的住院人数、门急诊人次数或者床位数来表示其规模程度。

疗服务保障机构，不仅提供了基本医疗服务，也承担着公共卫生、医疗扶贫、科研教育等公益性活动。为了保证医疗服务的可及性，政府必须对公立医疗机构的人员经费、基本建设、设备购置经费等方面进行相应的投入，才能激励公立医疗机构主动提供公益性服务。

在医疗机构成本相对稳定的情况下，政府的补助水平将直接影响医疗服务价格：补助充足，在较低的医疗服务价格水平下公立医疗机构也能保持平稳运行；而补助不足或不及时，公立医疗机构为了维持运行以及自身发展，会倾向于调高医疗服务价格，若无法调整价格，则会削减基本建设投入，引发过度医疗行为。

公立医疗机构补偿机制包括补偿途径、补偿方式、补偿结构和补偿水平等内容。补偿途径分为财政补助、医保补偿、自我补偿和医疗服务价格补偿，其中自我补偿指医疗机构通过成本管理，提高运行效率，实现自我盈利的能力。从补偿资金的性质来看，可将补偿方式分为直接补偿和间接补偿，前者指政府补助，后者指医保补偿。来自不同补偿途径、补偿方式的补偿水平则构成了补偿结构。

公立医疗机构补偿机制涉及不同利益主体，也体现了不同利益主体的诉求。补偿途径、补偿方式反映了发力方向，而每种补偿的水平则是力的大小，不仅每种力的方向和大小会影响到医疗服务价格的制定，不同力之间相互作用后呈现出的总体补偿水平，也会影响医疗服务价格，因此要注重不同补偿途径、补偿方式之间的协同作用。

最后是医疗卫生政策。政府会根据医疗卫生事业在当前阶段的发展目标、发展要求制定相应的政策，其中与医疗服务价格相关的政策会直接医疗机构内部的价格行为。如价格管制，即政府运用行政手段规定并强制执行的医疗服务价格政策，以稳定医疗服务的价格水平和保障供给，保护患者的利益。价格管制的主要形式有最高限价、最低限价、双面管制和绝对控制，价格管制既可以针对服务市场，也可以针对要素市场，前者直接影响医疗服务价格及服务的供给和消费，后者通过影响成本进而影响医疗服务价格。

其他医疗卫生政策，包括医保支付方式改革、医保补偿政策等也会对医疗服务价格产生影响。例如，医保支付方式可通过影响医疗服务的成本和医疗需求间接影响其价格：后付制在一定程度上会激励医疗服务提供者诱导医疗需求，增加不必要的医疗服务成本；预付制则能够激励医疗服务提供者节约成本。再如，在医保进行医疗费用分担支付的情况下，医保补偿政策可通过影响参保患者的支付能力，影响其医疗需求，进而影响医疗服务价格：医保补偿比例越高，患者所承担的医疗费用越少，消费更多医疗服务的期望越大。

除了市场机制和政府作用两方面的因素，还有一些因素也会影响医疗服务价格，包括医保基金的承受能力、地区经济水平和人口分布、物价波动情况、医疗技术（直接应用技术和外在媒介技术）的发展、医务人员的教育培训和道德水平、相关法律法规等，这些也是在医疗服务价格制定和调整的过程中需要考虑的因素。

（四）医疗服务一般定价方法

成本是医疗服务价格的核心影响因素，根据医疗服务项目的性质不同，可以把基本医疗服务项目大致分为四类：一是以医务人员劳务成本为主的诊疗、护理、手术麻醉类，二是以设备和专业研判为主的检查类；三是以仪器和材料消耗为主的化验类；四是其他类医疗服务项目。

医疗服务定价方法多种多样，研究、应用较多的有以资源为基础的相对价值比率（RBRVS）、作业成本法、盈亏平衡定价法等，根据医疗服务项目的性质不同，可采用不同的价格制定方法。

诊疗、护理、手术麻醉类等医疗服务项目以医务人员劳务成本为主，适合采用RBRVS进行定价。RBRVS是美国哈佛大学华裔教授萧庆伦牵头专家团队提出的医疗服务价格模型，该模型是以资源消耗为基础，以相对价值为尺度，客观地测定医务人员劳务费用的方法。该模型主要包括三类医疗服务成本：一是医务人员劳务投入，包括工作时间、强度、技术难度等；二是硬成本，包括房屋、设备折旧、水电费等；三是责任成本，包括潜在的风险、纠纷、事故和医生培训的机会成本。

$$P = (Work\ RVU + PE\ RVU + PLI\ RVU) \times GFA \times CF \quad (1)$$

其中，P 为医疗服务项目的价格；$Work\ RVU$、$PE\ RVU$ 和 $PLI\ RVU$ 分别为上述三种成本的相对点值；GFA 为地区调整因素；CF 为货币转换因子，用于将没有单位的相对点值 RVU 转换为费用金额。

作为一种可以理性和系统地测量医疗服务资源投入的测算思路和方法，RBRVS突出了医务人员劳务和技术价值，有利于调动医务人员的积极性，推动医疗机构精细化管理，提升医疗机构的管理水平。也因此RBRVS不仅在美国被采用，日本、新加坡、加拿大等都针对将RBRVS引入本土进行了探索，国内也有一些医院采用这一方法。

但国内在本土化的过程中，存在一些难点：一是我国的医疗服务项目和美国的医疗服务项目在分类结构、项目内涵、项目数量等方面都存在较大差异，两者之间无法一一对应，尤其是中医等特色项目在RBRVS中没有对应项目；二是美国的RBRVS点值是基于美国的医疗系统制定的，我国在医师薪酬、人力成本、医疗体系开放程度等方面和美国都有较大区别，无法直接照搬，而国内目前还没有明确、统一的 RBRVS 点值表，在应用方面存在一定阻碍。

有研究者根据国内医疗机构的情况，采用 RBRVS 的思路提出了相对易操作的价格模型，具体公式：

$$P = C \times \frac{r}{R} \times 调整系数 - Z \tag{2}$$

其中，P 为医疗服务项目的价格；C 为医疗服务的总成本，包括上述提到的三类成本；R 是提供所有医疗服务项目总的 RBRVS 相对值；r 是该医疗服务项目 RBRVS 相对值；调整系数为考虑到地区经济水平、居民消费价格指数、医疗机构等级等因素对价格进行校正的值；Z 为政府对该医疗服务项目的补助。在具体应用的过程中，可能每一类成本的调整系数不同，这时可先将每一类成本乘以各自的调整系数后再相加。

以设备和专业研判为主的检查类医疗服务项目，如 B 超、CT、MRI 等，在利用医疗设备进行相关检查后，还需要医务人员根据工作经验进行判断并得出相应的诊断结果。该类医疗服务项目不仅包含设备使用成本，还需要结合必要劳动时间来体现医务人员的劳动价值。因此，这类医疗服务项目适合采用作业成本法进行定价。

估时作业成本法（TDABC）是一种根据单位时间资源成本和单位作业耗时，计算单位作业应分担的成本，进而计算出作业总成本的方法。TDABC 弥补了传统作业成本法的缺陷，操作更简便，成本更低，更灵活，也有利于业务流程的改造和盈利能力的分析。从原理上来看，TDABC 模型较适合用于产品和服务并存、具有较高重复性的业务流程，而以设备和专业研判为主的检查类医疗服务项目正好符合此特征。

采用 TDABC 对医疗服务项目成本进行测算有两个步骤：一是测算科室成本，直接成本按成本分类直接计入，间接成本如行政后勤、医疗辅助科室成本等逐级分摊至临床科室和医技科室；二是采用 TDABC 将科室成本转化为医疗服务项目成本，分别计算各临床科室、医技科室及手术室人员经费、固定资产折旧、无形资产摊销、其他费用的产能成本率，采用平均社会必要劳动时间确定项目耗时，内含一次性材料和低值易耗品根据规范文件的体例计入（如《全国医疗服务价格项目规范》），医疗风险基金根据项目风险点数进行分摊计入。具体公式：

$$P = \frac{C}{T} \times t + H + Y \tag{3}$$

其中，P 为医疗服务项目的价格；C 为该项目年度科室总成本（扣除财政补助后）；T 为有效劳动时间（有效劳动时间 = 理论劳动时间 × 有效工时率，理论劳动时间为国家法定劳动时间减去法定节假日，有效工时率一般设为80%）；$\dfrac{C}{T}$ 计算得出"产能成本率"；t 为该项目耗时；H 为不能收费的材料费；Y 为医疗风险基金。有效劳动时间和项目耗时一般核算到"分钟"。

TDABC用产能成本率计算医疗服务项目价格的思路，较好地体现了商品价值由社会必要劳动时间决定的经济规律，且产能成本率和价格相关指数较容易衔接，有利于价格的动态管理和调整，具有较好的扩展性和灵活性。医院管理者和价格管理部门还可利用该模型对医疗服务的价格进行分析、监测和管理。

以仪器和材料消耗为主的化验类医疗服务项目，采用的实验方法各异，难以按照统一的标准进行成本核算和定价，给项目定价带来难度。这类医疗服务项目主要依赖试剂和仪器，对人力劳务的要求较低，同时可小批量操作。从以上特征来看，这类项目适合采用盈亏平衡定价法进行定价。

盈亏平衡定价法是确定盈亏平衡点，即收支相抵、利润为零情况下产品价格的方法；该方法只考虑固定成本、变动成本和盈亏平衡点时的工作量，不考虑人力成本，既符合这类医疗服务项目的特点，也可简化定价测算，还满足了医疗服务公益性的要求和降低检验项目收费价格的政策趋势。具体公式如下：

$$P = \dfrac{C}{N} + CY \qquad (4)$$

其中，P 为医疗服务项目的价格；C 为固定成本，主要为设备折旧；N 为盈亏平衡点时的工作量，可参考历史工作量；CV 为变动成本，主要为试剂材料等。

以上定价方法大多以成本为导向，针对基本医疗服务。而非基本医疗服务具有一定价格弹性，大多采用需求导向定价或竞争导向定价。

需求导向定价法是从患者对医院、对医疗服务的态度和行为出发，以患者对医疗服务项目价值的认识和需求程度为定价依据。造成需求差异价格的形式有多种，主要因地点、时间、医疗服务项目和患者的不同而异。

竞争导向定价法是以医院为主要竞争对手的医疗服务项目定价方法，特点是医疗服务的价格随行就市，医院按照医疗行业的平均现行价格水平来定价。

采用这两种定价方法：首先，需要调研、分析相应医疗服务市场需求，细分市场；其次，确定是否开展该医疗服务项目，如果开展的话需要制定营销战略；最后，根据营销战略，综合考虑成本、盈余、服务质量、市场需求和竞争情况等因素对项目进行定价。

由此可以看出，医疗服务定价多采取以成本为导向的方法，因此成本核算是关键。医疗服务项目成本核算的方法有成本比例系数法、成本当量法、作业成本法、点数成本法、时间驱动作业成本法、关键因素法等。同样地，不同类型的医疗服务项目适用不同的成本核算方法，由于医疗服务项目成本核算的复杂性，在实践中可以采取多种成本核算方法进行组合运用。

此外，良好的数据治理体系与优秀的数据质量，强大的计算机软、硬件算力支持以及专业人员队伍建设也都是成本核算的重要支撑。

相较而言，以成本为导向的定价方法思路简单、核算便捷，但容易忽略需求侧的患者，忽视医疗质量，缺乏节省资源的激励，重视成本还可能存在降低效率、诱导过度医疗的隐患。而以市场需求和竞争为导向的定价方法可有效促进医疗机构间医疗技术、服务质量的良性竞争，但适用范围较窄。因此，在实践应用过程中，既要根据医疗服务项目特征选择合适的定价方法，也不能忽视所选方法可能造成的隐患。

近些年，价值医疗成为医疗领域的研究热点，以价值为基础的定价也给医疗服务价格管理带来了新的思路。虽然医疗价值的定义目前还存在争议，但已初步达成共识，即至少应包括成本、医疗服务质量和患者体验三个方面。

以价值为基础的医疗服务定价较多关注了患者的需求方面，但距离实际应用还有一定距离，仍需要进一步研究需要将哪些影响因素纳入价值决定中，并确定每种因素的权重。由于疾病的复杂性和患者个体差异性，精确测量医疗服务的价值面临较大挑战。期待新兴技术的快速发展，能够为医疗价值提供更为详尽的信息基础，并为医疗服务定价提供更多的依据。

二、我国医疗服务价格策略的变迁与发展

医疗服务的公益性决定了政府要在医疗卫生事业的改革与发展的过程中发挥重要作用，而医疗服务价格是其中关键的调节杠杆，理顺医疗服务价格是促进医疗卫生事业可持续、稳定、协调发展的重要举措。

公立医疗机构是我国医疗服务供给主体，为了防止医疗机构只顾追求经济利益而忽略社会服务责任，政府对医疗服务实行了一系列的价格管制措施，推进医疗服务价格改革也一直是我国医改的重点和难点。新中国成立以来，面对不同的形势和要求，我国已进行了多轮医疗服务价格改革调整与优化。新时代背景下，医疗卫生领域面临着高质量发展的任务，医疗服务价格改革也迎来了发展的新机遇。

（一）医疗服务价格改革历程

我国医疗服务体系在医疗卫生领域深化改革、社会经济变革的背景下逐步发

展完善,医疗服务价格制度也相应地随着社会经济的发展而变迁。在不同改革阶段,政府对医疗服务价格实行了不同程度的管制政策。总体来看,我国医疗服务定价制度大体上可分为五个阶段。

1. 第一阶段:新中国成立至改革开放前(1949—1978年)

建国初期,我国的社会经济状况相对处于百废待兴阶段,卫生事业基础薄弱。为了保障人民健康,政府举办各级各类医疗机构,并通过对私有化改造,联合办医等多种形式,形成了公立医疗机构一统天下的局面。初期,医疗机构基本靠自身进行保本经营,免收税利,财政基本很少给予医疗机构补助。随着经济好转,政府确定了福利性的卫生事业政策,开始向人民群众提供免费的初级预防保健服务项目,逐步加大对医疗机构的财政补助水平。

当时我国实行计划经济体制,医疗服务价格全部由政府制定,且价格水平远低于医疗机构的成本。起初政府对公立医疗机构实行"收支两条线"的财政管理政策,医疗机构收支结余须全部上缴。公立医疗机构只能依靠国家财政投入以及少部分的医疗服务收入运转。由于当时国家经济不景气,政府财力不足,政府对医疗机构的财政补助逐渐收紧,医疗机构发展受阻,甚至亏损严重,负债经营。为了弥补收支亏空,1954年国家出台了药品价格加成政策,由医疗机构自主创收。

但即使实行药品加成政策,由于国家财政情况不佳,"收支两条线"的管理方式仍难以持续。1960年起,国家将公立医疗机构的财政政策更改为"分级管理,定向补助,预算包干",即财政负责公立医疗机构全部人员的基本工资及3%的附加工资,其他一切支出都由医疗机构自行解决。医疗机构可以留用结余,但财政补偿的范围大幅度收缩,结余可用的范围也被严格限定,不能用来给职工增发薪酬。

第一个五年计划后,国民经济初步好转,为了进一步保障医疗服务的公平可及,突出其公益性和福利性,政府实行低价政策,在1958年、1960年和1972年对医疗服务收费进行了三次降价,使得医疗服务收费更低。

这一阶段,政府较多关注的是医疗服务的社会福利性,对医疗服务价格严格管控,医疗服务价格与其价值基本脱钩。但由于医疗服务价格过低,政府财政补助不足,即使多次调整相关财政政策,医疗机构仍出现收不抵支的现象,医疗服务供给能力明显下降。医疗服务的多次降价也影响深远,直到现在我国部分医疗服务的定价仍未补偿成本,影响医疗机构的正常运行。由于对医疗机构收支结余可用范围的限制,医务人员的积极性和医疗机构的工作效率较低。

这一阶段,公立医疗机构的财务和经营都由国家管理,国家扮演着为公立医院兜底的角色。药品加成政策的实行,一定程度上缓解了医疗服务价格偏低而造成的医疗机构收入损失和政府财政补偿不足的问题，起到了积极的作用，但也为后来愈演愈烈的"以药养医"埋下了隐患。

2. 第二阶段：改革开放后至医改初期（1979—1999年）

改革开放后，我国经济体制由计划经济走向社会主义市场经济，受国企改革的影响，在医疗卫生领域也开始利用经济手段，鼓励医院发挥主观能动性，自主创收，在坚持总体原则的情况下赋予公立医疗机构较大的经营自主权。由此进入到了对公立医疗机构放权让利的改革阶段。

放权让利首先体现在政府对公立医疗机构的财政政策的转变。为激活公立医疗机构的服务效率，政府对其实行"全额管理、定额补助、结余留用"的财政政策。与之前相比，政府不再对人员工资全包，医疗机构在结余留用、人员增收方面都有了较大的自主权，但超支需医疗机构自行承担，还加强了对医疗机构收入增加后的财务监管以及其他方面的要求和考核。这意味着国家不再扮演为医院兜底的角色，公立医院需要自己承担经营收入不足的风险。

与此同时，调高医疗服务价格。1981年国务院《批转卫生部关于解决医院赔本问题的报告的通知》，提出公费医疗和劳保医疗，实行按不包括工资的成本收费，以解决三次大幅度降低医疗收费标准致使医院长期大量赔本的问题，城镇居民和农民的收费标准不变。这是我国在计划经济时期经历了医疗服务价格三次大降价后，首次明确提出要改革医疗服务价格偏低的不合理状况，突破了片面强调医疗机构社会福利性和社会主义优越性的偏见，标志着医疗服务价格改革迈出关键一步。

后续几年国家又多次发文倡导要改变医疗服务价格偏低的现状，强调医疗服务价格改革要尊重价值规律；并对不同种类的医疗服务价格调整做出规定，如新项目按成本定价，医疗条件好的机构可适当提高价格，不同等级病房可实行不同价格，放活集体和个人的医疗机构价格标准，适当拉开不同类型医疗机构的价格标准等，过去单一的医疗服务价格制度开始转向多元化；同时，地方政府也获得一定的价格制定自主权。这几点也成为我国建立社会主义市场经济体制后关于医疗服务价格改革的重要规定。

这期间，国家先后于1984年、1988年、1991年、"九五"期间、1997年分别进行了医疗服务价格调整，各地也积极响应，尽管调整幅度都不大，但也开始重视医务人员的劳务价值。

1994年，在"总量控制、结构调整"政策下，一些地区开始结构性调整医疗服务价格，提高体现医务人员技术劳务价值的项目价格，降低检查和检验类项目价格。1997年，政府进一步调整医疗服务项目价格，提高了护理、手术等项目价格，降低了检查等项目价格，并增设了诊疗费。同年提出医疗服务价格基于卫生服务性质的定价方式（"基本"与"非基本"），规定基本医疗服务按照扣除财政经常性补助的成本定价，非基本医疗服务按照略高于成本定价，供自愿选择的特需服务价格放宽。

这一阶段，政府的管理思路转变，强调公立医疗机构要自主经营，自负盈亏。但由于部门间的政策并未协调推进，相关配套措施也较为滞后，公立医疗机构的仍受限较多，其服务效率并没有如预期那样显著提高。尽管如此，从政策效果来看公立医疗机构补偿不足的问题得到一定缓解。但放权让利也诱导了医院趋利行为的产生，进而导致不合理医疗费的快速增长以及行业失序等问题。尤其是在鼓励公立医疗机构自主创收和药品加成政策的双重影响下，药品收入渐渐成为医疗机构赖以生存的收入来源，"以药补医"逐步向"以药养医"转变。

这一阶段，医疗服务价格调整工作开始启动，但尚处于探索阶段。虽然多次进行价格调整，但相关部门普遍将医疗服务价格视为"敏感区"而不愿触及，价格调整一直处于滞后的状态，也缺乏成熟的理论与公立医院改革实践支持，因此取得的成效并不大，医疗服务价格仍较低于其实际价值。

3. 第三阶段：全面医改阶段（2000—2008 年）

放权让利的自主化改革之后，医疗服务价格制度仍面临着一些急需调整的问题。2000 年，国务院办公厅印发《关于城镇医疗卫生体制改革的指导意见》，医改全面启动，中央层面开始出台多项医疗服务价格管理政策。

中央部委文件明确提出，医疗卫生领域的财政补助，仅给予政府办医疗机构，其他非营利性医疗机构不享受政府补助。对县及县以上的公立医疗机构，财政仍以定项补助为主，并进一步明确了公立医疗机构的财政补偿范围，即医疗机构开办和发展建设支出、事业单位职工基本养老保险制度建立以前的离退休人员费用、临床重点学科研究、由于政策原因造成的基本医疗服务亏损补贴。

房屋设施大型修缮和大型医疗设备添置等，作为项目经费，可灵活申报，允许医疗机构试行银行贷款、财政贴息等办法自筹资金。没有再提及财政对医疗机构在职人员的补贴，也不再强调扩大公立医疗机构的经营自主权和鼓励自主经营、自收自支。

在这一时期，城镇职工医保、新型农村合作医疗和城镇居民医保相继建立，社会医疗保障体系逐渐建成，也因此社会医疗保障基金事实上形成了财政对公立医疗机构的间接补偿，并成为公立医疗机构的主要收入来源。

城镇职工医保建立后，2000 年我国颁布了第一版《基本医疗保险药品目录》，与后续的《基本医疗保险服务设施目录》《基本医疗保险诊疗项目目录》共同构成了形成了"三个目录"的管理制度。"三个目录"规范了基本医疗保险用药、诊疗项目、医疗服务设施范围和支付标准的管理,保障了参保人员基本医疗需求,进一步合理控制医疗费用和医保基金支出。

在社会医疗保障体系建成后,国家颁布了《关于城镇医药卫生体制改革的指导意见》,将医疗机构分为非营利性和营利性两类进行管理,提出了分类管理和完善医疗服务价格的政策趋向。非营利性医疗机构一般为政府办医疗机构,即公立医疗机构,也可由社会资本举办,而营利性医疗机构即为民营医疗机构。公立医疗机构是医保基金补偿的主要对象,而民营医疗机构很难获得医保基金的给付。

在医疗服务项目的价格管理方面,《国家计委、卫生部印发关于改革医疗服务价格管理的意见的通知》(计价格〔2000〕962号)提出对非营利性医疗机构实行政府指导价,对营利性医疗机构实行市场调节价,取消政府定价。同时下放医疗服务价格管理权限,规范医疗服务价格项目,实行价格公示、药品价格清单等制度。这是首个关于医疗服务价格调整的中央层面政策文件,该文件的出台明确了医疗服务价格改革的整体方向、思路和原则。

2001年,原国家卫生计生委等三部委颁布《全国医疗服务价格项目规范(试行2001年版)》,内含3966个医疗服务项目的编码、名称、内涵、除外内容、计价单位、说明等,用于规范全国医疗服务项目定价和医疗机构收费行为。这是首次在全国范围内对医疗服务项目名称和服务内容进行统一。2007年其又在该版基础上进行了补充和完善,发布了《全国医疗服务价格项目规范》新增和修订项目(2007年),为逐步规范我国医疗服务价格行为提供了有利条件。

由于医疗服务价格管理权限下放,并实行统一政策、分级管理,即国家制定方针政策、定价原则,规范价格项目名称和服务内容等,省级制定和调整指导价格或只制定和调整主要医疗服务的指导价格,地、市级完成其他调整工作,因此各地可根据医疗服务价格管理相关政策和规定,以及最新的《全国医疗服务价格项目规范》的具体内容,进行医疗服务测算成本,并合理制定、调整相关的医疗服务项目价格。

这一阶段,政府对医疗卫生事业的定位由"社会福利事业"转变为"有公益性的社会福利事业",这种认识的转变以及医疗卫生财政负担过重,因此开始提倡国家、集体、个人和社会团体等多个方面筹资办医,同时政府提出的一系列自主化改革促使公立医院参与到医疗市场竞争当中。

此时,政府对公立医疗机构的财政政策为"核定收支、定额或定项补助、超支不补、结余留用",公立医疗机构仍然要自负盈亏。加上国家财政补贴进一步萎缩,公立医院趋利性动机愈发强烈。

由于医疗行业监管不到位，一些医疗机构出现不当的医疗行为，开始引发社会对医疗机构经营自主权范围的争论。而社会医疗保障体系的建立以及财政补贴范围的变化，即医疗机构补偿渠道和补偿内容的变化也对医疗服务价格的制定与调整产生一定影响。

这一阶段，政府积极推进医疗服务价格改革并取得一定效果，医疗服务价格基本建立。政府定价和市场调节价的双重机制体现了放管结合的特点，使市场机制发挥了一定作用。"中央制定项目，地方制定价格"的医疗服务价格制度也便于各地因地制宜制定、调整医疗服务价格。

但从结果来看，改革整体没有达到预期结果。一方面医疗服务价格调整仍存在定价方法不完善、价格调整滞后与物价水平不协调等问题；另一方面由于药品加成带来的较高利润空间，而政府财政和医疗服务价格收费补偿无法弥补公立医疗机构的实际经营产生的成本，使得医疗机构形成对药品加成收入的依赖，因此医疗机构没有动力去改变现有的收入结构和调整医疗服务价格。医疗服务价格结构性矛盾持续突出，"以药养医"问题愈发严峻。

4. 第四阶段：新医改阶段（2009—2020年）

随着医疗卫生体制改革的不断深化，政府开始正视"以药补医"的政策漏洞。2009年，为破除"以药补医"机制，政府出台了《中共中央、国务院关于深化医药卫生体制改革的意见》（中发〔2009〕6号），标志着我国新一轮的医疗改革正式启动。

该文件针对医疗机构的财政政策提出一系列改革。首先进一步明确财政补贴范围：政府投入主要用于基本建设和设备购置、扶持重点学科发展、符合国家规定的离退休人员费用和补贴政策性亏损等，对承担的公共卫生服务等任务给予专项补助，形成规范合理的公立医院政府投入机制。与以往不同的是，该文件不再鼓励公立医疗机构增加服务量，而是要严格控制公立医疗机构的建设规模、标准和贷款行为，约束其扩张。

同时，此次改革还提出积极促进民营医疗机构的发展，适当降低公立医疗机构的比重。与之配套的财政政策是对于社会资本举办的医疗机构，除了按规定享受相应的税收优惠政策、承担政府公共卫生服务任务可以按照规定获得政府补偿外，地方政府还可以在房屋建设、设备购置以及人员培养等方面给予一定的扶持。在医保基金补偿方面，相关文件也指出，民营医疗机构不再和公立医疗机构区别对待。

在医疗服务价格改革方面，该文件强调要探索建立科学合理的医药价格形成机制，以破除"以药补医"机制为关键环节，推进医药分开，逐步取消药品加成；

基本医疗服务价格要体现医疗服务价格的合理成本和技术劳务价值，不同级别的医疗机构和医生提供的服务，实行分级定价。

后续相继出台多个医疗服务价格改革相关政策，进一步完善价格管理机制，提出取消药品加成政策，增加药事服务费，提高诊疗费、手术费、护理费等医疗技术服务价格；建立以成本和收入结构变化为基础的价格动态调整机制，进一步缩小政府定价职能，扩大市场调节价的范围，确定多种形式并存的定价方式，公立医疗机构提供的特需医疗服务及其他市场竞争比较充分、个性化需求比较强的医疗服务也实行市场调节价；逐步理顺不同级别医疗机构间和医疗服务项目的比价关系等。

继取消药品加成之后，2017年国家发改委发布《关于全面深化价格机制改革的意见》（发改价格〔2017〕1941号），提出取消医用耗材加成，各地开始逐步取消耗材加成。

在2001年版和2007年版基础上，2012年国家发改委等部门联合颁布了《全国医疗服务价格项目规范（2012年版）》，共计9360项医疗服务价格项目，规定了各地不得新增医疗服务价格项目和分解收费，进一步规范了医疗服务价格乱象。

这一阶段，公立医疗机构仍然实行自负盈亏的财政模式，政府对公立医疗机构的投入增长很快，但仍存在总体补偿水平不足、补偿分布不均、补偿不及时等问题。公立医疗机构改革取得一定成效，药占比下降，医疗服务收入占比有所提高。同时，改革仍存在取消药品加成财政专项补助不足，医疗机构自身成本管理粗放、运行低效等问题。这一系列问题也进一步影响医疗服务价格的改革。

政府开始约束公立医疗机构的扩张，逐渐重视其服务质量的发展，鼓励民营医疗机构的发展，进一步发挥市场机制作用。但实际上，各地难以控制公立医疗机构的扩张势头，在补助不足、结余下降的情况下，沉重的建设负债给公立医疗机构的发展带来风险。

在公立医疗机构改革的过程中，医疗服务价格调整是核心，取消药品加成则是重要起点。药品加成政策是"以药养医"问题形成的根源，伴随着药品加成逐步取消，开始采用医药分开、设立药事服务费、调整医疗服务价格等多样化途径以探索医院补偿机制改革的可行方案，各地纷纷试点。

这一阶段，医疗服务价格管理仍体现了"放管结合"的特点，逐渐重视对医疗服务价格的结构调整，强调推进医疗服务定价方式改革；"放"的比重逐渐增加，相应地缩小了政府定价范围，鼓励实行多样化的定价方式。

药品、耗材零加成政策的实行，成为部分地区启动医疗服务价格调整触发条件，但此时的价格调整往往依靠各地主观经验判断，缺乏具体的参考、评估和量化指标。

这一轮的医疗服务价格改革也未获得预期效果,虽然取消了药品加成,但没有实现医疗服务价格的结构调整,体现医务人员劳务价值的医疗服务项目的价格调整没有跟上。而且很多地区将医疗服务价格的改革作为取消药品加成的扶助政策,采用平移测算上调幅度,忽视了对成本的综合衡量及关注,医疗服务价格的调整仍有待于进一步完善。

5. 第五阶段:深化医疗服务价格改革阶段(2021年—至今)

由于新医改阶段的医疗服务价格改革没有取得理想效果,医疗服务价格结构仍较为失衡。自2018年开始的药品(后续增加了耗材)集中带量采购,为进一步医疗服务价格调整腾出了空间,为调整医疗服务价格创造了条件。2021年8月,国家医保局等八部委联合印发《深化医疗服务价格改革试点方案》(医保发〔2021〕41号),再度开启了医疗服务价格改革的新篇章。

纵观我国医疗服务价格制度的变迁历程,可以看出以下四个特点:

首先是医疗服务价格制度的强制性逐渐减弱。随着我国经济体制的转变,医疗服务价格管理也从建国初期的严格管制到放权让利,再到现在的放管结合,公立医疗机构的自主经营权逐渐扩大。

其次是从单一价格调整转向多元价格调整。一方面随着价格改革迈向市场化道路,对医疗服务价格实行放管结合后,逐渐开始实行差别化收费;另一方面医疗服务价格改革从单一的价格水平调整逐渐重视价格结构和定价方式的调整。

再次是医疗服务价格调整不够及时。到目前为止,我国仅颁布过三版《全国医疗服务价格项目规范》,最后一版是在2012年颁布的。这三版项目规范的间隔期较长,调整频率较低,也导致医疗服务价格调整滞后。不仅如此,实际应用中医疗机构往往由于种种原因,不能及时贯彻落实新版项目规范,有可能滞后多年,导致很多医疗机构在价格调整方面具有很强的路径依赖性,调整不及时。

最后是对公立医疗机构的刚性财政补偿力度不断下降,进而影响到医疗服务价格调整。公立医疗机构的财政补偿政策和医疗服务价格调整紧密相关,我国公立医疗机构的财政补偿政策从一开始的财政全包,到包床位、包人员,到2000年后仅剩的离退休人员经费,财政承诺的刚性支出范围不断收窄,而其他类别的补偿由各地根据实际决定,地方享有较大自主权。财政补偿不足以及补偿机制的不完善,进而又阻碍了医疗服务价格改革的进程。

(二)当前医疗服务价格改革政策

医疗服务价格是人民群众最关心最直接最现实的利益问题,也关系着公立医疗机构和医疗事业的高质量发展。自建国成立以来,我国经历了多轮医疗服务价格改革，但医疗服务价格形成机制仍存在宏观管理薄弱、杠杆功能不充分、协同配套不齐全等诸多问题。在医疗保障和医疗服务高质量协同发展的要求背景下，党中央、国务院关于深化医疗保障制度改革任务部署，为加快建立科学确定、动态调整的医疗服务价格形成机制，持续优化医疗服务价格结构，制定了《深化医疗服务价格改革试点方案》。

该试点方案的主要内容为"5+4+3"：探索建立健全医疗服务价格项目管理、总量调控、分类形成、动态调整和监测考核5大机制；统筹推进公立医院综合改革、医疗行业综合监管、公立医疗机构政府投入机制、医疗保障制度改革4项配套改革；完善管理权限配置、定调价规则程序、管理能力建设3项支撑等。

该试点方案的目的是通过顶层设计，最大限度地将医疗服务价格管理标准化，给予地方具体、明确的指导。预期通过3～5年的试点，探索形成可复制可推广的医疗服务价格改革经验。到2025年，深化医疗服务价格改革试点经验向全国推广，分类管理、医院参与、科学确定、动态调整的医疗服务价格机制成熟定型，价格杠杆功能得到充分发挥。

在理顺医疗服务比价关系方面，该试点方案强调：要给予儿科、护理等历史价格偏低、医疗供给不足的薄弱学科项目一定的政策激励；适当体现难度大、风险高的医疗服务的价格差异；传承创新和发展特色优势突出、功能疗效明显的中医医疗服务；挤出设备折旧占比高的检查治疗项目水分。

该试点方案与之前的医疗服务价格调整政策相比，具有三点突破性：

一是将医疗服务分类管理，实行不同的定价和动态调整机制。对于通用型医疗服务项目实行统一的基准价格，不同区域、不同层级的公立医疗机构可在一定范围内浮动；而复杂型医疗项目由政府"定规则、当裁判"，引入医院和医生的专业性意见建议；对于特需服务和试行期内新增项目，由医疗机构自主确定价格，严控规模不超10%。在此基础上该试点方案还提出针对通用型和复杂型医疗服务项目的不同动态调整方法。分类管理医疗服务价格将更有利于充分发挥价格杠杆的作用，并进一步促进医疗高新技术的应用。

二是强调技耗分离。过去将医用耗材合并在价格项目内打包收费，一些医疗机构为了追求医用耗材的销量，增加了很多医疗服务项目，加重了患者负担，也不利于医疗服务项目的管理。该试点方案提出技耗分离，将有利于体现医务人员技术劳务价值，也能防止医疗服务价格调整成果被物耗价格变动稀释，再结合集中带量采购、医保药品谈判等政策，也有助于降低医院运行成本。

三是让医疗机构充分参与。医疗机构和医务人员是医疗服务中的关键利益相关者，在遵从医疗服务公益性的前提下，通过合理机制构建为其提供发表专业意见、沟通协调的平台和渠道，充分发挥其专业优势，减少信息不对称性带来的效用损失，是合理确定医疗服务价格、尊重医疗机构和医务人员的核心诉求，也是实现多方合作共赢的重要途径。

此外，在以上价格管理原则基础上，从完善价格项目管理机制的角度，该试点方案还提到了要制定价格项目编制规范、完善全国价格项目规范和优化新增价格项目管理；在价格动态调整机制方面，除了通用型和复杂型医疗服务项目调整，还要求建立针对重大改革任务、应对突发重大公共卫生事件、疏导医疗服务价格突出矛盾、缓解重点专科医疗供给失衡等的专项调整制度。

此次改革的重点是建立健全制度和体系，既要坚持公立医疗机构的公益属性，重视技术劳务价值，使价格有升有降，保证患者医疗负担总体稳定；也要适应经济社会发展，充分调动医院和医务人员的积极性，推动医疗创新发展。整体思路是希望通过医疗服务价格改革来建立合理补偿机制，从而实现多方共赢。

由于我国各地医疗资源、人口经济等发展不均衡，本次医疗服务价格改革的具体执行主体仍在地方，价格水平以设区的市属地化管理为基础，国家和省级医疗保障部门可对部分医疗服务的价格进行政策指导。考虑到医疗服务价格改革的复杂性和艰难性，本次改革较为谨慎，将试点周期设置为 3～5 年。2021 年 11 月，确定了河北唐山、江苏苏州、福建厦门、江西赣州、四川乐山等 5 个城市作为试点城市，陆续启动试点工作。

时隔一年，国家医保局办公室再度发布了一则医疗服务为价格管理相关文件——《关于进一步做好医疗服务价格管理工作的通知》（医保办发〔2022〕16 号），再次强调在价格管理的过程中要坚决贯彻公益性的基本理念，突出体现对技术劳务价值的支持力度，并进一步明确以医疗服务价格指数（MSPI）为本，医耗分离、支持创新、兼容性和资源消耗决定调整的幅度以及和集采不挂钩等调整原则。

此次发文在医耗分离上重点着墨，包括优先遴选技术劳务部分占比 60% 以上的价格项目，防止被设备物耗虚高价格捆绑；对新设备新耗材成本为主、价格预期较高的价格项目，做好创新性、经济性评价；合并在医疗服务项目中的耗材，集采后要适当降低价格等政策，充分体现了这次改革在医耗分离上的力度。

令人注意的一点是，该文件提到医疗服务价格调整触发机制和药品耗材集采不直接挂钩，调整总量不直接平移置换。医疗服务价格和医药集中采购具有各自的功能定位，要正确处理两者之间的关系。但也强调了耗材集采后，经过准确分析具体影响后，可对医疗服务价格进行适当调整。

这次发文也意味着价格管理总量调控的思维已经从 5 个试点城市拓展到全国，这也避免了一些医疗机构可能会趁此次价格调整进行价格普遍上涨的后果。而关于对医疗服务价格和集采正确定位的政策内容，则防止将集采挤出来的水分，全部平移到医疗服务价格上，但要保证集采的红利要传导到患者身上。

回顾这轮医疗服务价格改革的背景，从前文可知医疗服务价格改革一直是我国医改的重点，几乎每年都会发布相关的政策文件，其中2015年《中共中央、国务院关于推进价格机制改革的若干意见》中提到，到2020年基本理顺医疗服务比价关系；2016年发改委联合四部门共同发布《关于印发推进医疗服务价格改革意见的通知》（发改价格〔2016〕1431号），提出医疗服务价格实行分类管理；2017年国务院《关于印发"十三五"深化医药卫生体制改革规划的通知》（国发〔2016〕78号）明确提出"总量控制、结构调整、有升有降、逐步到位"的价格调整原则，并要降低药品、医用耗材和大型医用设备检查治疗和检验等价格，重点提高体现医务人员技术劳务价值的项目价格，理顺比价关系，通过规范诊疗行为降低药品、耗材等费用，严格控制不合理检查检验费用，为调整医疗服务价格腾出空间，并与医疗控费、薪酬制度、医保支付、分级诊疗等措施相衔接。

可以看出，"十三五"期间已经有了这轮价格改革的雏形。与此同时，三明探索出的医改经验为改革积累了一定的实践经验。吸取三明的经验，在"十三五"期间，改革的预备措施从药品价格入手，实施药品集采。随着药品集采全面推开，数轮集采后，医保预计留出足够的空间进行公立医疗机构改革。因此医疗服务价格改革在"十四五"开局之年（2021年）紧锣密鼓地提上日程。

从三明医改的相关举措来看：2012年，三明本地医保基金面临赤字风险，不得不开始整治医药流通领域价格虚高的药品、耗材改革。在实现医保基金转亏为盈之后，三明又将大部分结余的医保基金用于"腾笼换鸟"，实施动态调整医疗服务价格、增设药事服务费、实行医务人员全员目标年薪制等政策，大力改革医院和医生收入分配机制，并取得瞩目的成效。三明的改革为这几年全国医改提供了宝贵经验，也是在三明经验的影响下，国家医保局成立，本轮医疗服务价格改革由国家医保局牵头进行。医保局在医疗服务定价中的话语权提高，将有利于其通过价格结构的调整倒逼定价机制回归医疗服务核心价值，进一步强化对医保基金的管理力度，维护患者的核心利益。

虽然之前多轮医疗服务价格改革已取得相当成效，但改革的进一步深化仍然面临着不同医疗服务项目的成本价格比差异较大、公立医疗机构分级定价和医疗资源合理分配之间存在矛盾、医务人员技术劳务价值严重偏低和调整周期过长以及对于不同难度技术价值差异的体现不够充分等诸多挑战。

我国幅员辽阔，各地发展不平衡，情况各异。三明的经验在向全国推广时很有可能会面临更大的挑战和难题，因此在进一步改革的进程中仍需要小心谨慎。

(三）价格政策的完善与发展

医疗服务价格偏离价值、比价关系不合理、调整滞后是我国医疗服务价格管理长期存在的问题，也是当前医疗服务价格改革需要解决的难题。当以上问题存在时，医疗服务价格难以发挥应有的杠杆作用来合理配置医疗资源。当医疗服务价值被低估，医疗机构和医务人员的利益受损时，二者就容易形成共谋，通过开大处方、重复检查等不道德手段谋求基本收入以外的经济利益，造成患者和医保方利益受损。这种情况下，各方利益都有不同程度的受损，若不从根本上解决问题的话，各方矛盾难以调和。

面对长期存在的问题，理顺医疗服务价格也并非一朝一夕之事，从改革的目标、具体内容及复杂程度来看，当前医疗服务价格改革是承接之前价格改革措施，并进一步深化。在取消药品加成之后进行了一轮医疗服务价格调整，该调整是针对取消价格加成后的缺口进行补偿，属于静态调整，总体测算难度相对较低，主要根据医疗机构因价格加成取消所腾出来的空间调高相应医疗服务项目价格。之后又针对高价药和可能存在的灰色空间进行压缩，通过"两票制"和集中带量采购等政策进一步挤压药耗水分，为医疗服务价格调整腾出空间。

当前医疗服务价格改革是在以上"腾笼"举措完成之后，承接的"换鸟"行动。通过对医疗服务项目进行系统梳理和调整，并配合公立医疗机构薪酬改革，理顺医疗服务项目之间的比价关系，建立科学合理的定价、调整机制，使医疗服务价格逐渐接近服务价值，并发挥其价格杠杆的作用，引导医疗资源的有效配置，最终让医疗回归本质。

医疗服务价格改革涉及的各方利益，可谓牵一发而动全身。在各方的利益博弈中，医疗机构想要把价格调高以增加医院收入，减少运营压力；患者则担心价格调高，负担加重，也期待价格能进一步下降，减轻负担；但医保局从大局出发，在实现此次价格改革目标的前提下，不仅要考虑到医疗机构的运营问题，还要考虑医保基金、患者的可承受能力。此外，由于各方利益交错，难免形成矛盾、冲突，导致医疗服务价格改革的推进一直都极为艰难、缓慢，此次改革也不免如此。

而相较于之前零碎化的静态调整，当前阶段的价格调整属于系统化的动态调整，需要考虑医疗服务成本与价值以及医疗服务体系内的横向、纵向比价关系，需要制定精细化和针对性的调整策略，也意味着面临更大的挑战。

成本测算是医疗服务价格的科学调整的重要依据，国家层面的文件只明确了价格调整的基本要求和原则，若地方层面未做好成本测算工作，在调整时就没有方向和把握，只能机械地进行涨价或降价，难以达到此次价格改革的目的，且这种不合理的价格调整会引发更大的问题。现阶段医疗机构的成本核算机制不成熟，相关数据及数据渠道不完整，且此次价格改革的主导部门即医保局在成本测算方面的专业能力稍显不足，若寻求第三方机构（如会计师事务所）的支持，其又缺乏医疗方面的知识，因此成本测算是当前进行价格调整的一大挑战。

此轮价格调整依然遵循"总量控制，结构调整"的原则，通过价格调整总量对医疗机构的价格进行宏观管理，使医保方不仅可以管理医保支付的项目，还可以间接影响自费项目，防止一些医疗机构可能会趁此次价格调整进行价格普遍上涨，通过提高自费项目的价格加重患者的费用负担，也可防止医疗机构将自身的财务管理、成本控制、薪酬分配等问题都指望通过这轮价格调整来解决。因此，这是一种十分具有效率的管理手段，但难点在于如何科学、合理把控价格调整总量。

专业人才的缺乏则是另一大挑战。医疗服务价格管理需要融合医学、经济学、财务、信息、管理等多学科专业知识，但从医疗机构和政府的工作人员来看，相关管理人员组成单一、专业知识较为缺乏。在医疗服务价格调整中，不仅是成本测算、价格监审、价格分析比对、社会效益和经济效益影响评估、具体调整方案的制定、价格监测考核指标的确定等每个环节都需要有专业队伍的参与。在第三方机构不能满足需求的情况下，政府部门也同样缺乏多方面的专业人才。相对来说，专业人才的缺乏是目前最大的挑战。

此轮医疗服务价格调整的目的是发现医疗服务的真正价值，重点依然是对价格结构进行调整，不是单纯的涨价或者降价的过程，而是对医疗机构的收入结构优化。实现这一目标需要一个循序渐进的过程，逐步让医疗服务价格接近其价值水平。在调整的过程中，要始终确保群众负担总体稳定、医保基金可承受、公立医疗机构健康发展可持续，才能保证改革可持续，才有机会一步步实现预期目标。

在接下来的价格改革推进过程中，仍需要进一步完善医疗服务成本核算体系，强化成本测算能力。一方面利用信息技术，打破部门间、系统间的"信息孤岛"，建立与采购、医保基金、预算管理、成本管理等相衔接的医疗服务价格管理智能系统，统一或者尽量统一成本测算口径，保证数据的规范性、完整性和连续性，通过智能系统收集支持成本测算的基础数据；还可通过智能系统，利用大数据分析工具，监测价格运行情况、适时触发调价、评估价格调整效果、完善调整方案。另一方面为避免医疗机构敷衍工作、虚报成本，可通过政策引导医疗机构重视成本核算，主动真实报告成本信息，实现信息透明化。如将成本核算列为工作考核指标，增加并完善医疗机构的会计制度，以便医疗机构能够准确核算其成本；再如，通过政府补贴诱导医疗机构真实申报其成本，这样经过多次动态博弈可形成稳态的激励型医疗服务成本显示机制。在此轮医疗服务价格改革中，医疗机构具有一定的价格制定参与权,这样也有助于形成被定价医疗机构和定价的政府部门之间的参与和激励相容双重约束。

注重人才队伍建设也应该是接下来的重点工作。医疗服务价格改革涉及多方面专业性极强的工作,其复杂性决定了必须要有专业人才参与。即使有合适的第三方机构可提供一些资源、技术方面的支持,政府层面仍需要组建一支来自医保部门、财政部门、卫生健康部门、医疗机构、高校、研究机构等各部门的专业人才队伍,并定期组织人员进行医疗服务价格管理相关知识培训,不断提升其专业能力,以确保价格调整工作顺利进行。

另外,此次价格改革的试点方案还强调了两点:一是加快建立技术标准规范,包括价格项目编制规范、全国价格项目规范,这些技术标准规范是建立动态化的价格调整机制和精细化管理的必需,且目前的《全国医疗服务价格项目规范》颁布于2012年,十年间医疗技术发展迅速,很多项目急需更新。二是统筹推进配套改革,包括药品耗材集中带量采购、公立医疗机构薪酬制度改革、公立医疗机构补偿机制完善、规范非公立医疗机构价格、医保支付政策、医疗行业综合监管等。一方面医疗服务价格改革涉及多方利益,在改革的过程中应尊重不同利益相关者的核心诉求,使多方群体都享受到改革的红利,以促进改革平稳推进,而要做到这一点必然要和多个医疗卫生政策相配合;另一方面价格改革作为深化医改的一部分,也注定其必要与其他医疗卫生政策配合,共同发力,才能更好地实现各项改革政策目标。

在价格调整的过程中,还需要注意在确定价格调整总量时,除了要考虑医疗机构收支、医保基金平稳以及群众负担,医药产业的发展也应纳入考量。最后,医疗服务价格调整是跨部门的系统工程,需要根据各地的经济发展水平、行业工资水平、消费指数等进行精准测算,更需要政府各部门的协同改革、同步推进。

目前,除了5个试点城市之外,还有一些地区也已经开始启动新一轮的医疗服务价格调整工作或者正在制定调整方案。国务院已经将推进医疗服务价格改革列入《深化医药卫生体制改革2022年重点工作任务》,明确各省份应在2022年6月底前印发建立医疗服务价格动态调整机制相关文件,年底前将医疗服务价格调出成本监审和价格听证目录,进一步突出了此项改革的重要性。

三、我国药械创新价格政策

为了从体制机制上统筹推进医疗、医保、医药"三医联动"改革,提高医保管理效率,2018年国家进行机构改革,成立了国家医疗保障局(国家医保局)。

国家医保局合并了三大社会保险管理职能，整合了组织制定和调整药品、医疗服务价格与收费标准以及服务监管的管理权限，拥有了对医疗服务价格更大的话语权。

作为医药服务最大的支付方，国家医保局依托全国统一市场，充分发挥战略购买优势，创造性地开展了医保药品准入谈判和集中带量采购工作。这两项工作涉及到药品和耗材的价格，通过需求引导供给的经济杠杆，实现药品、耗材领域的侧供给改革，有效提高人民群众的保障水平，实现多方共赢。

（一）医保药品谈判政策及实施

1. 政策背景与基本情况

随着人口老龄化速度的加快、疾病谱的改变以及人们健康意识的增强，我国医疗卫生事业迅速发展，同时治疗费用尤其是药品费用也快速增加。数据显示，我国药品费用年均增长率为8.51%，其中专利药费用占整个药品费用比例高达16%，已成为沉重的社会经济负担。

尽管这些专利药对重特大疾病有显著治疗效果，但由于有专利法的保护，专利药在各国常采取单独定价方式，其价格高昂患者难以承担。若直接将这些药品按照市场价格纳入医保药品目录，医保基金将难以承受。

为有效降低药品虚高价格，缓解患者用药负担，鼓励企业创新，并保障医保基金平稳运行，国家积极开展多项工作促进医药卫生体制的改革与完善，通过药品谈判形式将独家高价药品纳入医保药品目录。2009年中共中央、国务院发布《关于深化医药卫生体制改革的意见》，提出要积极探索建立医保经办机构与药品供应商、医院的谈判机制，发挥医疗保障对药品费用以及医疗服务的制约作用。

此后历时六年，经过多次探索，原国家卫生计生委于2016年5月和相关药企达成共识，完成国家层面的首次药品价格谈判。2017年第二批国家药品谈判由人社部主导，这也是首次医保药品准入谈判，结束后将谈判成功药品纳入医保药品目录。2018年国家医保局成立，开始承担医保药品谈判工作，医保药品准入谈判成为每年常态化的工作，谈判对象不仅包括新纳入药品，也包括协议到期的续约药品。2020年起又增加了一类谈判对象，即已在目录内但准入时未经谈判的高价药品。国家医保局主导药品谈判后，药品谈判和目录调整、待遇支付等后续保障工作衔接更加顺畅（见表5-1）。

目前在协议期内的谈判药品共275种，覆盖抗肿瘤、罕见病、肝炎、糖尿病、风湿免疫、心脑血管、消化等多个临床治疗领域，其中抗肿瘤药品数量占比最多，达到20%以上。

表 5-1　历年国家药品谈判信息

年份/年	药品品种数			平均降幅/%	谈判成功率/%
	总和	目录外	目录内		
2016	3	—	—	58.67	60
2017	36	—	—	38.56	81.82
2018	17	—	—	57.06	94.44
2019	97	70	27	60.70	64.67
2020	119	96	23	50.64	73.46
2021	94	67	27	61.71	80.34

注：表中信息整理自网上公开资料。

为确保医保谈判药品顺利落地，相关部门陆续发布多个文件，从谈判药品采购、供应、待遇执行等多方面进行明确规定。尤其是在保障谈判药品供应方面，从国家到地方，多个文件都提到开通或鼓励开通定点药店通道，实行定点医疗机构、定点零售药店"双通道"制度。

为了进一步提升保障水平，更好满足广大参保患者合理的用药需求，2021年国家医保局会同卫健委出台了《关于建立完善国家医保谈判药品"双通道"管理机制的指导意见》，提出对谈判药品进行分类管理，重点将临床价值高、需求迫切、费用高的药品纳入"双通道"管理。

这是首次从国家层面明确将定点零售药店纳入医保药品供应保障范围，并实行与医疗机构统一的支付政策。同时，该文件从遴选药店、规范使用、完善支付政策、优化经办管理、强化监管、加强领导等方面，对谈判药品"双通道"管理提出相应要求。"双通道"政策实施后使谈判药品供应渠道更加多元化，有效缓解了谈判药品"进院难"的问题，在很大程度上提高了谈判药品的可及性。

2. 政策成效

目前，我国已建成世界上规模最大、覆盖全民的基本医疗保障网，参保人数达到13.6亿人。但我国仍是发展中国家，人均筹资水平有限，在有限的医保资源下满足人民群众日益增长的健康需求、持续增进人民群众健康福祉是一项重大挑战。

创新药品临床效果好但价格高昂，开展医保药品谈判是减轻人民群众用药负担，提高保障水平的有效途径，也是让改革发展成果更多更好地惠及广大百姓，降低因病致贫、因病返贫风险，促进经济社会高质量发展的重要举措。

相关数据显示，2018年以来，国家医保局累计将250种临床急需的创新药品通过谈判纳入医保药品目录，价格平均降幅超过50%。以2021年为例，协议期内221种谈判药累计报销1.4亿人次，平均时间报销比例68.7%，通过谈判降价和医保报销，累计为患者减负1494.9亿元。国家医保药品谈判政策取得了预期的惠民成效，伴随着医保药品谈判，医保药品目录调整机制也不断完善。以价值为导向，不断优化目录结构，在纳入临床价值高的创新药的同时，及时调出疗效不确切、临床易滥用、性价比不高的药品，不仅改善患者群体用药结构，也控制基金支出增速，提高基金使用效率。

目录调整周期从早期最长的 8 年缩短至 1 年，创新药从批准上市到进入医保目录的速度明显加快。2017 年谈判准入的创新药品包含在批准上市后 8 年才进入医保药品目录；而 2020 及 2021 年分别有 16 和 19 个创新药品是获批上市当年即通过谈判进入医保药品目录。

缩短创新药医保准入时间，不仅利好于参保患者，也有利于引导医药产业的创新发展。尤其是近年来多个国产创新药谈判成功，充分体现了对国家政策对本土医药创新的重视和支持，有助于本土医药企业的崛起。

国家进行医保药品谈判的政策目标是"减轻医药费用负担，提高药品可及性和可负担性，实现参保人、企业、医保'三赢'"的政策目标。从政策效果上来看，已基本实现预期目标。

（二）国家集采政策及实施

1. 药品集中采购

我国是仿制药大国，95% 以上的化学药品是仿制药。与原研药相比，仿制药价格低廉，具有提升医疗服务水平、降低医疗支出、维护更广大公众健康等良好的经济效益和社会效益，是一项巨大的社会公共财富。无论欧美制药发达国家，还是亚洲的一些新兴市场国家，仿制药均是药品消费的主流。

一般原研药专利到期后，仿制药会迅速抢占大部分市场，原研药企业往往会主动降价，以应对仿制药的竞争压力，即所谓的专利悬崖。但专利悬崖在我国迟迟没有发生，进口原研药即使专利到期仍维持很高的价格，并且长期占据大部分市场，形成垄断趋势。

我国专利悬崖现象的缺失主要原因有三方面：一是国内医药行业起步较晚，基础薄弱，在药品生产各方面的研究深度不够，部分仿制药与原研药品的质量与疗效存在一定差距；二是早期外企进入国内市场享受一系列政策优惠，发展迅速，压制本土药企发展，且医药政策对本土仿制药也没有足够的倾斜力度；三是 2007 年之后我国药品审批速度缓慢，积压严重，导致仿制药发展停滞，进一步拉开其与原研药的差距。

另一方面，长期以来我国药品销售市场是回扣竞争模式，高额的药品销售费用很大程度上造成了不合理医疗费用的快速增长，也给医药行业带来了巨大的危害：过高的药品销售费用嫁接到药品价格上，导致药价虚高，给广大群众、医保乃至整个社会带来沉重的费用负担；回扣改变医疗机构、医生的行为，引导医院扩大规模，过度医疗，进一步加剧患者和医保的负担；药企赚得到高额利润，失去研发创新、技术升级的动力，反而更疯狂地进行回扣销售，陷入恶性循环，而国内本土仿制药质量疗效水平迟迟难以提升。

虽然政府出台了诸多药品供应保障政策，但因为专利悬崖现象的缺失和药品回扣竞争的存在，再加上采购层级较低，力量分散，导致议价能力不足，我国药品价格一直处于虚高虚低的艰难形势，很大程度上影响了患者用药，甚至波及医药产业的健康发展。

在我国老龄化程度逐步提升、医保收支日趋紧张的情况下，为了降低药品价格，推动仿制药的替代使用，国家实施了一系列举措。首先是提高仿制药质量，保证群众用药安全。2015年国务院启动药品医疗器械审评审批制度改革，将仿制药由"仿制已有国家标准的药品"调整为"仿制与原研药品质量和疗效一致的药品"，仿制药一致性评价也成为重点任务之一，次年正式全面启动已上市仿制药质量和疗效一致性评价工作。这为后面的药品集中采购奠定良好的产品质量基础。

其次是实行"两票制"。在多票制下，药企发货到达终端的过程中要经历多层的代理商和经销商，造成了终端的高药价。2016年国务院发文，明确在试点省份推广"两票制"；2017年前国务院医改办等8部委出台文件，综合医改试点省（区、市）和公立医院改革试点城市率先推行"两票制"，鼓励其他地区试行"两票制"。"两票制"减少了中间流通环节，降低终端药价，为药品集中采购打下价格基础。

国家医保局成立后，除负责医疗和生育保险、医疗救助外，还整合并入了药品和医疗服务价格管理职责。在仿制药一致性评价已经取得一定成效、"两票制"改革之后，国家医保局瞄准回扣竞争、药价虚高这一积弊，正式开启医保主导的集中带量带量采购（以下简称集采）新阶段。

2018年11月14日，中央全面深化改革委员会第五次深改会审议通过《国家组织药品集中采购试点方案》，明确探索完善药品集中采购机制和以市场为主导的药价形成机制，降低群众药费负担，规范药品流通秩序，提高群众用药安全。次日，上海阳光医药采购网发布《"4+7"城市药品集中采购文件》，拉开了国家组织药品集采的序幕。

药品集采从北京、天津、上海、重庆和沈阳、大连、厦门、广州、深圳、成都、西安11个城市试点开始扩展到全国。纳入集采范围的药品包括原研药、国家药品监督管理局发布的仿制药质量和疗效一致性评价参比制剂、通过国家药品监督管理局仿制药质量和疗效一致性评价的仿制药以及根据《国家食品药品监督管理总局关于发布化学药品注册分类改革工作方案的公告》〔2016年第51号〕，按化学药品新注册分类批准的仿制药品。

截至目前全国已完成七批八轮药品带量采购，共采购成功294种药品，价格平均降幅超过52%，涉及金额2800亿元，品种覆盖高血压、冠心病、糖尿病、抗过敏、抗感染、消化道疾病等常见病、慢性病，以及肺癌、乳腺癌、肠癌、肝癌、肾癌等重大疾病（表5-2）。按约定采购量测算，每年可节省费用1201亿元。集采有力挤压了药价虚高空间，切实减轻了广大群众的就医负担，也节约了医保资金的支出。按集采前价格测算，七批集采药品涉及金额约占公立医疗机构化学药、生物药年采购额的35%，集采也已成为公立医院药品采购的重要模式。

表5-2 七批国家药品集中带量采购情况

批次	时间	中选品种数/个	报量采购金额/亿元	价格降幅 平均降幅/%	价格降幅 最高降幅/%	适应证范围
首批"4+7"	2018年11月	25	77	52	96	高血压、高脂血症和高胆固醇血症、乙肝、肿瘤、精神障碍等
首批"4+7"扩围	2019年9月		108	59	78	
第二批	2019年12月	32	88	53	93	肿瘤、糖尿病、高血压、高血脂等
第三批	2020年7月	55	226	53	95	糖尿病、高血压、心血管、抗感染、肿瘤等
第四批	2021年1月	45	254	52	96	高血压、糖尿病、消化道疾病、精神类疾病、肿瘤等
第五批	2021年6月	61	550	56	98	高血压、冠心病、糖尿病、消化道疾病等，以及肺癌、乳腺癌、结直肠癌等
第六批	2022年2月	16	170	48	73	糖尿病（胰岛素专项）
第七批	2022年7月	60	700	48	98	高血压、糖尿病、抗感染、消化道疾病等，以及肺癌、肝癌、肾癌、肠癌等

注：表中信息整理自网上公开资料。

药品集采以一致性评价作为采购药品的基本条件，保证了采购药品的质量，国家集采后通过一致性评价的仿制药和原研药的使用占比，从原来的50%左右大幅度提高到90%以上，群众用药质量水平也得到明显的提高。集采中标药品中超过95%是仿制药，中标之后这些仿制药的使用量得到保证，一定程度上促进了优质、低价的仿制药对高价原研药的替代使用。

2. 高值耗材集中采购

医用耗材领域同样存在价格虚高的现象,因此紧跟药品之后,高值医用耗材也开始启动集采。2019年7月国务院办公厅印发《治理高值医用耗材改革方案》,明确高值医用耗材分类集采办法以及跨省联盟带量采购;2020年3月发布的《中共中央、国务院关于深化医疗保障制度改革的意见》指出,坚持招采合一、量价挂钩,全面实行药品、医用耗材集中带量采购;同年10月,国家高值耗材联合采购办公室开展了冠状动脉支架带量采购工作,我国医用耗材集采全面铺开。

截至目前,全国范围内已开展了三批国家高值医用耗材集采(表5-3),20多轮区域联盟集采和30多轮省级集采,集采范围包括骨科植入、血管介入、眼科、神经外科等近20类高值医用耗材。集采之后,相关高值医用耗材的价格大幅下降,患者可及性大大改善。

表5-3　三批国家高值医用耗材集中带量采购情况

批次	时间	采购品种	平均降价幅度	
第一批	2020年10月	冠脉支架	93%	心脏支架从均价1.3万元左右下降至700元
第二批	2021年8月	人工关节	82%	髋关节平均价格从3.5万元下降至7000元左右 膝关节平均价格从3.2万元下降至5000元左右
第三批	2022年7月	骨科脊柱类	84%	胸腰椎后路固定融合术,其耗材平均每套价格从3.3万元下降至4500元左右 胸腰椎微创手术,其耗材平均每套价格从近4万元下降至5600元左右 椎体成形手术,其耗材每套平均价格从2.7万元下降至1100元左右

注:表中信息整理自网上公开资料。

3. 政策成效

集采政策最明显、直接的成效即药品、耗材价格显著下降,极大地提高了患者的用药层次,扩大了药品、耗材的可及性,给患者带来实在利好。而且这种降价效应会传导到集采以外的范围,形成更大的政策影响。以药品为例,同品种原研药若是中标,则价格会大幅度下降,若未中标,也会受集采品种支付标准的影响,价格不断下降,使本应出现的专利悬崖效应显现,使扭曲的药品市场逐渐回归正常。从医保局开展的药品价格监测数据来看,2019、2021年,药品总体价格水平持续下降,年均达到7%左右。

集采不仅让药品、耗材价格回归合理,减轻患者负担,也提高了医保基金的使用效率,让节约下来的医保基金可以花在创新药和创新耗材上;也进一步推动

"三医联动",助力医疗机构内部管理和公立医疗机构高质量发展;在稳定提升临床药品、耗材质量的基础上,促进临床服务需求释放,有助于推动形成公平竞争、质量保障与创新驱动的行业发展新格局。

现阶段,国家组织、跨省联盟和省级采购已经形成了协同推进、常态化、制度化的工作格局,集采的一系列保障机制和配套政策也日趋完善和优化。未来,集采将根据临床需求,加快实现500个药品品种的阶段性目标和应采尽采的总目标。

(陈玲玲)

第六章 多层次医疗保障

一、商业健康保险

多层次医疗保障及商业健康保险

1. 我国多层次医疗保障

从我国既有的政策文件与相关学术文献来看,构建多层次医疗保障体系具有高度共识,但具体表述却存在差异。政策文件方面,2009年3月中共中央、国务院发布的《关于深化医药卫生体制改革的意见》中,强调要"加快建立和完善以基本医疗保障为主体,其他多种形式补充医疗保险和商业健康险为补充,覆盖城乡居民的多层次医疗保障体系。"城镇职工基本医疗保险、城镇居民基本医疗保险、新型农村合作医疗和城乡医疗救助共同组成基本医疗保障体系。""鼓励工会等社会团体开展多种形式的医疗互助活动。鼓励和引导各类组织和个人发展社会慈善医疗救助。"积极发展商业健康险,"鼓励企业和个人通过参加商业保险及多种形式的补充保险解决基本医疗保障之外的需求。"2012年国务院在《关于印发卫生事业发展"十二五"规划的通知》中提出的目标是:"以基本医疗保障为主体、其他多种形式补充医疗保险和商业健康险为补充、覆盖城乡居民的多层次医疗保障体系基本建立,个人医药费用负担进一步减轻。"2020年2月中共中央、国务院发布的《关于深化医疗保障制度改革的意见》是新时代全面深化医保改革的纲领性文件,其强调要"坚持以人民健康为中心,加快建成覆盖全民、城乡统筹、权责清晰、保障适度、可持续的多层次医疗保障体系",明确提出"到2030年,全面建成以基本医疗保险为主体,医疗救助为托底,补充医疗保险、商业健康险、慈善捐赠、医疗互助共同发展的医疗保障制度体系"。

我国学术界对医疗保障体系多层次化的研究主要有以下观点:郑功成认为,"政府负责的公共卫生、多方分担责任的法定医疗保障、商业健康险以及非营利性的公益医保，可以构成我国完整的多层次医疗保障体系"，其将公共卫生纳入多层次医疗保障体系，将一般意义的医疗保障划分为三个层次。郑秉文认为，现在是国家建立的制度包含了多层次的初级多层次，而"真正的多层次"是在政府主导的医保制度外建立由市场提供的其他多个制度，从而形成国家建制与市场提供两个层次。余小豆、袁涛认为，多层次医疗保障体系指基本医疗保险、大病补充保险、医疗救助和商业医疗保险等在内的多种医疗保障制度形式的统称，其"多层次"主要指"医保待遇的补充叠加"。仇雨临、王昭茜提出，我国已建立起医疗救助、基本医疗保险、补充医疗保险、大病保险等多层次的医疗保障制度，需要构建更加完善的、以基本医保为主、补充医保为辅、医疗救助兜底的全民医保体系和制度之间的衔接机制，其将政府负责的医疗救助视为一个独立层次，而市场化的商业健康险未体现在多层次体系之中。顾雪非、赵斌、刘小青认为，"多层次"是医疗保障体系纵向的延伸，中国形成了以基本医疗保险为主体、商业健康险为补充、医疗救助为底线的多层次医疗保障体系。段迎君、李林认为，我国已初步建立起以基本医疗保险为核心，以补充医疗保险、医疗救助为两翼的多层次医疗保障体系，其多层次结构分为主、辅两个层次。可见，不同研究者对多层次医疗保障体系的理解是不同的。

综观各国实践，医疗保障制度均呈现出政府责任强弱与公平性强弱正相关规律，凡政府负责或主导的医保制度均以追求公平为目标，凡市场主导的医保制度则以追求效率为目标，而介于两者之间的制度安排可称为政策型保障。以此为依据，多层次医疗保障体系应指以满足社会成员不同层次的疾病保障与健康服务需求为目标的制度安排构成的一个整体。我国的多层次医疗保障体系可以由四个层次构成：第一层次是国家主导的法定医疗保障，包括政府主导的基本医疗保险与政府负责的医疗救助，其依法建立在财政供款和用人单位及个人缴费的基础之上，以满足全民基本医疗保障需求为目标，奉行公平保障与强制实施原则，遵循的是互助共济法则；第二层次是在特定政策支持下由用人单位举办的补充医疗保险，其建立在用人单位与职工共同供款的基础之上，以增进员工福利为己任，强调相对公平与激励功能并重，遵循的是职业福利自主设置的法则；第三层次是商业健康险，其建立在个人与保险机构签订的合同基础之上，以满足参保人在疾病医疗与健康管理方面的个性化需求为目标，遵循自主交易的市场法则；第四层次是社会慈善公益和医疗互助，其建立在社会捐献与互助的基础之上，以帮助解决困难群体疾病医疗问题为指向，遵循的是社会慈善法则。总结如下（图6-1）：

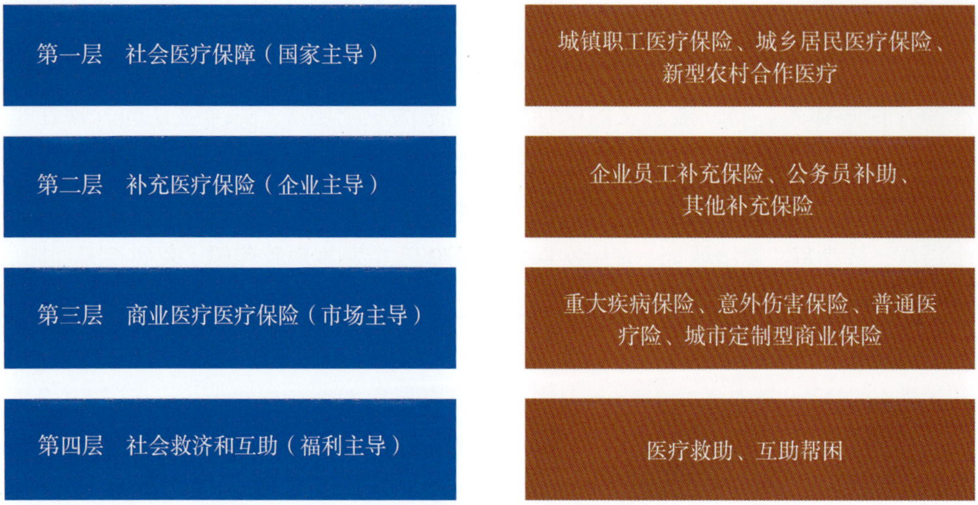

第一层　社会医疗保障（国家主导）	城镇职工医疗保险、城乡居民医疗保险、新型农村合作医疗
第二层　补充医疗保险（企业主导）	企业员工补充保险、公务员补助、其他补充保险
第三层　商业医疗医疗保险（市场主导）	重大疾病保险、意外伤害保险、普通医疗险、城市定制型商业保险
第四层　社会救济和互助（福利主导）	医疗救助、互助帮困

图 6-1　我国多层次医疗保障体系

第一层：法定社会医疗保障

第二层：用人单位的补充医疗保险

第三层：商业保险

第四层；社会救济和医疗互助

2. 商业健康保险的定义及类型

商业健康医疗保险是相对于基本医疗保险而言的，保险人根据自身意愿，与保险公司签订关于医疗保险的合约，商业补充医疗保险是基本医疗保险的有力补充，也是多层次医疗保障体系的重要组成部分。在国际上，经济合作与发展组织（OECD）将商业健康保险分为基本型（Primary）、替代型（Duplicate）、补充型（Complementary）和增补型（Supplementary）四种模式。在我国以补充型商业健康保险为主要组成形式。

3. 商业健康保险的保障范围

商业健康医疗保险能够在基本医疗保障的基础上，扩展保障内容，提高保障水平，满足人民群众差异化服务需求，如高额住院保险、自费项目（药品及诊疗服务）、长期护理保险等。此外，其不仅包括更高水平的医疗费用补偿，还包括一些与医疗和健康紧密相关或伴随性较强的保障与服务需求。一是就医与健康服务，为缓解参保人员看病难问题而提供的就医便利服务，如问诊咨询、转诊预约等以及改善参保人员健康状况为目的的健康管理服务，如健康咨询、慢病管理等；二是对于因伤病引起暂时或永久性功能障碍、无法正常工作而导致的收入减少进行补偿的需求；三是因意外伤害造成的风险提供保障的需求。上述保障或服务，可由商业补充医疗保险提供。

4. 商业健康保险的发展方向

1）医疗保险意识的普遍增强激发了群众的商业医疗保险需求随着全民医保的推进，医疗保险从一个相对陌生的概念，变成了和大家生活密切联系的必需品，老百姓对医疗保险的认识发生了深刻变化，从过去看病靠个人储蓄或借贷转变为依靠医疗保险，全民医保的推进过程也是医疗保险理念的全民普及过程，对保险有了高度的认同，老百姓在有了基本医疗保险后，更关注和期望可以得到更好的保障。因此，对商业医疗保险的态度也发生了变化，由过去的不了解，甚至排斥，转变为积极了解，甚至主动购买，激发了对商业医疗保险的需求。

2）利用广阔市场，提高商业医疗保险的选择多样性医疗费用的上涨是全世界共同面对的现实和趋势。随着中国经济的不断发展，人们生活水平的普遍提高，患者和其家属求医时都迫切希望得到更好的治疗。但是，基本医疗保险的筹资水平与支付水平只能遵循与国家经济发展水平相适应、与各方面的承受能力相适应的原则，"保基本"而不是"保需求"，这必然与人们的期望值有一定的距离。根据国际经验，医疗费用增长最重要的因素是医疗新科技改革、疾病谱变化和老龄化。目前来看，这三个因素对中国医疗费用的上涨同样起着重要的推动作用。这对于医疗保险的发展是一个重大挑战，也给商业医疗保险提供了非常大的市场空间和发展空间。

二、国内外商业健康保险

（一）国内商业健康保险的发展现状

据统计，2019年全国经营商业健康险的公司达到150家，在售健康险产品4283款，其中，疾病保险和医疗产品数量约占98%，护理保险和失能损失保险产品各占1%左右。2014—2018年商业健康险的保费收入年均增速达36.12%；2019年健康险保费收入7066亿元，同比增长29.7%，赔付支出2351亿元，同比增长34.78%。这组数据反映了商业健康险在快速发展。然而，2013—2018年间商业健康险赔付支出占全国卫生总费用支出比分别仅为1.3%、1.5%、1.9%、2.2%、2.5%、3.0%，这表明商业健康险的快速发展主要是在低起点的基础上实现的，其发展滞后的格局并未根本改变。造成这种局面的原因主要有以下几个方面：

1. 市场主体动力不足，保险产品结构不良

由于保险市场供给主体偏少，传统的机动车辆保险、人寿保险等又能为其带来充足业务并赚取较为丰厚的利润，保险公司对关系复杂的健康险缺乏主动发展

的积极性。目前，我国健康险市场上的保险产品主要集中于与基本医疗保险具有替代性的医疗保险、与基本医疗保险相衔接的团体补充医疗保险、重大疾病保险等，而存在较大需求的高额医疗费用保险、长期医疗保险以及护理保险等产品占比极低，健康预防管理服务的保险产品种类则更少。据统计，疾病保险和医疗产品数量约占98%，而护理保险和失能损失保险产品只占2%左右，有的甚至是理财性质的产品。这种不合理的产品结构很难满足近2.5亿老年人群、约3亿慢性病人群的健康保障需求。不仅如此，商业健康险赔付率除2011年超过50%外，2012年至今各年均在40%以下，其中2016—2018年仅分别为24.75%、29.49%和32%，与美国同类指标高达80%相比，我国的赔付率水平明显过低。可见，商业健康险发展滞后的主要原因是市场主体的内生动力不足，保险产品结构不良。

2. **政策导向使保险公司迷失了自主开发健康险的方向**

近几年商业健康险保费收入快速增长在很大程度上与政府要求保险公司经办属于社会医疗保险范畴的居民大病保险的政策有关。据统计，2007—2010年，全国商业健康险保费收入分别为384亿元、585.5亿元、573.9亿元、677.47亿元和691.72亿元，五年年均增长只有15.85%，低于保险行业同期总保费收入年均增长2个百分点。但自2012年8月相关主管部门推动保险公司经办大病保险业务，特别是2015年国务院办公厅印发《关于全面实施城乡居民大病保险的意见》明确规制后，保险公司通过经办大病保险使自身业务迎来了爆发式增长。2012年全国商业健康险保费收入为862.76亿元，2015年增长到2410.47亿元，2016年达4042.5亿元，2018年进一步增长到5448.13亿元，2013-2018年商业健康险年新增保费复合增长率达到35.95%。2018年国家将居民医保人均新增财政补助中的一半用于大病保险，2019年全国商业健康险保费收入同比增速达29.7%上述现象揭示了商业健康险对国家政策和居民大病保险的强依赖关系，进而揭示出目前的商业健康险是主要依附在法定医疗保险上的产物。

3. **互联网商业健康险出现恶性竞争现象**

我国是互联网大国，通过"互联网+"的方式推销商业健康险亦成为保险公司拓展业务的重要途径。据统计，互联网健康险规模保费从2015年的10.3亿元增长到2018年的122.9亿元，三年间增长了11倍，较之其他渠道销售的健康险产品增速更快。其中，费用报销型健康险2018年累计实现规模保费64亿元，同比增长133.3%，占互联网健康险总规模保费的52.1%；重大疾病保险实现规模保费33.9亿元，同比增长68.7%，占27.6%。然而，在快速增长的背景下，互联网健康险产品同质化现象严重，一个产品全国通用，地方针对性不足，管理粗放，且价格战十分激烈。如2018年财产保险公司推出的短期健康险——"网红百万医疗险"，因激烈不正当竞争，造成了一批公司经营健康险的费用率高达50%（美国该费率不超过6%），导致经营者大幅亏损。2018年有4家专业互联网财产保险公司健康险出现承保亏损，承保利润合计为-4.11亿元。此外，一些专业性健康险公司在互联网市场上推出的健康险产品忽视健康管理与健康服务核心职能作用而具有准寿险产品的特征，其经营模式存在牺牲健康险业务的利润来捆绑销售寿险产品的问题。综上，作为多层次医疗保障体系重要构成部分的商业健康险尚未走出迷途，如果不能重构新的政策支持体系来矫正航向，其发展滞后的局面将无法改变，进而使多层次医疗保障体系建设目标无法有效实现。

2020年，全国各地兴起城市定制型商业医疗保险，这一普惠型的商业医保模式在一定程度改变了原先以市场竞争为主的商保，进而依托政府及社会医疗保险，成为补充型商业医疗保险的形式，下文就国内城市定制型商业医保做详细阐述。

（二）国内城市定制型商业健康保险

1. 城市定制型商业健康保险的背景及形成

国家政策鼓励商业健康补充保险的发展，城市定制型商保（也称普惠型商保）是建设多层次医疗保障体系现实需要。2009年我国明确提出构建多层次医疗保障体系，并给予商业健康保险以补充发展的定位。多年来，国家各部委印发的相关文件也多次提及满足人民群众日益增长的多层次、多样化的健康服务需求需要引导商业健康保险的发展。2020年《关于促进社会服务领域商业保险发展的意见》《关于深化医疗保障制度改革的意见》再次将商业健康补充保险确定为解决基本医疗保障之外的需求，并鼓励商业保险机构开发适应不同需要的健康保险产品。

普惠型商业健康补充保险是商业健康保险向市场扩张发展趋势下的必然产物。我国商业健康保险起步较晚，于1982年才逐渐萌芽。多年来，由于法律体系的完善、基本医疗保险制度改革的铺开、保险机构逐渐专业化发展等因素，我国商业健康保险发展迅速。公开数据显示，2010年我国商业健康保险的保险规模为677亿元，2020年达7066亿元，保费收入快速增长。特别是在2018年以后，在国家政策的鼓励下，保险公司广泛参与经办城乡居民大病保险、基本医疗保险和长期护理保险等业务，造成我国商业健康保险竞争格局的进一步加剧。在此背景下，全国数十个地区率先推出普惠型商业健康补充保险。

普惠型商业健康补充保险的自身优势普惠型商业健康补充保险定位于多层次医疗保障体系的补充性地位，旨在以低廉的定价水平、高额的保障责任，解决人民基本医疗保障之外的需求。同传统商业健康保险相比，其打破多道参保门槛限制，以政府部门信用背书的方式，扩大参保人群的覆盖面，以逐步加强与基本医疗保障的衔接程度。

目前，普惠型商业健康补充保险已经形成了由政府、保险公司和第三方管理平台共同形成的铁三角运营模式。政府承担统筹主导或指导职能，对保障方案提出建议，对参保进行扩面支持，并对产品的运营情况进行管理监督。商业保险公司作为供给方，负责设计并提供保险产品，参与产品的销售和推广工作，并承担承保和理赔职能。此外，第三方管理平台参与产品设计测算、宣传推广服务、平台系统服务、客户服务、运营初审等环节，并搭建理赔服务平台，为参保人提供全流程健康管理服务。普惠型商业健康补充保险运营模式见图6-2。

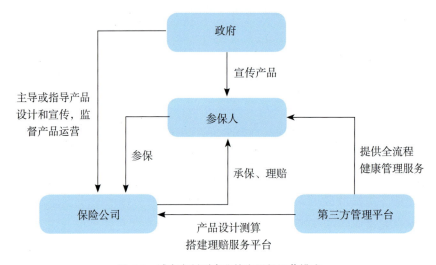

图6-2　城市定制型商业补充医保运营模式

截至2020年底，全国共有22省（含直辖市、自治区）75个地市推出91款类似产品，其中80余个项目集中于2020年落地。绝大多数普惠型商业健康补充保险产品采用"一城一策"模式，为城市专属定制产品，少数城市（如福州、宁波、广州等）有2款以上产品面世。与此同时，保险公司还推出了14款"一省一策"的普惠型商业健康补充保险产品以及3款全国可保的产品。普惠型商业健康补充保险通常由政府部门统筹主导或指导，其参与政府部门大致可分为医疗健康、金融工作、民生保障和社会公益四大类。统计数据表明，2020年91款产品中53款由政府部门主导或指导，其余产品则没有政府部门参与其中，为纯商业化操作模式（图6-3）。

2015年至今，已有40余家保险公司参与全国各地普惠型商业健康补充保险的承保工作。萌芽初期，普惠型商业健康补充保险主要由一家保险公司单独承保，以中国平安保险、中国人民保险、中国人寿保险等大型公司为主参与竞争。2020

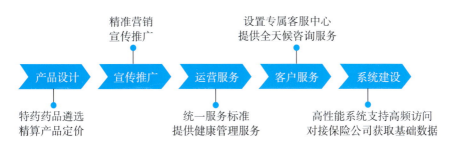

图 6-3 城市定制型商业补充医保产品周期

年 5 月,成都市率先提出"共保体"创新运行模式,由多家优质保险公司,通过遵守统一制定的保险责任条款、理赔服务等要求,以更大程度规避风险。此后,全国各地先后推出的 33 款产品也采用该模式,在有效防范和控制风险的同时,也为产品持续稳定运营提供可靠保障。为保证产品项目的稳定、可持续运营,大约 80% 的普惠型商业健康补充保险产品涉及第三方管理平台参与运营过程,其参与主体多为特药服务、医疗服务平台。在具体运营过程中,第三方管理平台从产品设计、宣传推广、运营服务、客户服务和系统建设五方面深度参与。

第三方管理平台的加入,一方面,可以规避商业保险公司中途退出对产品运营产生的不良影响,是一种良性的合作竞争。另一方面,第三方管理平台可与商业保险公司内部服务能力、服务时效等方面形成正向的竞争,提升参保群众的体验。同时,多方主体的共同参与,有利于发挥多家公司的力量与优势,做实大数法则,不断提升参保人待遇,也是做大、做强普惠型商业健康补充保险的需要。

2. 城市定制型商业健康保险的地方实践

2015 年,深圳在全国试行首个重特大疾病补充医疗保险制度,采用政府主导,商保经办的运行模式,成为国内第一个真正意义上的普惠型商业健康补充保险。2020 年 4 月,苏州在总结多年推进医保个人账户用于购买商业健康保险经验的基础上,推出由多政府部门共同指导的城市定制化补充保险"苏惠保"。2020 年 6 月,杭州推出无政府部门参与纯商业化运作的"杭州市民保"。2020 年 7 月,上海推出城市定制型商业补充医疗保险"沪惠保"。上述地区的普惠型商保运作 2 年后,实践及成效如下:

1)提高保障水平、降低保费支出:深圳和苏州的普惠型商业健康补充保险由政府部门统筹指导,依托第三方平台的技术支持,提高测算能力,秉承保本微利的原则确定最终定价。与此同时,打破传统商业保险既往证不可投保和理赔等限制,在解决高额医疗费用支出的前提下,提供高值特药等增值服务,从而获得常规商业健康保险不可能达到的低保费、高保障的成效。

2)有效衔接基本医疗保险和商业健康保险:2020 年,我国基本医疗保险的参保人数达 13.6 亿人，年末基本医疗保险累计结存 31 373 亿元，赔付比例达 85%。在保基本、广覆盖的同时，可利用空间较小且基本医疗保险基金面临穿底的风险。与之相比，我国商业健康保险的覆盖率不足 10%，2020 年商业健康保险收入 8173 亿元，赔付比例仅为 36%。截至 2019 年底，深圳重特大疾病补充医疗保险累计报销 8.7 亿元，受益人数 6.9 万，人均赔付 1.2 万元，单人最高赔付 115 万元，赔付比例达 105.46%，相对于基本医疗保险 83% 左右的年均赔付率和商业健康保险 35% 左右的年均赔付率，既减轻了基本医疗保险基金的压力，又放大了商业健康保险的保障优势，有效衔接了基本医疗保险和商业健康保险。

3. 城市定制型商业健康保险的几点思考

1）协调部门职责对于不同管理部门之间的职责协调，是发展和壮大普惠型商业健康补充保险的首要条件。在此过程中，多地的实践经验表明，通过政府背书，从而打破参保人的信任壁垒是关键一环。《征求意见稿》虽然提出明确各银保监局、各保险公司及保险行业协会的责任，但是却忽视政府部门在其中充当的角色。政府部门尤其是医疗保障部门，作为建设和完善多层次医疗保障体系的主管部门，其管理职责如何界定尚未明晰。与此同时，中国银行保险监督委员会作为商业健康保险的行业监管部门，如何与政府部门就风险控制、监督管理等职责进行合理划分，还需进一步协调。建立多方合作体系，是全面推行普惠型商业健康补充保险最基本的组织体系要求。基于此，普惠型商业健康补充保险的可持续发展需要由以医保局为主导的政府部门牵头，承担指导产品设计和监管产品全流程运行的统筹职责；由中国银行保险监督委员会统筹日常监管工作，制定保险公司准入资格和监管规则，并建立普惠型商业健康补充保险风险研判和监控体系。

2）完善政策设计及监管措施。普惠型商业健康补充保险是在补充完善多层次医疗保障体系的视角下提出的，然而在顶层政策设计层面，自 2009 年 4 月《关于深化医疗卫生体制改革的意见》首次提出"加快建立和完善多层次医疗保障体系"以来，直至 2020 年 2 月《关于深化医疗保障制度改革的意见》才再次确立多层次医疗保障体系的制度目标。同时，在实操层面上，我国也尚未出台具体指导政策。目前，仅有银保监会下发的《征求意见稿》拟全面规范普惠型商业健康补充保险的发展，然而该险种的可持续发展还需更多的配套政策和措施在实操层面进行指导。基于此，建议可在现有普惠型商业健康补充保险发展的基础上，总结各地市实施经验，归纳试点成效，归类分析存在的问题与产生的原因，基于政府、保险公司、消费者等视角，调整、完善配套政策，如制定承保公司产品经营规则和监管细则、消费者保护基本制度等。其次，优化监管流程及措施。积极开展保险公司监督检查，依法查处违法违规行为，强化全过程风险管理。组建由政府部门、中国银行保险监委员会等多部门监管人员共同参与的巡查队伍，加强对参保人轻病住院、虚假病历等不合理医疗行为的监管力度。

3）建立医保数据共享机制。基本医疗保险大数据涵盖了整个参保群体的医疗数据，包括疾病流行病学数据、医疗费用构成数据、定点医疗机构实际治疗数据等。精确、有效的数据是产品设计和健康管理的有力支撑，对差异化的产品、服务设计及控费优化至关重要。然而，由于医保部门和保险公司对基础数据的共享利用程度不足，进一步加剧信息不对称，因此也会造成普惠型商业健康补充保险产品的设计缺少一定合理性。基于此，一方面，医保部门、保险公司、保险行业协会等多方应探索建立医保数据共享机制，提升数据获取能力。由医保部门和保险行业协会牵头建立保险行业数据与基本医疗保险数据的对接系统，并由医保部门和中国银行保险监督委员会负责数据系统的运营与监管。另一方面，逐步加强行业内的多渠道合作方式，推动业内数据共享，以支持基于医保数据设计的普惠型商业健康补充保险产品创新。

4）差异化产品设计。普惠型商业健康补充保险产品的设计存在低水平的重复问题。普惠型商业健康补充保险的产品性质应为补位性强并且能与基本医疗保险衔接顺畅。然而，目前面世的普惠型商业健康补充保险保障范围的切入点局限在基本医疗保险的范围内，即在较高的基本医疗保险报销水平的基础上再提高个人的报销水平，其补充保障作用不突出，反而忽略了基本医疗保险报销范围外的部分，特别是在起付线以下、封顶线以上的部分。与此同时，各地区的经济发展水平不同，居民保险意识、购买保险的需求等存在差异，居民年龄结构及医疗费用分布、各地居民疾病谱存在差异。

（三）国外商业健康保险简介

国际上（OECD，2004）根据商业健康保险在医疗保障体系中发挥的作用不同，将其分为基本型（Primary）、替代型（Duplicate）、补充型（Complementary）和增补型（Supplementary）四种模式。

1. 基本型商业健康保险

基本型商业健康保险一般存在于医疗保障体系未实现全民覆盖的国家，一部分居民未加入任何公共医疗保障体系，商业健康保险在医疗保障制度中处于主导或平行地位。又可分为两类：基本主导型和基本替代型。基本主导型的典型国家是美国。美国是发达国家中唯一没有提供"全民医保"的国家，只对老年人、残疾人、穷人、儿童、军人等提供公共保险计划，而其他人的医疗保障由市场解决。基本替代型的典型国家是德国。在德国，根据法律规定，收入超过一定水平的人可以退出社会医疗保险，选择参加商业健康保险。

2. 替代型商业健康保险

在一些实行国家医疗保障制度的国家，一部分人（一般是高收入人群）有权享受基本医保，但为了追求更快捷、更舒适的医疗服务，而购买商业健康保险提供保障。"替代型"模式有时也被称为"双重保险"，典型国家和地区包括澳大利亚、英国、新加坡、中国香港等。

3. 补充型商业健康保险

在社会医疗保险制度国家，基本医保设定一定的起付线、自付比例和封顶线，需要居民自付一定的费用，商业保险机构通过销售补充医疗保险产品，保障客户的自付费用。比如，在澳大利亚，对于私立住院患者，联邦政府按规定收费标准的75%支付医疗服务费用，其差额（25%）则由商业健康保险或个人支付。在法国，每个居民都可以得到公共医疗保险的保障，但是政府提供的保障相对而言并不充分，因此，大多数法国人都通过参加互助保险、民间共济会或购买商业医疗保险获得补充保障。

4. 增补型商业健康保险

与补充型商业健康保险计划相比，增补型商业健康保险为法定医疗保险目录外的项目提供保障。例如，视力矫正、牙医、目录外诊疗项目等。从以上分析可以看出，基本型商业健康保险为广大居民提供基本健康保障，是这些国家的主流医疗保障制度；替代型商业健康保险提供法定医疗保险的替代产品，缓解公立医疗机构的压力；补充型商业健康保险则为居民提供在基本医保基础上的补充保险，减轻参保人看病费用负担；而增补型商业健康保险则在满足本国居民目录外的医疗保障需求中发挥积极作用。在这四种模式的典型国家，商业健康保险与社会医疗保险相得益彰，成为本国医疗保障体系中的有机组成部分，共同保障健康安全。

（四）国外代表国家多层次医疗保障

在国外，由于经济体制和国家性质不同，多层次医疗保障模式也各不相同，如表6-1：

根据上述不同的国家多层次医疗保障，选择与我国社会保险模式相近的德国与荷兰做详细阐述。

1. 德国模式

德国设立了联邦联合委员会（G-BA），联邦联合委员会成立于2004年，是德国医保体系中最高的联合自治决策机构。G-BA的职能行为，负责制定指导原则和行动指南，以保障参保者获得有效、适宜和成本效益高的服务。G-BA由四

表 6-1 各国多层次医疗保障模式简介

国　家	主要模式	简　介
英国 （国家卫生保健）	国家卫生保健+ 社会救助（主要）	国家卫生保健服务（NHS），NHS体系由初级卫生保健服务（全科医生提供、核心部分）、二级服务（由专科医院提供）和医疗中心服务（主要是区域医疗中心、大学附属医院、医学研究中心提供）组成；社会医疗救助主要对象为低收入者
德国 （社会医疗保险）	法定社会医疗保险+私人医保	强制参加社会保险，个别高收入者可选择服务水平更高的商业性医疗保险
美国 （混合型医疗保障）	商业医疗保险+ 公共医疗保障	商业医保为主要部分，65岁以上的老人提供法定公共医疗保障（Medicare）、向低收入家庭提供医疗救助（Medicaid）
新加坡 （个人储蓄保险）	个人储蓄型社会保险	医疗储蓄计划（Medisave）、健保双全计划（Medishield）、乐龄健保计划（ElderShield）医疗基金（Medifund）、药物援助基金（Medication Assistance Fund）和初级护理伙伴计划（Primary Care Partnership）等

个大型自治组织组成：全国法定医疗险基金协会（GKV）、德国医院协会（DKG）、联邦医保医师协会（KBV）和联邦牙医协会（KZBV）。

1）全国法定医疗保险基金协会（GKV）

德国100多家法定医保经办机构在联邦层面组成全国法定医疗保险基金协会，主要职责包含三个方面：一是代表医保经办机构参与联合委员会的政策制定，并在联邦法律制定层面争取最大利益；二是代表医保经办机构与医院协会、医师协会、牙医协会等进行谈判，明确医保支付；三是负责跨国、跨州人员流动时的医保结算和协调工作。医保在德国的医疗卫生体制中处于枢纽地位，带动了医院、医生、医药等各方面的改革与完善，发挥着基础性"牛鼻子"作用。医保经办机构在竞争中有活力、有动力，主动对接医院、医师和药店等合作对象，通过专业技术、科学支付方式等手段，引导和规范其行为。

2）德国医院协会（DKG）

德国医院协会代表28家成员协会：16家州医院协会和12家类别医院协会。医院协会与其他合作伙伴共同决定所有与医院相关的重要问题。医院协会与全国法定医疗保险基金协会共同负责研究制定针对住院的疾病诊断相关组（DRG）支付标准，为会员单位提供性价比高的医疗服务。在欧洲和国际层面，医院协会在国际医院联合会（IHF）和欧洲医院协会（HOPE）中代表德国医院。DRG经费由各医院协会分摊。德国实现住院和门诊分开，除急诊外，医院原则上不提供门诊服务。德国医院主要分为三种：一是公立医院，由政府、社会团体提供资金开办，500张床位以上的大型综合性医院主要是公立医院；二是私立非营利性医院，由教会、慈善团体或各种基金会捐助建立，床位规模为 200～500 张；三是私立营利性医院，床位规模一般不超过 100 张。

3）联邦医保医师协会（KBV）

德国医保医师协会由 17 家地方性医师协会（其中萨克森州有 2 家）共同组成，主要职责为：一是在联邦层面代表医保签约医生利益，参与立法过程以及联邦联合委员会的政策制定；二是与全国法定医疗保险基金协会等谈判，确定医生总体收入水平，以及门诊的医保支付方式；三是负责管理医师的注册登记，规划区域卫生人力资源；四是负责制定处方药的说明书和限制措施。

4）联邦牙医协会（KZBV）

联邦牙医协会由 17 家地方性牙医协会（其中萨克森州有 2 家）共同组成。德国有 61 000 名医保签约牙医，协会根据法定医疗保险计划提供牙科保健。

2018 年，德国商业健康保险保费收入为 397.7 亿欧元，占保险业的 19.6%。参保人数有 3476.6 万人，占人口的 42%。德国商业健康保险可分为综合医疗保险、补充医疗保险、长期护理保险和特殊医疗保险。收入达到一定标准（2021 年为税前收入超过 643 500 欧元）的人员可以不参加社会医疗保险，而直接参加商业综合医疗保险。2018 年，综合医疗保险保费为 276.6 亿欧元，占总保费的比重为 69.5%。补充医疗保险保费收入 87.56 亿欧元，占总保费的比重为 22%。

商业健康保险协会（PKV）在行业中担任重要角色，维护整个行业权益。一是开展行业谈判：代表所有会员公司与医院、医师、药厂等相关利益主体，就医疗服务标准、医疗服务价格、药品折扣等开展谈判；二是开展行业数据统计分析：健康保险公司定期向行业协会上报相关数据，协会每年按性别、年龄，分住院、门诊和牙医制定"个人风险统计表"，以进行行业保费测算；协会还对外公布行业整体运行情况；三是开展行业研究：研究的范围包括政策变化、经营形势、运营优化等。

2. 荷兰模式

2006 年，荷兰进行医疗保险体制改革，同年实施《荷兰健康保险法》，此法律确立由商业医疗保险公司运营政府主办的基本医疗保险，同时提供商业补充医疗保险。此次改革正式确立了荷兰"政府监管与市场竞争有机结合"的医疗保险体系。

荷兰医疗保险体系主要包括国家特别医疗保险、基本医疗保险和商业补充医疗保险。基本医疗保险是荷兰医疗保险体系的基础，可以保障参保人大部分医疗需求。国家特别医疗保险主要用于保障长期护理。对于荷兰本国居民而言，这两种保险均为强制保险，基本医疗保险的强制参保范围还包括在荷兰工作的非荷兰居民。商业补充医疗保险对基本医疗起到补充作用，拥有基本医疗保险的参保人可以自愿选择补充医疗保险。

国家特别医疗保险由《特殊医疗费用法案》保证其实施，由荷兰政府负责筹资与运营，覆盖人群包括所有荷兰居民。服务范围由最初的只为需要接受长期医疗保健的身心疾病患者提供服务，扩展到了包括家庭保健、为精神疾病患者提供庇护和日间照顾、住院和院外康复、老年人长期护理、残疾人护理等在内的综合性服务。

基本医疗保险覆盖范围非常广泛，各保险公司提供的保障范围基本相同，包括全科医生的就诊和治疗、处方药、由内外科医生（如外科医生，儿科医生，心脏病专家和肿瘤科医生）进行的医院护理和其他医疗手术和治疗等、物理疗法（仅适用于某些慢性疾病）、部分牙科护理（18岁以下者可享受）、语言障碍矫正、心理和精神健康护理、受孕和生育护理、紧急运输及国外紧急医疗服务（根据荷兰标准和关税）。

尽管基本医疗保险和特别医疗保险保障范围已经比较全面，但仍有部分医疗项目未涵盖在内，如成人牙科保健、非慢性病理疗等。因此，投保人可以通过选择商业补充医疗保险来扩大已有医疗保险的覆盖范围。通常而言，商业补充医疗保险的覆盖内容包括理疗（针对非慢性病）、针灸、顺势疗法、疫苗接种、正畸和牙科保健（成人）等。在投保过程中，参保人可以自由选择商业保险公司购买补充保险，可以与基本医疗保险为同一家商业保险公司，也可以选择其他公司。各商业保险公司自主确定参保条件和报销政策，政府对补充医疗保险没有任何影响。

《荷兰健康保险法》规定参与运营的商业医疗保险公司为荷兰境内的保险公司，商业医疗保险公司允许在荷兰一个或几个省范围内开展其保险计划。《荷兰健康保险法》中明确规定了商业医疗保险公司、被保险人等相关利益者的各项权利与义务，对商业医疗保险公司在提供基本医疗保险时的各项细节都进行了明确的规定，如保险合同的条款要求、下年保险合同内容发布的时间、保险公司所必须具有的管理章程、参保人转换医疗保险公司的操作流程等。

荷兰医疗保障体系是建立在一个规范的市场体系之上。在这个体系中，荷兰政府决定让市场力量在促进医疗保健质量和负担能力之间达到最佳结果。与此同时，荷兰政府还希望建立一个以团结为基础的制度。如果市场完全得到自由支配，某些参保群体可能会被拒绝进入市场，或者他们可能无法负担医疗保险。为了防止这种情况的发生，政府建立了一个框架，在这个框架内，医疗保险公司在竞争的同时还能高效地承担荷兰医疗保障体系的运行。自2006年《荷兰健康保险法》生效以来，荷兰医疗市场一直以"政府监管，市场竞争"的模式进行。《荷兰健康保险法》一个关键目标是通过引入更具竞争力的激励措施来提高荷兰医疗保健体系的服务质量。荷兰医疗保险体系的核心是医疗保险公司间竞争所起到的正向激励作用。随着医疗保险公司之间的竞争，医疗保险公司要主动满足客户的需求，这意味着他们需要提供性价比更高的保险。医疗保险公司之间的竞争不仅影响着医疗保险公司自身的服务效率和质量，其在医疗市场中也扮演着核心角色，除了报销医疗费用外，医疗保险公司还代表参保人从医疗服务提供者处获得医疗保健服务。因此医疗保险公司之间的竞争也对医疗保健提供者起到了正向激励作用，在一定程度上起到了控制医疗卫生费用过度上涨的作用。

在荷兰，商业健康保险应该保障基本医保不能覆盖的项目与范围，加强其与基本医疗保险的衔接。基本医保承担着全民基本保险的重任，资金有限，仅能执行"保基本"的任务。因此，我国基本医保保障内容有限，对于非疾病治疗项目、特定治疗项目、药品、诊疗设备医用材料不予保障。对于一些创新药、高值药品、器械等，则需要商业健康保险发挥其资金与专业优势，考虑将此类项目纳入保险范围，补充基本医保缺口，从而拓宽基本医疗保险范围，满足参保人高层次的医疗保障需求。同时，对于创新药、高值药品、器械等项目而言，进入商业健康保险报销范围与报销目录，是一条通往医保的新道路，也将会迎来新的市场契机。

（五）商业健康保险的国际经验及启示

1. 社会医疗保险和商业健康保险相衔接

随着经济社会发展，人口老龄化，公共筹资模式下的医保制度难以满足所有居民保障需求。在此背景下，混合保障成为国家医疗保障改革的出路和方向。第一，在保障供给源头方面，强调多元性；第二，在保障生产方式上，改变以往单一的直接供给思路，而强调灵活性。大多数发达国家和地区均重视发展多层次医疗保障体系，即社会医疗保险和商业健康保险共同发展。

2. 制定促进商业健康保险发展的政策措施

发达国家都在调整完善医疗保障制度，以应对医疗费用高增长问题。过去四十多年，发达经济体的人均医疗支出增长了四倍多，其中医疗支出增长的2/3源于不断上升的公共卫生支出，公共卫生支出占医疗支出的比重从55%上升到60%。如此快速增长显然不可持续，变革的主要趋势在制度层面，表现为重建医疗保障制度的分担机制，减少政府参与，强化个人保障意识，充分发挥社团、家庭和市场的作用。在基本医保经办层面，政府加大购买服务力度。在大多数情况下，如果公共服务的提供系统整合了选择和竞争的实质元素，这样的系统最有可能提供良好的服务。在多层次医疗保障体系方面，提供税优政策，通过发挥商业健康保险作用来减轻基本医保压力。

3. 针对商业健康保险的基础设施支持

一是在系统互联互通和标准化上，比如美国，其医疗行业与商业健康保险行业经过数十年的努力，编制和实施了一系列医学标准编码，与医疗机构实现信息系统对接和数据交互，实现商业医疗保险即时结算，避免了客户医疗时的"垫资"和报销时的"跑腿"（这正是国内商业健康保险痛点），提高客户满意度，也有利于强化医疗过程管控，优化医疗资源的合理使用，节约了客户成本。二是在发挥行业监管和高度自治上，比如德国，其联邦金融监管局下设联邦保险监督局，对商业健康保险进行严格监管，主要目标有两个：一是确保被保险人利益。二是确保由保险合同约定的义务在任何时候均能实现。三是在数据开放和有序使用上，一般以促进医疗领域的研究开发为目的，原则上任何机构都可以使用经过处理的个人医疗信息，使用时要向信息处理机构支付费用。信息使用方可以和信息处理机构事先签订合约，进行数据的个性化定制。四是在制定商保目录上，比如德国由行业组织制定统一的商业健康保险保障目录，并定期调整。在统一的商保目录下，与国家基本医保目录形成互补，体现商保在多层次、多样化保障中的作用价值。同时，可借鉴基本医保的目录准入和谈判机制，形成创新药品、器械等带量采购，在控制成本的同时，为科研机构、制药企业进一步创新获得资金支持，为医疗技术的创新和新药品、新医疗器械的研发和应用提供利益实现机制。

4. 鼓励商业保险机构参与基本医保经办

各国普遍鼓励商业保险机构参与基本医保经办，建立管办分开的社会医疗保险管理服务体系成为各国通行的做法。2006年，荷兰启动医疗体制改革，将社会医疗保险全面交由商业保险机构承办，投保人强制参加并可自愿选择承办机构，同时，以医疗保险市场竞争促进医疗服务市场竞争，通过商业保险机构监督医疗机构，参与医疗定价，促进其提高质量和效率。在基本医保中引入竞争机制。美国老年医保允许参保人选择商业保险机构承办的医保优势计划，商业保险机构主要通过管理式医疗（如PPO模式）来控制医疗费用。另外，美国目前采取两种方式提供穷人医疗保险（Medicaid）：一是州政府直接提供；二是从商业性管理医疗组织（Managed Care Organization，MCO）购买服务，目前超过70%实行购买经办业务。德国实现了疾病基金与商业健康保险之间及内部的经办竞争，对于收入超过一定额度参保人可以选择参加商业健康保险，同时允许参保人在不同疾病基金中进行选择。这些国家通过引进基本医保竞争，扩大参保人的选择权，鼓励商业保险机构开展疾病预防管理，通过商业保险机构与医疗机构之间的竞争，提高医疗资源的使用效率。

（六）国际商业健康保险对我国的启示

1. 支持发展商业健康保险，与基本医保形成保障合力

从国际经验来看，个人医疗负担10%～20%是比较合理的比例。根据2019年全国医疗保障事业发展统计公报，我国职工医保政策范围内住院费用基金支付85.8%，实际住院费用基金支付75.6%，个人负担24.4%；居民医保政策范围内住院费用基金支付68.8%，实际住院费用基金支付59.7%，个人负担比例为40.3%。再加上罹患大病患者需要使用较大比例的目录外的药品和诊疗项目，个人和家庭医疗费用负担仍然较重。我国多层次医疗保障体系发展还很不充分，加快发展商业健康保险，有利于克服过于依赖基本医保的现状，强化个人（特别是中高收入群体）医疗责任和健康保障意识。商业健康保险作为市场化的医疗风险分担机制，可以有效满足消费者多样化的保障需求，在化解家庭和个人承担的医疗费用风险方面应该发挥主要作用；同时，通过替代效应释放一部分财政负担和公立医疗资源，提升医疗保障体系整体的可持续性。

2. 加强基本医保与商业健康保险数据互联互通，支持产品开发和精算定价

建议在保证数据安全、客户隐私的前提下，可向商业保险机构开放基本医保数据，用于系统对接、数据交互、产品开发、精准定价和有效核保等。同时，支持商保将相关客户数据也回传到基本医保，实现数据双向共享。在宏观层面，实现系统互联互通。允许将必要的参保客户信息用于基本医保与商业保险机构的系统对接交互。加快推进行业商业健康保险信息平台与国家医疗保障信息平台（含异地就医服务）的信息共享，强化医疗健康大数据运用，实现基本医保、大病保险和商业健康保险的"一单制"结算和"一站式"服务。在中观层面，实现数据开放和一站式结算。建立医疗数据共享机制，这将有利于减少商保客户就医垫付压力，优化理赔流程，简化理赔手续。向商业健康保险提供数据，遵循有限必要的原则，以最小集提供数据，使商业健康保险产品保障和费率计算更有针对性。在微观层面，实现精准核保理赔。在客户隐私保护及同意的前提下，医疗保障部门可开放数据，允许商业保险机构对商业健康保险参保客户进行既往住院和疾病情况的核保理赔，以避免道德风险。

3. 支持制定商保"三目录"，发挥医保支付对商保配置医疗资源优化作用

商业保险机构在支付方实际上是代表客户和消费者，又有优化医疗资源和控费动力，应引导商业保险机构参与支付方式改革，起到重要的医疗质量考核和医疗费用监督作用。一是制定商保"三目录"。可借鉴重大疾病定义的经验，中国保险行业协会和中国医师协会、中国医药协会的合作，在医保甲乙类目录的基础上适当扩展，运用卫生技术评估等技术，加快制定商保"丙类目录"，将创新药品、医疗新技术、新器械应用纳入健康保险保障范围，使商保目录明确，定价和经营风险更为可控。二是实现"健康保障+医疗支持服务"。商业保险机构逐步为客户提供就诊管理等全方位的医疗支持服务，根据客户病情和医疗大健康分析，为其选择适合的医院及医生，预约医院，协助提供转诊等相关医疗服务，方便参保客户，在"健康中国"建设中更好发挥行业价值。三是推进商保支付方式改革，开展管理式医疗。支持商业保险机构开展管理式医疗，通过医保信用体系、DRG等指标精选医疗网络，支持商业保险机构建立包含自有医疗体系在内的医疗服务网络，并开发相应医疗健康险产品。通过报销比例调整等方式引导客户到基层就医。

4. 鼓励商业健康保险与基本医保形成监管合力，完善大病保险制度

一是参与基金监管，实现风控合力。进一步支持商业保险机构发挥比较优势，允许有资质的商业保险机构全面深入参与医保支付方式改革、飞行检查、智能审核、信用体系建设等医保经办及基金监管服务。二是完善激励约束，推进大病可持续发展。目前大病保险等制度设计中，在风险调节机制上需要进一步完善。比如，部分地方政府将大病"双向"风险调节机制变成"单向"调节，商业保险机构承办大病保险结余（保费减去赔款以后的结余）要返还（有些省结余率只有2%，仅够运营成本，没有盈利空间），返还机制的设计使商业保险机构在盈利时缺少控费动力。经营亏损部分主要由商业保险机构承担，总体上尚未建立政府部门与商业保险机构之间"风险共担、利益共享"的激励约束机制，影响了大病保险的可持续发展。建议建立健全对保险公司的激励约束机制，明确政府与保险的风险共担、盈亏共担机制，进一步研究优化大病保险制度的风险调节机制，实现可持续发展。

5. 商保需进一步强化专业能力建设，从规模型向主动管理型"价值商保"转型

在美国等发达国家，商业健康保险作为医疗费用重要支付方，正在从"被动理赔"到"全流程健康管理"的角色转变。我国商业保险机构虽有强大资金、精算和风险管控能力，但由于对医疗服务业了解不够，专业博弈能力不足，未来应提升专业能力建设。商业保险机构通过投资健康产业，构建涵盖"预防—治疗—康复—护理"，实现"保险+医养"的整合型医疗保健服务，深化对健康服务业了解及提高专业能力，其既可以促进主业发展、深化服务内涵、强化风险管控，也可以延伸投资链条、形成多元收益。

（七）国内医疗机构商业保险管理模式案例

1. 案例一：上海市某三甲综合性医院

该院是位于上海市西南片区的三级甲等综合性医院，通过与国内知名商业健康保险公司合作,以学科发展、科研合作为契机,搭建智慧医疗诊疗服务平台,依托商业健康保险公司与医疗机构合作开发的智慧医疗决策树平台,对医院急危患者、危重孕产妇进行智慧诊断,辅助医院低年资医师明确诊断,并合理建议下一步诊疗计划。该院与公司合作研究产科住院患者的医疗费用,并开发了符合该院特色的孕产妇"五色分级预警"住院保险产品,为广大产科患者,尤其是异地患者的住院医疗提供强有力的保障。

此外,该院建立了针对上海市大学生医疗保险住院一站式服务,通过商业保险公司的对接,建立了大学生住院医疗费用的直接赔付,减少了商业保险理赔的复杂流程和手续,降低了大学生住院医疗费用负担,真正实现了住院理赔"最后一公里"服务。

2. 案例二:北京市某三甲综合性医院

该院建立了探索建设商业健康保险统一结算平台,并在广度和深度方面挖掘商业健康保险的保障作用。该院第一期选择在医院的特需医疗部开展高端医疗保险的直付业务,并与市场额较高、信誉度较好的商业保险公司进行合作。第二期计划扩大商业健康医疗险直报服务的合作公司和合作科室,并扩大至普通医疗的科室,在挂号上采取患者自主预约、公司协助预约的方式。第三期是基于信息网络平台建设,利用大数据技术,实现普通医疗范畴的基本医疗保险患者个人负担部分的二次报销快速线上理赔或普通医疗范畴的自费患者就诊费用的快速线上理赔,改善商业健康保险患者在公立医院的就诊体验。

在直付业务合作中,医院通过 HIS 改造,系统中增加了相应的商业健康保险人群身份,实现系统识别人员和财务记账与控制,因此在就诊流程仅增加了理赔资料处理的环节。在直付业务中,该院医院信息系统实现按公司记录商业健康保险人群费用,并自动生成财务报表,就诊过程中,在医生站设有患者的商业健康保险标识。

(俞骏仁、姜　若、狄建忠)

第七章　医保监督管理

一、我国医保监督管理体系及发展趋势

我国已经建立了覆盖全民的医疗保障制度，形成了以基本医疗保险为主体，医疗救助为托底，补充医疗保险、商业健康保险、慈善捐赠、医疗互助共同发展的多层次医疗保障体系。基本医疗保险制度实行"个人账户与社会统筹"相结合的社会医疗保险模式，由政府管理并提供经办服务，覆盖人群超过95%。针对提升医院管理水平，推动公立医院高质量发展，本章介绍和讨论的医保监督管理主要侧重于对纳入基本医疗保险基金支付范围的医疗服务行为和医疗费用的监管，对于生育保险、长期护理保险、医疗救助基金的使用，以及医疗保障经办业务的监督管理仅作基本介绍。

我国基本医疗保险体系由医疗服务需求方（参保人）、医疗服务提供方（定点医疗机构、定点零售药店，统称"定点医药机构"）和代表政府的医疗保障管理部门组成，构成了医患保三方关系。

医保管理部门负责制定保障基本医保安全可持续运行的政策法规；管理基本医保的运营，提供经办服务，根据医药机构为参保人提供的医疗服务支付相应的费用；代表参保人行使医药服务购买；对基金的使用进行监督管理。

参保人按照国家政策法律要求，缴纳医疗保险费，参加基本医疗保险。医药机构根据准入政策，以协议的方式成为医保定点医药机构，向参保人提供医疗服务，并根据医保相关法律法规、政策及协议接受医保管理部门的监督管理。

在这三方关系中，由于存在第三方付费机制和医疗领域信息不对称问题（医疗专业性强和患者个体差异大），容易导致医保基金浪费滥用或欺诈骗保的潜在风险，给医保监管带来困难。医保管理部门作为医疗费用的支付方，往往面临以下支付风险：由于患者不承担或只承担部分医疗费用，由此产生在接受医疗服务

时有需求过度或谋求更高费用服务的倾向，而定点医药机构及其执业人员受利益驱动存在着过度供给的动机。为此，如果医保管理部门不对医保基金的使用加强监管，容易导致医保基金难以为继，影响制度稳定可持续运行。此外，医保管理部门也需要通过监管实现各相关主体的利益平衡，促使医保、医疗和医药的健康良性发展。

（一）我国医疗保险监督管理发展历程

我国医疗保险监督管理随着城镇职工基本医疗保险制度改革而起步，至今有20多年的发展历程，大致经历了三个阶段。

1. 第一阶段：初步建立医保监管制度

1998年，国务院颁布《关于建立城镇职工基本医疗保险制度的决定》（国发〔1998〕44号），加快医疗保险制度改革，在全国范围内实施新的职工基本医疗保险制度。之所以进行改革，是因为当时的公费医疗、劳保医疗制度由国家和单位大包大揽，造成福利过度、浪费严重，同时又长期拖欠职工医疗费用现象。到20世纪80年代，公费医疗、劳保医疗制度已很难正常运转，许多地区已基本名存实亡。因此，在以《国务院关于建立城镇职工基本医疗保险制度的决定》为主的文件中，不仅确立了社会统筹和个人账户结合、用人单位和个人共同缴费模式，也明确提出"健全基本医疗保险基金的管理和监督机制"，包括规定"基本医疗保险基金纳入财政专户管理，专款专用，不得挤占挪用""社会保险经办机构负责基本医疗保险基金的筹集、管理和支付，并要建立健全预决算制度、财务会计制度和内部审计制度"以及确定了各级劳动保障部门对职工基本医疗保险实施管理职能，财政和审计部门对医保基金有监督和审计职责，以及社会各界参与社会监督。这也是建立我国医疗保险监管制度的开端。

2003年，国家建立新型农村合作医疗制度（简称"新农合"）；2007年开展城镇居民基本医疗保险制度试点（简称"城镇居民医保"），新农合与城镇居民医保的监督管理职责分别由人社部和原国家卫计委承担。

新农合对基金监管的规定是：①经办机构要定期向农村合作医疗管理委员会汇报医疗基金的收支、使用情况；②定期向社会公布医疗基金的具体收支、使用情况；③县级人民政府成立由相关政府部门和参保农民代表共同组成的监督委员会，定期检查、监督医疗基金使用和管理情况。农村合作医疗管理委员会要定期向监督委员会和同级人民代表大会汇报工作，接受监督。审计部门要定期对医疗基金收支和管理情况进行审计。

城镇居民医保的监督管理原则上参照城镇职工基本医疗保险的有关规定，但是也提出了探索建立健全由政府机构、参保居民、社会团体、医药服务机构等方面代表参加的医疗保险社会监督组织,加强对城镇居民基本医疗保险管理、服务、运行的监督。通过定点服务协议,规范对定点医疗机构和定点零售药店的管理,明确医疗保险经办机构和定点的医疗机构、零售药店的权利和义务。加强对医疗费用支出的管理,探索建立医疗保险管理服务的奖惩机制。

这一时期医保监督管理工作的重点是保障新的医保制度顺利实施,主要包括建立医保基金专款专用、健全基金预决算制度、财务会计制度和内部审计制度等方面。对涉及医疗服务行为的监管,部分地方开始探索实践。

2. 第二阶段:多措并举完善医保监管执法

2009年实施新医改,随着国家在医疗健康领域的投入增多,医保基金收支规模不断增大,医保基金管理和使用中各种违法违规现象也随之不断增多。2007-2017年,我国GDP从24.67万亿增加到82.71万亿,年均增幅12.9%;同期医保基金支出从1 562亿增加到1.44万亿元,年均增幅达24.9%,高于GDP增速12个百分点。虽然基金收入、支出增速都较快,但支出增速远高于收入,加之老龄化进程加快,医疗技术进步,群众医疗需求释放等因素影响,医保基金支付压力越来越大,部分地区当期甚至累计收不抵支。加强医保基金监管法制建设,提升监管效能,确保基金合理使用,最大限度减少基金跑冒滴漏,成为保障医保制度可持续的迫切要求。

2011年《中华人民共和国社会保险法》(简称《社会保险法》)实施,对包括医保基金在内的社保基金监管做出进一步规定,一是确定了医保基金的监管对象范围,包括参保人和用人单位、定点医疗机构、定点零售药店、经办机构及其工作人员等;二是明确监管内容为"一切与基金有关的行为",包括基金的征缴、管理和支付;三是明确行政监管主体为各级社会保险行政管理部门;四是明确了在监督检查中,可以运用查阅、记录、复制、封存相关资料,询问与调查事项有关的单位和个人等监督检查手段。

另外,《社会保险法》第八十七条规定了社会保险经办机构以及医疗机构、药品经营等社会保险服务机构以欺诈、伪造证明材料或者其他手段骗取社会保险基金支出的法律责任;第八十八条规定了以欺诈、伪造证明材料或者其他手段骗取社会保险待遇的法律责任。

全国人民代表大会常务委员会根据司法实践中遇到的情况,于2014年4月,在第十二届全国人民代表大会常务委员会第八次会议通过对《中华人民共和国刑法》第二百六十六条的解释,明确以欺诈、伪造证明材料或者其他手段骗取养老、医疗、工伤、失业、生育等社会保险金或者其他社会保障待遇的,属于《中华人民共和国刑法》第二百六十六条规定的诈骗公私财物的行为。

2014年，人力资源和社会保障部印发《关于进一步加强基本医疗保险医疗服务监管的意见》，首次要求将监管对象延伸到医务人员，建立医疗保险智能监控系统，要求定点医疗机构实现事前提示、事中监控预警事后责任追溯。在2015年人社部继续发文，要求全面推进基本医疗保险医疗服务智能监控工作，"实现对门诊、住院、购药等各类医疗服务行为的全面、及时、高效监控。"

除了国家层面的改革，在这一阶段，一些省市也非常重视医保监管，陆续出台了相关法规规章。地方的实践探索，对制度的完善起到至关重要的作用。

例如，2011年上海颁布了《上海市基本医疗保险监督管理办法》，在全国率先制定了医保监督管理政府规章。分别从医疗保险监督管理部门、医疗保险相关信息系统、服务协议、内部管理、医疗保险费用管理、定点医药机构提供服务的要求、违法违规的法律责任、行政处罚的执行标准等方面做出明确规定。并要求对定点医药机构发生的基本医疗保险费用等情况进行实时监测、开展监督检查。

2012年，天津出台了《天津市基本医疗保险规定》，按照定点医疗机构、定点零售药店、执业医师、药师及参保人员等主体，具体列举了各类欺诈骗保行为，针对问题实施监督检查。2013年，宁夏回族自治区出台了《宁夏回族自治区基本医疗保险服务监督办法》，除将定点医疗机构、定点零售药店、参保人员纳入监管，还将医保经办机构、用人单位纳入。2018年，湖南省出台《湖南省基本医疗保险监督管理办法》，对参保与缴费、就医与购药、监督管理、法律责任等方面做了详细具体的规定。

在这一阶段，这些医保监管政策法规的实施，覆盖了医保监管领域的各类对象和险种，对应不同的监管对象和医疗服务行为有较高的针对性。其既界定了参保人、执业医师、定点医药机构等主体行为的合法边界，又有效保障相关各方应有的合法权益。同时，强化了执法全过程的内部监管，规范执法程序和监管人员执法行为。基本保证了医保监管能够依法合规、公平公正、公开透明地正常开展。

第三阶段：全面构建医保监管体系

2018年新一轮国家机构改革，组建国家医疗保障局，整合了原卫计委、人社部、民政部和发改委相应的医疗保险职责职能，承担全国医疗保障行政管理职能，包括对医保的监督管理。国家医保局成立伊始，以央视焦点访谈节目曝光沈阳市两所民营医院欺诈骗取医保基金的违法犯罪行为作为"触发点"，将打击欺诈骗保、维护医保基金安全作为首要任务，并针对欺诈骗保行为先后出台多项相关政策法规和整治措施，并持续在全国范围开展打击欺诈骗保专项行动和飞行检查。

2018年11月，国家医疗保障局办公室、财政部办公厅制定了《欺诈骗取医疗保障基金行为举报奖励暂行办法》。旨在通过建立对举报欺诈骗取医疗保障基金违法行为进行奖励的制度，有效调动举报者的积极性，发动社会力量参与医保基金监督，共同维护医保基金安全。2019年6月，国家医保局出台《关于开展医保基金监管"两试点一示范"工作的通知》，启动医保基金监管方式创新试点，加快建设基金监管长效机制。

为显著提升医保治理现代化水平，保障基金运行稳健持续，2020年，经中央全面深化改革委员会第十一次会议审议通过，中共中央、国务院出台《关于深化医疗保障制度改革的意见》，要求健全严密有力的基金监管机制，指出医疗保障基金是人民群众的"保命钱"，必须始终把维护基金安全作为首要任务。要织密扎牢医保基金监管的制度笼子，着力推进监管体制改革，建立健全医疗保障信用管理体系，以零容忍的态度严厉打击欺诈骗保行为，确保基金安全高效、合理使用。

同年，国务院办公厅印发《关于推进医疗保障基金监管制度体系改革的指导意见》，以推进医疗保障基金监管制度体系改革。这次改革重点是建立完善六项制度：一是建立健全监督检查制度。建立和完善多形式检查制度，建立部门联动机制，引入第三方力量参与医保基金监管。二是全面建立智能监控制度。建立和完善医保智能监控系统，加强大数据应用。三是建立和完善举报奖励制度。四是建立信用管理制度。建立医药机构和参保人员医保信用管理，加强和规范守信联合激励和失信联合惩戒。五是建立综合监管制度。六是完善社会监督制度。

为了贯彻落实《关于深化医疗保障制度改革的意见》《国务院办公厅关于推进医疗保障基金监管制度体系改革的指导意见》两个文件精神，国家医保局出台一系列相关医保监管、打击欺诈骗保的政策文件。

2020年6月，国家医保局联合国家卫生健康委出台《关于开展医保定点医疗机构规范使用医保基金行为专项治理工作的通知》。希望通过定点医疗机构自查整改，医保和卫生健康部门抽查复查、飞行检查等措施，强化医保基金监管工作合力，督促定点医疗机构健全内部医保管理制度，提升医保管理水平和风险防控能力，切实维护医保基金安全。

为了加强医疗保障基金使用监督管理，保障基金安全，促进基金有效使用，维护公民医疗保障合法权益，根据《社会保险法》和其他有关法律规定，国务院制定了《医疗保障基金使用监督管理条例》(简称条例)，2021年5月1日起施行。《条例》详细规定了医保基金的使用及其监督管理，以及对违法违规情形的法律责任。这也是目前医保监管的主要执法依据。

《条例》规定，医疗保障、卫生健康、中医药、市场监督管理、财政、审计、公安等部门应当分工协作、相互配合，建立沟通协调、案件移送等机制，共同做好医疗保障基金使用监督管理工作。应当"实施大数据实时动态智能监控","根据医疗保障基金风险评估、举报投诉线索、医疗保障数据监控等因素,确定检查重点,组织开展专项检查。"并针对不同违法主体、不同违法行为分别设置了法律责任。

在加强医保行政监管的同时,开展行刑衔接、行纪衔接。2021年12月,国家医保局会同公安部出台《关于加强查处骗取医保基金案件行刑衔接工作的通知》,明确了查处骗取医保基金案件移送范围,和查处骗取医保基金案件移送程序,并要求"不得以行政处罚代替刑事责任追究"。此外,国家医保局正在推进《关于医疗保障部门向纪检监察机关移送医疗保障基金监管中发现问题线索的通知》落地落实,督导各地结合实际制定本地区问题线索移送工作机制。在全国范围内推动建立医保部门向纪检监察机关移送医保基金监管中发现问题线索的工作机制,形成工作合力,充分发挥震慑作用。行纪衔接主要是针对公立医疗机构监督检查中发现的问题和线索向纪检监察部门移送。

在第三阶段,《医疗保障基金使用监督管理条例》等法规政策的出台实施,不仅推动了基金监管工作的法治化、规范化,而且为老百姓的看病钱划清了不能触碰的红线。医保管理部门通过完善日常巡查、专项检查、飞行检查、信用监管和专家审查等相结合的多形式检查制度,联合卫健委、公安、纪检等部门综合运用协议、司法、行政等手段,加大对医保欺诈骗保行为的打击力度,和查处的欺诈骗保案件的曝光力度,进一步提高了全社会依法维护基金安全的意识,初步形成了打击欺诈骗保的长效机制。

(二)多层次、多部门、立体化的医保监督管理架构

1. 行政执法

国家医疗保障局负责全国范围内医疗保障领域的行政管理工作。国家医保局内设基金监管司,专司医保基金监管职责。各省、市、县医保局按照三定方案设置基金监管处(科),而北京、天津、上海等地设立了专门的医保行政执法机构或委托执法机构,形成国家、省市、地市、县市四级医保行政监管的格局。各级医保监管部门具体承担本行政区域内医保监管政策制定和行政执法工作,以及推动定点医药机构落实自我管理主体责任,履行行业自律公约,自觉接受医保监管和社会监督。

2. 协议监管

主要由医保经办机构负责,包括参保扩面、基金收支管理、定点医药机构的协议管理、医疗费用审核稽核等经办事务,依照协议约定追究违约责任。通过服

务协议明确经办机构和医药机构双方的权利义务，规范医药机构服务行为，完善退出机制，提高管理效率。医保协议监管是在医保监管相关法律法规的框架下，协议双方主体根据协议条款，对医药服务行为开展的共同约束活动，具有契约合同属性。

3. 综合监管

医疗保障、卫生健康、中医药、市场监督管理、财政、审计、公安、纪委监委等部门分工协作、相互配合，建立沟通协调、案件移送等机制，共同做好医疗保障基金使用监督管理工作。其中开展较早，也是目前最主要的是医保与卫生健康和公安部门的综合监管工作。

医保与卫生健康部门的综合监管，以医保管理为突破口、以医政管理为抓手，一是医保部门应定期将医保监督检查情况向卫生行政部门进行通报。对发生严重违规行为，医保部门将向卫生行政部门移送，并提出处理建议，在行业内部一定范围内公开。二是医疗机构及人员违规行为受到卫生以及其他行政部门行政处罚、处理、记分且涉嫌违反医保相关规定的，医保部门在收到卫生行政部门以及其他行政机关的行政处罚决定书、通报、记分通知之后，应根据医保法律法规进行监督调查，并按照医保的规定给予记分。

另一个重要的综合监管是"行刑衔接"。各级医保部门、公安机关按照职责权限，及时将行政执法中查办的涉嫌犯罪的案件移送司法机关处理的工作机制，防止"以罚代刑、有罪不究、降格处理"现象的发生，是加强医疗保障行政部门与公安机关的协作配合，依法惩处骗取医保基金犯罪行为，切实保障医保基金安全，维护参保群众合法权益的重要机制。"行刑衔接"是一种双向通道工作机制。在医保行政执法中发现涉嫌医保欺诈犯罪时，会涉及医保行政执法与公安刑事司法的衔接问题，需要依靠行刑衔接机制，使涉嫌医保欺诈犯罪案件能依法、及时、顺利，进入诉讼程序，实现对涉嫌医保欺诈犯罪的打击和惩处，以维护医保基金安全。同样，公安机关发现欺诈骗保线索，也可向医保部门请求协同侦破案件，经公安机关侦查，涉及刑事犯罪的，移交检察机关提起公诉，不涉及刑事犯罪的，交由医保部门行政处理处罚。

4. 社会监督

建立社会监督机制可以鼓励和支持社会各界参与医保基金监管，实现政府治理和社会监督、舆论监督良性互动。社会监督的一个重要机制是举报奖励机制。《医疗保障基金使用监督管理举报处理暂行办法》要求，各级医疗保障部门建立健全举报处理工作机制，鼓励社会公众和新闻媒体对涉嫌违反医疗保障基金使用监督管理的违法违规行为依法进行社会监督和舆论监督。并对举报的处理流程、处理期限、对举报人信息保密和经查实的举报予以奖励等。

被举报的违规行为比较隐秘，往往难以通过专项或日常检查发现，通过对举报案件的深入调查，易发现重大违规行为。此外，举报案件的性质往往比较恶劣。举报奖励办法实施后，由于社会各界的支持和积极参与，加强了医保的监督力量，拓宽了发现医保违规行为的渠道，逐步形成了全社会共同管理医保基金的良好氛围。

医保监管是一项系统性工作，既需要医保内部不同部门，如行政监管机构和协议监管机构的分工协作和有效配合，通常行政执法和协议监管作为一体两翼协同应用，注重行政监管与协议监管的协同性；也需要医保和卫健、公安部门综合监督、行刑衔接、信息共享，才能使监管效果最大化，同时，应发挥社会力量，实现政府治理和社会监督、舆论监督良性互动。经过不断探索，最后形成医保监管三道防线：第一道防线是协议监管，第二道防线是行政监管，第三道防线是行刑衔接。

（三）医保监督管理的实践与创新

1. 应用多种监督检查方式开展行政执法

医疗行为的普遍性、多样性和复杂性等特征，以及医疗专业性带来的信息不对称，给医保监管带来巨大挑战。单一化的监管方式难以应对层出不穷、情形各异的医保违规违法行为，客观上要求医保监管方式要不断创新，灵活多样。当前医保监管部门主要采用日常检查、专项检查、飞行检查、智能监控等多种方式，不仅进行事后监管，还会强化医疗服务过程中的事前预防和事中控制，以及大数据实时监控，不断创新医保监管方式，对正在发生或存在风险的违法违规行为进行及时有效的监管。

2. 应用智能监控提升监管效能

在全国各地普遍开展智能监控基础上，2019年国家医保局选取32个地区作为医保智能监控示范点，旨在通过示范带动效应，推动全国智能监控工作取得新突破。各地方在国家医保局建设要求的基础上，根据地方实际情况，应用大数据分析、人工智能、视频"云监控"、人脸识别、区块链、知识图谱等技术，建立了覆盖几大险种和各类监管对象，具备事前提醒、事中控制、事后追踪三大功能，兼容日常巡查、专项检查、投诉举报调查、飞行检查、移动监管、第三方监管、信用监管等多种监管方式的全流程全方位全过程的智能监控系统。通过不断完善知识库规则和大数据模型，开发DRG/DIP监管、药品耗材进销存监管、移动监管App、互联网医疗监管等一系列特色监管工具，不断提高医保监管精准性。在部分地区，医保智能监控的应用，对医保反欺诈成效明显，高科技在医保基金监管中起到了震慑作用，对医疗机构促进自我管理能够起到信息支撑作用。

（四）医保监管的发展趋势

医保监管从起步到现在，总体上监管能力呈由弱到强的发展趋势，监管手段从人工审核到智能监控，监管方式从单一监管到综合治理，取得了显著成效。但是，随着外部环境的变化和医疗保障制度改革的不断深化，医保监管工作也面临一些新变化和新挑战。

1. 健全规范医保监管执法体系

目前，常用的检查方法包括日常巡查、专项检查、飞行检查、"双随机、一公开"检查等。后续需要进一步在执法权限、执法依据、执法文书、执法程序、行政处罚等方面集中研究制定一批规范化管理文件。组织相关专家对各类违法行为的界定、执法过程中关键环节与步骤制定可操作、可判断、可测量的规范与标准，做到判断有据，如医保基金、欺诈骗保行为的范畴认定等。进一步规范相关医保监管流程，完善执法中相关的回避制度、合议制度、同行评审制度、法治审核制度、听证制度、证据制度等。建立健全职责明晰、权威高效的基金监管规范标准体系，确保依法履职。

建立和完善医保监管执法体系，不仅在于规范各种监督检查内容、启动条件、工作流程、工作要求等，还要求增强各种检查方式本身的规范性、针对性、有效性，更要求各种检查方式相互补充、相互促进，形成系统、整体、高效的监督检查体系，实现监督检查全覆盖、无死角、高效率，公平公正。

2. 探索应用新技术持续提高智能监管能力

随着欺诈骗保方式的不断变化，打击欺诈骗保的技术手段也应随之不断提升。充分应用医保智能监管系统，持续优化运行维护环境和安全管理体系，完善系统功能。全面建立智能监控制度，不断完善医保智能监控知识库规则库，对医疗服务行为进行实时全过程监管。在现有医保结算数据的基础上，结合DRG/DIP支付方式改革，不断丰富大数据维度，拓展应用诚信画像、人脸识别、行为轨迹、区块链进销存、"互联网+"医疗服务等新领域数据，采用知识图谱、聚类分析、无监督机器学习等现代信息技术，针对不同监管对象、不同场景建立反欺诈大数据动态智能监控体系，实现各类疑点的自动抓取、智能研判和快速预警，构建大数据全方位、全流程、全环节的智能监控"防火墙"，积极推动大数据技术向医保监管全面赋能，为打击骗保、专项治理提供有力支撑。

3. 加强医院自主管理从源头防范医保违法违规行为

防范医保基金风险要从源头抓起。定点医药机构是医保基金的直接使用者，应当履行医保基金使用的监管责任,主动开展自查自纠和行业自律,定期对工作人员组织开展医疗保障基金相关制度、政策的培训,正确引导和规范医疗行为,管好医生"手中笔"。

健全院内医保管理制度,由专门机构或者人员负责医疗保障基金使用管理工作,建立健全考核评价体系。加强医院医保部门能力建设,不仅需要医院高度重视,还需要医疗、财务、药剂、检验、设备、物价、信息等多个科室协同配合。医疗机构针对自查发现问题,举一反三,全面查堵漏洞,督促整改落实,总结提炼好的做法,形成医药机构内部加强医保管理的长效机制。

4. 及时转变工作方式和理念,完善医保新业态监管

随着社会经济的发展和医疗保障制度改革的深化,催生了跨省异地就医、"互联网+"医疗、长期护理保险、家庭医生签约服务等医保新业态。

近年来,国家一直把跨省异地就医费用直接结算作为完善医保制度、解决民众突出关切问题的重要惠民举措,异地就医直接结算的规模与日俱增。受我国现行医保制度模式和基金管理体制的影响,各地医保制度政策大不相同,参保地和就医地的信息对接不够充分,诊疗项目目录、药品目录不统一等因素,对异地就医监管造成较大困扰。各地医保部门积极响应改革要求,及时调整工作思路,将异地就医监管纳入本地医保监管范围。第一,积极探索异地就医协同监管。通过加强区域协作,防范异地就医欺诈骗保风险,将本地接受跨省异地就医人员结算费用纳入本地基金监管工作重点。第二,长三角等跨省异地就医直接结算工作起步较早的地区,探索建立跨区域基金监管联合检查、异地协查、问题线索横向移送、异地就医违规问题协同处理等工作机制。第三,将跨省异地就医费用结算监管纳入飞行检查重点内容。

随着"互联网+"医疗服务模式的广泛应用,产生了新的欺诈骗保现象。如虚构身份、虚假诊治、虚开药品、伪造票据等欺诈骗保现象成为新的突出问题。针对"互联网+"医疗的监管漏洞,通过收集和分析在线复诊、处方、购药等过程信息,做到从预约、就诊、开方到结算、配送全程可追溯,实现信息流、资金流、物流全程可监控。

为配合"三医联动"改革,部分地方开展家庭医生签约服务,促进家庭医生既管健康,又管费用,做实医保基金"守门人"。医保监管部门需要探索整合共享医保、卫健系统业务数据,通过对签约居民就诊流向、频次、费用等异常指标的实时分析和预警,实时提醒家庭医生动态、全面掌握异常就医签约居民在各级定点医疗机构、定点药店的就诊配药信息,帮助家庭医生实施针对性管理与干预。同时,联合卫健部门定期对家庭医生的管理效果进行综合评价和监督,从机制上

激发家庭医生签约服务活力，实现"三医联动"各项改革目标。

二、不同医保支付方式下的医保监督管理

2001年我国全面实施城镇职工医疗保险制度，直至目前基本实现医疗保险制度全覆盖。近20年来，各地医保部门结合地方实际不断探索医疗保险支付方式改革，经历了很多的变化和发展，总体上看，主要是由按服务项目付费、按服务单元付费等单一支付方式向多种复合支付方式的转变。逐步形成了在总额预算框架下以门诊按项目付费、住院按病种付费（DRG/DIP）为主，与按服务单元付费、按人头付费相结合的多种复合支付方式。每种支付方式对医保供方和需方都会产生影响，产生违规收费、过度医疗和服务不足等问题的风险及其表现形式也有所不同。各地医保部门以问题为导向，针对当地支付方式改革下存在的监管风险，积极开展了监管实践与探索，取得一定实效和经验。

（一）不同医保支付方式下的医保监管风险

我国医疗保险支付方式主要包括按服务项目付费、按服务单元付费、按病种付费、按人头付费和总额预付等5种支付方式，其中按服务项目付费为后付制，其他支付方式均属于预付制。不同的支付方式具有各自的特点及监管风险（见表7-1）。

表7-1 不同医疗保险支付方式的优缺点比较

分类		优点	缺点
后付制	按项目付费	有利于调动医院积极性，医疗质量一般能较好地保证	易导致过度医疗问题，费用控制能力较弱
预付制	按单元付费	鼓励医院降低服务单元费用，一定程度上抑制过度医疗问题	易导致推诿病人、分解服务次数，降低服务质量
	按病种付费	抑制过度医疗，促进医院降低病种成本	易导致诊断升级、分解住院、提高标准收费、推诿（重症）病人、减少（标准）服务，行业规范和监管要求高
	按人头付费	克服了过度医疗、推诿病人等主要问题，加强了预防保健	医院间缺乏竞争，服务积极性降低，医疗资源不平衡
	总额预付	医院摆脱了对单次医疗服务的费用限制，自主管理加强	易导致服务过度和服务不足并存

1. 按项目付费

按项目付费，通俗地讲就是医院服务了一个项目，医保部门就为其支付相应

的费用，医院收入与提供的服务项目数直接相关，多做项目，就多收入。它的优点在于该种方式为医院提供了很大的经济刺激和机会，医疗质量一般能较好地保证。但它也有很明显的缺点，即对医疗服务的费用控制能力较弱，医保基金"盘子"无法承担；而且往往医院为了能快速发展规模、增加收入，违规收费、过度检查问题比较突出。因此，必须注意加强对医患双方的管理与制约，建立严格的医保监管制度。在实行医保制度初期，不管是门诊还是住院，我国大部分地区普遍采取按项目付费的方式结算医保费用，但随着医保支付方式改革的不断推进，按项目付费逐步减少。

2. 按服务单元付费

按服务单元付费是医保部门按预先制定的服务单元费用标准（以服务单元的平均费用作为支付标准）支付医疗费用，如将一个门诊人次或一个住院床日作为一个服务单元，具体可称为按门诊人次付费或按床日付费。与按项目付费相比，具有打包预付功能。它的优点是可鼓励医院降低服务单元费用，一定程度上抑制过度医疗，但也存在一定缺陷，极易导致医院推诿患者、减少服务、分解服务次数或增加住院床日等问题，需要采取严格的考核和管控措施。鉴于这种方式在支付上较为简单易行，在实行医保制度初期也得到较为普遍的应用。

3. 按病种付费

简单地讲，按病种付费是以病种或病组为单位的打包付费方式，在我国有三种具体的付费方式应用：按单病种付费、按疾病诊断相关组付费（DRG）和按病种分值付费（DIP）。以上三种方式的共同点都是通过对各疾病诊断分类制定支付标准，按照病例所进入病组的付费标准进行支付，在付费机制上不仅能抑制过度医疗，也能促进医院主动降低成本，注重内涵高质量发展，提高医保基金使用效率，但易存在诊断升级、分解住院、提高支付标准、推诿（重病）患者、减少（标准）服务等问题。由于医疗的复杂性、多样性和专业性，按病种付费对行业规范（如病案首页、诊疗规范）和监管能力（如违规认定、处罚依据）的要求较高。

在医保制度建立初期，部分地方开始探索按单病种付费，一般选择一些简单病种（几十种到数百种不等）试点，由于需要人工对疾病一一制定支付标准，推广应用较为困难。2018年国家医保局成立后，大力推进按疾病诊断相关组付费（DRG）和按病种分值付费（DIP）试点，计划到2024年底，全国各地全部开展DRG/DIP付费方式改革。

4. 按人头付费

按人头付费是指以一定范围的参保人为单位，医保部门定期按固定的费用支付。这种方式摆脱了前面几种仅针对单次医疗服务的付费方式，而是以负责一定范围的参保人的健康为目的的医疗服务。其克服了过度医疗、推诿病人等主要问题，而且增强医患之间的联系，加强了预防保健工作，提高参保人全身心的健康服务。但这种方式导致服务积极性降低，不能自由选择就医，医院间缺乏竞争；还需要调整区域的医疗资源不平衡等问题。目前只有少数地方在试点。

5. 总额预付

总额预付是以医院为单位的支付方式。医保部门根据过去的年度服务量（出院人次＋挂号人次）来制定本年度的年度总预算。这相当于给医院设置了一个费用封顶线。这样做的优点在于使医院摆脱了对单次医疗服务的费用限制，而可以更加全面地统筹，有了很大的自主度，但医院为了节余有减少医疗服务量（如推诿病人）、降低服务质量的倾向。在我国医保支付方式改革中，总额预付往往与以上几种方式复合应用。

（二）基于按服务项目付费的医保监管

长期以来，我国大部分地区普遍采取以按项目付费为主的方式结算医保费用，各地医保部门开展按项目付费的监管经验也较为丰富。大部分按项目付费下的医保监管方式方法同样也适用于其他支付方式，只是侧重点有所不同，相互并不矛盾。因此，以点带面，本节将作重点介绍和讨论。

医保监管涉及定点医疗机构、定点零售药店和参保人等监管对象。在整个医保基金的使用过程中，定点医疗机构的作用非常重要。因此，对定点医疗机构的监督检查是医保监管工作的重点和核心环节。

1. 定点医疗机构监督检查内容

根据医保日常检查、举报调查和专项治理等要求，对定点医疗机构监督检查的内容有所侧重。

1）日常检查

根据《医疗保障基金使用监督管理条例》、地方医保基金监管政策以及国家医保局飞行检查和各地积累的监管经验，对定点医疗机构开展日常检查主要包括定点医疗机构内部管理、服务行为和欺诈骗保等三个方面内容：

①内部管理

A. 是否建立医疗保障基金使用内部管理制度，是否有专门机构或者人员负责医疗保障基金使用管理工作；

B. 是否按照规定保管财务账目、会计凭证、处方、病历、治疗检查记录、费用明细、药品和医用耗材出入库记录等资料；

C. 是否按照规定通过医疗保障信息系统传送医疗保障基金使用有关数据；

D. 是否按照规定向医疗保障行政部门报告医疗保障基金使用监督管理所需信息；

E. 是否按照规定向社会公开医药费用、费用结构等信息；

F. 除急诊、抢救等特殊情形外，是否未经参保人员或者其近亲属、监护人同意提供医疗保障基金支付范围以外的医药服务；

G. 是否存在拒绝医疗保障等行政部门监督检查或者提供虚假情况；

H. 是否按要求采购和使用国家组织集采中选产品等情况。

②服务行为

主要包括在医保资质、收费、支付、诊疗、其他等五个方面的违规行为。

A. 资质：医保医师超注册执业范围、非注册执业，定点医疗机构超诊疗科目；定点医疗机构租转包科室、擅自联网结算医保费用等情况。

B. 收费：重复收费、超标准收费、分解项目收费情况；上传医保信息系统结算项目与实际提供医药服务不一致，存在串换药品、医用耗材、诊疗项目和服务设施情况。

C. 支付：将不属于医疗保障基金支付范围的医药费用纳入医疗保障基金结算；超医保支付范围、超医保支付限定、支付比例错误。

D. 诊疗：分解住院、挂床住院情况；违反诊疗规范过度诊疗、过度检查、分解处方、超量开药、重复开药或者提供其他不必要的医药服务情况；为参保人员利用其享受医疗保障待遇的机会转卖药品、接受返还现金、实物或者获得其他非法利益提供便利情况；

E. 其他：重复挂号等。

③欺诈骗保

A. 通过诱导、协助他人冒名或者虚假就医，提供虚假证明材料，或者串通他人虚开费用单据，骗取医保基金的情况；

B. 通过伪造、变造、隐匿、涂改、销毁医学文书、医学证明、会计凭证、电子信息等有关资料，或者虚构医药服务项目等方式，骗取医保基金的情况；

C. 其他骗取医保基金支出的行为。

针对不同级别、不同类型定点医疗机构按照其服务特点确定监管重点：二级及以上公立医疗机构，重点查处分解收费、超标准收费、重复收费、套用项目收费、不合理诊疗及其他违法违规行为；基层医疗机构，重点查处挂床住院、串换药品、耗材和诊疗项目等行为；社会办医疗机构，重点查处诱导参保人员住院、虚构医疗服务、伪造医疗文书票据、挂床住院、盗刷社保卡等行为。

2）举报调查

为鼓励举报、严厉打击欺诈骗取医疗保障基金行为，切实保证医疗保障基金安全，国家医保局专门出台举报奖励办法，对涉及定点医疗机构及其工作人员的欺诈骗保行为进行举报。以下内容纳入举报调查范围：

①虚构医药服务，伪造医疗文书和票据，骗取医疗保障基金的；

②为参保人员提供虚假发票的；

③将应由个人负担的医疗费用计入医疗保障基金支付范围的；

④为不属于医疗保障范围的人员办理医疗保障待遇的；

⑤为非定点医疗机构提供刷卡记账服务的；

⑥挂名住院的；

⑦串换药品、耗材、物品、诊疗项目等骗取医疗保障基金支出的；

⑧定点医疗机构及其工作人员的其他欺诈骗保行为。

3）专项治理

随着医保基金监管力度的不断加大，一些深层次的违法违规问题开始显现。近年来，国家医保局和地方医保部门聚焦"三假"（"假病人""假病情""假票据"）问题，以及骨科高值耗材、心内科心血管介入治疗、肾内科血液透析等医疗领域，结合日常检查、飞行检查等多种形式，在全国范围内开展专项整治。

①骨科高值耗材、手术项目

串换植入耗材、手术项目：患者收费清单显示为高价值、高规格、高标准、可报销耗材，但实际使用低价值、低规格、低标准、不能报销的同类耗材。将尚未纳入物价收费或者医保报销范围的手术项目，串换成医保报销手术项目进行收费；将价格较低的手术项目，串换成价格较高的进行收费。

耗材、手术分解或重复收费：将按"套""系统""包"等规格采购的配套、组合式耗材拆分计费，并且拆分计费总费用高于耗材应售价格；将某手术项目费用，按照手术流程、操作方式、实施步骤等拆分成多个项目进行计费，并且拆分计费总费用高于该手术项目费用。耗材经供应（消毒）室消毒包装后多次使用，并重复收取耗材费用；某手术项目按照临床路径、项目内涵等已包含某操作，医院收取该手术项目费用的同时，又单独将其包含的操作进行收费；或者开展某手术项目后，反复多次收取该项目费用。

虚记耗材费用：将未实际使用的医用耗材计入患者医疗费用。

②心内科心血管介入治疗

串换植入耗材、治疗项目：患者收费清单显示为高价值、高规格、高标准、可报销耗材，但实际使用低价值、低规格、低标准、不能报销的同类耗材。将医保不予报销的耗材串换为医保目录内治疗项目。

重复使用耗材并收费：导管、导丝、压力泵、桡动脉穿刺止血器、标测电极、消融导管、临时起搏电极等一次性耗材使用后，经供应（消毒）室消毒包装进行二次使用，并重复收取费用。

虚记高值耗材：将未实际使用的医用耗材通过虚增耗材数量或虚增耗材种类的方式计入患者医疗费用。

③肾内科血液透析

虚构医药服务项目、虚记耗材使用量：定点医疗机构通过虚记透析次数、耗材使用量、诊疗项目次数、药品数量等方式骗取医保基金。

串换项目、重复收费：将血液滤过治疗串换为血液透析滤过治疗收费；血液灌流治疗费包含血液透析治疗费，重复收取血液透析治疗费用等。

2. 医保监督检查常用方法

随着医疗保险的发展，医疗保险监督检查的方法不断创新，主要包括规则筛查、数据分析、抽查复查和药品、耗材进销存核查。当前在定点医疗机构监督检查中通常结合使用。

1）规则筛查

根据项目付费下的医保违规行为的特点和数据特征，制定疑点筛选规则（包括数据模型），并通过医保智能监管系统对检查时段医保结算数据进行筛查，筛选出的疑点数据作为现场检查的依据。近年来，各地医保部门在日常检查、飞行检查、专项治理等各种形式的医保监督检查或医保费用审核稽核工作中普遍使用。

2）数据分析

针对新情况、新问题，在医保监督检查中应用项目汇总、项目比对和项目查询等计算机功能，对医保结算数据进行自主分析。这种方法往往依赖检查人员的知识背景和检查经验，能够充分发挥检查人员的主观能动性，是医保智能监管系统规则筛查的重要补充。

3）抽查复查

根据医保监督检查目的，通过随机抽样或事先确定的抽查方法，对某一时期内抽取的出院病史、门急诊处方、医疗费用收据等资料进行检查或复查。随着医保监管力度的加大，该方法多应用于日常检查的追踪整改和专项治理的监督考核。

4）药品、耗材进销存核查

主要通过对一段时间内定点医疗机构使用药品、耗材的进货数据、发生的医保结算数据、自费数据以及期初、期末库存数据进行逻辑校验，若不平，说明定点医疗机构可能存在虚计药品、耗材数量或串换等问题，需要进一步调取进货发票和财务账册等资料进行核实。目前，药品、耗材进销存核查已成为国家医保局和各地医保部门组织的飞行检查、日常检查的重要内容。

3. 定点医疗机构违法违规特点分析

及时准确地总结定点医疗机构的违法违规特点，有助于把握监督检查的方向、促进定点医疗机构自查自纠和有针对性地完善相关政策。

1）近年医保领域各类违法违规查处概况

国家医保局基金监管数据显示，2018年至2020年，全国各级医保部门共检查定点医药机构171万家次，查处86万家次，追回医保基金348.75亿元。这充分说明国家医保局自2018年成立以来，坚决贯彻落实党中央、国务院决策部署，将基金监管作为首要任务，持续加大欺诈骗保打击力度，但也应该看到医保领域各类违法违规和欺诈骗保行为普发频发，屡禁不止，医保基金安全仍然面临严重威胁。

2）不同等级、类型医疗机构的违法违规特点

通过梳理总结国家医保局曝光的典型案例和部分地方监督检查结果，在项目付费下，违规收费和过度医疗等不合理行为仍然是定点医疗机构存在的共性问题，但不同等级、类型的医疗机构具有各自特点。

一级医疗机构主要是直接为社区居民提供预防、医疗、保健、康复服务的基层医院，一般而言设备配备简单，人员技术含量相对于二、三级医疗机构低。违规项目主要集中在检查化验、药品和一次性低值耗材等方面，如国产试剂套用进口试剂收费、超量用药、超适应证用药等违规现象突出。

二、三级医疗机构门诊、住院服务量较大，危重病例较多，高精尖设备检查价格高，新技术开展也较多，查处频次和金额最多的违规行为是套用收费标准结算高新技术和设备的费用。三级医疗机构与一、二级医疗机构相比，某个项目一旦出现违规，由于服务量大，涉及的违规金额较多。

此外，部分定点医疗机构（民办医疗机构居多）还存在通过虚假记录药品和诊疗项目、伪造医疗文书、诱导/协助他人冒名或者虚假就医等方式骗取医保基金的行为。部分医疗机构内部成员往往联合作案，发生次数多，涉案金额大。

4. 定点药店和参保人员的医保监管

1）定点药店监督检查及违规特点

定点零售药店是药品终端消费的重要环节，是医保基金支付的另一个窗口，其极大地方便了参保人员购药。对定点零售药店的监督检查，也是医保监管的一项重要工作。

主要从药店的硬件设施和人员资质等基本情况、处方药外配服务、非处方药自购服务、财务与结算管理等方面对定点零售药店进行监督检查，着力检查药店

对医保文件有关规定的执行情况。医保结算费用排名靠前、经数据筛选疑点费用较高、销售"双通道"药品以及被群众举报投诉较多的定点药店,往往被列为重点检查对象。

定点药店违规行为的特点:

超量、超品种和重复售药:超量、超品种和重复售药现象在定点零售药店具有一定的普遍性,特别是在非处方药的配售过程中,由于没有处方的限制,定点药店的诱导消费和对参保人员购药的管理不善都会导致过多配售药品。

超出《医保药品目录》限制性支付范围并纳入医保结算,如为未提供恶性肿瘤放化疗血象指标低下检验证据的参保人结算螺旋藻片(限恶性肿瘤放化疗血象指标低下的患者)等。

伪造、变造处方配售药品:使用定点医疗机构空白处方并伪造医师签章进行药品销售。

以物代药销售:如少数定点零售药店向参保人员出售化妆品、洗发水等日用品,并纳入医保结算。

内外勾结贩药或套现:药店工作人员协助药贩子非法使用医保卡套取药品倒买倒卖,或协助参保人员通过虚假结算或串换药品等方式套取个人账户资金。

2)参保人员监督审核及违规特点

对参保人的监督审核主要从审核参保人员所持有的门急诊就医记录册、门急诊结算账单、医疗费用收据等三个方面入手,重点检查过量储备或滥用药品,出借、冒用、伪造、变造医疗保险凭证等个人违规行为。对参保人员的监督审核不仅查处参保个人违规的情况,由于供方的主导地位,在对个人监督审核的同时,还要追究定点医疗机构及医务人员的连带责任。

5. 违法违规行为的处理处罚

目前,各地医保行政部门主要依据《医疗保障基金使用监督管理条例》(自2021年5月1日起施行),对经监督检查认定存在违法违规行为的定点医药机构及其工作人员、参保人以及其他个人进行处理处罚。若没有违反《医疗保障基金使用监督管理条例》但违反地方相关法规、规章等规定,依据地方相关法规、规章等规定处理处罚。涉嫌犯罪的移交司法机关处理,不可以罚代刑。

《条例》：定点医药机构及其工作人员处理处罚条款

第三十八条 定点医药机构有下列情形之一的，由医疗保障行政部门责令改正，并可以约谈有关负责人；造成医疗保障基金损失的，责令退回，处造成损失金额1倍以上2倍以下的罚款；拒不改正或者造成严重后果的，责令定点医药机构暂停相关责任部门6个月以上1年以下涉及医疗保障基金使用的医药服务；违反其他法律、行政法规的，由有关主管部门依法处理：

（一）分解住院、挂床住院；

（二）违反诊疗规范过度诊疗、过度检查、分解处方、超量开药、重复开药或者提供其他不必要的医药服务；

（三）重复收费、超标准收费、分解项目收费；

（四）串换药品、医用耗材、诊疗项目和服务设施；

（五）为参保人员利用其享受医疗保障待遇的机会转卖药品，接受返还现金、实物或者获得其他非法利益提供便利；

（六）将不属于医疗保障基金支付范围的医药费用纳入医疗保障基金结算；

（七）造成医疗保障基金损失的其他违法行为。

第三十九条 定点医药机构有下列情形之一的，由医疗保障行政部门责令改正，并可以约谈有关负责人；拒不改正的，处1万元以上5万元以下的罚款；违反其他法律、行政法规的，由有关主管部门依法处理：

（一）未建立医疗保障基金使用内部管理制度，或者没有专门机构或者人员负责医疗保障基金使用管理工作；

（二）未按照规定保管财务账目、会计凭证、处方、病历、治疗检查记录、费用明细、药品和医用耗材出入库记录等资料；

（三）未按照规定通过医疗保障信息系统传送医疗保障基金使用有关数据；

（四）未按照规定向医疗保障行政部门报告医疗保障基金使用监督管理所需信息；

（五）未按照规定向社会公开医药费用、费用结构等信息；

（六）除急诊、抢救等特殊情形外，未经参保人员或者其近亲属、监护人同意提供医疗保障基金支付范围以外的医药服务；

（七）拒绝医疗保障等行政部门监督检查或者提供虚假情况。

《条例》：定点医药机构及其工作人员处理处罚条款

第四十条 定点医药机构通过下列方式骗取医疗保障基金支出的，由医疗保障行政部门责令退回，处骗取金额2倍以上5倍以下的罚款；责令定点医药机构暂停相关责任部门6个月以上1年以下涉及医疗保障基金使用的医药服务，直至由医疗保障经办机构解除服务协议；有执业资格的，由有关主管部门依法吊销执业资格：

（一）诱导、协助他人冒名或者虚假就医、购药，提供虚假证明材料，或者串通他人虚开费用单据；

（二）伪造、变造、隐匿、涂改、销毁医学文书、医学证明、会计凭证、电子信息等有关资料；

（三）虚构医药服务项目；

（四）其他骗取医疗保障基金支出的行为。

定点医药机构以骗取医疗保障基金为目的，实施了本条例第三十八条规定行为之一，造成医疗保障基金损失的，按照本条规定处理。

第四十二条 医疗保障等行政部门、医疗保障经办机构、定点医药机构及其工作人员收受贿赂或者取得其他非法收入的，没收违法所得，对有关责任人员依法予以处分；违反其他法律、行政法规的，由有关主管部门依法处理。

第四十三条 定点医药机构违反本条例规定，造成医疗保障基金重大损失或者其他严重不良社会影响的，其法定代表人或者主要负责人5年内禁止从事定点医药机构管理活动，由有关部门依法予以处分。

《条例》：参保人及其他个人处理处罚条款

第四十一条 个人有下列情形之一的，由医疗保障行政部门责令改正；造成医疗保障基金损失的，责令退回；属于参保人员的，暂停其医疗费用联网结算3个月至12个月：

（一）将本人的医疗保障凭证交由他人冒名使用；

（二）重复享受医疗保障待遇；

（三）利用享受医疗保障待遇的机会转卖药品，接受返还现金、实物或者获得其他非法利益。

个人以骗取医疗保障基金为目的，实施了前款规定行为之一，造成医疗保障基金损失的；或者使用他人医疗保障凭证冒名就医、购药的；或者通过伪造、变造、隐匿、涂改、销毁医学文书、医学证明、会计凭证、电子信息等有关资料或者虚构医药服务项目等方式，骗取医疗保障基金支出的，除依照前款规定处理外，还应当由医疗保障行政部门处骗取金额2倍以上5倍以下的罚款。

第四十八条 违反本条例规定，构成违反治安管理行为的，依法给予治安管理处罚；构成犯罪的，依法追究刑事责任。违反本条例规定，给有关单位或者个人造成损失的，依法承担赔偿责任。

（三）基于DRG/DIP付费的医保监管

1. DRG/DIP付费下医保监管的新挑战

随着医保支付方式改革的不断深入，不论是采取DRG还是DIP，只要是打包付费，都会面临一些共性问题。

一是高套病组。为了获得更高支付标准或分值，有些医疗机构通过疾病诊断升级或选取高资源消耗治疗方式等手段，利用病种组合规则使相对简单的病例进入较高的组别。这种现象被称作"高套病组"或"高套分值"。

二是低标入院。有些医疗机构通过降低住院患者收治标准，将门诊可以治疗的病例收治住院，以降低同组别的资源消耗量，从而获取更多的盈利空间。

三是分解住院。为了节省一次住院（一次DRG/DIP支付）中的成本、增加住院例数，有些医疗机构将原本一次住院切分为两次以上，或者按照DRG/DIP支付标准，严格控制患者住院天数及医疗资源消耗水平，在达到"一定标准"时就让其出院，形成对一次住院行为的分解，造成患者不必要的重复入院，使得医保支付费用随患者住院次数的增加而增加。

四是转移费用。具体包括住院成本向门诊转移、医保费用向自费转移等，目的是减少住院范围内产生的服务成本，以获得更多结余。有些医疗机构把患者原本在住院期间完成的项目转移到门诊完成，如住院检查前移至门诊等；把医保政策覆盖的诊疗项目、药品、耗材等转为自费，引导患者到院外药店购买自费药品等。

五是推诿患者。有些医疗机构在选择患者时优先选取病情相对较轻的患者，拒收资源消耗高的重症患者，如合并症、并发症严重或者基础状况较差、不确定性高的老年患者等，从而降低资源平均消耗量。

针对DRG/DIP支付方式引发的医疗服务不良行为，医保部门应当加强对DRG/DIP付费下医保基金使用的监管，在DRG/DIP规范标准的指引下对医疗机构的行为进行合理引导，从而保障基金安全和有效使用。但是，由于DRG/DIP付费方式的专业性、复杂性（病人病情各异、疾病诊断种类繁多、治疗方式千差万别），以及 DRG/DIP 付费下违法违规欺诈骗保行为的隐蔽性，医保部门缺乏有效的监管方法和专业的监管力量，对医保基金监管工作提出了新的挑战。因此，面对 DRG/DIP 付费的医保基金监管，亟须转变工作理念和创新监管方法。

2. 结合改革推进医保智能监管

近年来，各地医保部门紧密结合支付方式试点改革和国家医保局"智能监控示范点"建设要求，重点针对 DRG/DIP 付费可能面临的套高病组、低标入院、分解住院、转移费用等问题，积极探索医保智能监管方法，开发了相应智能监控功能模块，初步建立了具有 DRG/DIP 付费特点的监控规则库和指标库，可通过系统实现对医疗机构的自动预警、监控分析和疑点核查。

1）开展基于项目与疾病诊断等关联逻辑的规则筛查

通过建立诊疗项目、医用材料、药品与疾病诊断及治疗方式等的关联，制定相应的监控规则，通过智能监管系统对医用材料与诊疗项目、药品与诊疗、诊疗与诊疗、药品与疾病诊断、诊疗与疾病诊断规则逻辑的匹配筛查，对医疗机构是否存在高套病组等违规行为进行判断。如根据"GD1 伴穿孔、化脓、坏疽等阑尾切除术"与"GD2 阑尾切除术"的抗生素使用差异、诊疗项目适应范围不同（GD1 使用胃肠减压/引流管引流/血培养，GD2 不使用）以及耗材使用与手术类型的逻辑关系，制定规则进行疑似高套病组判断。

2）开展基于大数据病组的医保智能监控预警

鉴于 DRG 和 DIP 付费试点初期，医保按项目付费下医疗机构原来常见的违法违规行为（如违规收费、过度医疗等）在新的支付方式改革后还会延续，加上 DRG 和 DIP 付费也会产生新的违法违规行为，在此情况下，应用 CMI、RW 和指数单价等指标，通过不同医院、不同科室、不同医生之间的横向比较，或同一医院、同一科室、同一医生与之前的纵向比较，对某医疗机构同一病组病例异常情况进行分析和预警，即对以上指标进行偏离度分析，对于指标分布离散程度大的病组加强监管。

以"胆囊结石伴有其他胆囊炎＋腹腔镜下胆囊切除术（K80.1+51.2300）"病组为例，2018 年某市医保病人共有 9 065 例，将病例费用从低到高排名，锁定费用高出 95% 分位数的费用异常病例 452 例，分布在全市 55 家医院，成为该病组的重点监管病例。同时，还对以上全部病例住院前后一周发生的门诊费用与住院费用进行关联分析，提示可能存在住院费用向门诊转移问题。

3）开展基于大类疾病下 DRG/DIP 病组结构变化趋势分析

通过对同级同类大类疾病下 DRG/DIP 病组的结构变化趋势进行分析，筛查 DRG/DIP 病组病例数量增长过快的病例，结合病例诊断与治疗方式、收费项目的关联性分析，进行疑似套高病组等自动预警。

如对某市二级医疗机构大类疾病下 DIP 病组的结构变化进行分析，发现某医院"结肠各部位恶性肿瘤"大类疾病下 DIP 病组结构比区域内变化大，提示该大类疾病下存在问题的可能。进一步通过比对该大类疾病下 DIP 病组支付费用与实际费用比例的变化情况，锁定"直肠恶性肿瘤：腹腔镜下直肠根治术"DIP 病组存在套高问题的可能。在以上基础上，再通过对该 DIP 病组病例治疗方式与收费的关联性分析，发现上报的治疗方式为"腹腔镜下直肠根治术"，而实际上仅开展了"静脉注射治疗药物"或者"电子结肠镜检查"治疗。综上分析，可基本判定该病例为套高病例。

4）探索基于 DRG/DIP 分组的融合监管

DRG 和 DIP 均为基于 ICD10、ICD-9-CM3 的编码体系形成的疾病组合，数据基础属于同一来源，通过两者的有机结合，从底层数据融合开始，把疾病作为监管的最基本单位，以大数据方法为支撑，探索构建 DRG 和 DIP 分组的融合监管路径。一是通过对所有病例数据进行 DRG 和 DIP 分组，对两种分组中偏离度异常的病例进行分析预警，并将两种分组都预警的异常病例作为重点监管对象。二是鉴于 DRG 和 DIP 分组颗粒度的粗细不同，建立同一疾病 DRG 与 DIP 分组的关联对应，基于 DIP 病例的流向和构成，对同一疾病高、低资源消耗的病组分布进行分析比较，甄别可能存在的套高病组。三是利用聚类分析方法建立 DRG/DIP 病组画像及诊疗轨迹，从疾病诊断、治疗方式、收费项目等多维度定义融合后病组治疗链路的标准化，通过单个病例与标准的比对，挖掘潜在的套高病组行为。

3. 思考与建议

虽然各地医保部门通过不断实践与探索，能够在一定程度上发现和遏制一些违规问题，积累了一定经验，开了一个好头，但在 DRG/DIP 付费下仍然面临诸多挑战，需要共同思考应对办法。为进一步做好 DRG/DIP 付费下医保基金监管工作，结合实际情况，从以下三个方面提出完善建议：

1）加强 DRG/DIP 付费下医疗质量的医保智能监管

医疗质量是病人就医的根本需求，也是医院生存和发展之本。由于 DRG/DIP 打包支付的特性，可能出现医疗机构尽可能压缩成本而导致医疗质量下降。因此，在对 DRG/DIP 付费的监管中需要对医疗质量更加关注。目前，在 DRG/DIP 付费的监管中比较多的集中在对套高病组、低标入院、分解住院等违法违规行为的监管，对医疗质量监管存在不足，需要建立健全包括医疗服务能力、质量、安全、效率和费用等在内的医保监管指标体系，将医疗质量纳入 DRG/DIP 付费下医保智能监管。

2）建立与 DRG/DIP 付费相适应的医保监管模式

DRG/DIP 付费是一种全新的医保支付方式，涉及疾病诊断、治疗方式和疾病分组，与按项目付费监管相比，要求医保监管人员的业务能力更强，更加需要既懂医保政策法规又懂临床医学知识的复合型人才，但目前各地监管人员明显不足。因此，建议各地集中骨干力量，或引入第三方机构，建立健全具有 DRG/DIP 付费特点的监控知识库、规则库和大数据分析指标体系，通过广泛应用智能监管系统，加强动态预警监控和核实处理，同时利用医学专家优势，加强医疗机构自查自纠和协同监管。

3）应用知识图谱等技术不断提升智能监管能力

针对 DRG/DIP 付费下临床诊疗行为的监管，医保监管人员缺乏丰富的临床医学知识，且临床诊疗具有特殊性和隐蔽性，常规的医保监管手段很难挖掘出潜在的问题，建议通过与学术机构、专业信息技术公司加强合作，在借鉴国际国内 DRG 付费监管先进做法的基础上，应用知识图谱和无监督机器学习等方法，探索建立以循证医学和国家临床指南等权威医学知识、医保支付政策、医保监控规则为基础的知识图谱，构建基于知识图谱的规则逻辑风控预警模型，通过智能监管系统自动发掘数据之间的深层关系，降低审核过程对专业人员的依赖，为医保监管工作提供有力支撑。

（四）基于按床日付费/按人头付费的医保监管

1. 按床日付费监管

目前，部分地方对于精神病、安宁疗护、医疗康复等需要长期住院治疗且日均费用较稳定的疾病，探索采取按床日付费的方式。医保部门主要针对串换诊断、延长住院床日、低标入院、挂床住院、分解住院、通过外购处方、门诊处方、门诊检查等方式转移费用、违规拒收、推诿危重患者等问题，开展监督检查。同时加强监督考核管理，将主要运行指标（如年住院率、转诊率、次均住院费用、费用可报比率、实际补偿比、出入院诊断符合率、平均住院床日、出院病人两周内返诊率、群众满意度等）纳入考核指标。

2. 按人头付费监管

按人头付费主要用于门诊费用的支付。一般适用的群体是生活地、居住地相对固定，能够长期选择一家基层医疗机构定点就医的患者。医保部门重点对医疗机构为节约成本而治疗不足，拒绝高风险参保人签约，医疗机构向患者转嫁费用等问题进行监督检查。同时，要加强监督考核管理，考虑将转诊率、就诊人次占签约人群总就诊人次比例、签约人群中 65 岁以上人口比例、签约人群中慢性病人比例、次均门诊费用增长率、人均年门诊费用增长率、目录外药品和诊疗项目费用比例、患者自负比例、签约人群满意度等纳入考核指标。

　　医保的预算、支付、监管都是对供方控制的主要手段，其中监管最好的方式是宏观调控，既有利于降低管理成本，又促使供方（亦是监管对象）自我约束；既可减少行政管理直接干预，引导市场机制作用发挥，又能调动供方积极性，走高质量内涵发展道路。为此，无论是研究制定不同支付方式下的医保监管，还是评判不同医保支付方式的实际效果，凡是能对按项目付费下建立的，传统的医保监管方式"作减法"的探索和尝试，都是积极有益的。

（曹俊山、龚　波、耿　韬）

第三篇

医院医保相关管理

第八章　医院医保管理模式

一、医院医保管理模式

管理是人类各种组织活动中最普遍和最重要的一种活动。近百年来，人们把研究管理活动所形成的管理基本原理和方法，统称为管理学。作为一种知识体系，管理学是管理思想、管理原理、管理技能和方法的总和。医院医保管理制度是医院管理的重要内容，是落实各项医保政策、保障医保服务和管理的必要前提，起着保证医保质量、维护医保基金安全、提高服务效率的重要作用，是医保管理规范化、精细化和科学化的基础。

（一）医院医保管理的职能

医保基金是老百姓的"看病钱""救命钱"，其使用安全涉及人民群众的切身利益，也是医疗保障制度健康持续发展的前提。2020年6月24日，国家医保局公布《2019年全国医疗保障事业发展统计公报》，公报显示，2019年参加全国基本医疗保险达到135 407万人，参保率稳定在95%以上。在全民医保的背景下，医保基金对支撑医疗机构健康发展起到了关键的作用，因此对医院医保的管理提出了更高的要求。

1. 保障患者的合法权益

医院的医疗服务与医保管理有着密不可分的关系，对医院而言医保患者与自费患者应享受同等医疗救治的权利，医院应实行同质化管理，保障患者因病情需要而开展的各项医疗活动，包括检查、治疗、用药和用耗，不得设置不合理的医保考核指标，更不可推诿参保患者。医院与医保经办机构签署服务协议，医院必须履行相关职责，保障患者合法权益。

2. 保障医保基金的安全

医院应主动承担"加强基金监管，打击欺诈骗保违法行为"的工作，将医保质量管理作为医院管理的重中之重。医院应建立医保基金使用规范，保障医疗质量并建立诊疗规范，做到合理检查、合理用药和用耗，规范收费行为。定期对全院的医保基金使用情况进行自查自纠，并将科室合理使用医保基金作为考核制度，科主任对科室的诊疗规范及收费规范全面负责。通过提升医保基金的管理水平，规范基金的合理合规使用，促进医疗机构良性运行。

（二）医院医保管理体系

为完善统一的城乡居民基本医疗保险制度和大病保险制度，不断提高医疗保障水平，确保医保资金合理使用、安全可控，统筹推进医疗、医保、医药"三医联动"改革，更好地保障病有所医，国务院机构改革方案提出，将人力资源和社会保障部的城镇职工和城镇居民基本医疗保险、生育保险职责，原国家卫生和计划生育委员会的新型农村合作医疗职责，国家发展和改革委员会的药品和医疗服务价格管理职责，民政部的医疗救助职责整合，组建国家医疗保障局，作为国务院直属机构。同时，随着医保改革全面深化，医保基金管理的广度和宽度都提出了更高的要求，由此可见，医院必须建立健全的医保管理体系，需要全院参与，落实到各个环节。

1. 组织框架

医院医保管理模式为三级网络管理结构，由医院医保管理委员会、医疗保险管理办公室、临床科室医保联络员组成。医院医保管理委员会的主任委员由院领导担任，副主任委员由各分管副院长担任，委员由各职能部门主要领导担任。医院医保管理委员会主要负责审议医院各类重要医保事项，各相关职能部门各司其职，对各自负责的领域加强监管，医疗保险管理办公室主要负责根据制定的医保政策形成配套管理措施。临床科室医保联络员主要负责在临床一线准确执行各类医保政策。

2. 部门设置

医院医保管理办公室是负责医保质量管理的专职部门，原则上应独立设置作为一级职能部门，由分管院长直接领导。办公室工作人员应具有医学、统计、药学或公共卫生事业管理等专业背景，并定期参加继续教育。从全国范围来看，医院医保部门也日益被重视，各省市也将医院医保办的人员配置写进协议中。比如《上海市的定点医疗机构服务协议》要求，核定床位100张（含）以上的定点医疗机构单独设置医保管理部门，并配备专职人员；三级综合性医疗机构配备专职人员原则上不少于6人；三级专科性医疗机构及二级综合性医疗机构配备专职人员原则上不少于4人；二级专科性医疗机构和其他医疗机构配备专职人员原则上不少于2人；核定床位500张以上或有多个执业点的定点医疗机构在上述原则基础上增加配备适当数量的专（兼）职人员。

3. 制度建设

医疗机构必须建立完善的医疗保险制度，根据医保服务协议的相关要求，以患者为中心，以公立医院公益性为主导思想，围绕医疗、管理、服务、收费等各相关环节，制定相关制度。明确各部门职责，包括诊疗服务要求、药品、医用耗材和诊疗项目使用的要求、医疗服务监管、信息系统以及财务收费的要求等相关制度。

4. 加强联动

医保管理涉及医院各个环节，各部门间应加强联动和协作。诊疗行为的规范、数据的质量规范以及收费行为的规范是医保管理的基石，也是国家实施医保支付方式改革的初衷。2023年6月，国家卫健委下发了《关于加强公立医院绩效考核数据质量管理工作的通知》，要求各项数据质量规范的同时，对加强规范诊疗行为提出了明确的要求及考核标准，多条考核标准与医保的《医疗保险基金使用监管条例》要求相一致。部门间加强协作，对不规范的病例进行剖析，从病案的角度、收费的角度和医保的角度进行一一反馈，形成管理合力。

（三）综合管理模式

1. 统筹协调

为妥善落实国家、地方医保政策及顺利推进各项工作任务，对内应加强与各业务部门的交流协作，理顺与医务、护理、信息、绩效、病案等部门的工作关系，形成合力促进临床规范诊疗、提升医保基金使用效率；对外应加强与医保主管部门的沟通反馈，主动收集实际操作中遇到的难点、痛点、堵点，汇总形成合理化提案后进行反馈，并依托协商谈判机制，充分发挥自身专业优势和基层实践经验，深度参与到政策的制定。

2. 宣传培训

打造多元化宣传模式，提升医保新政策培训质量，强化医务人员的知识储备。一是编写医保政策应知应会手册，深入浅出地解读关键要点，确保每一名职工都对医保政策有一个正确的、全面的理解，强化其保险意识，树立费用理念。二是查阅、整合医保政策新动向、研究新进展，利用微信公众号、工作群组、内部办公系统等线上平台定向推送。三是下沉至临床一线，广泛收集临床科室的培训需求并根据学科特点，制定个性化培训方案，利用晨会、午休等时间逐个科室进行宣讲。四是同时通过科主任会议、月度讲评会议将医院的医保管理问题予以通报。五是对于新入职的员工，在培训之后需通过相关考试，方可取得医保医师资格。六是加强对患者医保知识的培训，积极地使用如宣传栏、公众号、发放宣传手册来对患者进行医保政策的宣传，加强患者对医保政策的了解，避免医患之间因政策问题而产生矛盾。

3. 内部监管

完善医保内控体系，加强内部监管力量。一是围绕医疗服务全过程，结合政策、技术潜在风险点，构建监管指标体系，涵盖服务能力、诊疗行为、医疗质量、资源效率、费用控制、患者满意度等内容。二是建立"事前提示、事中控制、事后纠正"的全流程闭环监管机制，"事前提示"为联合医务、病案、信息等职能部门就日常诊疗中易出现的工作疏漏或违规行为进行警示教育；"事中控制"为开展医保查房，重点核查高靠分组、分解住院、服务不足等具有隐蔽性的违规行为；"事后纠正"应约谈相关责任人，分析问题发生的原因，协助其进行整改。三是收集、归类日常检查中发现的违规数据，经过专家论证后建立规则库，并根据政策环境变化进行动态调整。四是构建完善的医院医保管理规章制度，明确医院医保工作的流程和标准，确保医保政策能够真正地落实到位，提高医保资金的利用效率。五是建立科学的考核考评制度和奖惩制度，对于考核考评成绩优秀的科室予以相应的奖励，从而激发其工作和参与医保管理的积极性，促使其自觉地规范自身的行为。

4. 信息管理

医院信息管理水平不仅直接影响着医院医保管理工作的开展，而且信息化程度过低，还会阻碍患者顺利就医。随着医保管理工作的逐渐开展，对于医院信息系统的要求越来越高，因此必须不断地对其进行改进和完善。善于利用信息化进行医保监管，从源头上对不规范的收费予以阻止，能够利用信息数据多维度深入挖掘医保相关数据的价值。动态追踪医保基金使用变化，定期汇总数据编制统计报表，科学分析数据预测发展趋势，结合医院功能定位和战略规划，提出具有可行性的优化方案。

5. 管理决策

牵头建立、健全医院医保管理规章制度，全力推进医保精细化管理。以国家、地方医保政策和经办规程为指导，综合考虑医院固有人力资源、技术设备、流程规范等既有条件，形成行之有效的医保管理规章制度，使医院医保管理各项活动能够协调发展。例如，基于现行诊疗常规，结合医保监督审核数据，会同临床科室、医务处、护理部，完善临床诊疗路径，逐步提高病种入径率，规范医疗行为。在此基础上，将日常医保管理中面临的顽疾转化为评价指标纳入绩效考核体系中，充分发挥绩效考核的指挥棒作用。同时，根据医保政策变化和医院发展规划，动态优化医院医保管理制度，明确各部门主体责任，共同应对医保改革浪潮。

6. 学术研究

近些年，随着医保改革力度不断加大，各类新政策、新规则持续出台更新，需要对医保相关的理论、实操进行深入研究，以妥善落实政策规则。例如，当前按诊断相关组付费（Diagnosis Related Group，DRG）在国内是一项相对新兴的支付方式，大部分学术研究停留于理论探索和个案经验总结阶段，而在DRG付费制度成熟的国家中，已有学者着手将其应用于真实世界研究，探讨DRG付费与疾病转归、入院标准、住院时间等之间的联系，并形成配套优化方案。医保办应深入研究DRG付费在临床实践中的应用现状，组织开展多中心大样本研究项目，以获取充足的真实世界数据，精准衡量基于国内临床环境的DRG支付实施效果，明确优势与不足，制定改进策略。

7. 人才培养

创新人才引进模式，拓展人才引进途径，多渠道、多形式引进人才。营造更加包容、开放的用人环境，积极为优秀复合型人才解决实际问题，完善人才梯队建设。

支持业务骨干、储备人才参加国内外各类学术交流和业务培训会议，拓展思路，提升医保业务水平。另一方面，鼓励中青年储备人才，通过继续教育等形式，努力提升自身学历层次和业务水平。

建立科学合理的医保人才考评体系，不断完善医保从业人员胜任力模型研究和培训，设立人才发展专项基金，用于医保人才的引进、培养、激励等方面。

二、医院医保管理办法及管理工具

习近平总书记对支付方式改革非常关心，在2016年全国卫生与健康大会上明确要求，健全医保支付机制，健全利益调控机制，引导群众有序就诊，使医疗机构有动力合理用药、控制成本，有动力合理收治和转诊患者，激发医疗机构规范行为、控制成本的内生动力。

医保支付方式可分为预付制和后付制，前者包括按诊断相关组付费、按病种分值付费、按人头付费、按服务单元付费，后者主要是按服务项目付费。不同的医保支付模式，相应的医院管理方式也随之发生变化。

（一）不同医保支付方式下的医院医保管理

1. 按服务项目付费

按服务项目付费模式下，对医保的管理是往往以事后监管方式为主，即在发现数据异常后再对相关病例的首页、处方、账单等资料，逐一核查诊疗项目是否合规，存在滞后性。针对按照服务项目付费模式的特点，医院应加强数据的监管，对医保基金使用增幅较大的科室开展自查，查找基金增长的原因，判断是否存在不合理检查、不合理治疗、不合理收费等。

2. 按总额预付费

在总额预付制下医疗机构应加强对全院医保基金使用的测算，要加强精细化管理，增强成本控制意识，为避免推诿患者的情况，医疗机构要根据总额预付总量将指标分解给各个时段及各个临床科室，在医疗机构内建立奖励激励约束奖惩制度，同时，加强次均费用、药品费用和药占比等相关数据的考核及监测，并根据对指标的完成情况对科室及医务人员考核和奖罚，调动科室的配合积极性。另外，建立与医保部门的沟通机制，根据人数费用增长率、医院学科变化、床位数量的调整等因素进行测算，将信息及时反馈至医保部门，以保证医疗机构的医保总额能够随着实际情况的变化而予以调整。

3. 按人头付费

建立与按人头付费相适应的考核机制，完善医保绩效考核及分配制度等相关配套管理办法，加强对其包干参保人员就诊费用的核查，保障签约患者享受其应有的权利。对于住院患者，考核是否存在推诿拒收患者、分解和转嫁医疗费用增加患者负担、降低服务标准和服务质量等问题。

4. 按住院床日付费

为保障按床日付费能够可持续健康运行，针对床日付费的特点，制定相应的医保管理制度和建立相应的监督考核评价机制。强化医保对医疗行为的监管，将监管重点从医疗费用控制转向医疗费用和医疗质量双控制，利用大数据监督的手段加以辅助，需要对费用极高、极低的案例进行分析，防止出现推诿重症患者的现象。

5. 按病种付费

医疗机构应建立单病种的临床路径管理，严格执行诊疗常规和技术规程，控制医疗费用，做到合理检查、合理用药和用耗，合理治疗。同时，加强单病种质量控制指标，包括出入院诊断符合率、术前后诊断符合率、临床与病理诊断符合率；对患者的治愈率、好转率、未愈率、并发症发生率、抗生素使用率、病死率及一周内再住院率进行考核；对于病种的入院人数、平均住院天数、费用构成、治疗效果、病人满意度等指标进行评价。

6. 按DRG、DIP付费

《中共中央、国务院关于深化医疗保障制度改革的意见》明确医疗保障是减轻群众就医负担、维护社会和谐稳定的重大制度安排。要求以习近平新时代中国特色社会主义思想为指导，坚持以人民健康为中心，加快建成覆盖全民、城乡统筹、权责清晰、保障适度、可持续的多层次医疗保障体系，通过统一制度、完善政策、健全机制、提升服务，增强医疗保障的公平性、协调性，发挥医保基金战略性购买作用，推进医疗保障和医药服务高质量协同发展，促进健康中国战略实施，使人民群众有更多获得感、幸福感、安全感。大力推进大数据应用，推行以按病种付费为主的多元复合式医保支付方式改革，是建立管用高效的支付机制的重要路径。支付方式改革的难点是探索发现合理的医疗服务成本，形成医疗服务资源配置标准。

DRG/DIP支付的实施是一项庞大而复杂的系统工程，涉及质控、信息、临床、财务、绩效、监管等多个环节，给医院运行管理带来了巨大挑战，需要各方协同。我们必须清醒地认识到，诊疗行为的规范、数据的质量规范以及收费行为的规范是实现DRG/DIP支付的基石，也是国家实施医保支付改革的初衷。

1）规范医疗行为，促进临床路径实施

DRG/DIP改革引导适宜医疗置换过度与无效医疗，实现更加精准、更深层次的"腾笼换鸟"，由三输多输转向三赢多赢。

临床路径对于医疗服务的规范化发展有积极的促进作用，同时在一定程度上预防了由于支付方式改革带来的"医疗不足"的隐患，保障不同医疗机构的医疗质量。2009年起，国家一直努力推进临床路径的相关工作，不断完善我国的临床路径体系。2019年年底，国家卫健委办公厅发布《关于印发有关病种临床路径（2019年版）的通知》，至此我国已经发布了1436个临床路径规范，基本可以覆盖临床常见、多发疾病。但是，由于疾病的多样性、复杂性和不确定性，病例的入径容易受到多种因素的干扰，临床路径在应用中容易出现患者退出路径的情况。

医务人员要严格落实《基本医疗卫生与健康促进法》《执业医师法》《医疗机构管理条例》《护士条例》等法律法规，按照核准的诊疗科目、执业范围等从事诊疗活动，严禁出现未经核准或超出执业范围开展有关医疗行为的情况。医务人员应当遵循医学科学规律，遵守有关临床诊疗技术规范和各项操作规范以及医学伦理规范，根据患者病情需要，使用适宜技术和药物，合理诊疗，因病施治。要建立大型医用设备检查适宜性点评制度，对检查的适应证、必要性、检查结果阳性率等进行评估并在机构内公示结果。充分发挥药师作用，加强处方审核和点评，加强国家重点监测药物、抗菌药物、抗肿瘤药物、神经血管类药物使用情况监测。

2）规范收费行为，强化医保基金合理使用

建立物价、医保督察的长效机制。开展日常监督、专项检查、综合监督等相结合的自查自纠工作，并形成监管长效机制，探索建立重点监控项目和超常预警制度，对费用较高的检查项目和明显不合理的检查行为进行重点监控。要定期通报高值高频检查项目监控情况，将结果与绩效考核、评审评价、评优评先等挂钩，并对不合理检查及时预警并纠正。利用程序化对不规范的收费予以程序控制，从而规范医院物价医保管理。

建立健全信用评价体系和信息披露制度，加强对基本医保定点医疗机构诊疗行为和医疗费用的监督管理，依据《医疗保障基金使用监督管理条例》等有关规定，严肃查处欺诈骗保等违法违规行为。

强化责任追究和联动问责。强化协同监管，建立部门间发现问题线索移送机制。建立违规医疗检查的责任追究和问责机制。对违反有关规定的医务人员进行警示、约谈、责令整改、通报批评，情节严重的依法依规追究相关责任。

3）规范病例书写行为，提升病案首页数据质量

定期对医院全体医务人员开展病案书写的培训，特别是对新毕业的医师、实习医生、举办岗前培训。针对一些重要项目：出院诊断、手术及操作、离院方式、出院情况等重点讲解，提高首页书写水平。提高每一位医师对病案首页重要性的认识，提高医务人员业务素质。

建立病案质量填写管理制度。明确病案质量管理责任，完善病案考核机制，对病案首页填报的完整性、主要诊断、手术操作和病案归档的及时性进行考核，制定考核标准和考核指标，科室主任对本科室的病案填写质量负责，同时对病案室编码员也落实考核制度。

建立院内专家病历督导机制。由专人定时抽查全院病历，对发现病例书写和编码质量问题进行督查。通过督查，对病例报告的诊断编码、手术编码等实现精确、精准的人工督导评价，指导改进医院填报病历数据质量，实现对病历数据质量的持续改进。归纳共性问题分析产生原因，提升住院病案首页数据的完整性、准确性和真实性。

4）加强医院成本核算，推动医院精细化管理

近些年，医院比较关注床位数量、门诊量、住院量、手术量和医疗收入这些效益指标，一定程度上忽略成本核算。随着DRG/DIP时代的来临，进一步促使医院从粗放式管理转向精细化管理。比如实施DRG后，医院收治某个病组的病人都

是"明码标价"的，超额部分需要医院自己负担，促进医院去节约成本、提供合理的诊疗服务。医院以低于支付标准的成本来提供同等质量的医疗服务将有所结余，从经济上激励医院合理利用医疗资源，降低经营成本。

由于 DRG 是按照每一个 DRG 组的固定额度支付、在 DIP 中每一病种的分值是根据统筹地区的均值来进行计算，由此可见，药品、耗材等由原来的获益项转变为成本项，对于成本的管控提出更高医院要破解成本核算关键难点，建立、健全医院成本核算机制，逐一精准核算各病种实际成本。

5）强化组织领导，推进协同管理

医院应成立 DRG/DIP 付费试点领导小组与工作专班，由院长担任领导小组组长，各相关条线分管领导任副组长；组建由分管医保的副院长任班长，由医保管理、医政管理、病案管理、临床质控和成本管理等专业人员共同参与组成的工作专班，各成员任务明确、职责明晰、各负其责、分工协作。

从各部门规范的角度，即规范临床医生病案首页的填写；规范编码员对每一份病案的二次核查；规范医生基于临床路径的药品、耗材使用及检查检验；规范医疗收费行为，严格查处分解、套用、不合理收费的情况；规范数据的汇总与及时准确上报；规范对存在问题的原因分析与持续闭环改进。依据以上规范各职能部门协同，定期开展联合检查督查，进一步促进 DRG/DIP 支付试点在医院深入开展。

（二）示例一：医院物价医保委员会制度

为进一步规范本院医疗价格收费行为，提高本院价格管理水平，保障本院医疗保障基金安全及合理合规使用，从而维护患者和医院的合法权益，经该医院决定成立物价医保委员会。成员如下：

1. 组织架构

院长任主任委员，分管副院长和总会计师任副主任委员，委员包括医保、医务、护理、绩效、药剂、采购、纪委等职能部门负责人。

医保办承担医保管理委员会办公室的职责。

2. 组织职责

1）根据医保管理部门出台的相关规定，研究制定医保资金管理制度、医疗机构医药价格管理制度、相关考评指标及奖惩标准，并负责组织实施。

2）对医院医保资金使用情况、价格执行进行指导、协调、监督和考核。

3）讨论、决定医院医保管理体系、收费管理机制等重大事项。

4）每年至少召开 1 次医院医保管理委员会会议，定期研究、协调和解决有关医院医保管理方面的问题。

5）其他有关医院医保管理的重要事宜。

6）医院医保管理委员会对医院的各项医保工作负责。

（三）示例二：医用耗材智能分析系统助力 DRG 病种管理

1. 系统设计思路

上海市第一人民医院是全国首家采用 SPD 外包服务的医院，极大减轻了耗材库存的财务压力，简化了耗材供应链的院内管理，但 SPD、ERP 和 HIS 系统没有贯通，信息化只管业务流转，没有统一的数据分析，无法通过信息化分析、监督、干预、落实，形成闭环。使用消耗中看不见异常，许多操作中的不合规、不合理、超标用耗、乱收费等行为没有数据平台进行汇总，不能被发现，直到医保监督所来检查才发现有多收、错收的情况，才发现存在无指征使用的情况。

由医保办牵头，联合采购、信息、医务、护理等部门成立专项工作组。工作组从编码标准入手统一耗材的名称、分类、规格、厂家、价格等基本信息。邀请临床科室管理者共同商订耗材编码标准，经多轮商讨后，确定以耗材计费代码为核心。采用系统自动识别，辅以手工匹配的方式，对医院现有各系统中的耗材代码进行全面梳理，形成统一的耗材编码标准，并制定医用耗材字典库和编码映射表。在此基础上，设计起一套医用耗材智能分析系统，与医院正在使用的 SPD、ERP、HIS、财务、病案系统相对接，以获取、整合散布于各系统间的医用耗材数据，并围绕医用耗材的全流程闭环管理，从入库、出库、申领、使用、计费等环节进行动态监控。详见图 8-1。

知识库	耗材种类	分析维度	量度值
• ICD-9 • ICD-10 • CCHI • 医保耗材适应证标准库 • 重点耗材品种适应证标准库 • 重点监控品种字典	• 高值耗材 • 耗材可收费 • 耗材不可收费	• 科室（包含全科室） • 病种（包含全病种） • 手术 • 主刀 • 患者 • 供应商 • 生产商	• 用量 • 金额 • 品种 • 同比 • 环比 • 累计占比 • 均值 • ……

图 8-1 医用耗材智能分析系统架构

2. 系统功能模块

1）供应链综合管理

（1）整体运营情况

采用折线图、圆环图、气泡图等一系列可视化工具直观地展现医院整体医用耗材的出入库、科室使用、重点监测耗材等数量和金额以及相应的同比、环比指标，并可按天、月、季、年多周期进行分类显示，详见图8-2。

图8-2　医用耗材智能分析系统整体运营情况

（2）核心流程监控

可按耗材类型或临床科室对医用耗材使用的核心流程进行监控。①耗材类型：显示各类型医用耗材在入库、出库、计费3个流通环节的数量和金额以及各环节间的差值。②临床科室：显示各临床科室在申领、计费环节的医用耗材数量和金额以及两者的差值。通过该模块可快速确定何种可收费耗材在哪项环节中出现溢库、亏库问题。

2）多维度数据分析

（1）院区维度

可对不同院区同科室的耗占比、均次耗材费用、耗材用量、耗材费用等指标进行比对，并采用柱状图显示各院区耗占比差异最大的前五位临床科室。通过该模块可明晰同类型科室在不同院区间用耗差异，借此深入剖析差异成因，从而采取针对性管控措施，提升医疗同质化管理水平。

（2）科室维度

从临床科室、诊疗组、患者3个层级，综合显示医疗总费用、用耗占科室比、单项耗材使用量、三四级手术占比、出院手术人次等指标。院领导、职能部门管理者、科室管理者可按需求和权限查看相应层级的用耗情况，明确各自管理范围内临床科室、诊疗组、患者的用药详情，对出现异常者及时提醒、督促干预。

（3）病种维度

以手术操作编码为分组依据，统计各病种的主刀医师人数、患者人次、耗材总费用、高值耗材费用、普通耗材费用等数据。同时，该模块支持比对同一病种各主刀医师的均次手术费用、均次高值耗材费用、均次普通耗材费用、耗材占比的差异，继而定位异常用耗的主刀医师，并从其手术的患者中筛选出疑似违规病例进行个案分析。

3）潜在风险预警

系统从科室耗占比、可收费耗材出库-计费差值、主刀医师同病种均次耗材费用差值、患者同病种均次耗材费用差值4个方面设置预警阈值对潜在风险进行自动识别、标注、提示。以手术患者为例，若某一患者的耗材费用超出同类手术均值的1.5倍以上，则其信息会显示在该模块界面中，并可点击"详情"进一步获取病案号、诊断名称、主刀医师、耗材使用明细、耗占比等详细数据。

3. 系统应用成效

1）耗材计费

通过系统数据筛选发现，由于高值医用耗材采用条码技术，执行"一物一码"规则，通过扫码进行计费，发生计费差错的概率较小，而普通耗材则是按照实际消耗数量采用人工计费方式，且每一种普通耗材存在多个型号和规格，在手动录入计费信息时极易出错，造成少计费、多计费、漏计费、计错费等诸多问题。例如，某种精密输液器存在2个型号且名称相似，部分科室在计费时错选型号；某内科科室未了解到伤口敷料可收费，在使用后从未有计费登记。

2）科室用耗

以某内科科室为例，通过对比不同院区同科室医用耗材使用指标发现，某耗材经集中带量采购后，B院区科室的耗占比迅速下降，但A院区科室的耗占比仍居高不下。深入比较两者差异发现，A院区科室所使用的诊断性导管数量持续增加。

3）医师用耗

以某外科医师为例，根据系统预警提示，结合病种数据比较发现，其主刀的腹腔镜下胆囊切除术较其他主刀医师会多使用2～3种类型的止血材料，导致该外科医师均次耗材费用远超均值。

针对上述发现的问题，工作组对相关科室、医师进行联合约谈，要求其积极落实自查、整改任务，并与绩效考核联动，通过绩效激励增强医师主动控耗的意愿。

（许冠吾、束嘉俊）

第九章 采购管理

一、医院采购管理概述

设备与物资采购管理是医院日常运行中的重要环节之一,其关系到医院的医疗、科研、教学、基础设施建设和后勤保障等工作。做好医院设备与物资的采购管理工作,是医院提高综合运行效益的一个重要途径。

通常医院采购管理分为五大类:药品耗材医用物资、固定资产、通用物资、无形资产和服务项目。药品耗材医用物资的范围包括药品、医用材料、医用耗材、试剂、医疗器械和医用气体等医疗活动所需物资;固定资产包括医疗设备、机电设备、电子设备、家具等价格超过一定金额,使用期限超过一定年限的物资;通用物资包括办公用品、印刷品、杂货品、五金维修材料、被服、床单元棉织品等单价较低或使用周期较短的物资;无形资产指的是计算机软件和信息系统开发;服务项目则包括医院运行所涉及的中介服务和业务服务采购,比如外部审计、外部咨询、资产评估、会计服务、法律服务等,以及咨询、培训、物流供应商、安保、保洁、设施设备维保、绿化、广告宣传、工程项目建设及工程监理等。

(一)现代医院采购管理模式

在现代化供应链管理环境下,医院的采购管理模式和传统的采购方式已有所不同。很多医院的采购管理模式已从库存采购转变为订单采购,即通过精准化的订单驱动模式使供应链系统及时响应临床、医技及管理部门的需求,从而降低库存成本,提高物流速度和库存周转率。这种将采购管理整合为外部资源管理的方式,改变了为库存而采购的管理模式,提高了采购伸缩性和延展性,强化了对于临床需求的响应能力。这种管理方式要求医院采购管理部门加强与供应商的信息联系和合作,建立新的供需合作模式,从一般买卖关系升级到战略性协作伙伴关系，降低由于不可预测的需求变化带来的风险，如运输、信用、产品质量等的风险，从而为实施有效的外部资源管理提供有力的市场资源支持。订单采购为实现采购管理过程中的几个"零"化要求，即零缺陷、零库存、零交货期、零故障、零纸张文书、零废料和零事故等提供了重要模式。

大部分医院在采购管理过程中采用三种管理模式：分散管理模式、集中管理模式和部分集中管理模式。分散采购模式即根据各类物资的归口管理部门进行采购职责的分工，由各管理部门负责本部门业务范围内的采购工作。集中管理模式则与其相反，由医院成立专门的采购部门，承担医院各类设备与物资的采购职责并开展相关工作。部分集中管理模式是两者的结合，由专门的采购部门承担医院大部分采购职能，使医院重要采购工作或重点项目得到相对集中的管理。

从内控风险、职能划分和采购效率的角度来看，这三种管理模式都存在其优缺点。

（二）医院采购管理原则

无论医院采取何种采购管理模式，采购工作需要遵循的原则是不变的。医院采购管理原则通常包括预算管理原则、价格比对原则、集中采购原则、政府采购原则、廉洁原则和回避原则。

预算管理原则：医院所有采购活动无论资金来源，都必须纳入医院的整体财务预算，必要时还需纳入成本核算，实行统一的预算管理。任何无计划、缺预算的项目，采购部门不能进行采购，同时财务部门也不能进行付款。

价格比对原则：原则上一个采购项目应有三家以上供应商参与。采购部门依照法规及制度限定的采购流程，在权衡质量、价格、交货时间、售后服务、资信、客户群等因素的基础上进行综合评估，通过招投标等形式获得最终的价格及服务。如因产品的特殊性或时间紧迫等特殊原因无法进行价格比较的采购，仍需按相关规定履行必要的采购程序。

集中采购原则：医院采购业务应相对集中，避免内部采购职能过于分散，以提升内部风险管控效用，同时提高采购业务效率、降低采购成本。

政府采购原则：根据政府采购相关法规及规范，凡涉及政府采购的项目，如有些采购项目因其性质及预算金额纳入政府采购目录内的，必须按政府采购相关规定执行。

廉洁原则：医院所有采购相关的部门及人员必须按采购相关法律法规、制度和流程开展采购活动，自觉接受监督，廉洁自律，不得向供应商索贿和受贿。

回避原则：采购相关人员因亲属关系、利益关系等有可能影响采购工作公正执行或规范开展的，必须主动回避。

不相容岗位原则：为规范医院采购流程，加强采购内控管理，医院应设置不相容岗位，确保采购业务管理的相关岗位能够相互分离、监督和制约。不相容岗位至少应当包括以下五个方面：①请购与审批；②市场调研与供应商遴选；③采购合同订立与审核；④采购、验收与相关记录；⑤付款的申请、审批与执行。

（三）医院采购部门岗位设置

采购部门一般包括采购员岗位和档案管理岗位，其中采购员岗位可根据医院采购部门的职能范围进行设置，如医疗设备采购、药品采购、耗材采购、试剂采购、非医用物资采购、信息服务采购等。

采购员岗位必须保证廉洁从业，能够高效完成其分管的采购工作。采购员应根据与采购对象相关的政策和制度，选择合法合规的采购方式，确保采购工作的公正、公平、公开；应充分掌握并严格遵守医院采购流程，做到采购及时、账目清楚、手续齐全，并能配合各级部门对所分管采购工作的检查和督查。

档案管理岗位负责采购部门所有档案资料的收集、登记、存档管理工作，包括各项规章制度、计划总结、上级下发的各类文件和批文，以及采购流程中的档案资料等。档案管理员应按照要求及时做好各类文档资料的交接、协调和登记，严格执行材料交接手续，办理借阅登记手续；及时对档案进行收集、整理、立卷并建立索引，使档案管理规范化、系统化；根据档案存放规范保管档案资料，并负责档案的安全与信息保密。

采购部门的岗位工作要求一般包括以下几项：①严格按照国家有关法律法规和医院制度开展日常工作；②开展采购工作应符合规定的工作程序，不越权，不渎职；③有较高的工作效率，对于交办的工作件件有落实；④严格遵守党风廉政各项规定，求真务实，秉公办事，遵纪守法，廉洁奉公。

（四）医院采购制度设置

医院采购制度是采购部门建立组织架构并实施采购工作的依据，包含采购工作运行的各项规范和准则。基于公立医院的单位属性，医院采购制度首先必须符合国家相关法律法规，包括《中华人民共和国招标投标法》和《中华人民共和国政府采购法》，以及《中华人民共和国招标投标法实施条例》和《中华人民共和国政府采购法实施条例》等。由于医院采购业务涉及面非常广泛，包括药品、医疗器械、工程项目、服务项目等，医院采购制度须符合相关领域的法律法规，如《中华人民共和国药品管理法》《医疗器械监督管理条例》等。此外，根据资金来源的不同或者产品属性的不同，医院采购制度还需参考财政、商务等各项相关法规和规章。

医院采购制度一般包括部门管理、采购工作管理、供应商管理等部分。部门管理制度应涵盖部门组织架构设置、人员岗位职责、工作服务计划、廉政建设和内控管理等方面内容。采购工作管理则应包括采购部门所负责采购职能的操作规范及流程，如医院采购管理制度、医院招投标管理制度、各类物资采购管理监督流程和分工实施细则、医疗设备采购实施细则、药品采购实施细则、医用耗材和试剂采购实施细则、应急采购管理办法、采购档案管理办法等。供应商管理主要针对供应商的准入和监督，如供应商准入和变更管理办法、供应商评价考核办法、长期供应商管理实施办法等。

（五）采购工作流程

医院采购包括了医疗设备、药品、医用耗材和试剂、非医疗物资、信息软件和各类服务等。药品和医用耗材的采购有其特殊性，将在后面分节叙述，本部分主要针对医院设备物资、软件和服务项目的采购工作展开。

医院采购流程一般包括采购计划及预算、采购申请、采购执行、验收、采购付款和采购后期管理等六个部分。

1. 采购计划及预算

对于医疗设备等物资或软件、服务等无形资产，由临床医技科室根据实际使用需求及建设发展需要提出下一年度采购计划的申请，申请一般应列明项目详细信息及申请原因，包括名称、申请目的、相关品牌、项目收费情况、预计用量、成本效益分析等。科室行政主任审核后，经医院相应的专业委员会（如医院装备委员会、信息委员会）讨论并报医院决策机构通过后，由相关预算归口管理部门编制相应预算，列入下一年度采购计划。

此外，各部门在年度预算编制开始前，向预算归口管理部门提报下一年度的采购计划，由预算归口管理部门编制相应的采购预算，经医院财务部门汇总后提报预算管理委员会及医院决策机构审批。

列入采购计划的项目实施与付款应符合预算要求，如有超预算或预算外的采购，应先履行医院的预算调整程序。

2. 采购申请

列入年度预算内的采购项目可实行申购管理，由申请的临床医技科室提出采购申请，列明使用需求和采购要求等关键信息后，按照医院申购审批的相关制度提交预算归口管理部门审核同意后，上报有权限的分管领导审批。

采购申请审批完成后，须将申请文件交采购部门安排采购。如采购相关流程已实施信息化管理，则可通过信息化手段完成项目的申购、审批和流转等流程。

3. 采购执行

医院的采购可参照政府采购法规采取公开招标、竞争性谈判、单一来源采购、询价等方式确定供应商。医院需对物资和无形资产根据其类别及金额进行分类，依照上位法对各类物资和无形资产确立相应的采购方式，并建立相应的制度。采购归口管理部门应严格按照制度采用适当的方式进行采购。

对于达到公开招标或询价标准的采购项目，必须采取公开招标或询价的方法进行招标，不得以任何方式规避招标。对于由于特殊原因不适用公开招标或询价的采购项目，采购部门应列明原因，报医院决策机构通过后，采用其他方式进行采购。招标过程必须严格遵循《中华人民共和国政府采购法》《中华人民共和国招标投标法》和医院招标管理制度的相关规定执行。

对于采用竞争性谈判方式的采购项目，必须符合竞争性谈判的标准，包括招标后没有供应商投标，或者供应商所投标的不符合招标文件要求；所采购货物或服务技术复杂或者性质特殊，无法确定详细规格、具体要求，或者事先无法计算出价格总额；采用招标所需时间不能满足紧急需要。竞争性谈判过程需遵照《政府采购非招标采购方式管理办法》和《政府采购竞争性磋商采购方式管理暂行办法》严格执行。采购部门应负责编制谈判文件、搜集潜在供方信息、发放谈判文件并组织谈判。成立谈判小组（人数为三人以上的单数，其中专家的人数不得少于成员总数的三分之二），负责谈判文件的审核，并与参与项目报价的供应商进行谈判。谈判结论应形成书面意见，明确中标的供应商。

对于采用单一来源采购方式的采购项目，必须符合单一来源采购的标准，包括所采购的货物或服务只能从唯一供应商处采购；因发生紧急情况无法从其他供应商处采购；为保证原有采购项目一致性或者服务配套的要求，须继续从原供应商处添购，但添购资金总额不得超过原合同采购金额百分之十。采购部门需编制单一来源采购申请报告，报告中须列明具体原因，并报医院决策机构审批。医院决策机构讨论审批通过后方可采用单一来源采购方式进行采购。

对于因上级部门紧急专项部署需要、突发事件或其他不可抗力原因、特定的某些其他情况，确需紧急采购预算外项目的，按照预算外计划程序进行。预算外计划程序一般须由申请部门提出书面申请并充分说明理由，申请部门会同预算归口部门根据采购金额大小向医院决策机构申请讨论追加预算。紧急情况下，采购事项可经分管院领导审核同意后直接进行采购，但事后必须向医院决策机构汇报。

完成招标等采购流程后，采购部门应拟定采购合同。采购合同须按照医院合同管理相关制度进行流转、审批和签订。

纪委监察部门应对采购的执行情况进行定期监督检查，确保采购流程的合规性和采购风险的可控性。

4. 验收

在合同规定的供货期内，由使用科室和资产归口管理部门组成验收人员根据采购合同中约定的验收相关条款，对采购货物的品种、规格、数量、质量等，或者服务的数量、质量、效果等相关内容进行验收。验收完成后，验收人员在随货通行单上签字确认验收结果，并交资产管理部门人员办理入库登记手续。

资产验收过程中发现数量、质量等问题的，验收人员应及时通知采购部门，由其按合同约定与供应商协商解决。

5. 采购付款

完成采购后，由医院的资产归口管理部门与供货方进行对账，并督促供货方按照合同约定提供发票。资产归口管理部门需要在付款过程中负责检查合同（或订单）、发票和入库单据的一致性。如发现不一致的问题，应及时联系相关部门及供货方进行解决。财务部门则应加强发票付款的管理，严格审核采购预算、合同、相关单据凭证、审批程序等相关内容，审核无误后按照合同约定及时办理付款。

6. 采购后期管理

医院采购业务相关部门应将采购过程中生成的各类审批文件、招标文件、评标文件、合同文本等相关资料建档，并按照制度规范移交物资管理部门妥善保管。除采购资料外，物资管理部门还需完善验收材料、付款记录、维修维保记录等档案资料。采购部门可根据需要保留采购相关材料一套。

采购归口管理部门应定期对采购业务进度情况进行分类统计，如采取年度统计分析的形式，并在医院内部进行汇报或者通报。纪委监察部门则应对整个采购流程及采购活动进行专项评估和综合分析，及时发现医院采购业务的薄弱环节，不断优化采购流程。

（六）供应商管理

采购部门应建立供应商准入和评估机制，确定合格供应商清单，对供应商提供物资或劳务的质量、价格、交货及时性、供货条件等进行实时管理和综合评价，根据评价结果对供应商进行管理。

供应商的管理应遵循以下要求：

1. 供应商必须证照齐全，具备相关资质。

2. 采购部门应建立合格供应商档案，准确登记合格供应商相关信息（包括各类资质证明），并对供应商资质情况进行监督。

3. 资产归口管理部门应全面了解供应商的质量控制、运输、售后服务等方面的情况，做好记录。

4. 采购部门需定期牵头组织各相关部门对供应商定期进行评估（至少每年一次）。对于表现存在瑕疵的供应商，应对其发出书面通知，要求其整改；对于存在严重问题的供应商，如产品技术落后、价格明显异常、相关服务不能满足科室要求等，采购部门应与其沟通，如果沟通无效，可将其纳入不合格供应商名单。

5. 纪委监察部门应对供应商档案的管理及维护、供应商评价情况、供应商各项记录进行检查。

二、医院药品采购

（一）药品供应保障

药品是医院开展医疗活动必不可少的特殊商品，药品的质量直接关系到患者疾病的康复。药品市场厂家多，产品多，经销商多，药品差价大，因此规范化的药品采购对于医院的药品供应保障具有非常重要的意义。《中共中央、国务院关于深化医药卫生体制改革的意见》将药品供应保障体系确定为基本医疗卫生制度的四大体系之一，要求加快建立以国家基本药物制度为基础的药品供应保障体系，保障人民群众安全用药。根据原卫生部颁布的《药品供应保管工作制度》，医院制定了"采购小组－商业公司－一级药库－药房－病房"的药品供应保障体系。

为保障药品质量，医院采购药品严格执行《中华人民共和国药品管理法》（以下简称《药品管理法》）《中华人民共和国产品质量法》《中华人民共和国合同法》等有关法律法规，依法购进。全院的药品采购工作由医院药品采购管理部门统一负责。药品采购管理部门成员应包括具有药师以上资质的药学专业技术人员，按《药品管理法》规定进行药品采购，不得购进伪药劣药和非药品。药品采购人员须自觉遵守财务管理制度，廉洁自爱，自觉遵守国家的法律法规，把好药品质量关，保证患者用药安全。

采购药品须以质量为前提，从具有合法资格的供货单位进货。采购药品时，采购人员须向供货单位索取并审核以下资料：①加盖供货单位原印章的《药品经营许可证》和《营业执照》复印件；②注明质量条款的书面合同或质量保证协议书；③企业法人代表人签字或盖章的销售人员"授权委托书"及加盖供货单位原印章的销售人员身份证复印件；④医疗卫生机构医药产品廉洁购销合同。

购进进口药品时，除以上资料，还应向供货单位索取加盖单位质量管理机构原印章的以下资料：①《进口药品注册证》或《医药产品注册证》《进口药材批件》复印件；②《进口药品检验报告书》或注明"已抽样"并加盖公章的《进口药品通关单》复印件；③原国家食品药品监督管理总局规定批签发的生物制品，需要同时索取法定药品检验所核发的批签发证明文件。

购进的药品应符合以下基本条件：合法企业所生产或经营的药品；具有法定的质量标准；除国家规定的以外，应有法定的批准文号和生产批号；包装和标识符合有关规定和储运要求；中药材应标明产地。

（二）普通药品采购

1. 药品议价

2018年上海市医药集中招标采购事务管理所发布《关于全面实施药品挂网公开议价采购的通知》（沪药事〔2018〕51号），上海市全面实施药品挂网公开议价采购工作启动。按照"品种分类挂网，价格议定成交"方法，除实行政府定价的麻醉药品、第一类精神药品，以及国家定点生产药品、国家谈判药品及其仿制药、带量采购中标药品、纳入医保支付并实行个人定额自负的药品外，其余药品由定点医疗机构与药品生产企业直接议价成交。取消原企业自主申报价，医疗机构须在规定时间内与生产企业议定成交价后方可继续采购。如何按照协同、公平、公开的原则，及时和生产企业议定成交价格，并同时规避采购廉政风险，有待议价机制的完善。

药品议价应要求厂家提供《药品议价承诺书》。在药品进行降价调整时，须提前告知医院。药品若进行涨价调整，须提供类似医院完成价格调整的证明文件。厂家议价价格超过药事所划定的议价黄线时，采购小组应向药事委员会秘书处提交报告，得到批准后执行议价。整个议价过程透明、公开。

2. 药品准入

以往药品采购基本在医院的药剂科完成，药事委员会的常设机构也在药剂科，药品替代及准入申请首先递交药剂科审核，同时药品的计划、采购、储存及发放使用等日常工作均由药剂科完成，形成单独一个科室在药品准入及采购方面权限极大的潜在风险。而药品采购又是应当进行重点权力监控的部门，需要建立完善的廉政风险防控体系，药品的供应过程中，适当的监督管控必不可少。因此，对药品采购的权限进行适当分离是医院采购管理面临的重要问题。

医院采购的药品品规，即药品准入主要按照医院药品目录执行。通过设置委员会对药品准入进行决策是解决药品采购权限分离的有效手段。药品使用目录由医院药事委员会通过讨论及投票后决定，医院药事委员会成员涵盖院长、医务处长、临床药学科主任等职能部门领导及临床科室主任和专家，该目录由药事委员会秘书处下发至药品采购部门执行采购流程，并由临床药学科监管收货。这样可使药品从准入到使用过程透明，权力分散，有利于提升药品采购的内部风险管控水平。

3. 药品临时采购

药品目录的确定规范了医院药品使用范围，而临床科室由于抢救危重、疑难、复杂患者，或临床公认的治疗某些疾病的特效药，以及临床认为治疗某些疾病必须用而医院常备药品没有替代药时，可申请临时使用目录外药品。首次使用时，临床科室需填写临时用药申请报告。只能取通用名向药事委员会秘书处提出书面申请，由科主任审核同意签字后，临床药师填写意见，经临床药学科主任审核同意后，交由医务处审批，在采购小组取得该通用名药品阳光平台上可用信息及供货情况后，药事委员会秘书处按规选择，经药事会主任委员签字同意后下发执行采购。临时使用药品一人一采，不得多购，如经常申请使用某临时药品，则下一次药事会讨论该药是否进入医院药品目录。这些举措更进一步保证了药品采购在有理有序的情况下开展，堵住了有机可乘的漏洞。

（三）"精麻毒放"类药品采购

根据《药品管理法》规定，国家对麻醉药品、精神药品、医疗用毒性药品、放射性药品，实行特殊管理。因此，麻醉药品、精神药品、医疗用毒性药品、放射性药品是法律规定的特殊药品，简称为"麻、精、毒、放"。另外，根据国务院的有关规定，对药品类易制毒化学品、戒毒药品和兴奋剂也实行一定的特殊管理。以上药品执行采购时，须严格按照相关管理规定。

1. 精麻药品采购管理

麻醉药品指连续使用后易产生生理依赖性、能成瘾癖的药品。包括天然、半合成、合成的阿片类、可卡因、可待因类、大麻类、药用原植物及其制剂等。原国家食品药品监督管理总局、公安部、原国家卫计委，联合公布的《麻醉药品品种目录（2013年版）》共121个品种，其中我国生产及使用的品种及包括的制剂、提取物、提取物粉共有27个品种。精神药品指直接作用于中枢神经系统，使其兴奋或抑制，连续使用能产生依赖性的药品，包括兴奋剂、致幻剂、镇静催眠剂等。原国家食品药品监督管理总局、公安部、原国家卫计委，联合公布的《精神药品品种目录（2013年版）》共有149个品种，其中第一类精神药品有68个品种，第二类精神药品有81个品种。目前，我国生产及使用的第一类精神药品有7个品种，第二类精神药品有29个品种。

医院药事委员会通过评估，确定其中临床切实需要品种，由采购小组按规定流程购买。采购小组按临床用药预计数量，编制本年度麻醉药品使用数量计划表，交药品监管部门备查，并划定药库及各药局麻醉药品储存数量上下限，不超限采购及储存。

医院采购麻醉药品和第一类精神药品时，应当取得《麻醉药品、第一类精神药品购用印鉴卡》（以下简称《印鉴卡》），并凭《印鉴卡》向本省、自治区、直辖市范围内的定点批发企业购买。《印鉴卡》有效期为三年，有效期满前三个月，医疗机构应当向市级卫生行政部门重新提出申请。

2. 易制毒化学品采购管理

根据《易制毒化学品管理条例（国务院令第445号）》和《易制毒化学品购销和运输管理办法（公安部令第87号）》的有关规定，为防止易制毒化学品流入非法渠道，医院结合实际情况制定易制毒化学品采购管理制度。

国家易制毒化学品的分类和品种目录：

第一类：1-苯基-2-丙酮；3，4-亚甲基二氧苯基-2-丙酮；胡椒醛；黄樟素；黄樟油；异黄樟素；N-乙酰邻氨基苯酸；邻氨基苯甲酸；麦角酸*；麦角胺*；麦角新碱*；麻黄素、伪麻黄碱、消旋麻黄素、去甲麻黄素、甲基麻黄素、麻黄浸膏、麻黄浸膏粉等麻黄素类物质*。

第二类：苯乙酸；醋酸酐；三氯甲烷；乙醚；哌啶。第三类：甲苯；丙酮；甲基乙基酮；高锰酸钾；硫酸；盐酸。

说明：第一类、第二类所列物质可能存在的盐类，也纳入管制。带有*标记的品种为第一类中的药品类易制毒化学品，第一类中的药品类易制毒化学品包括原料药及其单方制剂。

申请购买第一类易制毒化学品时，须提交医院登记证书和合法使用需要证明，然后按照下述规定的行政主管部门审批方可进行采购。购买第一类中的药品类易制毒化学品，由药品监督管理部门（如市食品药品监督管理局）审批；申请购买第一类中的非药品类易制毒化学品，由公安机关（如市公安局）审批。

购买第二类、第三类易制毒化学品的，应当在购买前将所需购买的品种、数量向公安机关备案。通常医院购买的易制毒化学品均属于第二类、第三类。科室在需要时，向临床药学科及后勤保障处提交申请，获得批准后，采购小组执行购买。采购人员须在市公安局"易制毒化学品服务平台"提交申请，审批通过，获得《第二类、第三类易制毒化学品购买备案证明》后，向有经营资质的供应商购买。到货后，须及时核销备案。同时建立易制毒化学品销售台账，如实记录销售的品种、数量、日期等情况。销售台账和证明材料复印件保存2年备查。在上级相关领导部门检查时，积极配合，如实提供有关情况和材料、物品，不拒绝或者隐匿。

3. 放射药品使用管理

为加强对医院放射性物质使用及保存的管理，保障职工和患者的健康，维护环境安全，根据国务院《放射性同位素与射线装置安全和防护条例》，医院制定放射药品采购使用管理制度。

购买放射性同位素必须按有关许可规定，向有销售及运输资质的单位订货购买，不允许向不具备销售资质的单位购买放射性同位素。

放射性同位素入楼必须进行检验、登记，放射实验用品质量经检验完全合格后方可入库、使用。

（四）中药饮片采购

近年来，随着多方政策的支持，中医药呈现了良好的发展态势。尤其在新冠疫情暴发后，中医药发挥了重要的抗疫作用。中药饮片是临床中医辨证施治发挥作用的重要环节。中药饮片是由中药材加工而来，其原材料选择和炮制过程对中药饮片的质量产生重大影响，也直接决定治疗的效果。采购环节是中药饮片进入医院大门的第一步，必须严格把关，加大监督力度，严防假冒伪劣中药饮片进入医院。医院坚持公开、公平、公正的原则，考察、选择合法中药饮片供应单位。严禁其擅自提高饮片等级、以次充好，为个人或单位谋取不正当利益，坚持按正规主渠道进购。

医院采购中药饮片，首先验证生产经营企业的《药品生产许可证》或《药品经营许可证》《企业法人营业执照》和销售人员的授权委托书、资格证明、身份证，并将复印件存档备查。购进国家实行批准文号管理的中药饮片，还应当验证注册证书并将复印件存档备查。

医院与中药饮片供应单位应当签订"质量保证协议书"。所购中药饮片应有包装，包装上应有品名、规格、生产企业、生产日期，实施批准文号管理的中药饮片还应有药品批准文号和生产批号；该炮制而未炮制的中药饮片不得购入。

根据医院中药饮片管理规范和医院业务性质、工作范围及不同季节的发病情况，药库管理人员定期提出采购计划，经主管中药饮片工作的负责人审批签字后，经药品采购部门审批后采购。依照药品监督管理部门有关规定从合法的供应单位购进中药饮片。药品的库存定额在供应正常情况下一般限定一个星期，特殊情况可适当调整。

（五）医用氧的采购管理

医用氧应从有合法资质的药品生产（或分装）企业或有合法资质的经营企业采购。为确保特殊情况下医用氧供应不受影响，应选择两家医用氧生产企业。医用氧因其助燃气体的特殊性，采购时需满足其特殊要求。

供应商资质审核：直接从生产企业采购，应收集并核对"四证一照"：《药品生产许可证》《药品 GMP 证书》《危险化学品经营许可证》《气瓶充装许可证》和《营业执照》；此外还须收集并核对法人委托书、附身份证复印件、质量保证协议。从经营企业采购，应收集并核对：《营业执照》、经营范围里含"不燃气体"的《危险化学品经营许可证》《药品经营质量管理规范 GSP》或所在地食品药品监管分局的备案登记；此外还须收集并核对法人委托书（附身份证复印件）、质量保证协议，同时需要收集生产企业的上述四证一照。

产品资质审核：做好医用氧产品合法资质和质量审核。医疗机构不得采购工业氧替代医用氧，医用氧应取得国家药品批准文号，或虽无药品批准文号但由合法的医用氧生产企业分装且其原料获得医用氧药品批准文号。

采购人员必须建立产品质量档案：医用氧的质量档案材料包括：医用氧药品批准文号批件；法定质量标准及医用氧产品说明书。

日常医用氧的采购流程：由医用氧库存管理部门根据临床用氧情况，及时制定采购计划并通知医用氧的供应商，按照要求配送到医院。

三、医院耗材采购

（一）定义及分类

医用耗材是指医院在开展医疗服务过程中使用的一次性卫生材料、人体植入物和消毒后可反复使用的医疗器械。根据医院实际使用情况，医用耗材分为收费耗材和不收费耗材两类。收费耗材根据价值高低又分为高值耗材和低值耗材。其中，高值耗材主要是指直接作用于人体、对安全性有严格要求、临床使用量大、价值相对较高、社会反映强烈的消耗性医疗器械。

体外诊断试剂按医疗器械进行管理，其定义是包括在疾病的预测、预防、诊断、治疗监测、预后观察和健康状态评价的过程中，用于人体样本体外检测的试剂、试剂盒、校准品、质控品等产品，可以单独使用，也可以与仪器、器具、设备或者系统组合使用。

（二）采购程序

1. 自主招标

根据采购需求以及医院标准（如单品种年采购量或者该类产品年采购量总价大于一定的金额），可采用医院自主招标或委托第三方进行招标的形式进行采购。

医院自主招标时，耗材采购部门根据医用耗材和试剂招标内容和方案编制招标文件，招标文件应包含采购标的基本状况、招标的范围、技术要素、各项基本要求、投标人资质要求、报价要求、招投标时间安排等内容。采购部门发布招标公告，需要通过一定的途径（如医院的官网）进行公示，公示时间一般不少于三个工作日。采用邀请招标方式的，应向三个或三个以上潜在投标人发出投标邀请书，招标文件应当以书面方式发送。潜在供应商领取招标文件后根据要求撰写标书并进行投标。从招标文件领取开始时间至投标人提交投标文件截止日，不少于七个工作日。递交投标书的时间超出规定期间的视为无效投标。合格标书的投标人少于三人的，招标工作小组应当重新组织招标。

招标工作小组需组织相关临床、医技科室或职能部门人员成立耗材评标专家组进行评标工作。评标专家根据评标标准独立进行评标，统计评标结果和汇总专家意见，确定最终中标人。中标结果通过一定的途径入医院官网进行公示，一般不少于三个工作日。公示无异议的，招标工作小组向中标人发放中标通知书，按照医院的合同管理办法以及招投标文件确定的事项和中标人签订书面合同。

自主招标过程中的所有的文件应建立档案并妥善保管。自主招标全过程应由医院纪委监察部门进行监督。

2. 询比价

根据采购需求以及医院标准（如单品种年采购量或者该类产品年采购量总价达不到一定的金额），可采用询比价的形式进行采购。

采购部门发布需求公告，并筛选符合相应资质条件的供应商名单，向其说明询价产品技术及商务要求，让其书面报价。潜在供应商一般不少于三家。供应商根据采购要求报价，并提供产品证照材料。采购部门填制询比价记录单，根据符合采购需求、质量和服务相等且报价较低原则，由询价工作小组遴选成交供应商。

3. 应急采购

因上级部门紧急专项部署需要、突发事件或其他不可抗力原因，需要应急采购目录外新的医用耗材和体外诊断试剂，或由于特殊原因医院目录内耗材和体外诊断试剂发生停产或缺货、规格包装更换等引起缺货的紧急情况下，需要应急采购新的医用耗材和体外诊断试剂时，应启动医用耗材及试剂的应急采购流程。

应急采购应符合医院相关制度,并严格按照流程进行操作。首先由临床、医技科室进行申请,医疗管理部门负责审核并报给医用耗材/试剂委员会秘书处,由后者报请主任委员批准。医用耗材/试剂委员会须授权采购部门先行组织购买,保障临床使用。采购部门负责产品资质审核,审核材料包括《医疗器械注册证》《企业法人营业执照》《医疗器械经营企业许可证》和授权书。

4. 医用耗材的临时采购

如遇特殊情形或者开展新技术等原因,需要临时采购医院医用耗材目录外的新产品时,应通过临时采购的流程进行相关采购工作。

医用耗材的临时采购需要建立相关制度并设置流程。由临床、医技科室根据医疗工作需求向医疗管理部门提交医用耗材临时使用申请。医疗管理部门负责对使用需求进行审核,通过后交采购部门组织采购。采购部门负责进行产品资质审核,其材料应包括《医疗器械注册证》《企业法人营业执照》《医疗器械经营企业许可证》和授权书。同时,采购部门需在阳光医药采购网上完成议价。

5. 阳光平台议价

根据相关要求,所有在上海市有医保编码可单独收费的医疗器械,必须由医院与中选的供应商在上海市阳光平台上,通过上海市医药采购服务与监管信息系统(医疗器械)议价子系统按要求议定采购价后,方可采购。

(三)医院医用耗材管理实践

1. 优化组织结构

按照《医疗机构医用耗材管理办法(试行)》要求,建立健全医用耗材管理组织,设立医用耗材管理委员会。同时建立"三权分立"的医用耗材采管分离管理模式,改革医用耗材管理模式。对行政职能部门的职责按照决策、实施、监督相分离的原则重新划分,将医用耗材的决策权、采购权、使用权和监督权分立。临床科室提出新增(含替换)耗材申请;医务部门作为医用耗材管理委员会的秘书处进行初审,初审通过的申请提交医用耗材管理委员会审议并确定医院医用耗材供应目录;采购部门按照目录负责执行采购,进行资质材料审核和价格议定;后勤保障部门负责配送和出入库管理;医务部门进行医用耗材临床应用监测与评估,执行日常使用监督管理;纪委进行全过程监督。

新的组织结构中,采购部门只负责采购,可以根据医院医用耗材供应目录建立物资库,掌握目前临床应用及库存规模,以确定科学合理的采购量,从而最大限度提高医用耗材的使用率,避免盲目采购致使库存大量积压等问题出现,使医院资金高效流动周转,提高采购效率。医用耗材的审批采购、使用和监督相分离,三权分设，多部门共同进行耗材管理，纪委进行全程监督，采购效率明显提升，耗材使用安全性提升，医院采购廉政风险降低。医院耗材采管分离模式可实现相互监督，权力制衡，从机制上保证了组织行为的科学性及合理性，提高医院的运行管理效率。

2. 建立医用耗材院内 SPD 供应链延伸服务模式

通过引入第三方医疗供应链管理系统（Supply Processing Distribution，SPD）耗材供应链延伸服务，利用第三方 SPD 专业优势，深化医用耗材院内流通管理。例如，将院内耗材验收、盘库、证照管理等工作进行智能化转变，从中节约人力资源投入耗材使用监管，体现专业的人做专业的事；通过 SPD 院内供应链服务，实现全院医用耗材用后结算，降低医院耗材库存资金积压及库存损耗成本；通过 SPD 质量管理体系，杜绝耗材使用安全隐患，降低由于耗材使用不当导致的医疗纠纷成本；通过 SPD 院内供应链服务的流程优化改造，利用物联网技术优化临床一线部门的耗材使用管理，提升临床一线及患者满意度。创新医院物资供应链管理，开展 SPD 项目。在医院、患者、供应商之间实现精细化、一体化管理。医院可实现零库存管理和全流程可追溯管理，减少院内医药产品物流的运营成本，释放医用耗材采购管理人员、后勤保障人员等专业人员至专业服务岗位，实现整体医疗保障服务的优化。

3. 建立医用耗材主数据库，实现全生命周期管理

医院依托大数据支撑，进行院内医用耗材主数据库建设，在医疗机构内形成物资编码、收费编码、医保编码和医疗器械唯一标识码（Unique Device Identification，UDI）。统一的医用耗材信息库数据，完善主数据系统架构，将其作为顶层系统将数据共享到医院信息系统、企业资源计划系统、病史系统、行为识别系统和 SPD 系统。通过专职部门对耗材主数据库进行统一维护并通过信息系统自动同步机制更新到各个业务子系统，通过此机制确保各业务系统数据一致性，实现耗材院内全生命周期管理。借助院内医用耗材主数据库进一步实现高值医用耗材的扫码计费，实行单品条码化管理，一物一签一码。医院建立耗材主数据库系统能实现耗材的出库与医嘱联动，保证耗材出库与医嘱计费的一致性，同时追溯患者信息；实现耗材申领、调拨和使用与科室准入关联管控，确保耗材使用范围的合规性；实现耗材的出入库与配送信息关联，准确核对账务结算，患者结算并审核通过的已出库耗材才可以给供应商付款，确保付款的正确性；实现耗材采购与资质有效期关联控制，资质过期的供应商不能送货，确保耗材采购的合法性。

4. 总结

通过优化传统管理模式，建立"三权分立"模式。首先，从医院层面构建医

用耗材日常管理组织体系架构，健全医院管理制度，完善对医用耗材采购、存储、使用和监管的全过程管理机制，建立既符合行风建设工作要求，又适应临床工作环境，形成精细化管理模式。医院耗占比控制合理，逐年稳步下降。其次，不断地完善基础信息架构，建立主数据库系统。建立基于 UDI 统一编码的耗材安全可追溯系统，降低医用耗材使用风险，实现医用耗材从入院到病人使用的全生命周期管理。从全质量管理角度，对耗材院内流通每一个环节进行跟踪。通过规范的制度化建设以及智能化、信息化的管理，实现医用高值耗材从入院到使用的全流程管理，从而形成一套闭合的、信息化的追溯系统，实现全生命周期管理。未来将延伸追溯链，实现生产厂家，供应商，医院和病人信息的闭环管理。最后，借助供应链延伸服务，建立标准化 SPD。作为院内供应链延伸服务体系，SPD 也随着政策及医疗机构管理需求的变化，也在进一步完善和深化。术前物资标准化管理，把原先经验数据转变成系统化和标准化，不仅可通过手术耗材标准化提升了手术室术前物资准备的工作效率，而且可通过对手术类型及使用耗材的一一对应，使各类手术耗材使用成本的可视化成为可能，更能够为实现 DRG 支付铺垫基础。

（何双双、瞿文君）

第十章　医院成本管理

一、医院成本管理概述

（一）医院成本管理的基本概念

成本是价值创造的源泉，资源以成本形式完成价值创造。美国会计学会（American Accounting Association，AAA）所属成本概念与标准委员会在1951年将成本定义为："成本是指为达到特定目的而发生或应发生的价值牺牲，它可用货币单位加以衡量"。对于医院来说，成本是衡量一个医院经营管理绩效、提升整体竞争实力的一项综合指标，是指为实现医院发展目标，开展各项特定医疗活动所消耗的各种资源，包括医院日常经营中的人力成本、医疗耗材使用和医疗器械损耗的成本。从产生的环节来进行分类，医院的成本也可以分为预防成本、医疗成本以及康复成本等。《公立医院成本核算规范》第三条明确规定，医院成本是指医院特定的成本核算对象所发生的资源耗费，包括人力资源耗费，房屋及建筑物、设备、材料、产品等有形资产耗费，知识产权等无形资产耗费，以及其他耗费。

成本管理是指在生产经营过程中，对各项成本开展核算、分析、决策、控制等一系列管理行为的总称，是为了最大化和高效率利用组织资源而进行的管理活动。从经济活动的角度讲，资源投入后，将以各种不同类型的成本费用为主要表现形式予以体现。成本管理的实质是使用数据来衡量、评价、提高资源投入效率与运行效率，其基本流程主要包括成本预测、成本计划、成本核算、成本分析及成本考核（图10-1）。医院成本管理是通过对医院经营活动中发生的成本进行事前的成本预测和计划、事中的成本控制和核算、事后的成本分析和考核，优化医院竞争战略，达到持续性成本改善。

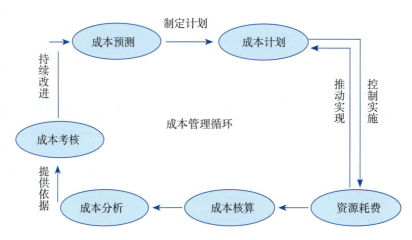

图 10-1　医院成本管理的基本流程

（二）医院成本管理的目标

医院成本管理的本质目标是在医院合理预算的基础上，按照医院现阶段的发展规划和经营目标，通过管理行为促使员工的成本行为和医院的战略目标保持一致，并通过最优化配置有限资源，更有效地提升资产价值，进而取得低于其竞争者的累积成本，促进成本结构完善，取得竞争优势。

从成本管理活动所涉及的层面来看，医院成本管理的目标可以区分为总体目标和具体目标两个方面（表 10-1）。其中，医院成本管理的总体目标是医院在整体运作和发展过程中制定的成本管理目标，具体目标则是对总体目标的具体化和细分，可分为成本核算的目标和成本控制的目标。

表 10-1　医院成本管理的目标

医院成本管理目标		具体内容
总体目标		1. 为相关利益主体提供其需要的不同信息，满足其经营决策对成本信息的需求，降低医院经营风险 2. 利用不同经济、组织及高新技术的方式，加强成本控制，进而降低成本，取得竞争优势
具体目标	成本核算目标	1. 向管理人员提供全面、真实、准确反映医院成本的相关信息，为医院运行决策提供依据，并增强全员成本管理意识 2. 分析医院科室各项医疗资源成本费用，促进管理人员采取改善措施，提高医院经济行为的投入产出比 3. 提高医院科室效益与效率需要，规范医院运营行为并促进资源配置的合理化 4. 动态实时了解医院各环节的效率和效益，更清晰地反映医院运行过程中人、财、物资源有效利用，提高调控能力和决策力，正确指导科室学科建设、新项目开展、对外协作等

续表

医院成本管理目标		具体内容
具体目标	成本控制目标	1. 降低成本水平，通过提高工作效率、减少浪费、提高成本效益比及保持核心竞争力等方式来降低成本 2. 成本领先战略下医院成本控制目标：在保证一定医疗质量和服务前提下，最大程度地降低医院内部成本 3. 差异化战略下医院成本控制目标：降低各项资源的全生命周期成本，实现持续性的成本节省

（三）医院成本管理的对象

1. 床日成本

床日成本是医院为一个住院病人提供一天的诊疗服务所耗费的平均成本，包括住院、检查、治疗、药品、血液、氧气、特殊材料等所有住院服务的成本，是衡量住院科室运营管理的一个成本指标。《公立医院成本核算规范》（以下简称"《规范》"）第二十九条和《事业单位成本核算具体指引——公立医院》（以下简称"《指引》"）第二十四条规定：床日成本核算是指以床日为核算对象，将科室成本进一步分摊到住院床日中，计算出床日成本的过程。采用三级分摊后的临床住院科室总成本，计算出床日成本。

2. 诊次成本

诊次成本是指医院为就诊患者提供一次完整的门诊服务所耗费的平均成本，是衡量门诊科室运营管理的一个成本指标。一个诊次的服务包括从挂号、检查、诊断直至有明确结局的全过程。《规范》第二十八条和《指引》第二十三条规定：诊次成本核算是指以诊次为核算对象，将科室成本进一步分摊到门急诊人次中，计算出诊次成本的过程。采用三级分摊后的临床门急诊科室总成本，计算出诊次成本。

3. 医疗服务项目成本

《规范》第三十条和《指引》第二十五条、第二十六条明确规定：医疗服务项目成本是以某临床服务类或医疗技术类科室成本剔除药品费、单独收费的卫生材料费后作为该科室医疗服务项目总成本，根据医院实际核算条件，采用合理的分配方法（如作业成本法、当量系数法、参数分配法）分配至该科室各医疗服务项目，计算该科室单个医疗服务项目成本。某科室医疗服务项目总成本＝该科室总成本－药品成本－单独收费的卫生材料成本，对于多个科室开展的同一类医疗服务项目，应将各科室该医疗服务项目成本按其操作数量进行加权平均，得出该医疗服务项目的院内平均成本。

4. 病种/DRG 成本

《规范》第三十六条、第三十八条和《指引》第三十七条、第三十九条明确规定：病种/DRG 成本核算是指以病种/DRG 为核算对象，按照一定流程和方法归集相关费用，计算病种/DRG 组成本的过程。成本核算方法主要有自上而下法（Top-Down Costing）、自下而上法（Bottom-Up Costing）和成本收入比法（Cost-to-Charge Ratio，CCR）。

《指引》第二十七条、第二十八条及第二十九条规定了病种/DRG 成本的分配方法和核算基本步骤：①将业务部门各科室成本采用合理的分配方法（项目叠加法、服务单元叠加法、参数分配法）分配至患者，计算每名出院患者的成本；②将患者按照有关标准归入相应的病种/DRG 组；③将某病种/DRG 组出院患者的成本进行加总，得出该病种/DRG 组总成本。某病种/DRG 组总成本 = $\sum$ 该病种/DRG 组每名患者成本；④对各病种/DRG 组患者总成本求平均，即为各病种/DRG 组单位成本。某病种/DRG 组单位成本 = 该病种/DRG 组总成本 ÷ 该病种/DRG 组出院患者总数。

5. DIP 指数成本

病种分值法（DIP）成本核算对象是基于病种分值付费的病种为核算对象。DIP 成本核算基本思路：（DIP 病种综合指数/全部 DIP 病种综合指数 × 100%）× 科室住院成本 + $\sum$ 药品成本 + $\sum$ 耗材成本。其中，DIP 病种综合指数 =（DIP 病种医疗项目收入/全部 DTI 病种收入 × 50% + DIP 难度系数积分/全部 DIP 难度系数积分 × 50%）× 科室住院成本 + $\sum$ 药品成本 + $\sum$ 耗材成本。

（四）医院成本管理的特点

成本属于价值范畴，但成本的变化绝不只是一个单纯的经济现象。一般而言，医院成本管理的主要特点包括：

1. 全过程性

医院的成本管理贯穿于医院所有经营活动的全过程各个环节，从成本预测、成本计划的前馈控制到成本控制、成本核算的事中控制再到成本分析、成本考核的事后控制，控制行为始终伴随成本运行的全过程。

2. 全员性

医院成本管理目标要依靠全院每一位职工的关心、参与和管理，各负其责，提高内部职工主动进行成本控制的意识，确保医院成本控制管理工作取得实效。

3. 全要素

成本是医院对医疗资源配置和使用的结果，影响医院成本因素众多。从理论上讲，凡是影响成本的一切因素，均应纳入成本管理范畴。全要素是对医疗、质量、管理、采购、财务、人力资源等进行细化、分解，横向到边，纵向到底。

4. 适应性与动态性

医院的成本管理应与外部市场适应性和医院内部组织环境相适应，成本计划应市场而动、应管理之变而调整，成本管理措施因成本计划调整而灵活变动。

5. 系统性与效益性

成本管理系统性特点主要表现在成本管理结构的系统化和成本控制的总体最优化。在医院内部开展成本控制管理工作，需要通过实现以最小的成本支出实现收益的最大化，追求的是医院管理的整体效益，要确保支出合理且有助于医院的发展。

6. 战略性

成本管理不仅关心成本升降对医院近期利益的影响，还要关注对医院所产生的长期影响和对医院形象的影响。通过关注医院内部成本变化和外部竞争环境变化，随时调节整个医院的战略。

二、医保管理与医院成本管理的关系

（一）医院成本管理与医保支付结算的关系

医保按项目付费的后付制方式，易导致医院热衷于通过增加收入来获取收益，即通过扩大规模、增加工作量、提供更多服务项目来实现收入的增加，缺乏控制成本的内在动力，忽视医疗资源的合理配置与有效使用，这在一定程度上导致医疗费用过高、过快增长，影响医保资金的合理使用。可见，医院加强成本管理有利于促进医保资金合理使用，成本核算信息是医疗支付结算的重要依据。

DRG支付方式下，医保机构是在临床实践的基础上，对每个病组制定统一的医疗价格费用标准，将复杂随机的医疗支付过程趋于标准化，将病人按照不同的疾病种类、不同的治疗手段和严重程度与DRGs编码相对应，来进行分组付费。按照"$\sum DRG = 定额标准 \times 服务量$"这一公式支付给医院，以分组确定的支付标准为医院的盈亏临界点，超过支付标准的费用医保部门不予支付，低于支付标准的部分则支付给医院，所以低于支付标准的就是医院的收益。另外，DRG支付标准并不是一个静态指标，需要根据成本因素、物价因素以及新技术、新疗法的应用等及时进行动态调整。

医保支付标准促使医院改变运营方式，发展模式从"收入增长"模式向"降成本"模式转变，监管重心从医疗服务项目、卫生材料和药品的选用延伸到对医疗安全和质量,并将支付标准作为医院成本管理的目标,通过固定价格结算、结余留用的支付形式,增强医院控制成本的意识,加强对成本费用的控制,加强医疗成本的精细化管理,将成本控制在 DRG 支付标准以内,以低于 DRG 支付标准来提供医疗服务,从而调动医院扩大结余的积极性。

(二)医院成本管理与医疗服务价格的关系

医院成本核算信息是制定医疗服务价格制度的重要依据。医疗服务价格是指在医疗服务活动中,政府或医疗机构根据所提供医疗服务消耗的成本与收益等内容而确定的单位收费标准,可见,医疗服务的成本消耗是医疗服务价格制定的核心因素。

在医疗服务价格监管方面,在核算医疗服务项目成本的基础上,为医院制定或动态调整医疗服务价格提供依据和参考,做到"服务定价有依据,医院成本得补偿"。医院成本核算信息是物价部门制定项目价格、与医保价格谈判博弈的重要依据,医院在申报新医疗新技术项目定价申请时同样要向价格部门提供成本核算的资料,所以做好成本核算工作,真实反映医疗服务过程中的各种消耗,不但是医院内部管理的需要,也是主管部门制定价格,甚至是制定卫生经济政策的需要。

因此,医院应当在统一核算原则和方法的基础上准确核算医疗服务成本,将真实成本信息以模型形式引入合理成本与合理价格接续机制中,形成"政府规制、实际成本、合理价格"的接续机制,真实反映医疗服务耗费,有效淡化医疗服务价格形成过程的模糊空间,强化成本对政府有关部门制订医疗服务相关价格或收费标准的支撑作用。

(三)医院成本管理与医院运营管理的关系

当前,部分公立医院在运营成本管理过程中仍存在成本核算粗放、成本分析流于形式、成本管理与医院战略背道而驰、成本控制存在明显滞后性、成本决策不够科学等诸多瓶颈,影响精益化成本管理的落实,影响了医院运营管理水平。医院可通过获得医疗服务成本和收入基础数据的基础上,进行成本控制和效益分析,为医院的管理者提供科学有效的数据,可以减少决策的盲目性,促进医院管理的科学化,提高医院运营管理水平。因此,加强医院成本管理是现代医院运营管理的必然要求,并在经营决策中起着指导作用。

医院成本核算的结果应用于医院内部管理,如预算管理、绩效考核和经济管理:①预算管理:将医院成本核算的结果应该运用于医院预算的编制与预算管理工作,使医院预算的编制工作有据可依,提高预算编制的科学性和合理性,进而提高医院运营管理水平;②绩效考核:将成本核算结果与医院的决策挂钩、与具体核算单位的预算管理挂钩、与绩效激励挂钩及与科室奖金分配适当挂钩，充分调动参与机构和参与人员的积极性，才能体现成本核算结果的价值意义；③经营管理：为避免经营决策的主观性和盲目性，真正发挥成本核算工作在决策中的指导作用，医院可通过利用成本核算结果指导医院的经济管理决策。例如，重大基建项目、大中型仪器采购、新项目的开展、新项目的定价过程中严格应用成本核算分析论证机制。

三、战略成本管理概述

（一）战略成本管理的形成与发展

随着企业管理实践活动的需要和适应企业日益变化的经营环境，经过许多人的探索、总结和研究，成本管理理论从最初的狭义的成本核算到全面的成本管理，再发展到现代的战略化的成本管理体系，不断加深了人们对成本控制本质的认识。战略成本管理的形成可分为四个阶段：

1. 第一阶段：事后成本核算阶段（19世纪初~20世纪初）

在英国工业革命完成以后，伴随大规模生产经营的到来，出现了竞争，企业逐步重视成本信息的生成，并开始利用成本信息对企业内部各管理层及生产工人的工作业绩进行考评。起初成本的核算方式是售后核算法，但不能提前对成本作出控制，无法满足企业即时了解损益及调整定价的需求。

英国的G·P诺顿在《纺织工业簿记》中，将成本划分成主要的成本、间接的费用，并提出了制造成本法的概念，将主要的成本按商品进行分摊，间接的成本则直接计入损益类的账户中。虽然该方法为以后的产品生产和销售提供了成本信息，然而依旧是事后成本的核算，不能达到事中成本控制的目的。

2. 第二阶段：事中成本控制阶段（20世纪初~20世纪40年代末）

美国的科学管理之父泰勒于1911年发表了《科学管理原理》一书，书中详细阐明了产品标准操作程序，建立了详细的原材料和劳动力使用标准，并以科学方法确定许多新的成本计量标准，如材料标准成本、人工标准成本等。后来经过发展，标准成本法、差异分析法和预算控制法等方法也逐渐产生。

1930年后，随着标准成本法的实用性进一步扩大，企业亟需要求使用某个实际的标准成本来代替理想化的成本。现行标准成本是通过评估企业目前可达到的作业效率水平，结合短期过程中企业的预计价格和预计的开工率而生成的。这标志着标准成本实现了一次质的飞跃，促进了标准成本法的广泛应用，促使理想规范向实际成本迈进了一大步。

3. 第三阶段：事前成本预算与事中成本控制紧密结合阶段（20世纪50年代～80年代初）

美国会计学家希琴斯在1952年提出"责任成本会计"这一概念，是指目标成本要分配到各个职能单位，每个职能单位对本部门的成本负责，进行各自的成本核算，并对职能单位进行责任考核，从而科学地控制成本。

英国管理学家德鲁克在1954年提出了"目标管理理论"，强调通过制定产品的目标成本，达到事前控制，根据客户需求，来制定产品的售价，制定目标利润，然后根据目标利润确定产品目标成本后，再来完成产品设计。

美国通用电气公司（GE）经理菲根堡姆首次解决了质量成本项目的计算方法问题，拓展了成本管理的研究领域。此阶段还提出了许多先进的成本管理方法，如资本投资决策、全面预算管理等极大丰富了现代成本管理理论和方法。

4. 第四阶段：战略成本管理阶段（20世纪80年代中后期～至今）

英国学者肯尼斯·西蒙兹（Kenneth simmonds）从企业在市场中的竞争地位这一视角对战略管理理论进行探讨，认为战略成本管理是"通过分析企业自身及竞争对手的有关成本资料，为管理者提供战略决策所需的信息"。

1985年，美国哈佛商学院的迈克尔·波特教授在《竞争优势》和《竞争战略》两本书中运用价值链进行战略成本分析，其认为企业创造的价值产生于其自身一系列的生产经营活动之中，具体包括研究与开发、设计、采购、生产、营销、配送和售后服务等环节，每一个企业都是这些活动的集合体，所有这些活动都可以用一个价值链表示。

1992年，美国管理会计学者杰克·桑克（Jack Shank）和戈文德瑞亚（V. Govindarajan）在波特的基础上提出了战略成本管理的框架，通过对成本信息在战略的简单表述、战略的交流、战略的推行、战略的控制四个阶段所起的作用进行研究，将战略成本管理定义为"在战略管理的一个或多个阶段对成本信息的管理性运用"。

1995年，欧洲的克兰菲尔德（Cranfield）工商管理学院提出了一种战略管理模式，其特点是把战略成本管理的工具（竞争战略的制定、竞争对手分析和目标瞄准、行业态势分析、成本动因分析等）运用于问题的诊断以及提出战略定位的选择方案，并根据成本效益分析，对方案进行评估和规划，然后予以执行，通过对执行结果进行评价以及不断学习，开始新的循环过程。

1998年，英国教授罗宾·库珀（Robin Gooperand）提出了以作业成本制度为核心的战略成本管理模式，其实质是在传统的成本管理体系中全面引入作业成本法，关注企业竞争地位和竞争对手动向的变化。

20世纪90年代以后，日本成本管理的理论界和企业界也开始加强对战略成本管理及其竞争情报的应用等研究，提出了具有代表意义的战略成本管理模式，即成本企划，其本质是一种对企业未来的利润进行战略性管理的情报研究过程。

（二）战略成本管理的基本框架与流程

战略成本管理通常被视为将企业的战略规划、战略实施、战略控制与调整过程中相关战略要素综合而成的一种经营管理方法，是指将成本管理与战略管理有机融合，围绕组织愿景目标，从时间、空间和业务流程全面审视成本产生过程，对竞争环境变化做出适应性调整，以实现战略目标为目的而进行的根本性、长远性、全面性管理活动。

战略成本管理的目标通过战略性成本信息的提供与分析利用，促进企业竞争优势的形成和成本持续降低环境的建立。战略成本管理的基本流程战略环境分析、战略规划、战略实施与控制，价值链分析、战略定位分析、成本动因分析共同组成了战略成本管理的基础性框架，价值链在战略成本管理中发挥着不可替代的重要作用（图10-2）。

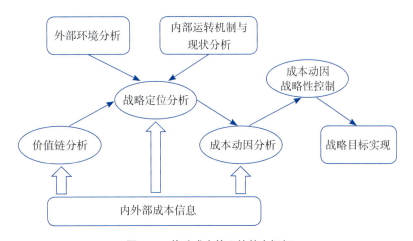

图 10-2 战略成本管理的基本框架

对于医院来说，必须从战略视角考量成本管理，更加具有战略思维、战略意识，采用战略的工具与方法，从成本的源头识别成本驱动因素，从而强化医院战略定位，降低成本，提升医院核心竞争力。

1. 战略定位分析

战略定位分析是指企业在赖以生存的市场上如何选择竞争武器，以抗衡竞争对手的方法。战略定位分析的过程是通过对企业的自身条件和所处的外部环境、竞争对手以及产品生命周期等进行分析，从而制定出企业战略目标的过程。战略定位分析的工具主要有 SWOT 分析法、PEST 分析法、波士顿矩阵分析法以及波特五力模型，战略成本定位的基本战略则包括三种成本领先战略、差异化战略、目标集聚战略。医院需要充分了解自身所处的政策背景和行业情况特点来进行精准定位，将成本管理与医院的战略目标联系贯通，建立与医院战略相适应的成本管理战略计划，以谋求长久发展的低成本途径。高度精准的战略定位分析的结果才能保障医院战略管理计划的可行性。

2. 价值链分析

价值链分析是把企业各项活动进行分解，通过考虑这些单个的活动本身及其相互之间的关系来确定企业的竞争优势，是一种寻求确定企业竞争优势，控制好各项成本支出，提高企业经济效益的工具。价值链分析的基础是价值，其重点是价值活动分析。价值链分析内容主要包含外部价值链分析和内部价值链分析。价值链在医疗行业通常是指"从供应链到医院再到患者"的过程，不仅是价值形成的过程，还是成本形成的过程。医院价值链分析的内容就是通过分析医院提供的服务价值、医生资源引进价值、医疗设备价值、医疗技术价值、医疗资源输出价值及病人就医带来的价值等价值活动，将各种价值活动有序整合，从中寻找出含有价值最大的活动，进而促进医疗资源的优化配置，降低医院自身成本，提高自身的市场竞争优势。

3. 成本动因分析

通过对价值链的分析，企业掌握了成本控制的基本方向，但如何降低成本，就需分清哪些是整体战略产生的成本，哪些是具体经营活动产生的成本，以确定控制成本的具体措施。成本动因是成本发生与变动的原因与推动力，识别战略成本动因则是获得竞争优势的关键一步。

成本动因分析是站在战略的高度，从更广泛的视野来看成本影响因素，其分为宏观战略层面成本动因和微观战术层面成本动因。其中，微观战术层面的成本动因是指与企业的具体生产作业相关，如物耗、作业量等；宏观战略层面的成本动因，如规模、技术多样性质量管理等，可分类结构性成本动因（Structural Cost Driver，SCD）与执行性成本动因（Executional Cost Driver，ECD）两大类。医院从战略的角度对自身的成本结构和成本行为进行多层次的了解，找出导致成本产生与变动的要素，加强对成本驱动要素的控制与完善，从源头上节约和规避成本的发生与耗用，进一步提升医院的经济效益，推动医院的高质量可持续发展。

（三）传统成本管理与战略成本管理的区别

战略成本管理是在传统成本管理的不断演变与优化中形成的产物，其相对于传统成本管理具备明显的优势。将从管理内容和成本动因两方面阐述传统成本管理和战略成本管理的主要区别。

1. 管理内容上的区别

从管理内容来看,传统成本管理是基于实时实地控制的管理思想,强调对现实医教研活动进行指导、规范和约束,重在成本节省,且重点关注传统的显性成本因素(如人力成本、药品成本、耗材成本、业务活动费用等)和内部活动耗费(如原材料、管理费用等),通常以事中和事后管理的方式,采用削减预算、减少投资、降低损耗等手段,以期实现成本的最小化与经营利润的最大化,却往往忽视事前预测和决策、社会效益、患者满意度的下降等弊端;传统成本管理缺乏前瞻性,不能全面揭示医院成本的真正构成,其成本信息无法从战略高度给决策提供帮助,无法与医院战略相结合,无法满足医院全面成本管理的需要,不利于寻求医院的长期竞争优势,因此实施过程中容易与公立医院的功能定位发生偏差。

战略成本管理是站在战略的高度来合理节约与规避成本,全面考虑了显性和隐性的成本因素,如医疗设备闲置、卫生耗材积压浪费等,全面揭示医院成本的真正构成,其成本信息能够帮助管理者有效地进行战略决策;相对于传统的成本管理,战略成本管理扩大了成本管理的空间范围,其以整个医院为控制对象,深入了解医、教、研及相关活动的上下游,并系统性地分析它们之间的联系,将医院所有经济活动发生的成本都纳入管理范围之内,并将成本管理的时间跨度从日常经营管理的层次提升到战略层次;拓展了成本管理的适用领域,除关注成本的核算与控制外,还可创新运用多种管理理论、方法和手段,通过对标医院战略目标,以前瞻性管理的方式推动医院长期竞争力的实现和价值目标的提升(表 10-2)。

表 10-2 传统成本管理和战略成本管理的区别

管理方法	管理内容		成本动因
	管理聚焦	管理目标	
传统成本管理	内部活动耗费 显性成本因素 传统资源耗费控制 事中事后成本管理	显性成本的最小化与经营利润的最大化	作业成本动因
战略成本管理	上下游价值链 隐形成本因素 战略规划实施控制 前瞻性管理	基于战略目标形成竞争优势 价值目标提升	作业成本动因 战略成本动因

2. 成本动因上的区别

从成本动因的角度来看，战略成本管理所具备的战略成本动因是其与传统成本管理的重要区别（图10-3）。

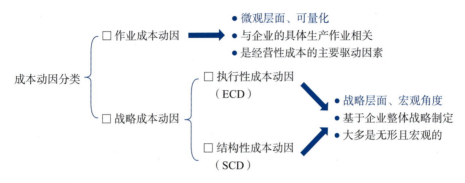

图 10-3　成本动因上的区别

传统成本管理关注的重点是作业成本动因。作业成本动因是经营性成本的主要驱动因素，与企业的具体生产作业相关，主要通过传统的成本核算方法、作业成本法等核算。

战略成本管理除关注作业成本动因外，还重点关注是战略成本动因，其主要通过决策与管理而影响企业成本的因素，具有更强的隐蔽性，通常隐藏在企业的重大决策、经营管理、企业文化等之中。战略成本动因包括结构性成本动因和执行性成本动因，结构性成本动因是决定了企业基础经济结构的成本动因，如经营规模、经营范围和技术采用的基本选择，执行性成本动因是基于作业程序出发，如与组织相关的流程和相应作业的选择。由于战略成本动因的战略性和宏观性，于作业成本动因而言，属于更高层次的成本动因，而且很多是非量化的动因，但其对成本的影响更长期、更持久、更深远。

（四）医保改革下医院实施战略成本管理的意义

成本管理是医院生存与发展的前提和基础，是医院获取竞争优势的重要途径。但长期以来，我国医院成本管理是基于财务视角展开的，以最大限度地减少支出、控制成本为目的，注重短期效益，片面追求成本节约，甚至为降低成本而降低成本，造成医院竞争力下降。按项目付费的模式下，部分医院利用提供更多医疗服务的手段增加收益，导致医院的成本管理与医疗管理出现了明显脱节，未能将成本与医疗服务、质量、效率等相结合，在一定程度上也影响医疗费用过高过快增长和医保资金的合理使用。随着医保改革的持续深入推进，DRG/DIP 支付方式改革推动医院运营管理将从成长时代转向成本时代，以 DRG 支付标准来倒逼成本控制。

因此，医保改革对医院实施战略成本管理具有以下几点重大意义。

1. 医保改革促使医院站在战略高度实施成本管理

在DRG/DIP支付改革下，医院成本管控不再局限于单一的费用控制，呈现出战略性的特点，促使医院摒弃传统成本管理，站在战略高度，采用战略的工具与方法，将成本管理与医院战略融合在一起，准确地揭示医院成本的真成本动因，更加注重医疗资源的优化配置与合理使用，推动成本管理的转型，实现医院的可持续发展。

2. 医保改革促使成本管理范围延伸至医疗价值链

DRG/DIP支付方式延伸医院成本管理范围，从财务视角转移至医疗价值链视角来管控成本，促使医院不再单纯地为降成本而降成本，将降成本与医院发展、技术提高、效率提升有效整合为一体，形成医院全员、全院、全过程具有高度一致性的成本控制机制。医院为控制DRG病种成本，可采用规范医疗行为、合理配置各类资源、集中采购等方式，提高工作效率，避免过度医疗，有效降低成本，同时将医院的人力资源管理、科研及技术开发、药品耗材及劳务采购、后勤、运营等管理活动有机地整合起来，做好医生接诊、诊疗服务、科室管理、后勤服务等各个环节计划、协调、监督和控制的工作，并将这些环节按照"链"的特征实施的业务流程，使医院各项活动形成一条珍珠般的"链"，实现医院的成本控制与价值提升。

3. 医保改革促使成本管理视角由内部转向外部

DRG/DIP支付方式促使医院的成本管理视角将会从内部向外部转化，以低成本获得竞争优势，以高服务质量获得群众认可。借助战略的工具和方法，分析医疗行业成本的基本态势、与竞争对手或先进水平医院对比，分析与管理供应商等，及时发现医院自身运营管理、医疗服务、医疗技术及效率等方面存在的问题与缺陷，结合医保政策与卫生政策，采取可行的措施加强成本管控，有效降低成本。

四、医保改革下医院的战略成本管理策略

（一）医院的价值链分析

1. 医院的内部价值链分析

医院内部存在许多价值链，每个价值链既可产生价值，也要消耗资源。医院作为特殊的服务行业，其服务的目的是公益性，其服务的目的是用相对较少的成本支出产出较高质量的健康服务，服务对象具有鲜明的社会和经济属性。医院内

部价值链是指患者在就医过程中所发生的一切活动及为患者活动提供的一切医疗服务活动的集合。通过内部价值链分析，可主要分析医院内部中不同的作业活动之间的成本关联，区分其中的增值作业与非增值作业，改进或剔除非增值或者无效环节，优化内部资源结构，强化医院成本管理，从而达到降低成本兼并提升竞争优势的目的。

在医院内部价值活动分析中可从医院的成本特点、费用结构对资源成本进行划分，将内部价值活动分为基本活动、辅助活动两种类型（图10-4）。其中，基本活动指医护人员为患者开展的治疗服务而获得活动的价值，即指医护人员在治病过程中涉及的各种耗费，辅助活动是配合并推动基本价值链活动以创造价值，主要指人力资源管理、物资采购、固定资产购置、设备维修行政后勤、科研培训及信息化平台等（表10-3）。只有在以上活动共同进行的情况下，才能够为医院创造价值，并促进医院的持续发展。

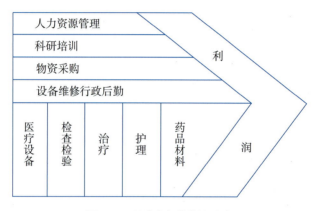

图 10-4　医院内部价值链活动

表 10-3　医院内部价值链活动

价值链活动		具体内容
基本价值链活动	医疗设备	提供更高质、高效的医疗服务的载体，用于提高检查检验、治疗等服务价值（如彩色多普勒超声诊断仪等）
	检查检验	通过医疗设备对患者提供经检查检验服务（如B超、CT、胃镜等）
	治疗	利用专业医疗手段，辅以医疗设备、药品材料等，为患者提供诊断和治疗服务（如手术、化验等）
	护理	对患者康复进行辅助治疗和康复活动
	药品材料	对患者使用的用于治疗疾病的药品、卫生耗材

续表

价值链活动		具体内容
辅助价值链活动	人力资源管理	对职工的配置、录用、培训、进修、激励等管理
	物资采购	采购药品、卫生材料、低值易耗品、日杂用品、办公材料等物品
	科研培训	为医疗技术人员提供学习与成长服务，旨在提升医疗技术水平
	固定资产购置	如医院基础设施建设、医疗设备的购置等
	医院修缮工程	如环境改造、房屋修缮等
	行政后勤管理	包括水、电、气、热及各种材料的供应，设备、设施的维修以及病人费用的结算等

上述价值链的每个环节既是增加价值的过程，也是耗费各种医疗资源、形成医疗成本的过程。在医院的成本管理中，医院内部价值链的整合空间相较于外部价值链更大，其为医院战略成本管理的核心。医院通过对内部各项价值活动进行分析和评价，正确区分增值活动和非增值活动、高效活动和低效活动、重要活动和次要活动，从而提高医院内部各环节的业务效率，帮助医院实现战略目标，强化成本管理的执行力。在优化内部价值链成本管理过程中，结合医院的发展战略目标，重点关注对内部价值链作业成本占比较大的价值活动，创造价值为负数的药品、卫生材料及医疗设备价值链进行成本管理和控制，如减少卫生材料的浪费、提升医疗设备的使用效率、降低采购成本等。此外，还应重点强化检查、治疗、护理环节的价值链增值，加大医疗服务的推广，以此实现内部价值链整体成本的降低和竞争力的提升。

2. 医院的外部价值链分析

相较于内部价值链而言，外部价值链（图10-5）有着更为复杂的内容，包含了上游供应商及下游患者的纵向价值链，以及行业竞争对手方面的横向价值链。通过对纵向、横向价值链分析可以加大医院在战略成本管理方面的可控范围，同时也更利于医院准确了解自身在市场中的竞争地位，降低经营成本。

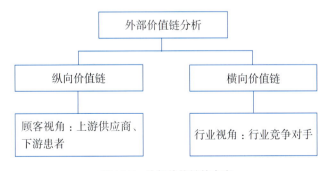

图 10-5　外部价值链的内容

1）供应商价值链分析：供应商价值链位于医院产业价值链的上游。医院采购包括药品、仪器设备、卫生耗材及行政办公用品的采购，其中药品和医疗设备的采购是医院采购成本管理的主要环节。随着药耗零加成政策出台，医院的利润在一定程度上受到影响。因此，医院需更注重对药品、卫生耗材及医疗设备采购过程中成本的控制，如通过优化物资采购流程和物资供配流程，减少采购非价值增值环节，将采购成本降到最低；提高医疗设备的利用效率；其次，通过对供应商的产能、价格、盈利能力、产品与服务质量等进行调查，评估供应商价值链与医院价值链的联系的合理性，寻求战略改进行动，达成供应商价值链与医院价值链的合理对接。医院与供应商之间还可以建立药品采购信息系统实现信息共享，从而降低库存成本。

2）患者价值链分析：患者价值链位于医院产业价值链的下游，医院内部医疗服务通过患者价值反映，患者通过就医前、就医中及就医后医疗服务与医院发生了交易活动和关系活动，最终形成患者对医院的感知价值。对公立医院而言，患者感知价值就是价值链的核心内容。患者价值链成本管理的重点是如何提供更好的医疗服务、提高医疗服务质量、降低医疗服务价格及提高患者就医的满意度，建立良好的医疗信誉。医院的价值增值环节医院吸引患者前来就诊的主要原因，也是医院的竞争优势所在。对于地理位置优越、有熟悉或信任的医生、服务态度好、隐私保护好、收费合理、医疗质量好、看病手续简便、标示指引清楚等价值增值环节，应该予以整合。医院的非价值增值环节则应予以清理或重整，如缺少重点专科、仪器设备不够先进、等待时间长、就诊环境一般等（图10-6）。

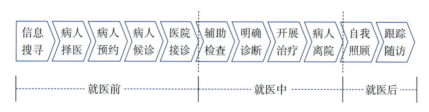

图 10-6　患者价值链

3）竞争对手价值链分析：医院在识别医院竞争者价值链和价值作业的基础上，通过对竞争对手价值链的调查、分析和模拟，测算竞争对手的成本，找出与其他医院成本之间的差异，客观评价本医院的成本优势和劣势，以及这种优势和劣势的成因，从而明确医院的战略方针，优化与调整医院价值链，有的放矢制定扬长避短的策略，消除成本劣势，取得成本领先优势。激烈竞争条件下，竞争对手的价值链不是一成不变的，它会根据外部环境、自身条件的变化，随时随地地不断调整。因此，医院可借助金字塔模型等工具，时刻关注竞争对手竞争地位和战略的变化，对竞争对手价值链的信息进行跟踪分析，从而制定相关竞争策略，促使医院学习竞争对手、改善自己的价值链。

（二）基于不同成本动因的管理策略

1. 基于作业成本动因的管理策略

"作业消耗资源，服务消耗作业"是作业成本法（Activity Based Costing，ABC）的核心思想，其基本原理是通过对所有作业活动进行追踪动态反映，计量作业和成本对象的成本，评价作业业绩和资源的利用情况。根据成本动因在资源流动中所处的位置可将其分为资源动因（resource driver）和作业动因（activity driver）。其中，资源动因是衡量资源消耗量与作业之间的关系的某种计量标准，是将资源成本分配到作业中的依据，用于评价作业使用资源的效率，而作业动因是将作业成本库中的成本分配到最终产品与服务中的依据，即将资源消耗与最终产出沟通的中介，通常包括工作量、工时、人员数量、材料消耗比例、设备原值、设备使用量、设备折旧额、房屋折旧额、水电费比例、床位面积（图10-7）。

图10-7 作业成本法概念模型

从成本归属的角度来看，作业成本动因又可分为三类：①执行动因：某项作业重复执行所消耗资源费用基本一致，则执行次数即可作为成本动因。常见的具有执行动因的作业有订单处理等。计算公式为：作业成本动因率＝作业成本／执行次数。②数量动因：某项作业重复执行所消耗资源费用差异明显，但资源耗费与作业时间或其他数量量度之间存在近似的正比例关系，则称为数量动因。数量动因可表现为作业时间，或表现为耗费资源的体积、重量等量度。计算公式为：作业成本动因率＝作业成本／∑数量动因。③强度动因：不具备上述追溯条件的特殊作业，需要对作业个别追踪后直接把作业成本归属于成本计算，则称为强度动因。强度动因通常应用于作业成本较大、每次执行时资源消耗又无规律可循的作业。

医院的作业成本动因是为满足患者的需要所履行作业量，每一项作业成本都要通过作业动因分配到成本对象，如换药治疗作业的成本动因是换药次数，门诊诊查则是挂号次数。作业成本动因反映了成本对象对作业消耗的逻辑关系，通常与医院的具体生产作业相关，通过寻找作业与成本动因间的因果关系，分别采取不同的成本追溯方式完成资源耗费的成本对象归集。成本动因的选择关系到成本信息的准确性和相关性，因此在选择成本动因时，应选择成本动因数量与分配与总成本线性相关最好的成本动因，依据成本动因数据采集成本，并能利用成本动因的行为导向功能，把医务人员的行为导向有利于降低成本的方向。

案例介绍

【案例】 以某医院手术室为例开展精益成本管理案例的进行相关介绍，重点描述价值链管理视角下基于作业成本动因的管理策略的具体推进模式和流程。

手术室服务流程是医院投入最大、调度最复杂、涉及人员最多和业务不确定性最高的作业，与患者感受关联度极高。该院以价值链分析为基础，采用改善内部联系、消除非增值作业等手段，可对其实施优化。实施过程属典型的基于作业成本动因的价值链优化。

1）盘清家底：摸底手术室资源占用情况

某医院以"盘清家底"为目标，分别对成人区域手术室、儿童区域手术室在房屋资源占用情况、管理费用（包括水电能耗、物业成本、办公耗材、平台运行等）承担情况、人力资源（包括麻醉科医生、护士及其他人员）配备情况、专用（通用）设备占用情况进行了情况摸底和成本统计，为真实展现手术室全成本奠定基础。

2）模型建立：手术室三级成本模型

手术间单位使用成本是手术成本核算的重要基础。该院基于自下而上的核算方法探索一套手术间标准成本体系，对于百级、千级、万级、十万级的手术间，测算出每一类手术间的标准成本，体现不同类资源条件的差异，比起单一成本核算更利于运营管理的落地。除了一般通用的费用成本分摊，为了增加临床科室的理解与接受程度，减少手术室运营方案落地的阻力，以手术室三级成本核算体系执行（图10-8），这样可以更直观地使临床科室感受资源使用的差异。其中，运行成本（一级）是指按净化级别计算每年直接发生的维护费、滤网、药品费、耗材费等；使用成本（二级）是指在一级的基础上囊括麻醉师人员费用、护师人员费用和办公用品等；全成本（三级）则是指在二级的基础上将房屋折旧、设备折旧维护、管理人员费用和能源费用等全部纳入。

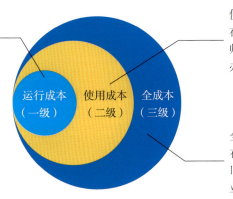

运行成本（一级）
按净化级别计算的每年直接发生的维护费、滤网、药品费、耗材费等直接成本

使用成本（二级）
在一级的基础上囊括麻醉医师人员经费、护士人员经费、办公用品等直接成本

全成本（三级）
在二级的基础上计入房屋折旧、设备折旧/维护、后勤物业费用、能源费用等直接/间接成本

图 10-8　手术室三级成本核算体系

3）管理策略：多管齐下提升管理效率

①手术室分级核算小时费：用得好才划算

过去，临床科室在使用手术间的时候，可能因惯例、因方便、因资源条件而固定使用同一手术间，但并未考虑手术本身复杂度与手术间级别的匹配。从医疗组整体效率而言固然合理，但假如不是因为整体排程的效率考虑，无论大手术、小手术都使用百级手术室，其实就是一种浪费。以该院某个百级手术室为例，每个月大约就有 33.3% 的一级、二级手术开展。其中固然有一定比例是在手术间资源调配的情况下发生，在此情况下，对于应当使用万级手术室的手术而实际在百级手术间进行，仍按照万级手术间成本核算，相当于"免费升舱"。换言之，出自使用偏好，以高级别手术间开展小手术，则每例手术必须承担较高的单位小时标准成本。

②提高时间节点的可靠度，夯实效率提升的管理基础

手术室在日常运营过程最常见的状况除了来自首台不准时使的手术间被动闲置；医生在手术间停留时间与中间病人接台等解决问题，都必须依赖于低人为干扰的监测体系。多次深入手术室调研听取各方人员的声音，该院分析了手术室运营管理中存在的困境与不足，开始探索基于双系统数据，做到关键时间节点的梳理与管理口径调整（图 10-9），结合病人进出手术间的腕带扫描和手麻系统登载记录相结合，将人为对数据的干预降到最低。

③手术间使用效率与绩效分配策略的结合

与医疗行为相结合的管理模式能逐渐地引导临床科室更合理的资源使用习惯，然而如何加大力度进一步实现更全面的精益化管理，腾出更多的医院资源是接续的重点任务。因此，该院以目前搭建好的手术间标准化成本体系，从"非疑难"的一二级手术绩效分配入手，对于手术间停留时长明显高于其他医生的情况进行

绩效调控,将精益化的理念直接传导到行为人,突出资源周转与效率提升的导向。

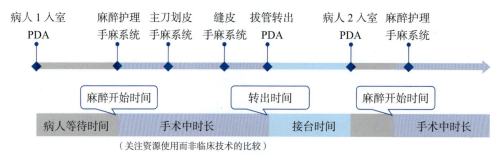

图 10-9 手术室关键作业时间点划分

④努力消除信息不对称

手术室的主要使用者包括了医生、麻醉师和护师,所以手术室成本管控的落地需要沟通多方,并减少摩擦。信息化不仅扮演着日常运行与效率监测的抓手,跨专业的管理矛盾更需要在制度明确的前提下,固化至手术间的使用管控。该院通过开发住院医嘱系统手和手麻系统间的接口,将手术停台管理落实在该院新版的住院医嘱系统与手术麻醉进行排程联动,多元、合理、标准的取数与核算标准,为引导合理医疗行为的实施创造前提条件。

2. 基于结构性成本动因的管理策略

结构性成本动因是指不易变动且需要长时间形成的影响医院战略成本的基础经济结构因素,从医院整体视角来考察医疗资源配置进而寻求降成本路径及优化途径。结构性成本动因在生产经营活动开展前就需明确,其通常包括:

1)规模经济:包括医院整体规模、科室规模。医院规模是一个重要的结构性成本动因,它主要通过规模效应来对医院成本产生影响,适宜的价值链规模促使医院成本降低,但扩张超过临界点时,会形成规模报酬递减,出现规模的不经济。

2)地理位置:地理位置对医院成本起着基础性的重要影响,主要表现在患者来院就诊时间及交通成本,同时也影响着对人才的吸引,人力成本的高低等。由于医院(尤其是社区医院)服务内容的特殊性,决定了其受地理位置的约束很大,少数实力雄厚、专科特色明显的医院则受地理位置约束较小。

3)整合程度:是指垂直一体化程度,包括纵向整合(上下游整合)与横向整合(业务性质多元化)。整合程度的提高可能带来效率的提高或成本的降低,但公立医院的价值链整合从上下游看往两端延伸余地不大。

4)学习与溢出:医院的价值链活动可以通过学习的过程提高效率,从而使成本下降。随着时间的推移,医院员工的操作经验会增加,这不仅能提高工作效率,降低材料消耗和操作失误,还能提高质量,同时,医院也可以通过业务培训来推动院内学习效应，提倡建立学习型组织，不断改进来获得提高，提高医疗质量，提高效率，降低成本。

5）技术能力：技术存在于每一价值活动中，可独立于其他成本动因作用于成本，也可通过改变或影响其他成本动因间接地影响成本。医院获取竞争优势的重要前提是将技术与成本有机融为一体，先进的医疗技术、医疗设备可以有效地持续降低成本，但过多地滥用技术与配置设备也会导致成本的提高。此外，还可以有人力职称结构、医院功能设置等结构成本动因。

结构性成本动因作为最高层次的成本动因，直接体现了组织的战略目标。结构性成本动因分析就是分析以上成本驱动因素对价值链活动成本的直接影响以及它们之间的相互作用对价值链活动成本的影响，其主要解决如何"选择（Choice）"的问题，比如，采用何种范围和规模，如何选择地理位置，如何选择技术和多样性等，这种选择能够决定医院的"成本地位"。然而，结构性成本动因并非越多越好，比如，医院的规模并非越大越好，医院的技术也并非越高越好，而要根据医院的资源、政策环境、竞争状况等综合决定，是解决"最优化"的问题。

案例介绍

【案例】 以某院绩效考核体系为案例，具体介绍该院运营绩效体系重构规划，包括每年度管理目标、拟解决的核心问题及所采取的具体管理策略。

绩效考核体系是公立医院运营评价和成果分配的核心。通过绩效考核，推动三级公立医院在发展方式上由规模扩张型转向质量效益型，促进收入分配更科学、更公平，实现效率提高和质量提升，可以促进公立医院综合改革政策落地见效。因此，运营绩效体系的重构属医院战略层面的重大管理活动，是极具代表性的结构性成本动因优化。

①管理现状：医院绩效管理"六大脱节"

该医院前期通过以成立运营管理部门，聘请外部咨询团队的模式进行政策研究，以资源有效利用为前提，筛选和推动运营项目，调整绩效考核和分配政策。通过全面深入梳理发现，医院绩效管理中存在"六大脱节"，即医院管理流程间脱节，只见绩效结果不见管理过程；绩效考核和分配脱节，多劳多得，优绩优酬尚未充分体现；组织绩效与个人绩效脱节，1+1＜2的窘境有待破解；转型理念与管理机制，目标与措施难密切配合；管理部门与临床一线脱节，临床需求难及时满足；管理部门职能间脱节，综合项目推进障碍多。

②管理策略：重构医院运营绩效体系

该医院以"强内涵、重实效、创特色、促发展"为战略导向，以搭建精益化运营管理体系、促进管理精细化程度提升为目标，开展运营绩效管理体系的重构。历经精益考核体系建立、深化考核导向、绩效薪酬制度改革、临床绩效评价管理的"五年实施计划"，最终构成了由医疗业务、医疗质量、运营效率、学科人才和团队协作五个方面的绩效管理体系（表10-4）。

表10-4 某医院运营绩效体系重构规划

年度	管理目标	问题导向（拟解决的核心问题）	具体举措
2015年	模式与视角：推动运营管理模式和管理视角的转变	1. 重结果、轻过程：只见分配结果，忽视管理过程 2. 管理脱节：目标与措施难以紧密配合、院级目标无法有效下沉 3. 响应机制缺失：临床需求难及时满足 4. 管理时效性：缺乏中长期规划	1. 专业性：成立运营绩效部 2. 规划性：拟定医院运营战略与中长期发展规划 3. 导向性：制定考核指标体系 4. 项目制：基于资源利用视角，筛选、推动运营项目 5. 网格化管理：搭建科室"绩效专员"工作网络
2016年~2017年	构建管理体系：涵盖"核心业务"、"医护质量"、"运营效率"、"发展成长"、"团队协作"五大要素	1. 导向模糊：科主任业务导向不清晰、科室个性化业务特色无法体现 2. 考核覆盖面不全："医教研"未全面考量 3. 流程不畅：科室间协作瓶颈突出，部分资源利用效率低下	1. 优化流程：建立床位调配中心、提高检查报告输出效率、优化空间布局 2. 目标导向：制定科主任目标责任书 3. 目标分解：五大要素20个核心指标、核心目标单考 个性化考核：建立手术/非手术科室、医技科室、平台科室、成人/儿科科室的个性化考核指标
2017年~2018年	构建考核体系：聚焦重点考核维度，加强考核力度	1. 考核维度简单粗放：定性考核过多、干扰因子较多 2. 反馈不及时：科室运营效率无法实施跟踪 3. 运营分析滞后：未形成动态分析体系和有效的数据挖掘功能	1. 完善考核与监测体系：涵盖运营效益指标、资源（人力资源、床位资源、固定资产等）利用效率指标等 2. 开放院级重点病种申报与管理 3. 强化医疗质量考核（质量、安全、合规、费用合理性四大维度） 4. 实效性：运营效率实时监测、典型科室分析、提高分析频次 5. 信息化建设：实现运营绩效管理平台的信息化

续表

年度	管理目标	问题导向（拟解决的核心问题）	具体举措
2018年~2019年	优化绩效分配模式与分配结构：实现管理与考核体系的再完善	1. 无法量化绩效导向效果：绩效导向已经明确，但导向效果尚无法有效评价 2. 绩效分配结构需纠偏："多劳多得"（量价分配）与"优绩优酬"（技术难度）间的平衡 3. 绩效激励的精准度与公平性仍有缺失：科室"二次"分配占比过大	1. 取消量价分配相关项目，聚焦医疗质量、难度与资源利用效率（技术诊断奖、手术风险奖、RW分配等） 2. 增加病种难度绩效奖励，鼓励高难度病种诊治 3. 手术分级分档管理基础上实施高难度手术政策倾斜 4. 实现护理垂直管理与护理绩效分配改革 5. 建立绩效监测模型，追踪科室业务变化与绩效表现，评估绩效导向作用 6. 提升绩效激励精准度：增加一次分配模式与分配占比

经历2015至2019年的"五年规划"实施，该医院的绩效管理体系几乎涵盖所有医疗业务流程关键点，并形成了绩效闭环式管理，实现了绩效管理由事后核算分配向事前导向指引的转变，管理的科学性、合理性、导向性、创新性得到凸显。

③管理成效：提高医疗资源的使用效率，优化患者费用结构

宏观层面表现为战略导向性明显突出，较好得兼顾运营效率与医疗质量，在"以患者为中心"方面起到较好引导；管理体系覆盖了"医教研"全领域，从而实现学科人才与团队协作并举的目标，促成了科室发展战略与院部总体规划相统一，使有限的医疗资源发挥了更高效率。

微观层面体现为患者费用结构逐步优化，床日药费均次累计降幅超30%；业务结构不断优化，以重点病种为例，2019年申康中心监测的54个重点病种中，该医院9个病种绩效排名前三、16个病种排名前五、24个病种同比排名上升。

3. 基于执行性成本动因的管理策略

执行性成本动因是指与决定医院正常业务活动的成本动因，对医院的业务流程和作业影响较大且持久。与结构性成本动因相比，执行性成本动因属于中观成本动因，即在结构性成本动因确定以后才建立的，其对成本的影响因医院而异。执行性成本动因是在已有资源配置选择的前提下所进行的"强化"，反映出一个医院的业务和管理决策如何运用资源去有效地达到医院的战略目标，其通常包括：

1）生产能力：对于医院而言，生产能力主要指医疗服务水平或者医生的治疗水平，高水平的医疗服务可以减少患者在时间、金钱、精力上的各项支出，也可

以减少医生对于医院各种资源的重复调用程度，尽可能地将非有效价值活动降到最低。

2）联系：主要是指医院内部价值链流程之间的联系及医院与供应商、患者之间的各种垂直联系。同时，考虑到与医院相关的政府部门、供应商等相关利益者，加强与他们的联系和沟通有助于医院本身在降低战略成本的同时获得更大的效益。

3）全面质量管理：是指企业运营全员、全过程的质量管理。其宗旨是以最少的质量成本获得优的产品质量。它是对医院内部价值链形成的全过程进行质量管理，医院的所有员工都要对医院医疗服务质量承担相应责任。

4）员工凝聚力：员工的凝聚力对医院成本的影响主要体现在两个方面，一方面是对医院显性成本的影响，如人员缺勤率高、设备利用率低、医疗耗材浪费大、盘点账实不符、会计处理错误等；另一方面是对医院隐性成本的影响，如工作效率低下、医院服务响应机制失灵、员工工作情绪低落、患者就诊满意度低、科室之间缺乏沟通等。员工参与决策与工作进步的程度越高，对成本下降的影响就越大。

执行性成本动因分析可以提高这些成本驱动因素内部及相互之间的能动性，通过内部优化整合，使价值链活动发挥最佳的效果，其主要解决如何"操作（Operation）"的问题，如为达到升级目标而采取的技术改造路径、为实现质量升级而采取的全面质量管理等。一般认为，医院的执行性成本动因越多越好，即是解决"最佳化"的问题。

案例介绍

【案例】 对某医院制定成本收入比法对化疗病种开展 DRG 病种成本核算案例进行相关介绍，主要介绍基于"化疗病种收益率分布与各科室资源利用效率之间的关系"为关键成本动因开展相应实践。

开展执行性成本动因的优化，关键在于识别成本动因并有效控制关键成本驱动因素。基于 DRGs 开展病种组成本管理符合医保支付方式改革的政策导向，其管理实践超出了价值段内部优化的范畴，属于典型的执行性成本动因优化。

①管理方案：DRG 病种成本管理路径设计与应用

基于成本收入比法具有较强可操作性和时效性，以历史数据为分析基础，并可按不同需求多维度拓展分析，为医院内部管理提供支撑等优势。该医院制定了基于成本收入比法的 DRG 病种组成本核算路径的技术方案，主要包括病案首页信息导出、病例组合指数（Case Mix Index，CMI）的计算、成本性态的划分、成本归集与分摊、病种组展示维度（图10-10）。

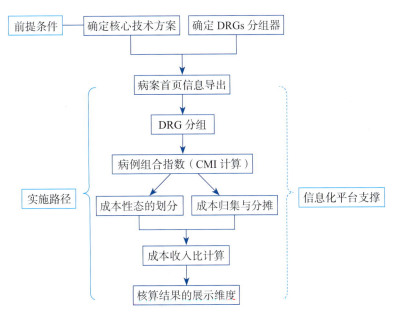

图10-10　DRG病种组成本核算管理的技术方案

基于成本收入比法的DRG病种组成本核算步骤可分为四步（图10-11）：

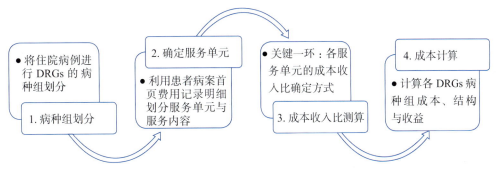

图10-11　基于成本收入比法的DRG病种组成本核算步骤

第一，DRG病种组划分。首先，遵循"大类概括、逐层细化"的归类原则，结合病人临床诊断、手术操作、临床路径、合并症与并发症及转归状态等因素，建立病例分组模型，将"临床特征相似性"和"资源消耗相近性"的病例进行合并，形成若干病种组。其次，将每个病种组的CMI予以一一匹配。最后，根据每一病种组按照开展不同科室，细分为各项病种组单元，以此为基础进行病种成本结构分析。

第二，确定住院服务单元。利用患者病案首页费用记录明细，按病种组"临床特征相似性"和"资源消耗相近性"的核心特征，将医院为各病种组提供的服务划分为 15 个服务单元、38 项具体服务内容。

第三，成本收入比测算。按费用计入成本对象的方式进行成本性态划分（直接成本、间接成本），再针对不同服务单元按不同成本动因（成本追溯、动因分配、费用分摊）采取不同的成本分析方法，进而计算出各服务单元或服务内容的成本收入比。

第四，成本计算。在确定各服务单元与服务内容成本收入比的基础上，计算各 DRG 病种组的成本。由于 DRG 分组结果同时涵盖了包括手术分级、CMI 等多个维度的信息，因此，可以根据医院自身管理要求，从不同 CMI 的成本收益情况、每科室病组结构与收益情况、不同手术级别成本收益情况、同一科室不同病种结构差异、不同科室同一病种结构差异等维度进行核算分析和结果展示。

②管理实践：不同科室同一病种的成本收入分析

该医院通过对不同临床路径、不同资源投入病种的补偿结构剖析发现，医院开展化疗病种的科室较多，但实际利润情况却存在较大差异，并且唯独肿瘤科开展该病种有 3% 的收益率，其他科室开展的均次利润率均不甚理想（表 10-5）。

表 10-5　不同科室化疗运营效益情况

科室	DRG 名称	例数/例	均次住院费用/元	均次成本额/元	均次利润额/元	均次利润率/%
肿瘤科	化疗	2530	16355.37	15863.07	492.30	3.01
普外科	化疗	1721	11321.73	12432.92	−1115.19	−9.85
泌尿外科	化疗	94	7182.97	7542.71	−359.74	−5.01
肛肠外科	化疗	1387	9056.56	9841.76	−785.20	−8.67

由上表可知，虽然多个科室均开展化疗病种的收治工作，但肿瘤科的化疗例数最多、均次住院费用最高，同时相较于其他科室，拥有较高的均次利润额。故进一步打开结构分析其原因（表 10-6）。

表 10-6　"化疗"病种科室收入成本结构情况一览

科室	例数/例	平均住院天数/天	收入结构			成本率		
			药耗占比/%	检查化验占比/%	操作类占比/%	医护成本率/%	床位成本率/%	科室运营成本率/%
肿瘤科	2530	2.07	59.48	25.83	10.09	53.85	1.02	2.03
普外科	1721	2.33	81.33	11.03	4.65	62.55	0.97	8.35
泌尿外科	94	2.53	85.75	5.85	4.38	65.73	0.93	9.03
肛肠外科	1387	2.48	83.95	6.52	4.15	63.38	0.95	8.88

从上表发现肿瘤科不仅例数遥遥领先,其平均住院天数也最低(2.07 天),对应的科室运营成本率较低(2.03%)。肿瘤科很明显已经具备了规模效应,而化疗作为肿瘤科的主要病种组成部分之一,容易针对单一病种进行针对性资源投入和流水线式操作,其业务流程最优,能将人力、设备等资源发挥最大潜能,成本降至最低。同时肿瘤科检查化验收入占比(25.83%)、操作占比(10.09%)明显高于其他三个科室,说明肿瘤科对于化疗病种以系统为导向给予系统性治疗和综合治疗,以提升病种效果与效益,并已形成平台化治疗,平台优势明显、医护床位配比更为合理,因此作业效率更高。

③管理策略:建立肿瘤综合诊治中心

鉴于这样的情况,该医院从 2020 年下半年起,以成立"肿瘤日间化疗中心"为契机,对医院诊治化疗病种的相关资源进行整合。肿瘤科重新制定了日间化疗临床路径,并完成了每周化疗患者的床位需求调研(涉及乳腺癌、胃癌、结直肠癌三类患者);药学部负责静配中心工作配套;工程部完成局部区域改造;资产管理部进行设施设备配套;出入院处则开通日间化疗中心床位预约通道;护理部负责按预约记录安排护理人员。实施后效果明显。首先,资源的利用率有所提升,项目实施后,肿瘤科每百元固定资产收入同比增长 12%、成本收益率增长 5.5%;其次,临床安全得到有效保证,专家组意见显示肿瘤科化疗患者的临床入径率超过 90%,集约化的平台临床安全质量明显更易管控追踪;最后,患者医疗费用不同程度下降,平均住院天缩短约 0.4 天,化疗前等待时间同比大幅度减少,相同诊断下患者的住院费用同比下降 3% ~ 8%,取得了良好的管理效果。

4. 小结

综上所述,作业成本动因关注资源耗费和内部作业,聚焦微观执行层面,并是可量化的,其范围与 RBRVS 接近,主要包括药品耗材成本、热力成本、技术成本、风险成本等。战略成本动因是以外部信息相关和未来决策作为关注重点,大多无形且宏观,具有战略性、持久性和长期影响力特点。其中,执行性成本动因包括管理制度实施成本、组织内耗成本等,结构性成本动因包括机会成本,战略带来的潜在成本等(图 10-12)。

作业成本动因的优化关键在于如何确定不增值作业以及信息不对称的成因,结构性成本动因关键是正确的战略导向,执行性成本动因关键则是如何控制关键成本动因。因此,公立医院在具体优化实施中,应以准确识别成本动因为基础,视具体管理需求,分别采取不同管理策略(表 10-7)。其中,作业成本动因以实现某一价值段(如门诊就诊流程、局部服务作业)的优化为目标;执行性成本动因和结构性成本动因则应基于完整的价值链,实施价值链优化作业(如 DRG 病种组成本管理、成本单元评估模型),以整体价值链重构(如运营绩效体系重建等)为目标,开展优化管理活动。

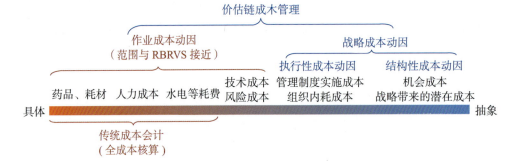

图 10-12　基于价值链的战略成本观的成本动因分类

表 10-7　各类成本动因下的优化策略

成本动因	目标	可能的改善路径	医院可采取的策略
作业成本动因	实现价值段内部的优化	1. 改善内部联系 2. 降低交易成本 3. 消除非增值作业	1. 专科门诊诊疗流程优化 2. 医疗服务局部作业流程调整 3. 服务流程内部的信息共享 4. 实名制预约 5. 后勤运营成本标准化核算体系构建 ……
执行性成本动因	控制关键成本驱动因素	1. 识别关键成本动因 2. 全面质量管理(TQM) 3. 技术改造	1. 临床路径管理 2. 新技术申报(技术改造) 3. DRG 病种组成本管理 4. 财务业务一体化管理 5. 成本单元评估模型 ……
结构性成本动因	完整的价值链优化重构	1. 战略定位调整 2. 上下游关系整合 3. 规模经济的确定	1. 学科布局调整与长期规划(学科群建设) 2. 部分核心体系(如运营绩效体系)重构 3. 临床研究成果转化机制设计 ……

五、展望

　　支付方式是医保战略购买和协同治理的核心工具,但不存在唯一最优的支付方式,未来医保支付方式改革将会开启以公共利益为先的合作共赢模式,从以服务数量为基础到关注诊疗过程再到以价值为导向,从注重费用控制到关注医疗质量和人群健康,从关注单个医疗机构到关注对整个医疗卫生体系的影响。在已有支付方式改革的基础上,引入按绩效付费、捆绑付费、以人群为基础的付费等新型医保支付方式，驱动整合型医疗卫生服务体系的构建。而精益化的成本管理和精细颗粒度的成本信息对医保支付方式改革推进至关重要，需要从制度层面和操作层面进行统一规划和分步实施医院成本管理体系，将支撑医保改革的国家级成本数据库的构建以及强制成本核算体系和样本医院成本数据采集机制等提上议事日程。

（刘雅娟、杨少春、宋　雄、梁红梅）

第十一章 病种精细化管理

一、病种精细化管理体系概述

(一)国际病种管理体系综述

医疗卫生事业是一项惠及人类一生的重要工作,为了给人类提供更高质量的医疗服务,全球各个国家都将卫生事业的改革作为重要课题进行研究。

国际上,病例组合是疾病管理评价系统的主流,由于 DRGs 分组内的病种病例具有同质性,一定程度上解决了病例标准化的问题,便于客观科学评价临床能力并进行绩效考核,具有可比性和可操作性,其已广泛应用于国外的医疗服务绩效评价工作中,并应用在国际质量指标计划(IQIP)、低死亡风险 DRGs 以及美国卫生保健研究和质量中心(AHRQ)建立的 APR-DRGs 关联的医疗服务质量评价软件。

20 世纪 20 年代,为了解决"不同医疗服务提供者之间收治病人数量和类型不同而难以直接比较"的问题,病例组合的概念应运而生。1976 年,美国耶鲁大学卫生保健中心完成了 DRGs,作为病例组合的一种,DRGs 产生的初始目的是有效管理医院"合理"的费用偿付,大量应用后证明,它可以缩短平均住院日,降低住院费用,对控制医疗费用的不合理增长,提高医疗质量有显著作用。

20 世纪 80 年代初期,国外学者指出 DRGs 在卫生费用预算、医疗付费、临床绩效评估和医疗质量控制方面具有一定作用。美国在 20 世纪 80 年代、里根政府时期,为了提高医疗资源利用率,控制医疗费用过快上涨的趋势,开始实行以疾病诊断相关分组为基础的定额预付款制度(Prospective Payment System,PPS),其被认为是应用病种管理的方法促进医疗费用管控的最初有益尝试。20 世纪 90 年代时,位于波士顿的新英格兰医疗中心医院在实行 DRGs 的过程中,对一些病种的住院患者按照预定的诊疗计划进行治疗，这个诊疗计划即演变为后来的临床路径管理模式。病种管理的理念在美国首先被广泛研究，并迅速地被各类医疗机构认可和采用，之后各个国家和地区都开始探索适合于自身发展和政策的病种管理方法。2000年美国医疗保健研究与质量局（Agency for Healthcare Research and Quality，AHRQ）建立了医疗质量评价指标体系，该体系包括预防性质量指标、住院患者质量指标、患者安全指标和儿童质量指标四部分。与既往评价方式不同，该指标体系在设计上从关注医疗机构整体质量转变为关注各重点病种及各手术的质量，纳入了急性心肌梗死、心力衰竭、肺炎病死率等指标，从而实现针对病种诊疗结果进行评价。2003年，美国医疗保险和医疗补助服务中心（Centers for Medicare & Medicaid Services，CMS）建设了医院质量激励（Hospital Quality Incentive Demonstration，HQID）示范工程，启动了以病种为核心的质量管理，覆盖了急性心肌梗死、心力衰竭、肺炎、膝与髋关节置换术、冠状动脉搭桥术等多个常见病、多发病。

英国于1986年开始进行DRGs的研究，称为卫生保健资源分组系统，其采用5字符的编码结构，主要针对医疗资源消耗类似、临床治疗方案相近的标准化分组，评价医疗资源的使用和质量的管理情况。英国Dr.Foster咨询公司建立的标准化临床质量分析平台，作为全球领先的质量分析预测平台，其数据可用于比较医院之间的质量优劣，为医院临床质量分析提供决策支持，帮助医院了解并改进临床医疗质量和患者安全。目前，已在英国、美国、澳大利亚、丹麦、挪威、芬兰、荷兰、比利时、西班牙和意大利共10个国家超过40家医院中应用，包括澳大利亚30多家核心医院和70%的英国医院与质量监测机构。

德国于2000年研发出德国的DRGs系统，使用统一的DRG编码，且付费标准一致，之后开始逐步推开，覆盖大多数住院病人，并覆盖了除精神病以外的所有病种。德国综合肿瘤中心（Comprehensive Cancer Center，CCC）基于循证医学基础上，整合多学科优质医疗资源，形成肿瘤治疗的全新模式，关注多学科的全病程管理，围绕制度性指标、研究性指标、技术性指标、安全性指标、工作性指标等五个方面对每种恶性肿瘤进行了"量身裁衣"式的质量指标设计，为基于病种的医疗质量管理与评价提供了新的思路。

澳大利亚版本的疾病诊断相关组（Australian Refined DRGs，AR-DRGs）是其借鉴美国版DRGs加以改造和优化后，构建的一套病例分组方法，其主要用来对急性期住院病人的医疗费用进行支付。其对住院病人的疾病复杂性和合并症水平进行综合考虑，评估由于并发症对医疗资源的使用情况，最终通过DRGs的权重进行平衡。2002年，为规避系统性偿付能力不足的情况出现，政府开始探索评价患者的相关危险分数,并将其用来对病例分组进行风险调整。澳大利亚医疗服务标准委员会(Australian Council on Healthcare Standards,ACHS)的临床指标项目(Clinical Indicator Program,CIP)也针对各临床学科的质量进行了指标设计。

在亚洲地区,1995年,新加坡樟宜医院率先开始试行实施单病种管理。2003年4月,日本对病例组合支付方式进行试点,并将其称为按诊断分类与治疗程度相结合的付费方式。之后,日本对其逐渐完善,其将定额预付制与按服务项目后付制结合到一起,形成了一种混合型的支付方式。另外,其又建立了一般模型对其风险加以调节,从而能够较好体现不同医院间的差异。1997年2月,韩国在54家医疗机构试行了单病种管理,到2000年有798家医疗机构申请参加单病种管理。

2007年,世界卫生组织欧洲办事处提出了医院质量改进绩效评估工具(Performance Assessment Tool for Quality Improvement in Hospital,PATH),评价内容分为四个部分:医疗安全和有效性、效率、员工适应和响应管理。其中,在医疗安全和有效性以及效率部分中同样涵盖了多项病种质量评价指标。经济合作与发展组织(Organization for Economic Co-operation and Development,OECD)研发的医疗质量指标项目(Health Care Quality Indicator Project,HCQI)同样收录了大量以病种为单位的质量指标,如髋关节骨折患者入院当天及第二天内手术率、髋关节或膝关节置换术后肺栓塞或深静脉血栓发生率、腹部术后败血症及术后伤口裂开发生率等。

国外医疗质量评价体系已逐步形成以病种为单位的指标构建模式。国际上,很多国家已经将病种相关的指标纳入医疗服务绩效考核体系,并起到了关键性的作用。目前,病例组合已经是疾病管理评价系统的主流,作为典型代表,DRGs不仅在控制医疗费用、提高医疗资源利用效率方面效果显著,而且在提升医院的医疗质量内涵方面具有很大的潜力和可能。

(二)我国病种管理体系综述

1. 我国病种管理体系历史沿革

在我国,20世纪80年代,学者提出以单病种作为单元进行质量评价,并将评价指标分为分析指标和概括性指标两大类。前者包括诊断符合率、病死率、无菌手术感染率、并发症发生率等,后者包括治愈率好转率、平均住院天数和平均医疗费用等。彼时,我国的病种管理主要处于理论研究阶段。20世纪80年代末,前北京空军医院探索了以病种为单元来制定和评价医疗费用标准。

至20世纪90年代初,有医院管理者提出将治愈好转率、病死率和平均住院日等指标作为单病种医疗质量综合评价指标,1991年,潘惊萍等对4039例代表性病种进行综合评价，指出病种质量管理是提高医疗质量的有效途径。1992年，国家层面开始试行单病种管理的探索和应用，原卫生部根据专家研究，制定和颁布了《病种质量控制标准》试行草案，其中囊括了102种单病种质量控制指标。但是，由于收费情况复杂且缺乏准确客观的数据支持，医疗费用在当时没有列入统一的参考指标值。

20世纪90年代初，国内马骏教授提出了病种病例分型的思想，之后张力教授进行病例与病种分型分级综合质控的可行性研究，在将病例分型的方法应用于医院质量管理实践中进行了研究和优化。1997年，张罗漫教授等在研究病例分型的过程中引入卫生统计学方法，使其更加科学合理，使病例分型作为一种手段促进医院质量管理的提升。

1995年，在我国的台湾地区，林口长庚纪念医院泌尿外科率先实施了单病种管理，之后台湾各大医院都陆续参与了单病种管理的探索。到1997年1月，我国建立了单病种报表的雏形。之后，北京、天津、重庆、青岛、成都、湖南和广东等一些国内城市的大型综合性医院也相继引入单病种管理模式，并开展了部分单病种管理研究和试点工作。1999年，王晓钟等研究指出，医疗质量评价方法主要有病例评价法、病种质量评价法、统计指标评价法、病例分型分级评价法、质量认可与专家评审法，且病种质量评价法的应用日趋增多，为适应医疗保障制度改革的需要，应按疾病病种分类，制定诊断、检查、治疗、住院日以及医疗费用和药品费用的标准。

2000年，曹阳等学者探索病种质量管理方法在医院管理中的应用，指出在确定病种评价标准时，必须考虑病种复杂程度的不同，不能单纯用同样的标准在不同的地区、医院或者病区间比较。2002年，北京协和医院、解放军总医院等对胆囊切除术和肺炎等疾病进行单病种管理前期研究，并制定出了中国内地第一批记录临床路径的表格病历。

2006年，中国医院协会在原卫生部医政司的指导和支持下，深入学习国际上质量管理先进理念与方法，开始尝试我国单病种质量管理评价的新模式。

2007年，武警总医院李明等通过对某一单病种实施临床路径与DRGs成本控制前后的对比分析，评价单病种临床路径和DRGs成本控制应用于临床管理的效果。结果显示，应用临床路径和DRGs成本控制可以明显改善医疗服务质量。

2008年，单病种管理的研究又进入一个新的高度，按照原卫生部"以病人为中心、提高医疗服务质量"的有关要求，原卫生部医政司将单病种质量控制指标作为医院管理年的重点工作之一，并出版发行了《单病种质量管理手册1.0版》，向全国进行推广和普及。同时，中国医院协会组织医院管理和临床相关专家从病种诊疗过程质量入手，制订出第一批（六个）单病种质量控制指标、质量评价指标与分析流程等新型评价方法，后来又陆续增加了第二批（两个）、第三批（三个）的病种质量控制指标。由于该评价方法侧重对各个病种在临床诊疗过程中的质量评价，从操作层面来讲，此质量控制和评价方法有待实践和检验。

2009年，全国开始单病种临床路径管理试点工作，先后发布了百余个病种的临床路径。武汉大学人民医院石玮等将病种分为单病种、专科病种、疑难病种、其他病种，提取5年数据进行分析，发现单病种及其他病种人数占有比例较大，但增长幅度不大，专科病及疑难病种病人数占有比例较低，但增长幅度非常大。所有病人病种费用中，专科病人费用增长最快。原卫生部印发《卫生部办公厅关于印发第一批单病种质量控制指标的通知》，提出了急性心肌梗死、心力衰竭、成人肺炎、脑梗死、髋膝关节置换术、冠脉旁路移植术6个病种的质量控制指标，要求在全国范围内开展单病种质量管理。此后印发了第二批、第三批单病种质量控制指标，扩增了儿童肺炎、慢性阻塞性肺疾病、剖宫产等5个病种。

2011年，单病种质量评价工作已被纳入三级医院评审内容之一。

近些年，DRGs在绩效评价方面的应用探索增长迅速，2008年，北京市卫生行政部门尝试引入DRGs组数、CMI和低风险DRGs病例病死率进行医疗服务绩效评价，取得了有益进展。2012年，北京市研发了北京诊断相关组（BJ-DRGs），并对市属22家公立医院实行绩效考核，北京市安贞医院自2013年启动了以疾病诊断相关组为驱动的病种管理，从病种绩效管理入手，建立了以数学模型技术为技术支撑的病种管理体系，指标主要包括平均住院日、次均费用、医保次均费用、药占比指标等。

2013年，吉林地区也研制出了JL-DRGs，吉林市中心医院运用JL-DRGs进行管理以提高医疗质量，并通过出院人次、平均住院日、均次费用、药占比、病死率等指标进行比较评价。

上海地区自2013年以来，上海申康医院发展中心通过建立病种组（case-mix）模型，对三十七家市级医院的40余个病种难度系数、手术难度分级和代表性病种绩效的院际分析，并初步构建了病种绩效评价体系，为进一步建立分级诊疗、按病种定价、按病种付费、实施临床路径、完善医务人员绩效考核等公立医院综合改革等重大举措的顺利实施打下良好基础。

2014年，杨柳等学者通过单病种循证分析，量化处理指标，对病种质量进行综合评价和差异性分析，探索了病种质量评价模型的构建流程。北京市公共卫生信息中心郭默宁等基于DRGs构建了涉及源数据、分组方案的绩效评价平台，分析指标项包括入组率、分析病例数、DRGs组数、病例组合指数、费用消耗指数、时间消耗指数、低风险组病死率、中低风险组病死率、危急重症救治能力和专业缺失情况等。

2016年，党中央国务院提出健康中国战略，将持续提升医疗质量安全水平列为重要内容，强调推动医疗卫生服务体系从规模扩张的粗放型发展转变为以质量效益提升和结构调整为主的内涵集约式发展。同年，新中国成立以来第一部围绕医疗质量管理的部门规章《医疗质量管理办法》以原卫生和计划生育委员会第10号令的形式正式颁布，其中第四章第二十八条明确规定"医疗机构应当加强单病种质量管理与控制工作，建立本机构单病种管理的指标体系，制订单病种医疗质量参考标准，促进医疗质量精细化管理。"

为进一步加强单病种质量管理与控制工作，2020年7月国家卫生健康委员会颁布了《关于进一步加强单病种质量管理与控制工作的通知》（国卫办医函〔2020〕624号），将51项病种/技术纳入国家监测的单病种范围，并围绕质量控制、资源消耗两个维度对其中的关键环节制定了质量监测项。2020年7月30日，新增单病种目录达51种，其中内外科疾病共42项，妇产科及儿科相关单病种9项。在单病种管理规范化进展中，我国临床路径管理工作和DRGs工作也在逐步推进，单病种付费和DRGs等医保支付方式改革正在持续进行中。

目前国内政府层面病种管理的宏观研究已趋成熟，并已逐渐与医院的绩效考核相结合。但是，由于各地区、各种医疗机构对疾病分组的差异性，而且数据提取的原理和方法也有不同，导致了病种管理相关数据存在大量的不一致性，使得管理者不能通过有效的数据信息对病种管理做出更加明确的改进工作。另外，在对病种绩效的评价过程中，往往由于病种之间的差异性和评价指标的独立性，出现评价结果的科学性、公平性较差，存在重数量和费用、轻质量和效率的问题，不能从整体上对病种管理水平作出全面客观的评价。因此，对数据的准确、有效提取，以及对绩效的综合评价，在病种管理中显得十分必要和急迫。

2. 上海病种精细化管理实施

为落实分级诊疗政策，合理控制医疗费用，更加注重医疗质量，更好地巩固诊治疑难杂症和急危重症的功能定位，不断提升临床服务能力和诊疗技术水平，上海申康医院发展中心从2013年起探索开展了市级医院的诊疗难度评价和代表性病种绩效分析，初步构建了以质量和绩效为核心的病种绩效评价体系。

1）构建申康版疾病诊断分组

2013年，申康中心基于国际先进的疾病诊断分组（DRGs）理念，借鉴澳大利亚 AR-DRGs 分组方法，与复旦大学、瑞金医院共同合作研究，构建了上海申康版疾病诊断分组知识库，基于医联平台大数据，建立了申康版疾病诊断分组体系，并独创了在绩效管理中力求真实反映医务人员的劳务价值和资源消耗程度，在计算相对权重（RW）时引入不含药品和卫生材料的均次费用、平均住院日和死亡风险三个要素，消除了药品、卫生材料选择使用的影响，更加直接地体现医务人员的劳务价值，引导医院科学控制药品和卫生材料费用的同时，大力提升高难度、高风险病例的诊治能力。目前，有8个省的卫健委借鉴用于两千多家医院的绩效管理，云南省省医保及4个市医保用于医保支付，此外还有3个省及部分市医保在进行试点测算。

2）建立病种绩效评价指标体系

2013年以来，申康中心从社会需求和市级医院功能定位出发，选取发病率高、病死率高、费用大、体现市级医院技术水平的重点病种，开展同一病种的院际横向比较分析，从病种维度反映医院诊疗及费用情况，引导医院精准控制医疗费用不合理增长。到2018年底，申康中心已经开展了54个病种的院际比较分析，包括恶性肿瘤手术、急危重症、重大手术、微创介入等病种，已覆盖了19个临床专科，占当期上海市级医院出院人次的20.32%，占出院费用的36.38%。每季度向市级医院公布病种绩效分析结果，综合反映各医院监测病种的服务能力、资源消耗、服务效率和质量管理等情况，以20%的病种撬动所有病种的精细化管理，引导医院加强管理、合理控费、规范流程、提高效率、提高质量。

3）建设医疗质量监控管理平台

将医疗质量指标引入DRGs病例分组，开展病种医疗质量分析，充分考虑病种结构对医院质量的影响，更科学更真实地反映医院医疗质量情况。建设市级医院医疗质量评价与促进平台，逐步实现主要医疗质控指标的即时化、可视化、可监测、可追溯。到2022年，该平台已涉及205个病种，覆盖了33个专科，占当期上海市市级医院出院人次的43.13%。

二、病种管理评价体系形成

（一）评价体系的设计理念

病种质量管理是以病种为管理单元，运用在诊断、治疗、转归方面具有共性和某些重要的具有统计学特性的医疗质量指标，用数据进行质量管理评价，通过病种质量管理、对疾病诊疗进行过程质量控制及终末质量控制，提高医疗诊治技术，评价医师诊疗行为是否符合规范，持续改进医疗质量。

病种质量管理评价体系应秉持着能够全面、系统且真实地体现医疗质量的实际水平的理念进行设计，并符合科学性、可比性、可行性和全面性四大原则。

1. 科学性原则

要求评价体系中指标的选择、权重的确定和数据的选取、计算必须以科学理论为依据。我们需要依据一定的目的来设计指标并确定其名称、含义和口径范围等，达到理论上的科学性和实践上的可行性。这些指标要具有一致性，明确统一界定同一指标的含义、计算方法、计算时间和空间范围等。各评价指标应该具有典型代表性，不能过多过细，使指标过于繁琐，相互重叠，指标又不能过少过简，避免指标信息遗漏，出现错误、不真实现象，并且数据易获且计算方法简明易懂。

2. 可比性原则

评价体系需要满足空间上和时间上的可比原则。为了进行客观比较，需要将原始数据进行处理，转换为相对数、对比数等，才能在同一量级或维度上进行进一步比较，并且需要保持时间上的稳定性和连续性。

3. 可行性原则

在设计评价体系时，要充分考虑到可行性原则。包括相关数据的可得性和数据来源的可靠性，数据应该尽可能获取第一手的数据信息或资料，同时要确保数据的真实性。对指标进行量化时，要保证客观性和真实性，最大限度地减少主观因素的影响。

4. 全面性原则

评价体系要包含医疗质量中的多个维度，这样才能客观、全面地评价医疗质量的实际水平。

基于以上设计理念，病种质量管理评价体系主要由通识性指标和个性化指标两部分组成，分为六大维度。通识性指标重点关注宏观量化、运行效率等，包括体量性指标、费用性指标、效率性指标、安全性指标；个性化指标重点关注特殊技术/设备、病程特征、特殊诊治需求等，包括技术规范性指标和临床研究前沿性指标。

（二）评价体系的构建方法

1. 评价体系构建可采用的定性方法与路径设计

1）文献研究法

文献研究法是根据一定的研究目的或课题，通过调查文献来获得资料，从而全面地、正确地了解掌握所要研究问题的一种方法。文献研究法被广泛用于各种学科研究中。其作用有：①能了解有关问题的历史和现状，帮助确定研究课题；②能形成关于研究对象的一般印象，有助于观察和访问；③能得到现实资料的比较资料；④有助于了解事物的全貌。

2）深度访谈法

深度访谈法是定性研究中常用的资料收集方法，指访问者与受访者之间以一种单独的、个人的互动方式进行面对面地交谈，达到意见交换和构建意义的目的。访问者借由访谈的过程与内容，发掘、分析出受访者的行为动机、信念、态度与看法等。深度访谈法除可增加资料收集的多元性外，还能借此了解受访者对问题的想法与态度，也可透过问、答双方的互动过程对问题加以澄清，以确认受访者内心的真实感受与行为认知。

3）德尔菲专家咨询法

德尔菲专家咨询法又称专家调查法，1946年由美国兰德公司创始实行，其本质上是一种反馈匿名函询法。受邀专家之间互不见面、互不联系，该方法克服了专家会议调查法易受权威影响，易受会议潮流、气氛和其他心理影响的缺点。大致流程是在对所要预测的问题征得专家的意见之后，进行整理、归纳、统计，再匿名反馈给各专家，再次征求意见，再集中，再反馈，直至得到一致的意见。

4）问卷调查法

问卷是指为统计和调查所用的、以设问的方式表述问题的表格。问卷调查法是研究者用这种控制式的测量对所研究的问题进行度量，从而搜集到可靠的资料的一种方法。问卷调查法大多用邮寄、个别分送或集体分发等多种方式发送问卷。由调查者按照表格提问来填写答案。一般来讲，相比访谈表，问卷要更详细、完整和易于控制。该方法的主要优点在于标准化和成本低。因为问卷调查法是以设计好的问卷工具进行调查，问卷的设计要求规范化并可计量。

2. 评价体系构建可采用的定量方法与路径设计

1）层次分析法

层次分析法（Analytic Hierarchy Process，AHP）是将与决策有关的元素分解成目标、准则、方案等层次，在此基础之上进行定性和定量分析的决策方法。该方法由美国运筹学家匹茨堡大学教授萨蒂于20世纪70年代初提出。层次分析法的基本步骤为：①建立层次结构模型，该结构图包括目标层、准则层和方案层；②构造成对比较矩阵，从第二层开始用成对比较矩阵和1~9尺度；③计算单排序权向量并做一致性检验，对每个成对比较矩阵计算最大特征值及其对应的向量，利用一致性指标、随机一致性指标和一致性比率做一致性检验；若检验通过，特征向量（归一化后）即为权向量，若不通过，需要重新构造成对比较矩阵；④计算总排序权向量并做一致性检验；计算最下层对最上层总排序的权向量；利用总排序一致性比率进行检验；若通过，则可按照总排序权向量表示的结果进行决策，否则需要重新考虑模型或重新构造一致性比率较大的成对比较矩阵。

2）秩和比综合评价法

秩和比综合评价法（Rank Sum Ratio，RSR）是一种集古典参数统计与近代非参数统计各自优点于一体的统计分析方法。首先使用整次秩和比法，将 m 个评价对象的 n 个评价指标排列成 m 行 n 列的原始数据表。编出每个指标各评价对象的秩，其中效益型指标从小到大编秩（排名），成本型指标从大到小编秩（排名），同一指标数据相同者编平均秩。得到秩矩阵；再计算秩和比，在整次秩和比法中，只考虑元素的相对大小，不考虑具体值，根据每一个指标的权重计算秩和；在计算出每一个医院的秩和后，用概率单位 Probit（广义的线性模型，服从正态分布）表达值特定的累计频率，再通过回归方程来确定 RSR 的分布情况。最后通过检验回归方程输出 RSR 矫正值，并进行分档排序。

3）优劣解距离法

优劣解距离法（Technique for Order Preference by Similarity to ideal Sulution，TOPSIS）理想解法，是一种有效的多指标评价方法。这种方法通过构造评价问题的正理想解和负理想解，即各指标的最大值和最小值，通过计算每个方案到理想方案的相对贴近度，即靠近正理想解和远离负理想解的程度，来对方案进行排序，从而选出最优方案。能充分利用原始数据的信息，其结果能精确地反映各评价方案之间的差距。基本过程为基于归一化后的原始数据矩阵，采用余弦法找出有限方案中的最优方案和最劣方案，然后分别计算各评价对象与最优方案和最劣方案间的距离，获得各评价对象与最优方案的相对接近程度，以此作为评价优劣的依据。

4）统计分析法

相关分析方法。相关分析是研究不同变量间密切程度的一种十分常用的统计方法。它是描述两个变量间的线性关系程度和方向的统计量，涉及相关工具是线性相关分析，又称直线相关分析。在研究两个变量之间的因果关系之前，需要先做相关分析。

单因素方差分析方法。单因素方差分析是指对单因素试验结果进行分析，检验因素对试验结果有无显著性影响的方法。单因素方差分析是基于两个样本平均数比较，引申用来检验多个平均数之间的差异，从而确定因素对试验结果有无显著性影响的一种统计方法。

独立样本 t 检验分析方法。独立样本 t 检验又称成组 t 检验（Two-sample/group t-test）或两独立样本 t 检验，医学研究中常用于完全随机设计两样本均数的比较，即将受试对象完全随机分配到两个不同处理组，研究者关心的是两样本均数所代表的两总体均数是否不等。此外，在观察性研究中，独立从两个总体中进行完全随机抽样,获得的两样本均数的比较,也可采用独立样本 t 检验。

正态分布检验方法。利用观测数据判断总体是否服从正态分布的检验称为正态性检验,它是统计判决中重要的一种特殊的拟合优度假设检验。常用的正态性检验方法有正态概率纸法、夏皮罗－威尔克检验法(Shapiro-Wilktest)、科尔莫戈罗夫检验法和偏度－峰度检验法等。

多元回归方法。多元回归分析是指在相关变量中将一个变量视为因变量,其他一个或多个变量视为自变量,建立多个变量之间线性或非线性数学模型数量关系式并利用样本数据进行分析的统计分析方法。另外,也有讨论多个自变量与多个因变量的线性依赖关系的多元回归分析,称为多元多重回归分析模型(或简称多对多回归)。

因子分析法。该方法是指从研究指标相关矩阵内部的依赖关系出发,把一些信息重叠、具有错综复杂关系的变量归结为少数几个不相关的综合因子的一种多元统计分析方法。基本思想是:根据相关性大小把变量分组,使得同组内的变量之间相关性较高,但不同组的变量不相关或相关性较低,每组变量代表一个基本结构,即公共因子。

3.评价体系构建方法的选择

首先,利用 PubMed 网站、中国知网、万方、Springer 等文献数据库和政府部门官方网站,如国家卫健委等,应用高级检索途径对所收录的全部文献进行检索,中文以"病种""精细化管理""评价""体系"等为检索词,英文以"Disease""Delicacy management""Evaluation""System"等为检索词,收集相关文献,进行回顾分析,总结国内外关于病种管理评价的研究思路、方法和内容,并以此选取一级指标和初步二级指标。

接下来,围绕指标筛选、优先级排序、指标分子分母的纳入排除标准的确定、评价维度、指标权重、评价方法,以及相关方法学、工具包的梳理等内容,与相关的资深临床专家、临床质控管理专家、医院病案管理专家、医院临床管理专家、医院信息管理专家、卫生技术评估专家、医疗大数据等相关领域专家学者等,进行深入访谈,访谈形式包括"一对一""一对多"或专题专家咨询会等。

根据文献研究、专家深入访谈、关键知情人访谈后,将初步形标准的评价维度、指标等,将运用德尔菲(Delphi)专家咨询、进一步对评价维度、指标筛选/优选、权重设定、评分方法等,展开"背对背"的专家咨询,开展 4 轮、每轮邀请 20 名左右的专家(主要包括临床医学、临床研究质控、医院伦理、医院管理等领域的专家)进行评价,以形成评价指标的专家共识,输出准入标准。

组建 MDT 团队专班组,集各家医院的临床、管理、病案、医保、信息、数据分析人员等不同专业背景的多角色共同参与指标体系的研究和讨论，结合各自专业角度确保指标定义、口径取值、数据采集方式的科学性和可操作性，从指标筛选到自动化采集，形成最佳实践，保障项目顺利实施。评价指标初步形成包括：

1）通识类指标

出院患者人次数、平均每月每百张病床出院例数、平均每床日费用、住院均次药品费用、住院药占比、住院均次耗材费、住院材占比、平均住院日、平均术前住院日、术后再次手术率、0~7天重返率、0~14天重返率、0~31天重返率、自动出院率、均次输血费、输血率、均次抗菌费、住院患者抗菌药物使用率、死亡例数、患者住院总死亡率、均次手术治疗费、院内新发肺部感染率、手术患者死亡率、手术切口感染率、手术患者并发症发生率、手术（操作）后病例死亡率等。

2）个性化指标

个性化指标视病种而定，包括：急性胰腺炎的个性化指标包括：本期患者总例数、同期患者总例数、重症胰腺炎例数（本期）、重症胰腺炎例数（同期）、危重急性胰腺炎比例（本期）、危重急性胰腺炎比例（同期）、危重急性胰腺炎比例同比（差值）、胆源性胰腺炎例数（本期）、胆源性胰腺炎例数（同期）、胆源性胰腺炎比例（本期）、胆源性胰腺炎比例（同期）、胆源性胰腺炎比例同比（差值）、胆源性胰腺炎ERCP治疗比例（本期）、胆源性胰腺炎ERCP治疗比例（同期）、胆源性胰腺炎ERCP治疗率（本期）、胆源性胰腺炎ERCP治疗率（同期）、胆源性胰腺炎ERCP治疗率比例同比（差值）、合并局部并发症例数（本期）、合并局部并发症例数（同期）、合并局部并发症比例（本期）、合并局部并发症比例（同期）、合并局部并发症比例同比（差值）、合并全身并发症例数（本期）、合并全身并发症例数（同期）、合并全身并发症比例（本期）、合并全身并发症比例（同期）、合并全身并发症比例同比（差值）、胆源性胰腺炎胆囊切除例数（本期）、胆源性胰腺炎胆囊切除例数（同期）、胆源性胰腺炎胆囊切除比例（本期）、胆源性胰腺炎胆囊切除比例（同期）及胆源性胰腺炎胆囊切除比例同比（差值）等。

以国内外标准为基础，依托上海市级医院"临床能力促进与提升专科联盟"，确定不同病种的个性化指标的定义及取值的特有字段。对数据进行数据规范质控、数据逻辑质控、业务逻辑质控、业务应用质控，开展结构化、规范化、匿名化的数据质控与数据治理，构建高质量专科专病数据库。利用数据槽位提取、文本富集、NLP、后结构化处理等技术手段，自动抓取关键质控数据，实现个性化指标数据的直采。

通过医联中心大数据论证，实现快速数据对比验证，及时发现问题，同步分析计算结果差异，整合申康资源寻找差异的原因，不断修正口径规则，并充分考虑指标的灵活配置、指标可追溯、指标可拓展等内容，形成特色分组器和标准字典。数据处理后，设计问卷进行信度与效度检验计算权重，采用优劣解距离法、秩和比综合评价法、专家打分、统计分析方法等方法进行验证。进一步，设置Benchmarking机制，促进各市级医院之间的良性竞争，鼓励医院持续改进，将头部医院的指标作为自身的内部发展目标，提出行动方法，以弥补自身的不足。基于以上方法，申康建立了市级医院医疗质量评价与促进平台，并于2021年4月正式向上海市市级医院开放。

（三）病种精细化管理的典型案例

1. 申康中心病种精细化管理

在申康中心病种绩效管理的引导下，各市级医院高度重视病种分析，积极加强管理、合理控费、规范流程、提高效率、提高质量，所有病种的绩效指标均大为改善。一是医疗费用得到有效控制。市级医院门急诊和住院均次费用年均增长3%，与上海同期CPI增幅接近、远低于经济增速和全国市级医院平均增幅；门急诊、住院均次费用分别比北京市级医院低1/4、1/5，2019年住院费用药占比为31.52%，较2017年下降3.57个百分点，2021年更是降到30.00%。二是市级医院功能定位进一步巩固。诊疗难度持续提升，2013年以来，三四级手术数量持续增长，2021年市级医院四级手术达39.06万例，微创手术26.27万例，分别比上一年同期增长26.05%和29.82%。四级手术占比32.66%，微创手术占比21.97%。分别比上一年同期增长1.18和1.41个百分点。三是病种医疗费用等主要绩效指标明显改善。2013年至2018年，54个重点监测病种中，21%的病种出院均次费用绝对值降低，84%的病种均次药费绝对值降低，93%的病种药占比降低，15%的病种均次卫生材料费绝对值降低，18%的病种卫生材料费占比降低。2019年至2021年，市级医院医疗质量评价与促进平台内监测的205个病种中，药占比、材占比均逐年下降。四是为医院加强临床诊疗管理，提供了有力抓手。81%的医院定期开展病种绩效分析，74%的医院将诊疗难度和手术难度应用于绩效考核和薪酬激励，82%的医院探索在病种分析中引入质量指标。五是促进医院学科建设，提升医院核心竞争力。市级医院围绕医院发展战略和学科建设方向，建立了院内重点病种、重点手术目录，并纳入内部绩效考核，推动尖峰、高峰学科的建设和发展。

2. 上海市第一人民医院病种精细化管理

上海市第一人民医院病种的建设与管理，以重点病种和全健康管理为主线，着重发展临床诊疗先进技术，提高疑难危重疾病诊疗水平和护理能力，持续强化医院服务能力建设。

医院大力发展特色病种和特色诊疗技术，首批遴选40～60个申康关注的、有优势、有前景的主要病种进行重点培育，围绕病种，持续抓好特色临床路径、特色诊疗技术、特色诊疗模式、特色风险防控和特色全健康管理五大方面。在特色临床路径上，选择重点病种，结合ERAS、无痛医院、单病种、DRGs等管理目标与要求，制定具有市一特色的临床路径，使临床路径包含病种选择、入组条件、术前、术中、术后等连续环节，符合DRGs的管理要求和单病种质控要求，过程中组织科室试点，完善路径方案，并由重点学科推广到一般学科，通过临床路径的实施实现诊治标准化、规范化、循证化。在特色诊疗技术上，通过推进病种相关特色技术的发展、推进病种管理。医院全面推进无痛诊疗技术，在病种管理上深度嵌入无痛理念；通过建立OPO专职团队，开展移植病种；开展细胞治疗技术，开展儿童造血干细胞移植治疗；积极应用微创技术和人工智能技术，包括达芬奇机器人手术、骨科椎间孔镜椎体微创手术等；开展精准诊疗技术，包括基因诊断、三维导航和机器人辅助等。紧紧围绕6大技术搭建平台，提升能级，培养人才，建强团队，创新临床创新考核与激励体系，完善制度，实现10～15项国内、外首创临床新技术的突破，同时注重技术应用的质量安全与规范化管理。在特色诊疗服务模式上，持续推进复杂肿瘤综合诊疗的CCC模式，建设标准化的数据平台和患者管理中心，实现对肿瘤患者的全周期、全过程管控，达到德国癌症协会的CCC认证要求；持续推进MDT诊疗模式，包括以并发症、合并症诊治为目的MDT门诊、结节病相关MDT门诊、围绕专病诊治的MDT门诊、疑难疾病MDT门诊等，加强管理，加大考核力度；在特色风险防范上，增强全员参与风险防控意识，加强院感等质控队伍建设，提升质控的专业化水平；加强质控管理的技术创新，使信息化、智能化充分赋能，织密风险防控网络；强化核心制度的刚性落实，对医疗护理质量薄弱环节持续监督、分析，采用科学的质量持续改善的工具持续改进，营造安全的患者就医环境；继续完善以患者安全为目标的质量持续改进项目，如患者跌倒风险监控体系，危重患者评估和风险监控体系，患者疼痛评估和处理监控体系，患者用药风险事件监控体系、患者VTE防控与监测体系、围手术期患者评估与监测体系、非计划二次手术上报监控体系等，保障患者安全；进一步做好专科质控管理工作，力争保持行业前列。在特色全健康管理上，明确大医院"防诊治康"的导向和定位，针对部分重点病种，确定全健康管理对象，制定全健康管理流程，制定全健康管理的方案，组建全健康管理的团队，建立全健康管理的制度。同时，搭建全健康管理的平台，建立人群的流行病学信息管理系统，针对院前管理建立医疗信息库，制定基于病种的亚人群疾病预防策略，建立定期筛查和疾病预警管理机制建立精准院后康复管理体系，与院前管理系统相结合，实现疾病康复指导、复发预防和定期筛查融合的个体化精准管理。

推进院科二级质量控制的信息化建设，建立医疗质量与安全监测平台，实现实时监测预警与全诊疗环节质量评价，建立安全预警与干预的闭环管理系统。着力质量管理创新，确保临床质量安全。重点关注病种结构，连续三次修订重点病种目录，2019年医院重点病种共计80个，建立信息化质控管理的平台，做到病种的运行数据和质量数据可采集可比较，实现病种管理信息化。对病种的质量管理指标信息化，包括围手术期非计划二次手术、低风险死亡率等指标的管理；建立脑梗死、心肌梗死等高危人群筛查处置流程和VTE标准预防细则，加强手术并发症的预防和干预。完成院感监测信息化及微生物室信息系统建设，提升指标动态监测功能。

近年来医院病种难度CMI指数稳步提升。在申康54个重点病种中，医院排名前3的病种达到14个，其中白内障切除人工晶体植入术、造血干细胞移植术和支气管哮喘排名全市第一，玻璃体视网膜手术、急性颅脑损伤（手术）、2型糖尿病排名全市第二，急性胰腺炎等6个病种排名前三；病种排名逐年提升，2020年排名较2019年提升1~2名的病种达15个，2021年申康病种排名前5达18个病种，2022年达到25个病种。通过抗菌药物使用监测网络等措施强化抗菌药物管控，Ⅰ类手术切口预防使用率、每百人天住院抗菌药物使用强度均有明显下降，DDD一直保持在40%以下，在上海处于标杆水平。经过病种化管理，在国家绩效考核中一直获得较稳定成绩。患者满意度逐年提高。

（钟力炜、沈　婷、于海跃）

第十二章 价值医疗管理

一、价值医疗概念及研究进展

（一）价值医疗概念

价值医疗（Value-Based Healthcare，VBHC）的概念最先由哈佛大学教授迈克尔·波特（Micheal Porter）提出，其关注临床效果与医疗花费之间的平衡，强调以患者为中心开展全流程、整合型的医疗照护，在一定成本下所创造的最优医疗价值，实现医疗服务价值和医疗服务效果的最大化，被誉为"高性价比的医疗"。

基于此，学界给出了不同定义：一种观点认为，价值医疗是为患者创造的价值、综合医疗服务的使用状况与成本和医疗费用支出的综合测度；另一种则是基于医疗服务提供视角，认为是医疗服务自身的可及性、医疗服务所带来的健康结果与患者自身对于医疗服务过程的满意度。

价值医疗是指医疗服务提供方根据患者的健康结果获得报酬的一种医疗服务提供模式。医疗服务提供方帮助患者改善健康、减少慢性病的影响和发病率，使患者过上更健康的生活而获得报酬。不同于按服务单元付费、按人头付费依据医疗服务数量获得报酬的模式，价值医疗的"价值"来源于衡量健康结果与交付结果的成本。

（二）价值医疗的理论基础

1. 价值医疗与博弈理论

博弈论是价值医疗的理论基础之一。博弈论是指多个不同的决策主体，它们在一定的决策空间内，根据自身的利益目标、能力以及掌握到的信息做出最符合自身利益的决策。博弈论可较好地反映基于不同行为主体、基于理性人视角下其个人利益最大化的最优策略分析,而价值医疗的衡量也是基于其双方行为主体的最优价值度量与对比。

2. 价值医疗与协同理论

医疗服务可有效协同主体,包括医疗服务的需求方、供给方以及医保支付第三方等,基于价值多方面共创为利益诉求出发点,发挥协同联动作用,推动医疗服务的整合式发展,才能实现医疗服务的价值最大化。通过构建患者和医疗服务价值的双向协同机制,实现患者和医疗服务价值提供方的多重价值也能较好地协同双方的利益诉求。

(三)价值医疗的研究进展

1. 国外研究

1)美国

美国最早基于价值的医疗体系建设是从2010年3月美国国会通过《平价医疗法案》(Affordable Care Act,ACA)开始的,ACA法案授权了采购、减少重复入院计划、医院获得疾病减少计划和医疗价值修正计划4个基于医疗价值的项目,推动医保支付方式的改革和医疗质量的提高。2015年,美国国会通过了《医疗保险准入及儿童医疗保险计划再授权法案》,该法案授权了质量支付计划(Quality Payment Program,QPP),建立了基于价值的双轨质量支付计划,包括基于绩效激励的支付系统和替代支付模型,使美国医疗保健体系从"以项目为基础"转向"以价值为基础"的发展模式。基于绩效激励的支付系统是QPP的核心组成部分,包括质量、成本、互联互通、改进活动4个绩效评价指标,通过加权计算4个指标分值,并与设定的基本阈值进行比较后进行支付调整;同时,根据特定的临床医疗计划、医疗单位或个体,质量支付计划制定了替代支付模式,对符合规定标准的临床医生将有资格获得医保支付部分5%的额外奖金,2020年,终末期肾病治疗计划、肿瘤照护模式、关节置换综合支付计划等10个医疗项目按替代支付模式进行额外补偿。美国的质量支付计划将医生和患者视为"利益共同体",鼓励医生提供优质高效的医疗服务,改善患者体验,减少医疗费用,改善整体的医疗结果。

美国目前已建立了7类、84种价值医疗服务的支付模型,该模式正在逐步扩展到各州,为价值医疗在美国的推广奠定了基础。

2)英国

英国国家医疗服务体系将基于价值定价视作为一种加强激励机制的尝试,其价值医疗服务内涵外延至更广泛的经济效应和社会效应,满足患者的多方位需求。英国尝试通过价值定价机制来实现对医疗服务需求的激励,如设定阈值来准入新技术，同时根据成本、疾病负担、医疗服务的可及性和持续性、治疗创新和改进对价值定价方案进行调整，使卫生资源有效地投入到最具有社会效应和经济效益的卫生技术上，促进医疗服务创新，满足患者多方位需求。

3）加拿大

加拿大价值医疗服务在关注医疗服务价值的同时，更将价值采购纳入医疗服务价值的管理，一是关注患者的需求，二是重视整体系统价值，三是与医疗服务产品供应方确定谈判和监督机制，四是支持获得更好的健康结果，以实现患者疾病治疗与健康康复的周期性过程。

医院在进行价值采购时，充分考虑总费用的评估，采用公私合作等方式开展结果测量，与供应商进行风险分担。

2. 国内研究

2017年，习近平总书记在党的十九大报告中首次提出"健康中国"战略，指出要完善国民健康政策，为人民群众提供全方位全周期的健康服务。目前具有中国特色的价值医疗理念已经深深植根于健康中国的建设中。价值医疗的核心理念在于医疗服务提供方由服务量驱动转变为价值驱动，使有效的医疗资源发挥最大作用，使人民群众获得更好的健康结果。对医院而言，为人民群众提供价值医疗意味着需要更加注重医疗卫生服务的整合性以及可及性。

国外已经将价值医疗实际应用于医保支付等项目中，并具备了完整的理论体系；国内研究多局限于在国外研究的基础上进行理论分析，包括医保支付改革、运营管理、绩效考核、卫生技术评估等。

1）价值医疗与医保支付改革

王冬基于价值医疗理念对医疗服务价值评价，提出建立医疗保险方与医疗服务提供方"正和竞争"的医疗保险支付制度，充分吸收医生群体的参与，采取大数据技术分析预防治疗行为，重视诊疗技术疗效评估，将健康教育和促进等健康管理行为纳入医疗保险支付目录，推进整合式医疗服务发展，发挥健康管理中个人作为"首席运营官"的作用等政策建议。

王隽等认为以价值医疗为导向DRG付费制度可以促进医院运营，但要做好病案质控审核、医院成本核算、缩短平均住院日、优化临床路径、规范诊疗流程等基础性工作。

姜立文等基于价值医疗视角从医疗成本和医疗质量构建指标体系，按疾病诊断相关分组付费促进了医院运营管理医院的医疗质量、服务能力和效率同步提升，但是需要进一步加强医疗成本控制，提高精细化运营水平。

王奕婷等通过梳理按价值支付的相关概念、理论基础和核心要素，提出应建立辅以绩效考核的多元复合支付方式，统筹协调推进医保支付和供给侧改革，制定可靠有效的价值衡量标准，提高医疗服务价格和质量透明度，加强区域卫生健康信息平台建设。

2）价值医疗与运营管理

洪蒙等针对医疗卫生服务体系存在重治轻防、防治脱节的现象，认为有必要在医共体内或区域医联体构建基于价值医疗的整合型医疗卫生服务体系，实施医保费用按人头打包服务，推进按病种付费等多种支付方式改革，整合现有的医疗卫生资源。

石晶金等针对我国医疗资源分布不均衡，过度医疗与资源短缺现象并存，认为以患者为中心的价值医疗模式在一定成本下可创造最优的医疗价值，弥补过去只强调服务数量而不强调医疗质量和效率的不足，应快速推动价值导向型医疗服务模式的转型。

陈芸等基于价值医疗理念，从医疗质量、成本控制及满意度3个方面进行效果评估，构建智慧医院建设路径。

于婷等通过对我国"新医改"政策布局和"价值医疗"概念的分析，探讨建立以"价值医疗"为导向的医院运营管理模式的方式和方法，认为这种管理模式能够实现提升患者就诊体验、降低医疗成本，提高医疗资源配置和使用效率的目标。

龙芸等针对传统预算存在的预算流于形式、与医疗业务脱节等问题，认为应基于医疗业务活动的弹性预算管理机制，建立弹性定额，制定资源消耗标准，实现医院资源的弹性动态配置，促进临床诊疗活动的标准化和规范化，从而实现价值医疗要求下的优质、高效和低耗的医院精细化管理。

3）价值医疗与卫生技术评估

金春林等从价值医疗的概念、全球实践进展以及实现路径等方面进行介绍，认为卫生技术评估是实现价值医疗的重要工具，实施以人为本的一体化服务模式是实现价值医疗的重要路径，信息化、标杆分析、支付制度、组织是实现价值医疗的四个关键因素。

肖月等利用卫生技术评估工具，深入探讨构建高值医用耗材全生命期治理决策协同机制，认为基于价值医疗角度的国采政策的价值主要体现在药品双通道管理机制提高了药品可获得性，可以有效控制医疗费用不合理增长、减少医保基金支出，有助于进一步减轻患者用药负担。而针对药品价格需回归合理区间、外企需改变策略寻求突破、中选仿制药与原研药之间的质量差异会导致疗效差异等。其认为医药市场结构应正向转变、以价值医疗助力医保调控、优化一致性评价体系。

4)价值医疗与绩效考核

黄秋月等对公立医院绩效考核和价值医疗内涵进行研究,认为价值医疗理念是公立医院绩效考核的必然要求,价值医疗的绩效考核要体现结果应用、预算与绩效管理一体化、信息化支撑等。

二、价值医疗模式下的临床路径管理

如前所述,价值医疗是一种医疗管理模式,在该模式下,医疗服务机构通过监控特定患者群体的医疗效果,同时分析临床路径中实现这些效果所需的资源和成本,通过单位货币获得的医疗效果(价值=效果/成本),以最优的价值作为目标,采取对治疗方案进行持续改进的管理策略。价值医疗基本理念是追求性价比的医疗服务,即以同样或较低的成本取得医疗质量或医疗效果的最大化。价值医疗以提高医疗服务效率为前提,以提高成本/效益比为目标,以保障医疗质量为核心,因此,推行价值医疗一方面要求全面提升医疗服务质量,另一方面要求有效控制成本。实践证明,价值医疗可以提高医疗服务效率和产出,进一步提升卫生服务体系绩效,新时代背景下实现价值医疗是我国健康服务体系转型的必要举措,也是我国下一步改革和发展的重要方向。

价值医疗所要求的"质量"、"成本"双控是促进临床路径管理的重要动力,临床路径是医院适应价值医疗的首选对策。临床路径是一种质量效益型的医疗管理模式,它包括循证医学、质量保证、质量促进等领先管理理念和方法,其核心理念是通过规范医疗卫生技术人员诊疗行为不断改善医疗质量,合理控制住院成本,提高质量管理效益。我国基于"成本"管控的按疾病诊断相关分组(diagnosis related group,DRG)付费改革已经进入到全面推进的实践阶段,按DRG付费改革将推动医院进行成本管理、绩效管理、质量管理,DRG支付方式将医院业务收入中的药品、检验、耗材等主要来源转变为医院提供医疗服务的成本。

医院要加大力度推行临床路径,在临床路径下将病种成本进行二级分摊,加强病组费用管理,合理进行成本控制,包括人工成本、药占比、耗材占比的合理控制,提高医务人员劳务占比,优化收入结构,不损害员工积极性,不损害患者利益,不妨碍医院发展。我国从2009年6月始正式逐步启动临床路径管理,实施临床路径管理是医院迈向价值医疗和精细化管理的重要措施,是促进医院持续高质量发展的必要举措。

（一）临床路径的发展和现状

1. 国外临床路径的发展与现状

70年代，美国的医疗费用开始急速上涨，如何控制医疗支出的增长并维持医疗服务的品质，成为一项重大课题。直到80年代中期，美国政府为了遏制医疗费用的不断上涨，提高对卫生资源的利用，对政府支付的老年医疗保险（Medicare）和贫困医疗补助（Medicaid）实行了由耶鲁大学卫生研究中心的Bob Fetter等提出的诊断相关分组（Diagnosis Related Groups，DRGs）为付费基础的定额预付款制（Diagnosis Related Groups-Prospective Payment System，DRGs-PPS），目的是建立财政激励政策鼓励医院控制资源利用，同时给住院患者提供高质量医疗。如何在不影响医疗质量的前提下尽量降低成本成为医院面临的重大问题，在这样的历史背景下，路径管理方式成为医院研究的热点。美国护士Karen Zander及其助手们大胆尝试临床路径服务计划，运用护理程序与路径的概念，将路径应用于医院的急救护理，并第一次提出"临床路径（Clinical Pathway CP）"这一术语。临床路径是一种跨学科、综合、深化的整体医疗护理工作模式，指医生、护士及其他专业人员，针对某个病种，以循证医学为基础，以预期的治疗效果和成本控制为目的，所制订的有严格顺序和准确时间要求的最佳程序化、标准化医疗检查和处置流程，以减少康复的延迟及资源的浪费，使服务对象获得最佳的照护品质。和传统管理模式相比，临床路径在提高了医疗护理质量的同时，还增强了团队协作，增加了患者本人的介入，使医疗护理工作更加合理化、人性化。美国波士顿的新英格兰医疗中心（New England Medical Center，NEMC）和新英格兰女执事医院（New England Deaconess Hospital）是最先开展临床路径的医院。临床路径的使用达到预期的治疗效果，建立临床路径使所有成员更好地理解患者的医疗并清楚预期的结果。20世纪90年代初，临床路径已被美国医院广泛使用，逐渐从急性病向慢性病，从外科向内科，从单纯临床管理向医院各方面管理扩展，一些国家已把临床路径应用于肾移植、新生儿、先天性疾病、肿瘤、糖尿病等疾病。在过去多年里，临床路径的实施对于管理资源，提供高品质、高性价比医疗与护理已成为许多医院管理和外科医生的挑战。众多研究表明，一个专门的临床路径是一种行之有效的、保持质量的手段，同时也可控制成本。大量相关文献报道，临床路径在多种疾病中应用都明显降低医疗费用，缩短住院日，提高医疗、护理质量，使并发症的发生降低。可见，国外对临床路径的使用经过长时间的摸索已基本成熟，对临床路径的应用与评价研究也比较多，已趋向于多方面的改善，医疗质量得到不断地提高，因此被广泛运用。

2. 国内临床路径的发展与现状

我国随着社会的发展和人民群众对医疗卫生需求的日益增高，医疗费用上涨过快、卫生资源配置不合理，"看病难、看病贵"是人民群众反映最为强烈、最希望解决的难点和热点问题之一。近年来政府积极推动医疗卫生体制改革。1998年后，一些医院逐步意识到临床路径的优越性，北京、天津、重庆等大城市的大医院开展了部分病种临床路径的研究和试点。为规范临床诊疗行为，保障医疗质量和医疗安全，原卫生部开始启动了临床路径编制工作，成立临床路径技术审核专家委员会，还聘请了22个临床学科及相关专业知名专家作为专家组成员，负责部分病种的临床路径审核工作，并为临床路径的试点提供技术指导。2009年年底，根据国务院《医药卫生体制五项重点改革2009年工作安排》要求，制定下发了22个专业112个病种的临床路径，并在全国16个省（区、市）遴选了86家医院启动临床路径管理试点工作。自原卫生部2009年印发的《临床路径质量指导原则（试行）》以来，国家已下发1212个临床路径病种诊疗标准，涵盖30余个临床专业，基本实现临床常见、多发疾病全覆盖，基本满足临床诊疗需要。并且明确了临床路径是规范临床诊疗行为的重要举措，并在医院等级评审中规定了推行临床路径。

从临床路径在世界范围内的发展可以看出，CP是医疗支付方式变革的产物。临床路径不仅是医疗质量监管工具，也是行之有效的费用控制与绩效管理手段，实践证明应用临床路径来实现价值医疗的"质量""成本"双控的是可行的。

（二）临床路径的建立与实现

临床路径具有标准化和规范化的特点，因此临床路径的病种选择，需要考虑以下几点：选择常见病、多发病；选择费用高、诊断明确、治疗护理有模式可循或处置方式差异小、需住院治疗的病种；选择治疗效果和住院日比较明确、医保已经或即将定额付费的疾病。

1. 临床路径的建立

1）医院按照以下原则选择实施临床路径的病种：①常见病、多发病；②治疗方案相对明确，技术相对成熟，诊疗费用相对稳定，疾病诊疗过程中变异相对较少；③结合医院实际情况，优先考虑卫生行政部门已经制定好的临床路径推荐参考文本的病种。

2）临床路径诊疗项目中包括医嘱类项目和非医嘱类项目。其中医嘱类项目应当遵循循证医学的原则，同时要参考原卫计委发布或相关专业学会（协会）和临床标准组织制定的疾病诊疗常规和技术操作规范，其中包括饮食、护理、检验、检查、处置、用药、手术等方面。非医嘱类项目则包括健康教育指导和心理支持等项目。

3）医院必须根据自己的实际情况，遵循循证医学的相关原则，确定完成临床路径标准诊疗流程所需要的时间，包括总时间和主要诊疗阶段的时间范围。其中，循证医学的运用应当基于实证依据，在缺乏实证依据时应当基于专家的共识。参与制订临床路径管理的专家应当讨论并评估实证依据的质量和如何运用于关键环节控制等方面。鼓励所有临床科室（ICU 除外）都要开展临床路径管理，根据病案室统计出各个科室前 10 位出院病种，对照国家卫健委发布的临床路径病种，打破固定刻板思维，把以前只将纯粹的单病种纳入路径，改变为即使合并有最常见的并发症、合并症，只要不影响主要诊断及路径的实施，均可纳入路径管理，以提高路径覆盖面。注重管理与临床实际工作的融合，以国家卫健委推行的临床路径为蓝本，结合实际工作，制订表单时应以患者为本，对临床路径正文和表单部分作出了创新，对最常见并发症、合并症的疾病，或者一个疾病不同手术方式，设计多条分支路径，增强路径管理流程的可操作性，大大提高了入径率及完成率。严格执行退径程序，重视临床路径变异的监测，制订变异退径标准。在实施路径过程中，出现偏离路径标准时，如果仍可以继续原路径的实施，则无需退径，并非所有发生变异的患者都不能完成路径。只有在诊疗过程中出现严重并发症、改变原来主要诊断、治疗方式或需要转科及超标准费用、住院天数等应及时退出路径，并记录变异情况，分析变异原因。

2. 临床路径实施

1）对路径相关部门的所有医务人员进行教育，介绍临床路径具体使用方法，变异的记录方法等。

2）使用临床路径，注意严格按照既定的准入标准，选择合适的病例。在路径使用过程中，需要经常检查实施情况，尤其是对变异的收集，要做到及时准确，应尽快分析纠正变异，使其尽早回到路径中。患者出院时满意度和健康知识掌握程度调查表的发放及收回。对于超出标准住院时间的患者，影响其解释原因。

3）分析变异，路径小组应定期对于路径实施过程中发生的变异进行汇总分析，查明原因。引起变异的原因通常来自四方面：系统、医生、疾病及病人。对于系统原因造成的变异，应与有关部门进行研究讨论，改进系统程序。医生造成的变异，应分析其合理性，如合理，可以作为修改路径的参考，不合理应进行纠正避免再次发生。

4）有计划、按规范地推进临床路径管理工作。临床路径管理工作是一种质量管理模式，以缩短平均住院日、降低住院费用等为特征，充分地体现了以患者为中心的管理理念，需要多部门、多学科的协作才能完成。需要医院领导重视，加强各部门的沟通协调，制订相应的奖惩措施，确保相关医务人员按路径规定的要求完成各环节的任务，将各个部门构成一个不可分割的整体，面向病人服务，使临床路径的工作顺利开展。

5）加快临床路径管理的信息化管理。信息系统建设是实现临床路径管理的重要基础，以电子化手段进行临床路径管理，可以提高工作效率，减轻医护人员工作负担，保证数据真实性，这是做好临床路径的必经之路。完善信息系统，购进临床路径管理、统计系统，逐步将临床路径系统嵌入到 HIS 系统，完成临床路径信息与 HIS 系统信息对接，逐步完善路径变异信息预警系统，降低医务人员工作量，加强依从性，提高路径实施效率。利用信息系统，因地制宜，能够更全面推进临床路径管理。

6）加强监督管理。临床路径管理委员会成员通过反复讨论、督查，制定可操作性、科学化的评价标准。每月抽查科室路径病例，参照评价标准，从临床路径运行质量、变异情况等方面检查，关注关键节点，统计分析，并将结果反馈到科室，要求科室针对发现的问题提出整改意见并执行，定期对共性问题给予点评，深入剖析突出问题，并将问题转入到下一个管理循环，周而复始，使临床路径开展得更加规范。对变异因素较为突出的病种，及时与科室责任人、质控管理员沟通、讨论分析变异原因。若出现较大偏差时，则考虑修改路径文本及流程，提升路径设计的可操作性、科学性，推动临床路径管理工作全面开展并使其发展得更有深度。同时，开展路径的科室定期对同类路径管理患者的治疗效果、住院费用、住院天数进行统计分析，总结经验持续改进，使临床路径运行更加科学、实用、有效。

7）制订奖罚机制。为使临床路径实施在良性循环中全面顺利开展，提高临床医务人员的积极性，临床路径管理委员会每月统计各科的入径例数、入径占比、入径率、完成率，对各项指标达标的科室给予奖励。奖励方式是给予合格的路径病例，按例数奖励，另外再奖励个案管理员，并评选优秀科室及个案管理员，与年终评优挂钩。对不达标的科室，给予扣除相应的绩效。通过奖罚机制的软硬兼施，调动科主任、路径管理参与者的积极性。

3. 临床路径动态管理

临床路径的设计不可能一成不变，因此，在路径管理的优化探索中，就更要注意因地制宜，在不同的机构展开实践，不断检验、评估优化方案，建立起评估优化实践—再评估的持续改进闭合环路，最终形成最适合本地区、本单位的临床路径管理模式，真正形成科学、有效、可行的优化方案，使临床路径管理实现"系统化"的同时也达到"精细化"的目标。

将工作流的动态模型引入临床路径信息系统，从而实现灵活管理变异项。运用信息技术对变异项进行统计监控，实现高危环节自动预警，可以有效提高管理效率。在各医疗机构现有临床路径信息管理平台中，增加变异统计功能，实现系统自动记录变异，并按照医嘱类别统计，实时显示药疗、处置、检验、化验、手术、护理、膳食、麻醉等模块的变异率。对于变异率大于固定值（专家讨论决定）的模块进行自动预警提示，从而形成动态的临床路径质量控制系统。通过该系统，管理者可实时对医院临床路径运行情况进行监控，并通过预警信息重点关注变异度高的危险模块，从而识别路径系统中的问题环节和部门，及时组织相关人员对其进行评估和优化，由此显著提升路径管理水平。

（三）效果评价

对临床路径的实施进行一段时间后，将路径实施后的结果进行评价，评价内容包括工作效率、医疗质量、经济指标以及患者满意度指标等方面。对实施中出现的变异进行分析，对路径进一步追踪、评价和改进，最终构建一套科学、可行、有效保证医疗质量的临床医疗护理管理模式。将医疗评价指标和临床路径的主要评价指标相结合，从患者和医院这两个角度出发，来选取重点明确的经济效果评价指标；主要评价指标有住院时长、住院费用、费用构成、自付费用、医疗事件发生率（如感染发生率、出血发生率、褥疮发生率等）、患者满意度及医护人员满意度。

（1）平均住院日：临床路径的实施目中的一个重要方面，是用来规范住院的天数，探索实施临床路径后该院是否规范了住院天数的重要评价。大量文献研究结果显示，临床路径实施后较实施前住院天数总体影响不大。

（2）医疗总费用：通过对同种疾病实施临床路径前后医疗费用的比较分析，可以看出实施临床路径后病人的负担有无减轻，是评价临床路径效果的一个重要指标。大量文献研究结果显示，临床路径实施使得总费用负担降低。

（3）费用构成（药费、检验费、CT费、彩超费、材料费）：费用构成在住院患者费用中占很大的比例，通过分析实施临床路径前后构成的费用情况，以期发现实施临床路径后费用构成有无得到合理控制，医疗程序是否规范。大量文献研究结果显示，临床路径实施后医疗服务费用有所增加，检查检验费用负担降低，药费负担降低，材料用负担降低。

（4）患者自付费用：通过对患者自付费用实施临床路径前后费用的比较分析，可以看出实施临床路径后病人的负担有无减轻，患者自付费用是评价临床路径效果的一个重要指标。临床路径实施后较实施前患者自付费用总体影响不大。

（5）医疗事件发生率：通过对实施临床路径前后患者住院期间发生的医疗事件发生情况，评估临床路径实施提升医疗质量效果，实践证明，临床路径实施后医疗事件发生率将降低。

（6）患者满意度：国内外相关文献报道，临床路径的实施可明显提高医疗服务总体满意度。因为减少医疗成本，缩短住院日而不会影响到治疗效果，使患者少花钱，看好病，同时一定程度地满足患者的知情权，使其对自己从入院到出院的全过程都有一定的了解。同时，通过路径的提示作用，真正让患者感觉以"病人为中心"的服务理念，患者的知情权得到了极大的满足。

（7）医护人员满意度：临床路径是一种有效的工具，通过临床路径流程与提示，使医护人员能够及时详细掌握预知诊疗流程及注意事项、康复要点等，做到心中有数，减少了患者住院时因治疗程序和方法不当而导致的各种变异情况，降低了因医院流程或人为因素的影响规范了诊疗行为。

（四）启示与展望

"健康中国2030"是我国未来医疗卫生事业发展的国家战略，在有效控制医疗费用增长的同时，保证并提升医疗服务的质量与效果具有重要的现实意义。这对看似矛盾的关系也是医疗服务改革的一个难点。基于价值导向的典型医疗服务提供模式、医保支付方式、指标体系的建立以及动态调整的机制，是我国探索"价值医疗"本土化实现路径的良好借鉴。价值医疗其本质是以患者为中心，以最低的成本得到最佳的健康绩效，被称为"最高性价比的医疗"。从国际发展来看，基于价值的整合型医疗服务体系受到重视，并成为未来发展的一种趋势。

医疗质量和安全管理是医院管理的核心内容和永恒的主题，临床路径管理服务流程各关键环节的选择也以保证医疗质量和安全为前提。因此，临床路径管理与价值医疗的有机结合，可促进医院高质量可持续发展。临床路径作为标准化治疗模式和治疗程序，可引导医生基于循证诊疗方案选择最具成本效益的治疗方案，是降低医疗服务变异，降低医疗成本的重要工具。医疗机构根据自身条件，针对特定病种提出的最优化的、规范化、专业化的诊治流程，在很大程度上，可以优化患者诊疗的先后顺序、促进患者诊疗的错峰进行，减少患者漫无目的等待，表现为能缩短患者的术前床位占用日、节省术后床位占用时间和降低患者整个的在院时间，达到减少医疗资源消耗的目的。临床路径管理模式作为现代医学管理模式的一种，对于缩短平均住院日，提高病人满意度，规范医疗行为，构建和谐医患关系有重大意义，是价值医疗导向下医院发展的必由之路，值得各级医院根据实际情况逐步推广规范。

同时，临床路径的运用对于资源管理、提高医疗质量和效益已经成为医院管理的一个挑战，临床路径的实施，也对医院运行体制、传统习惯、服务理念等提出了全新的要求，为长效推动基于价值医疗的临床路径管理，可依托绩效考核的"指挥棒"作用，理顺各方利益机制，引导各方协同推进临床路径落实。

三、价值医疗管理及提升

价值医疗理念被卫生经济学家称为"最高性价比的医疗"，其实践是以患者需求为中心，能够在有限资源中使医疗服务价值发挥得更加高效。在价值医疗发展理念的指引下，各家公立医院纷纷从自身实际情况出发，以患者需求为中心，探索从传统医疗服务转型为价值导向的医疗服务的新模式、新路径。

（一）急诊服务践行价值医疗的必要性

医院急诊作为医疗服务体系的前沿窗口和重要组成部分，担负着各类急危重症患者的紧急救治以及各种突发性、灾难性事故的医疗救援等工作，直接关系到人民群众的生命健康安全，也是衡量医院医疗服务能力的重要标准。目前，我国普遍实行非限制性急诊，鉴于急诊医疗"快速、便捷"的特点，大量非急症患者涌向急诊室，导致急诊室拥挤不堪，就医混乱，已成为医院管理中的突出难点。这种模式不仅造成急诊有限的医疗资源被严重滥用，而且影响真正危急重症患者的及时救治。

在急诊服务中实施急慢分诊，分级救治，对保障真正的急危重症患者安全，使有限的急诊医疗资源发挥最大效能，改善急诊患者的就医体验至关重要，也是医院在服务提供中彰显以患者为中心的价值医疗的重要切入点。

上海市某三级甲等综合性医院作为国内医疗服务改革创新的引领者、示范者，近年来在急诊医疗服务优化方面，开展一系列卓有成效的创新举措。其中，通过在急诊实施精益管理，引导急诊病人有序分流，提升急诊服务效率，取得了显著成效。现将医院在践行价值医疗管理中的相关实践经验总结如下，供医疗同行们参考借鉴。

（二）开展价值医疗管理工作的基本情况

1.成立急诊流程优化专项组，分析急诊运行情况

医院成立专项小组，针对急诊就诊流程优化工作进行研究。团队人员包括行政管理及急诊科医护人员等。首先，项目组收集了医院2015年急诊接诊量及救护

车接诊量的基本情况，根据国家卫健委 2011 版急诊分级诊疗标准对患者进行病情分级，具体结果如表 12-1、表 12-2 所示：

表 12-1　2015 年急诊诊室接诊情况

项目	人次 / 人	平均每月 / 人	平均每天 / 人
接诊人数	313381	26115	842
其中：1、2 级	2346（0.7%）	196	7
3、4 级	311035（99.3%）	25919	835
3 级	159560（51.3%）	13296	443
4 级	151475（48.7%）	12622	392
患者平均年龄	55.31	—	—

表 12-2　2015 年救护车接诊情况

项目	车次 / 次	平均每月 / 次	平均每天 / 次
接救护车数	8529	710.75	23.37
其中：1、2 级	2219（26%）	184.92	6.08
3 级	6310（74%）	525.83	17.28
患者平均年龄	67.22	—	—

调查结果显示，从每天接诊的急诊就诊患者来看，有 48% 为非急诊患者，急诊医疗资源确实存在不合理使用的问题。另一方面，医院每天约需接诊 7 人次的重症患者，在大量非急诊病人的冲击下，这些重症患者存在延误治疗的风险，医疗安全存在较大隐患。同时，120 转运来院的患者中，仅 26% 的患者为真正重症患者，大量轻症患者的转运造成抢救室医疗秩序混乱，宝贵的抢救室资源也未能得到合理使用。

在数据分析的基础上，项目组通过头脑风暴，提炼了医院急诊科在长期运行中存在的三大主要问题：一是急诊医疗资源有限，滥用情况严重；二是急症慢症按序混治，安全隐患较大；三是急诊拥挤情况突出，医患感受度差。

基于上述现状分析，项目组制定了急诊流程优化的核心目标：基于价值医疗理念，通过信息化手段合理配置急诊医疗资源，引导急诊病人有序分流，提高急诊医疗质量和安全，进一步探索以患者为中心的价值服务模式改革。同时，项目组站在患者角度，设定了三个关键指标，一是诊室等候时间；二是抢救室分流率；三是患者满意度，作为效果评价指标，以期通过项目实施提升急诊患者就医体验。

2. 具体实施路径和策略

1）制定医院急诊病人分级标准

项目组通过文献查阅梳理，充分调研国内外不同国家和地区的医疗机构开展分级诊疗的标准和分级依据。同时，参考国家卫健委2011版急诊分级诊疗标准，结合本院急诊的规模、专科急诊设置、急诊接诊的疾病谱和病种特点，项目组分别召集全院各专科的专家，召开专题讨论会，按系统进一步细化和完善了分诊标准。标准既具备全国医疗机构共性的内容，又兼顾了本院的专科特色。例如，烧伤科是本院的特色专科，烧伤急诊量在本院的急诊接诊量中占有较大的比例，但在国家卫健委的分诊标准中未涉及相关内容，项目组专门组织本院烧伤科专家，结合临床实际，制定了适合本院烧伤急诊的分级诊疗标准。

秉持保障潜在危重症患者的有效识别，同时不过度分诊的总体原则的基础上，项目组最终形成了一套适合本院急诊工作实际的分级诊疗标准。在后续实际临床应用中，分诊知识库还在不断扩展和修改完善，使其更贴合临床实际，确保分诊标准有效施行。

2）重新定义分区功能定位，再造就诊流程

项目组发现，120救护车送来的患者并非全部需要进入抢救室，真正达到一、二级抢救标准的仅占26%；而自由就诊的患者中，约有0.7%的患者为潜在的危重症患者，需要及时进入抢救室进行抢救治疗。在此数据分析的基础上，项目组对医院的急诊医疗流程进行再造，进一步明确急诊诊室、抢救室等各医疗区域的功能，预检病情分级为1、2级的危重患者，全部入抢救室抢救；预检病情分级为3、4级的普通急诊患者，则由诊室医生先接诊，护士加强诊间定时巡回，及时观察患者病情变化，并根据病情的再评估，把患者移送相应的医疗区域就诊。此举极大改善了原先抢救室内外极其拥堵的局面，使抢救室宝贵的急救资源真正用到了最需要的患者身上。

3）开发并启用智能化预检分诊系统，提高预检分诊的准确性

项目组把已形成的医院急诊分级诊疗标准作为知识库，并嵌入MEWS、REMS、RTS等评分系统，充分利用信息化技术，开发了智能化预检分诊系统，预检护士对每一位来院患者均通过外接医疗设备，快速采集患者生命体征信息，数据自动导入分诊系统。系统会自动对患者的病情进行分级和分科，根据预检分诊的结果，指导患者进入急诊不同区域进行就诊。该系统同时与医院HIS挂号系统实现对接，形成分诊制卡一站式模式，减少患者家属来回奔波，改善患者就医体验。该系统已于2017年1月正式投入使用，保障了不同护士预检结果的同质化和预检分诊的准确性，在急诊就诊的第一个环节，及时识别出潜在的危重症患者，给予相应的急救措施，最大程度地保障患者安全。

4）上线急诊诊室和补液室排队叫号系统，理顺就诊秩序

结合急诊医疗工作特点，项目组开展了急诊诊室和补液室排队叫号系统的建设。首先项目组在急诊大厅开设叫号区域，把大部分患者的等候区域安排在大厅等相对宽敞的区域内。在系统设计急诊初诊和报告回看患者的排队规则时，通过建立数学模型，研究出最合理的排队规则，力争让初诊和复诊患者排队等候的时间均最短。项目组充分考虑了候诊患者候诊过程中病情变化时的应急处置必要性，设置了"一键绿色通道"，以便应急情况下患者能得到最及时的治疗。另外，项目组还考虑到要让一线的医护人员尽可能按时用餐，保护他们的身体健康，设置了医生自行关停诊室的功能。

补液室和诊室排队叫号系统分别于2015年6月和2016年7月正式上线使用，该系统的使用彻底改变了一直以来最让医患双方共同诟病的急诊室拥挤局面，不仅之前补液室永不消失的"输液长龙"消失了，诊室初复诊患者因为插队问题而频频发生的患者间矛盾也有显著降低，还实现了急诊"一人一诊室"的要求，既保护了患者的隐私，也给急诊医生提供了一个良好的工作环境，让他们在一个安静的环境下集中精力，为急诊患者提供更优质的医疗服务。因此，医患满意度得到了极大提升。

5）加强院内院外分流工作，有效缓解急诊室滞留

急诊是为患者提供应急处置的医疗场所，理论上经过急诊处置的患者应及时向院内专科病房、康复医院、老年护理院、回家休养等方向分流，以保障急诊急救绿色通道的畅通。但是，因整个社会医疗服务体系尚不健全，导致急诊患者的院内外分流呈现较大困难，大量经急诊紧急救治后病情稳定的患者滞留在三级医院急诊，"肠梗阻"现象较为突出。项目组针对该问题，基于以患者为中心的服务理念，考虑到让患者自行联系住院或转院的难度较大，采取了如下举措：一方面，加强和院内专科的信息互通和业务协作，利用微信群每天发布急诊滞留患者信息，保持对适合专科收治患者的院内分流途径畅通；另一方面，通过血液医联体等专科医疗联合体，对于专科诊断明确的患者，及时由专科统筹医联体成员单位的床位资源，帮助患者分流到医联体成员单位。此外，对一些老年慢性病患者、晚期肿瘤患者等，项目组主动联系周边的二级医院和康复医院，把部分疾病稳定期的患者及时下转，既能够让患者根据病情得到更专业的治疗和更好的照护，也保障了医院急诊急救绿色通道的畅通。尽管医院每天的急诊量较大，其中不乏大量外院转诊的疑难危重患者，但急诊医疗整体上始终秩序井然，未发生严重的急诊室滞留问题，更未发生因为急诊室拥堵而造成的医疗不良事件。

6）加强高危病种绿色通道救治工作，促进急救体系建设

急性心梗、主动脉夹层、肺栓塞等均为急诊常见病种，也是致死性和致残性风险较高的高危病种，对紧急救治时间窗的要求较高，随时发生猝死的可能性较大。为最大程度地提高这些高危病种患者的抢救成功率和降低致残率，医院急诊着手开展了胸痛中心建设，打造"院前—院内急诊室—院内专科病房协同、院内多学科团队协作诊疗"的模式，通过先诊疗后付费的急救绿色通道抢表救命，在最短的时间内明确患者诊断并实施救治，为抢救患者生命赢得宝贵时间。该中心自2017年7月试运行以来，获得了患者的普遍好评，胸痛患者通过该绿色通道得到了最为及时的救治，挽救了患者的宝贵生命。在总结胸痛中心建设经验的基础上，"卒中中心""创伤中心""危重症孕产妇救治中心"等专病急救绿色通道的建设也在逐步推进，进一步提高急性卒中、急性创伤、危重症孕产妇等高危病种的抢救成功率。

7）提供"人性化"、"可视化"服务，倡导人文关怀

"关爱患者，从细节做起，提升患者体验度"不仅是价值医疗实现途径之一，也一直是医院急诊改善医疗服务的努力方向，在实际工作中，急诊各医疗服务岗位也一直致力于尽力满足患者需求。针对急诊患者较多、候诊时间较长、患者及家属心情焦虑等特点，项目组在急诊预检台提供"可视化"服务，增设了候诊信息显示大屏，实时提示各诊室候诊时间，使患者及家属做到心中有数。针对急诊患者一般病情较重、身体主观感受差的特点，项目组在急诊大厅增设了轮椅、推车等设施，免费供患者使用。针对急诊患者陪同家属多的特点，在有限的急诊大厅空间内增设等候椅，并设置了健康宣教电视屏，供患者及家属在候诊的过程中安心等候。针对患者及家属在合理用药认识方面的一些盲区和误区，急诊药房撰写了系列合理使用抗菌药物的健康宣教资料，帮助患者及家属普及这方面的医学常识。同时，急诊护理部针对急诊老年患者较多的特点，每月针对老年常见病的照护开展健康宣教讲座，场场满座。此外，为提升患者及家属的就医便捷性，近年来急诊还根据患者需求增设了导医、志愿者服务岗、自助查询机、自助充电桩等。细节决定成败，一系列服务举措的实施，极大程度增加了患者来院急诊就诊的获得感和体验度，项目自实施以来，急诊患者满意度同比呈明显上升趋势。

（三）取得成果与收益

经过近一年项目实施，项目组前期基于患者为中心的价值服务模式设定的三个关键指标均有不同程度改善。

1. 诊室等候时间下降

项目组比较了诊室排队系统应用前后，急诊室运行情况指标改善情况，主要数据包括 2014-2015 年急诊室运行数据与改革后 2017 年 7 月～2018 年 6 月相关指标数据。分析结果如图 12-1、图 12-2 所示。其中，2018 年 1～2 月，由于上海市的冬季流感暴发，导致急诊室就诊人数激增，患者数量远大于常规急诊服务量。这一期间，急诊患者平均诊前等待时间达到了 62.92 分钟和 55.65 分钟，远超其他月份的平均诊前等待时间。因此，在后续分析改进效果时，将该两个月的数据进行排除，以更好地显示常态化运行模式下，医院上线诊室排队系统对改善急诊运行状态的结果。

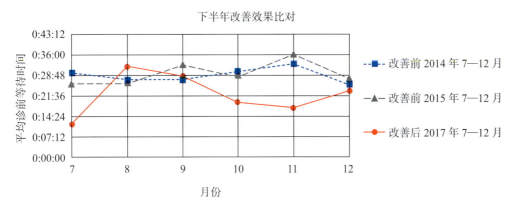

图 12-1 急诊室 7—12 月份运行效果前后比较结果

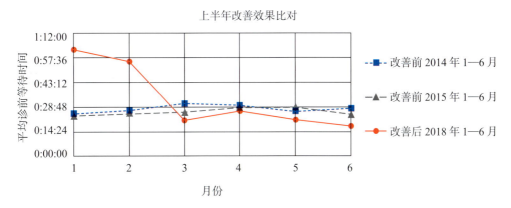

图 12-2 急诊室 1—6 月份运行效果前后比较结果

医院的相关数据显示，系统上线前，急诊内科病人平均诊前等待时间为 27.98 分钟，在排除了因"流感月"等原因造成的就诊人数激增情况后，系统上线后，患者平均诊前等待时间减少了 7.25 分钟，患者就医体验得到明显改善。

2. 抢救室分流率显著提高

自 2016 年至 2021 年，抢救室分流机制日趋运行流畅，抢救室分流率从 2016 年的 31.22% 增长至 2021 年 58.59%，增长 27.37%，保障了抢救室急救绿色通道的畅通及急危重症患者的医疗安全（图 12-3）。

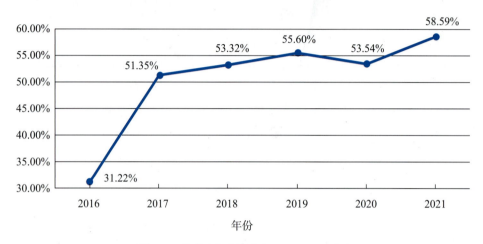

图 12-3　抢救室年分流率（2016～2021 年）

3. 急诊患者满意度

患者满意度方面，第三方满意度测评结果显示，项目实施前后对比，急诊患者的满意度 2017 年同比 2016 年上升 4%，达到 92%，直至 2021 年，近三年同比患者满意度均高于 93%（图 12-4）。

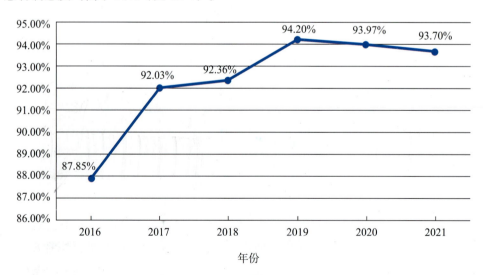

图 12-4　改善前后第三方测评患者满意度（2016～2021 年）

项目实施以来，急诊室运行状况改变显著，急诊整体医疗秩序、医患体验、安全保障、患者体验度等都得到了极大改善。患者安全保障方面，急诊作为全院医疗风险最大的部门，未发生严重的医疗不良事件；除了设定的患者满意度明显提升外，医护人员满意度方面，医院内部每月测评结果显示，员工满意度从2016年的35%骤升至2021年的83%，上升幅度较大。医患就医体验的提升是医院管理的终极目标，各方面数据提示，项目组研究成果在临床的实际运用，已取得良好的经济效益和社会效益。

上海市某三级甲等综合性医院基于价值医疗的急诊服务模式成功实践表明，只有时刻以患者需求为中心思想，探索从传统医疗服务转型为价值导向的医疗服务的改革，才能够在有限资源中让医疗服务价值发挥得更加高效，体现价值医疗内涵，实现公立医院高质量发展。

4. 总结与建议

价值医疗理念源于美国，但是不同国家、不同地区、不同医院对价值医疗的实践各有不同。在借鉴这一理念时，医疗机构需要适时予以调整，掌握价值医疗服务的内涵，并结合医院实际运行中的痛点难点问题，设计与自身服务需求和运行特点相适应的试验路径，使这一理念真正能够在医疗机构落地，切实提高医院的医疗服务质量，提升人民对医疗服务的满意度。

（高卫益、金　瑞、周　帅、谢之辉）

第十三章 创新技术（含药品）推广应用

一、新技术应用管理

医疗新技术是指在诊疗过程中，创新或引进开展的以诊断和治疗疾病为目的，对疾病作出判断和消除疾病、缓解病情、减轻痛苦、改善功能、延长生命、帮助患者恢复健康而采取的医学专业手段和措施，项目应具有创新性、先进性、科学性、实用性、适宜性，并易于推广应用。加强医疗新技术的管理，不仅是依法执业管理和保障患者安全的需要，也是推动医院医疗技术水平提升、建立高质量现代化医院的关键点。

根据中华人民共和国国家卫生健康委员会令（2018年）第1号《医疗技术临床应用管理办法》明确医疗技术管理从事前审批转向事中、事后监管模式，技术准入的关口前移，医疗机构成为医疗技术管理的主要责任主体。医疗机构开展的医疗技术应当与其整体的技术能力相适应，应当切实把控好医疗技术的各个管理环节，遵循科学、安全、规范、有效、经济、符合伦理的原则，保障医疗质量和患者安全，维护人民群众健康权益。

（一）新技术的政策要求

医疗技术是医疗机构的核心，合理合法地科学应用医疗技术是医院管理的基础。按照《医疗技术临床应用管理办法》的相关规定，医疗技术可以分为三类：第一类医疗技术是指安全性、有效性确切，医疗机构通过常规管理在临床中能确保其安全性、有效性的技术；第二类医疗技术是指安全性、有效性确切，但涉及一定伦理问题或者风险较高，卫生行政部门应当加以控制管理的医疗技术；第三类医疗技术是指具有以下情形之一，需要卫生行政部门加以严格控制管理的医疗机制：①涉及重大伦理问题；②高风险；③安全性、有效性尚需经规范的临床实验研究进一步验证；④需要使用稀缺资源；⑤卫健委规定的其他需要特殊管理的医疗技术。其中，第三类医疗技术的临床应用管理工作由卫健委负责。

在我国，新一轮医药卫生体制改革以来的一系列政策对医院发展提出了新要求，国家也出台了相关政策来推动医院医疗技术的管理。

1. 我国医院新技术管理政策环境

2015年，前国家卫生计生委取消了第三类医疗技术临床应用准入审批工作，各省市也在逐步放开第二类医疗技术的准入管理，我国的医疗技术管理从事前审批转向事中、事后监管模式，医院成为医疗技术管理的主要责任主体。比如，取消药品加成在一定程度上改变了公立医院的收入结构，而支付方式的改革促使医院在保证医疗服务水平的同时控制医疗成本、提高医疗资源的合理使用和优化配置。2017年，国家卫健委发布医疗机构开展"限制临床应用"医疗技术的管理规范和质量控制指标。2018年，国家卫健委发布《医疗技术临床应用管理办法》（以下简称《管理办法》），建立医疗技术临床应用"负面清单"管理制度，也明确定义了"医疗技术"和"医疗技术临床应用"。《管理办法》旨在通过加强医疗技术临床应用管理顶层设计，建立医疗技术临床应用的相关管理制度和工作机制，强化医疗机构在医疗技术临床应用管理中的主体责任以及卫生行政部门的监管责任。为进一步加强医疗技术临床应用事中、事后监管，做好限制类技术临床应用管理，保障医疗质量和医疗安全，国家卫健委印发《国家限制类技术目录（2022年版）》（以下简称《目录》）和《国家限制类技术临床应用管理规范（2022年版）》（以下简称《规范》）。值得注意的是，本次修订《目录》明确规定"未纳入编码的疾病诊断、手术/操作不作为国家限制类技术进行管理"。《规范》则根据实际情况优化了医疗机构、人员、技术管理和培训管理等要求，完善了相关质量控制指标的定义、计算公式和意义，便于医疗机构落实和应用。

2. 我国医院新技术管理的两个阶段

近年来，我国为了有效控制医疗费用的不合理增长、保障医疗资源的合理分配、缓解医保压力等，我国决策者对HTA证据的需求逐渐增加，一系列有关HTA的利好文件陆续出台，使得我国HTA的应用与发展迎来政策春天；HTA逐渐从纯粹的学术研究走向了卫生决策转化，在卫生资源配置、卫生政策制定、适宜技术筛选、药品与医疗器械的临床准入与淘汰等方面发挥了重要作用。在医院层面，随着新版《医疗技术临床应用管理办法》的实施，医院在HTA准入和管理中的作用逐渐凸显，对以HB-HTA为代表的循证证据支持决策的需求也在逐渐增加。在过去近十年的时间里，我国HTA相关的政策环境主要经历了如下两个阶段：

1）医保支付驱动卫生技术评估阶段

早在2015年，上海市医疗保险事业管理中心发布《医保结算项目库医疗器材编码管理实施细则》（沪医保中心〔2015〕63号），要求定点医疗机构在申报新增医保结算项目时提供"卫生技术评估报告"作为申报依据，标志着我国HTA进入发展新阶段。2015年，前国家卫生计生委取消了第三类医疗技术临床应用准入审批工作，各省市也逐步放开了第二类医疗技术的准入管理，我国的医疗技术管理从事前审批转向事中、事后监管模式，医院成为医疗技术管理的主要责任主体。2016年4月，前国家卫生计生委、国家发展改革委、工业和信息化部等多部委联合发布《关于做好国家谈判药品集中采购的通知》（国卫药政发〔2016〕19号），要求各级医疗机构从临床用药安全性、有效性、合理性、可负担、依从性等方面对谈判药品开展评估工作；同年10月，前国家卫生计生委等5部委发布《关于全面推进卫生与健康科技创新的指导意见》（国卫科教发〔2016〕50号）和《关于加强卫生与健康科技成果转移转化工作的指导意见》（国卫科教发〔2016〕51号），在我国首次以国家政策的形式提出开展卫生技术评估工作的顶层设计，明确要求"建立并完善医疗新技术、新产品的分类监管制度，加强准入和应用管理。完善新技术临床研究及应用管理制度，规范科研成果转化为临床诊疗标准、技术规范等的程序。改进药品临床试验审批，加强临床试验基地建设和规范管理。持续加强药物和医疗器械创新能力建设和产品研发，落实创新药物及医疗器械的特殊审评审批制度，加快临床急需新药的审评审批。试点开展药品上市许可持有人制度。简化药品审批程序，完善药品再注册制度。推动建立创新技术和产品市场准入与医保制度的衔接制度以及优先使用创新产品的采购政策，使人民群众尽早获益"。

在此背景下，于2017年首次开展的药品谈判中，国家人力资源和社会保障部建立了评估专家组，分别从药物经济性和医保承受能力两个方面开展评估测算工作，大大提高了医疗保险的保障水平，同时也兼顾了医保基金负担能力，并有利于引导合理医疗行为、促进医药产业创新发展，基本实现了医保、企业、参保人"三赢"的目标。

2）卫生技术评估快速发展阶段

国务院2018年颁布的《关于改革完善医疗卫生行业综合监管制度的指导意见》（国办发〔2018〕63号），提出发挥卫生技术评估在医疗技术、药品、医疗器械等临床准入、规范应用、停用、淘汰等方面的决策支持作用，具体内容包括："积极培育医疗卫生行业组织，引导和支持其提升专业化水平和公信力，在制定行业管理规范和技术标准、规范执业行为和经营管理、维护行业信誉、调解处理服务纠纷等方面更好发挥作用。探索通过法律授权等方式，利用行业组织的专业力量，完善行业准入和退出管理机制，健全医疗卫生质量、技术、安全、服务评估机制和专家支持体系。"同时，还要求加强全过程监管，要求强化国家HTA支持力量，发挥HTA在医疗技术、药品、医疗器械等临床准入、规范应用、停用、淘汰等方面的决策支持作用。

2018年11月1日起，国家卫健委法规司施行《医疗技术临床应用管理办法》，要求医院建立医疗技术临床应用"负面清单管理"制度，将："将安全性、有效性不确切的医疗技术，或存在重大伦理问题的医疗技术，或已经被临床淘汰的医疗技术以及未经临床研究论证的医疗新技术列入'禁止类技术'清单，禁止应用于临床。"2018年12月，国家卫健委科教司起草的《关于推动卫生技术评估工作的指导意见》指出，要建立健全卫生技术评估组织和评估队伍，建立卫生技术评估选题机制、评估流程、方法体系、评估结果公开发布机制和推动卫生技术评估成果转化应用等。国家卫生健康委员会、国家医保局已经达成共识，表示要在基本医保目录的更新流程中强化HTA，并由专业机构提供高水平的HTA报告，辅助医保目录的准入决策。

迄今为止，我国HTA在医保目录调整、高值耗材价格谈判等领域已经取得了长足进步。但是，国家和各级医疗机构仍然需要推广医院循证管理理念、加强HB-HTA人才队伍建设、探索开发适合我国国情的HB-HTA模式和体系。

（二）新技术的医院管理

1. 新技术孵化培育

临床的需求是医学创新的最主要来源，从临床实践中发现科学问题，进行临床和基础研究，再把研究成果转化应用，成为预防、诊断和治疗疾病的有效手段。新技术孵化、培育到应用的整个过程绝非易事，除了依靠临床医生根据研究结果持续不断优化改良技术外，创新技术的转化更是需要科研机构、医院、企业、政府部门等各方面的共同努力，反复打磨，才可能落地实现。

以新型外科手术技术为例，其孵育以及在创新过程中阶段性评估等工作均十分复杂，对外科手术创新中进行高质量的客观评估存在着种种困难，如怎样定义手术过程，如何进行手术过程的不断修改，同时也会受到诸多因素的影响，如外科医生在开发过程中反复修改流程，缺乏明确的手术标准结果，外科医生学习曲线，培训以及个人操作能力对手术流程质量的影响，以及患者和临床医生强烈的治疗偏好等，所以建立一个更加科学严谨和合乎伦理的评价途径对创新外科手术的孵化培育至关重要。IDEAL（Idea, Development, Exploration, Assessment, and Long-term follow up）是目前得到广泛认可的外科领域临床研究方法学框架，旨在鼓励外科临床研究者使用 IDEAL 方法遴选外科新技术问题、开展外科临床研究，最终改善外科研究的大环境，提高外科手术或其他复杂干预临床研究的质量。IDEAL 框架结构最早在 2007～2009 年，在牛津大学贝利奥尔学院的系列会议上达成共识而首次提出。IDEAL 评价框架旨在为手术、设备和其他复杂疗法的科学评价提供解决方案，IDEAL 框架包括：（1）思路创新阶段（idea），（2a）发展阶段（development），（2b）探索阶段（exploration），（3）评估阶段（assessment），（4）长期随访阶段（long-term follow-up）。

1）IDEAL 阶段 1：思路创新

第一阶段开展前，应当进行临床前研究，涵盖模拟器、尸体、动物、模型和成本效应研究在内的各类型研究，任何可能降低手术操作失败风险和对首位人类受试者伤害的研究都应已完成。第一阶段新技术首次在人体的开展，通常需要伦理审批，因而所在医院需组建由临床专家和伦理专家构成的专业委员会，为外科新技术评价建立一套完整的伦理评审体系。第一阶段的样本量通常少于 10 例，实施对象需经过严格筛选，对手术的操作技术和预期结果需进行详细的论述。在这一阶段，由于技术人员对新技术还比较陌生，所以报告一定要包括详细的术前、术后、护理等细节。与此同时，对于已有的文献进行回顾，重点在于对新技术概念的解释与描述。除了要验证创新理念，对于一些失败的可能结果或成功的案例也应进行汇总分析，形成结构化的案例汇报。

2）IDEAL 阶段 2a：发展

IDEAL 框架的 2a 阶段为发展阶段。这个阶段的主要目标是将新技术不断成熟，并扩展到更多的患者（通常是 30 例左右）。2a 发展阶段的关键是要做到熟能生巧。在不断反复修正和近期预后效果的评估体系下，不断精炼整个技术过程。在此阶段，通常难以实施随机对照试验，IDEAL 建议采用前瞻性观察性研究的方式，并持续进行案例报告，详细说明技术修正及患者入选标准的变化情况。案例报告应包括以下内容：患者入选标准、患者基本情况、新技术具体实施过程、新技术完成所需的时间、新技术所能达到的效果（使用标准定义）、新技术并发症情况（使用标准定义）及新技术实施的成功率等。此阶段的研究主要集中在新技术的不断改进，术后恢复情况的评价和患者人群的定义。

3）IDEAL 阶段 2b：探索

IDEAL 框架的 2b 阶段为探索阶段。在探索阶段的目标是进一步探索新技术，但重点在于决策层面。在这个阶段，需对新技术的定义、品质标准和患者的选择标准达成一致，到此阶段新技术已更能被研究单位以外的外科医生所接受，此时学习曲线的评价更具价值。2b 阶段在 2a 阶段的基础上，研究人员应该开始系统地收集数据，通常患者样本量扩大到100例以上，并采用多中心的研究方式。2b阶段主要的研究设计是前瞻性队列研究、前瞻性无对照研究，IDEAL框架对观察性研究的定位是应用于解决目前的技术障碍，为未来大样本整合提供数据，为未来大型RCT提供信息。2b阶段重点在于外科技术人员之间达成操作细节的共识，明确适应证和不良事件预防措施，明确定义的疗效评价指标，主要包括技术评价指标、临床疗效指标及患者的自我评价指标。

4）IDEAL阶段3：评估

该阶段的目标是将新技术与现行标准疗法进行比较，因而随机对照试验是该阶段首选设计。突破性改进的外科新技术的评价，RCT有时并不是必需的，但对于大多数新技术，尤其是对标准疗法的改进，在可行的情况下需要RCT的验证。当然，在RCT确实无法实施时，IDEAL还提供了其他备选设计，如非随机对照设计（non-randomized controlled trials），此时未通过随机化手段的对照组可通过匹配（matching）的手段得到，如倾向性评分（propensity score）、疾病风险评分（disease risk score）。有对照的中断时间序列设计（controlled interrupted-time series），这类设计包含对照及干预前后多个时间点的数据，可在控制了干预前的下降或上升趋势后，用统计学模型评价干预措施的效果。无论采用什么类型的设计，在第3阶段评价中对标准化的监控十分重要，不仅需要监控技术人员的标准化操作，同时还需监控外科技术的标准化实施环境。

5）IDEAL阶段4：长期随访

IDEAL框架的第4阶段为长期随访阶段，评估在第3阶段可能没有出现的罕见结局、监测远期疗效。因为在前4个阶段中已有详细报道，此阶段通常只需报告关键的结果和相关信息。此阶段新技术已经相对成熟，但并不意味着不能进行修改。此阶段可以注册研究（registry trial）的方式进行，通过长期随访，通过更大的样本，全面进行新技术可行性、安全性、有效性及风险效益的评估。

目前，对于外科新技术评价的报道大多采用主观描述的方式，经过严谨设计的人群研究并不多见。如何客观评估外科创新技术一直是外科技术发展的主要挑战之一。在新药研发领域，RCT已被广泛使用，并成为监管机构的评审药物有效性和安全性的金标准，外科新技术的评价尤其是改进型新技术，同样也需要一套严谨科学的客观评价模式。IDEAL框架思路类似新药研发，但有效考虑了外科新技术评价的特殊性，为外科新技术评价量身定做，值得借鉴和推广。在IDEAL的指导帮助下，外科技术研究的大环境将得到改善，外科手术或其他复杂临床研究的质量会不断提高，在循证证据上将大力支持该技术的临床应用落地转化。通过科学、规范的创新技术孵化培育过程，对其临床申报、评估、立项及后续申请创新技术收费均有着深远的意义。

2.新技术准入管理

1）医疗技术分类及管理要求

医疗新技术的准入是医院开展医疗技术临床应用管理的第一道关卡，对保证医疗技术合法、合理地临床应用具有关键性作用。根据《医疗技术临床应用管理办法》〔中华人民共和国国家卫生健康委员会令第1号（2018年第34号）〕，医疗技术临床应用应当遵循科学、安全、规范、有效、经济、符合伦理的原则。

我国医疗技术分为禁止类、限制类及非限制类，医疗技术具有下列情形之一的，禁止应用于临床（以下简称禁止类技术）：

①临床应用安全性、有效性不确切；

②存在重大伦理问题；

③该技术已经被临床淘汰；

④未经临床研究论证的医疗新技术。

禁止类技术目录由国家卫生健康委制定发布或者委托专业组织制定发布，并根据情况适时予以调整。

除禁止类技术目录以外并具有下列情形之一的，作为需要重点加强管理的医疗技术（以下简称限制类技术），由省级以上卫生行政部门严格管理：

①技术难度大、风险高，对医疗机构的服务能力、人员水平有较高专业要求，需要设置限定条件的；

②需要消耗稀缺资源的；

③涉及重大伦理风险的；

④存在不合理临床应用，需要重点管理的。

国家限制类技术目录及其临床应用管理规范由国家卫生健康委制定发布或者委托专业组织制定发布，并根据临床应用实际情况予以调整。省级卫生行政部门可以结合本行政区域实际情况，在国家限制类技术目录基础上增补省级限制类技术相关项目，制定发布相关技术临床应用管理规范，并报国家卫生健康委备案。

对限制类技术实施备案管理。医疗机构拟开展限制类技术临床应用的，应当按照相关医疗技术临床应用管理规范进行自我评估，符合条件的可以开展临床应用，并于开展首例临床应用之日起15个工作日内，向核发其《医疗机构执业许可证》的卫生行政部门备案。备案材料应当包括以下内容：

①开展临床应用的限制类技术名称和所具备的条件及有关评估材料；

②本机构医疗技术临床应用管理专门组织和伦理委员会论证材料；

③技术负责人（限于在本机构注册的执业医师）资质证明材料。

备案部门应当自收到完整备案材料之日起 15 个工作日内完成备案，在该医疗机构的《医疗机构执业许可证》副本备注栏予以注明，并逐级上报至省级卫生行政部门。

未纳入禁止类技术和限制类技术目录的医疗技术，医疗机构可以根据自身功能、任务、技术能力等自行决定开展临床应用，并应当对开展的医疗技术临床应用实施严格管理。

2）医疗技术准入申报评审流程

①院内准入评审

根据《医疗技术临床应用管理办法》，二级以上医疗机构应成立医疗技术临床应用伦理委员会及医疗技术临床应用管理委员会，作为医疗技术评审的主要负责部门，承担医疗技术准入的评审评估工作。

A. 医疗技术临床应用伦理委员

医疗技术临床应用伦理委员会应由生物医学领域和伦理学、法学、社会学等领域的专家和非本机构的社会人士中遴选产生，建议由内、外科高级任职资格的临床医师、研究员、技师、社会学背景人员以及非本机构的律师和社会人士组成，负责对涉及人体的生物医学研究项目的科学性、伦理合理性进行审查，旨在保护受试者的尊严、安全和合法权益，促进生物医学研究规范开展，并在本机构组织开展相关伦理审查培训。医疗技术临床应用伦理委员会审批的基本标准是：

　a. 坚持生命伦理的社会价值；

　b. 临床应用方案科学；

　c. 适宜的适应证和禁忌证；

　d. 合理的风险与受益比例；

　e. 知情同意书规范；

　f. 尊重患者权利；

　g. 遵守临床诊疗规范。

临床科室根据创新技术开展的实际情况，经科室主任审核后，向新技术负责部门递交相关申请评审评估的材料，申请资料包括但不限于待评估技术的基本信息，如医院内现使用的表格，可对照以下模块补充：卫生技术定义和路线、技术特性、临床安全性、有效性、经济性、对医疗机构产生的影响、社会适应性（伦理、道德、法律及社会影响）以及申请理由。初审一般由医疗技术主要负责部门（医务部门）负责，通过初审后启动新技术医疗技术临床应用伦理委员会专家审核流程，针对该技术的上述提交内容情况进行汇报。医疗技术临床应用伦理委员会对汇报的内容审核后形成意见：同意、做必要的修正后同意、做必要的修正后重审、不同意，超过半数的专家同意则视为通过伦理审核，进入管理委员会审批流程，未通过伦理审核的不得再次申请。

B. 医疗技术临床应用管理委员会

医疗机构医疗质量管理委员会应当下设医疗技术临床应用管理的专门组织，由医务、质量管理、药学、护理、院感、设备等部门负责人和具有高级技术职务任职资格的临床、管理、伦理等相关专业人员组成。该专门组织的负责人由医疗机构主要负责人担任，由医务部门负责日常管理工作，主要职责是：

a. 根据医疗技术临床应用管理相关的法律、法规、规章，制定本机构医疗技术临床应用管理制度并组织实施；

b. 审定本机构医疗技术临床应用管理目录和手术分级管理目录并及时调整；

c. 对首次应用于本机构的医疗技术组织论证，对本机构已经临床应用的医疗技术定期开展评估；

d. 定期检查本机构医疗技术临床应用管理各项制度执行情况，并提出改进措施和要求；

e. 省级以上卫生行政部门规定的其他职责。

申请科室在医疗技术临床应用管理委员会针对医疗技术的技术 ICD 编码和收费编码、涉及该技术的耗材、设备、试剂的收费情况及有无符合技术开展适应证的医疗器械注册证、该技术的相关管理制度和流程及临床指南、该技术的质量控制措施、该技术的不良事件处置预案、授权资质等，超过半数的专家同意则视为通过管理委员会审核。

需要补充的是，医疗技术临床应用伦理委员会以及医疗技术临床应用管理委员会相关评审指标的权重应逐步建立，利用德尔菲法或多维度决策分析评价方法，优化评审维度的权重，进而在今后的评审评估工作中，针对所提交的医疗技术形成推荐强度级别，更科学、合理地开展院内医疗技术准入工作。

完成院内两个委员会审批准入流程后，根据该技术类型，如为全市首例项目，应尽快准备第三方院外评审材料，如为国家或省市已通过文件形式下发的限制类技术或非限制类技术，则进入后续备案或价格申请流程。

②院外第三方准入评审

全市首例技术，在开展首例临床应用前，应当完成临床研究论证、临床性能验证等资料，并向相关的第三方评价机构申请进行技术创新性、安全性、有效性评估等，目前上海市第三方评审机构主要包括上海市医学会、上海市口腔医学会及上海市临床检验中心。

主要递交材料包括《上海市医疗技术临床应用能力评估申请书》、医疗机构执业许可证副本、相关人员执业证书、职称证书、培训证书复印件、该技术相关管理制度和风险防范预案、与该项目相关的医疗器械或药品注册证书、经营厂商营业执照及经营许可证复印件、国内外有关该项技术研究和使用情况的检索报告及技术资料、医疗机构医学伦理审查报告（附：伦理委员会成员姓名、专业、职务、职称等情况）。如为检测项目，还需要提供拟开展检测项目性能验证报告、参加室间质量评价活动反馈结果复印件或证明其检测质量的其他相关资料、拟开展检测项目报告样单、该技术的相关管理制度（质量手册、程序文件、作业指导书）和卫生行政部门要求的其他相关文件。

第三方评价机构评估审查后确认需纳入本市限制类技术目录的，由第三方、上海市卫健委、上海市卫监所更新限制类目录后方可进行备案。医疗机构根据上海市卫生健康委员会下发的文件中相关医疗技术的分类，继续跟进医疗技术备案或价格申请流程。

3. 新技术过程管理

1）新技术管理周期

对通过医院医疗技术临床应用伦理委员会和管理委员会的技术进行分类分级纳入监督管理，以福建省某医院为例，根据项目先进性、创新性将技术分为四级：一级项目：国内外医院尚未开展的技术项目，具有强先进性、创新性，该技术的发展能大力促进和带动学科发展；二级项目：本学科近年来发展成熟的、在国内或省内已有医院开展、本院尚未开展，具有一定先进性、创新性的技术项目；三级项目：本学科发展成熟，在院内有其他科室开展，但技术难度有一定难度、消耗一定医疗资源的技术；四级项目：报备类项目，创新性一般，技术含量不高，仅为设备、试剂、耗材等引进或调整，且有前期一定基础的技术。

医疗新技术、新项目根据分级设定监督管理周期，手术（操作）类项目：一级项目周期3年，二级项目周期2年，三、四级项目周期1年。非手术（操作）类项目：项目周期1年。限制类项目：周期2年。周期内未完成转常规申请的项目将予以剔除，如需开展应重新提交项目申请。

2）新技术过程监管

医疗新技术过程管理要落到实处，应有效监管、全程控制、实施跟踪考核制度进而进行动态调整。建立开展医疗新技术、新项目全面质量管理体系，完善院、科二级质量监管制度，加强自主管理和自我监控，各临床科室设置的质量与安全监管小组，实行科主任负责制，加强环节质量控制，逐步形成一个层层负责，逐级把关，全过程的质量监管体系。

医疗机构可根据分级管理确定每个级别医疗新技术递交临床应用相关材料的

数量和频次，如四级项目周期内逐例提交满一定数量的临床应用反馈表（转归良好、均无并发症、不良事件发生），可提交转常规技术申请，经医院医疗技术临床应用管理委员会通过即可按常规技术管理。一到三级项目实行新技术全过程动态管理，如①前期：前10例逐例报送反馈表；②中期：报送中期总结及阶段评价表；③末期：提交转常规申请表、项目总结等材料。项目实施过程中如出现不良事件，及时进行系统报告，同时告知医务科。

医务科每季度整理、统计科室提交的转常规申请及相关材料，审核通过后提交医院医疗技术临床应用伦理和管理委员会审核，审核通过的项目转为常规开展项目，审核未通过的项目根据专家意见适当延长项目周期或停止开展。周期末未提交转常规申请的项目需说明理由，无正当理由，视为自动终止，如需开展则重新提交申请。

当然，随着信息系统不断的优化和深入建设，建立医疗技术管理系统，与医院电子病历系统、手术安排系统相关联，获取疾病诊断编码、手术与操作的编码以及主刀、一助等医师信息，根据国家卫生健康委办公厅《关于印发国家限制类技术目录和临床应用管理规范（2022年版）的通知》（国卫办医发〔2022〕6号）调整医院限制类技术目录，本次目录明确了国家限制类技术对应的疾病诊断与手术操作编码，进一步健全国家限制类技术临床应用管理规范和医疗质量控制指标。院内的医疗技术管理系统，可参照国家三级公立医院四级手术目录、国家二级公立医院三级手术目录以及国家和省市级限制类技术临床应用管理规范同时参考DRGs系统中对每个疾病组赋予不同的权重（RW，Relative Weight），与医院手术分级目录进行对比，优化本院手术分级授权，尤其是需要注重限制类技术的授权管理，在医疗前端进行管理，确保医疗质量和安全。同时，通过医疗不良事件、器械及耗材不良事件、非计划再次手术、低风险死亡率以及DRGs系统中对每个病种赋予的不同权重所反映出的收治病例相对复杂程度和技术难度、相关收治和成本费用等数据整合到医师医疗技术管理系统中，建立医疗技术事中、事后的管理规范以及相应的参考国家限制类技术医疗质量控制指标，由既往的纸质上报形式转变为利用大数据统计分析，可更系统、科学地进行全过程的技术管理。

4. 新技术评估及档案管理

随着新兴科学技术的不断涌现，世界各国的医院由于处于新技术应用的前沿，面临着与日俱增的压力和多重挑战。实践表明，HB-HTA（Hospital Based Health Technology Assessment，HB-HTA）有助于优化医院的资源配置和提升医院的运行效益，是解决合理控制管理成本和提高服务效能这两大管理难题的有效途径。本章节旨在归纳总结国内外经验的基础上，提出适合我国国情的HB-HTA流程，以期对我国HB-HTA的发展提供参考。

卫生技术评估（Health Technology Assessment，HTA）作为支撑全球卫生系统核心功能有效运转的重要工具，应用范畴广泛，既包括对医疗器械、设备、药品、外科手术的评价，也包括对卫生服务和公共健康干预等的综合评估，已成为许多发达国家卫生技术管理决策的基石。例如，英国和法国等国家的政府通过设立第三方机构对新药和新技术开展统一评估；并给予立法保障，确保准入技术的有效使用。总体而言，许多发达国家在政府组织框架下建立HTA体系，独立开展HTA活动，并将评估结果反馈给政府或相关决策者，最终服务于公共政策的制定。

在我国，各级别医院在卫生技术评估的应用方面存在明显的两极化差异。例如，基层医院以提供社区医疗和综合保健等基础医疗服务为主，而与其形成鲜明对比的大型三级甲等医院，通常具备丰富的医疗资源、人才队伍和较高的专业技术，因此具有良好条件开展卫生技术评估工作。目前，我国三甲医院主要基于医院本身的特色领域来开展卫生技术评估，这种模式有利于各医院发挥自身特长与技术优势、积累形成一套成熟的评估体系。

近年来，虽然我国卫生技术评估受重视的程度与日俱增、研究热度呈现上升趋势，但医院卫生技术评估尚且处于起步阶段，HB-HTA研究人员及机构仍然较少。另外，还存在国家或地方HTA报告与医院需求不匹配等问题，主要表现为：国家或地方HTA报告易于获取，但是报告结果与日常临床与管理存在实用性上的差异。

从我国HB-HTA发表文章类型及主题来看，早期文章以学习国外方法学为主（如mini-HTA）。近年来，学者们开始关注适合我国国情的HB-HTA，引入了国际上常用的EVIDEM框架、快速HTA、多准则决策分析等方法与工具。此外，也有研究团队结合自身实践经验，尝试研发评估工具与方法，如《中国医疗机构药品评价与遴选快速指南》《河北省公立医疗机构用药目录遴选评价管理指南》。

1）医院新技术评估流程

评估步骤主要包括提交评估申请表、初步分析临床需要并确定优先评估项目、确定评估问题、确定评估内容并制定结局指标、选择合适的评估方法、撰写HB-HTA报告、做出应用决策七大步骤（图13-2）。

①提交评估申请表

医院卫生技术人员或管理人员向医院新技术评估管理委员会评估小组提交申请表。理想情况下，HB-HTA需要多学科团队（医疗/临床、技术、经济、组织、法律、伦理、政治以及护理）。医院新技术评估人员包括但不限于医生、护士、药师、技师、医学工程师、信息工程师、物理师，管理人员包括但不限于科室管理者和医院管理者（附录A）。

医院卫生技术评估申请表包括但不限于待评估技术的基本信息、建议医院内现使用的对照卫生技术、技术特性、临床安全性、有效性、经济性、社会适应性（包括伦理、道德、法律及社会影响）以及申请理由。

②初步分析临床需要并确定优先评估项目

医院卫生技术评估管理委员会根据评估主题遴选原则（如"矩阵工具"），筛选需要开展评估的卫生技术（包括药品、医疗设备、诊断试剂等），并与申请者反馈沟通。遴选原则包括但不限于重要性、紧迫性、医院的组织需求、疾病负担、需要治疗的患者数量、其他可供选择的治疗方案等。不同的 HB-HTA 组织在确定优先评估项目时采取的原则和策略存在差异，可根据技术遴选清单开展筛选工作。

③确定评估问题

对于药物，医院卫生技术评估团队根据 PICO（人群、干预措施、对照措施、结局指标）或者 TICO 原则确定评估目的（附录 B）；对于其他类型卫生技术，可根据需要试点开展 PICO 调查（图 13-1）。

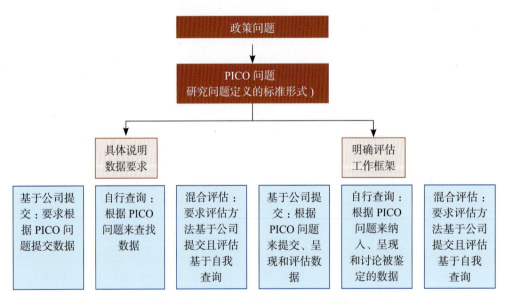

图 13-1　EUnetHTA 评估中 PICO 的角色

④确定评估内容并制定结局指标

评估内容包括但不限于卫生技术的技术特性、临床相对安全性、相对有效性、经济性、对医院产生的影响、社会适应性（伦理、道德、法律及社会影响）。在制定结局指标时，需要明确指标间的重要性级别，一般分为主要结局指标和次要结局指标。结局指标用于反映所评价卫生技术的安全性、有效性、经济性和社会适宜性等。

⑤选择合适的评估方法

医院卫生技术评估小组应根据不同的评估项目，选择适当的评估方法。其中，评价卫生技术特性、临床相对安全性、相对有效性的方法包括但不限于系统综述、荟萃分析、临床研究评估、德尔菲法，经济性评估方法包括但不限于成本－效果分析（cost-effectiveness analysis，CEA）、成本－效益分析（cost-benefit analysis，CBA）、成本－效用分析（cost-utility analysis，CUA）和成本－最小化分析（cost minimization analysis，CMA）；评价医疗技术（药品）对医院产生的影响、社会适应性（伦理、道德、法律及社会影响）的方法包括但不限于非结构式访谈法、半结构式访谈法、结构式访谈法、小组讨论和观察法。

⑥撰写HB-HTA报告

一份HB-HTA报告完成后应该同样适用于其他医疗环境，一份高质量的HB-HTA报告应该包括技术特征、患者特征、经济影响、效果检测、参考文献等内容，可参考欧洲HB-HTA项目组提出的报告质量清单（详见附录C）。卫生技术评估小组依据医院卫生技术评估报告范例撰写报告，医院卫生技术评估报告应包括但不限于基本信息、评估背景、评估目的、评估过程、评估结果、评价结论及建议、参考文献及主要附件（附录D：医院卫生技术评估报告范例）。

⑦做出应用决策

医院决策者根据医院提交的卫生技术评估报告中所给出的推荐意见，可采用GRADE和AHRQ-EPC评价工具对证据进行综合分析、结合医院实际情况，做出应用决策（图13-2）。HB-HTA推荐意见主要有三种：批准，采用该卫生技术（在医院经营预算的资助下支持该技术在医院使用）；核准评估，该卫生技术不支持永久核准，但保证在重新评估之前进行使用，由医院在预算有限的情况下提供资助；未批准，拒绝使用该卫生技术（不受医院运营预算的财政支持）。

附录 B 构建评估问题（PICO 或 TICO 原则）

项目	PICO 原则	TICO 原则
人群/技术（P/T）	特定的人群	待评估的技术是什么？详细描述技术所涉及的健康问题和目前的应用情况
干预措施（I）	使用的技术	针对何种症状或疾病，关注的目标人群是谁，使用该项技术的目的是什么？详细描述技术的类型、类别、剂量、使用频率、使用时间、持续时间和使用条件
对照措施（C）	医院目前使用的技术（或选择一种替代技术做比较）描述所有可能的替代技术，并重点介绍在此次评估中作为对照的替代技术	
结局指标（O）	使用待评估技术后的期望结果，可采用死亡率、发病率、副作用、生命质量、成本效果、住院时间、入院人数、预算影响、正确诊断的均次费用等，重点描述在此次评估中所选用的结果指标	

PICO 问卷示例

P：人群（必要因素）	● 患有前列腺的男性
I：干预措施（具体的干预措施）	● 近距离放射治疗术
C：对照措施（与"无效治疗"或"标准治疗方法"相比）	● 手术
O：结果指标（病人相关的结果或与医院相关的结果）	● 生存的改善（病人相关的结果） ● 机构改变和需要的培训，总费用和预期的收入（医院相关的结果）

附录 C HB-HTA 报告质量清单

1. 基本信息

—研究范围的质量（TICO）：

—利益冲突声明

—有评审过程，总结和联系方式

2. 方法和报告

—评估方法的明确性和透明性，包括检索流程、评审流程、原始研究的质量评价

—附参考文献

—报告的清晰性

3. 结果

—在有效性和安全性方面可以得到量化的信息

—有机构和经济学信息,包括分析的角度和对医院补偿的描述

—有战略应用的信息

—从患者角度进行考虑

4. 讨论和建议

—对局限性、不确定性进行描述和讨论

—有推荐意见

附录 D 医院卫生技术评估报告（范例）

基本信息			
卫生技术名称		申请部门	
对照卫生技术名称		申请者姓名	
评估时间		评估者姓名	
卫生技术评估部门		联系电话	
卫生技术评估			
1. 卫生技术评估目的			
2. 卫生技术评估范围（依据 PICO 原则进行阐述）			
3. 卫生技术评估所用方法			
4. 卫生技术评估所用工具			
5. 卫生技术评估结果（包括技术安全性、有效性、经济性、社会影响等）			
6. 评估结论及建议			
7. 主要参考文献			
8. 相关附件			

2）医院新技术档案建立

医疗新技术档案具有实用性、专业性、保密性、原始性、价值性的特点，所以要求医疗新技术档案由专人管理。院科两级分别建立医疗新技术档案，文档应包括纸质版和电子版。档案保存应体现开展的医疗新技术从立项、审批、监管的全过程。

在传统纸质版医疗技术文档的基础上，如医院信息化系统支持，可建立医疗技术管理平台，并设立医疗技术管理质量控制指标，对医疗技术管理工作具有重要意义。

医疗新技术档案管理要按照限制类医疗技术和非限制类技术分类进行管理。限制类技术等风险较高的新技术应重点加强档案管理，尤其是追踪监管资料档案管理。

①建立医院全市首例技术（未分类）新技术立项、审批及监管档案。全市首例技术申请档案应包括新技术申请书、人员资质、仪器设备情况、知情同意书、技术管理规范、应急预案及风险处理措施、相关新技术文献及指南、查新报告等。全市首例技术在院内审批过程中，档案应包括医疗技术临床应用伦理和管理委员会审批时的会议纪要、委员投票意见表、批件等。全市首例技术在院外审批过程中，档案应包括：第三方技术评审机构递送材料、卫生监督所备案材料、市医保局价格申请材料。

②建立院内限制类技术目录，根据国家和地方的限制类技术目录确定，同时满足医院分级管理要求，设定限制类技术分级管理目录，并根据分级分类监督管理周期进行临床应用情况及追踪评审，及时更新。确保限制类技术"一人一档"的要求，并使用信息手段将限制类技术的质量控制指标予以呈现。

③建立院内非限制类技术目录，同时满足医院分级管理要求，可设定非限制类技术分级管理目录，并根据分级分类监督管理周期进行临床应用情况及评审，及时将新技术转为常规技术。

5. 医疗新技术、新项目激励机制

医疗新技术、新项目的不断研发和创新是体现医疗机构的医疗技术水平和核心竞争力，也展示了学科发展重要战略方向。对于已通过医疗技术临床应用伦理委员会和管理委员会的项目，在递交相应数量临床应用的病例报告和成果后，可纳入医院设立的类似新技术临床应用相关创新或推广奖项的申报范畴，以奖项的方式进行激励。同时，设立奖项应根据申报技术的类别进行分组评奖，设立不同打分维度，建议可分为手术组（有创操作组）、非手术组、医技组进行分类汇报，组织学术委员会专家评审，根据不同类别的评审评价维度，评选出年度技术创新或推广奖项，并给予经济奖励，一定程度上可以鼓励真正具有创新性、实用性的医疗技术的开发、推广与应用。

同时，也可将医疗新技术、新项目申请和转化纳入日常绩效考核中，鼓励临床科室积极申报并在申报后续继续推进技术的备案和价格申请。新技术的开展在提升医院及专科竞争力的同时，也体现了医疗服务的价值，匹配相应的新技术收费可以提高医院医疗服务收入占比，符合国家公立医院高质量发展的考核要求，更能为医院的持续发展、品牌建设注入新的动力和源泉。

二、新技术评估在药品遴选中的应用

（一）新药政策要求

随着我国医药卫生体制改革进程的不断推进，医药政策逐渐完善，大量创新药品不断上市，医疗机构在保障患者基本用药需求的同时，还承载着不断进行新药、创新药遴选，合理调整医疗机构药品目录，以满足临床诊疗需求的责任。"新药"的法定含义，是指未曾在我国境内上市销售的药品；但从经营或使用单位的角度看，"新药"应有比法定概念更为广泛的含义，即只要过去未上市经营或使用过的药品都应归属于新药范畴。2011年3月1日实施的《医疗机构药事管理规定》中明确规定了药事管理与药物治疗学委员会（组）的职责包括建立药品遴选制度、审核新引进药品等事宜。药品遴选是复杂的决策过程，需要整体考虑药品的各项属性包括政策属性，为医疗机构的药事管理工作带来了挑战和压力。因此，科学、规范、客观、简便可行的药品遴选评估方法和工具的研究和使用，将为医疗机构合理调整药品目录以及新药的引进提供科学的依据。

HB-HTA可应用于医院运营的各个环节，然而既往HB-HTA并未普遍开展药品评估，主要因为多数国家的药品目录、定价和报销等政策由国家制定。药品是医疗体系的重要卫生技术，也是医院管理的重点环节。随着药物研发技术的飞跃、创新药品的大量涌现，以及公立医院药品"零加成"的政策背景，医院作为药品应用和管理的第一线，HB-HTA能帮助医院基于循证证据作出符合医院情况的药品采购和使用决策，从而促进药物合理使用，缓解医保经费压力。因此，利用HB-HTA进行药品管理与评价十分必要。近年来，HB-HTA开始关注医院的药品处方集更新和评估，如意大利Agostino Gemelli大学医院药品和技术委员会于2014年评估了18种药品，并对其采购情况进行分析。阿根廷一项10年的HB-HTA实践评估产出18份HTA报告和11项指南，在第1项住院儿童白蛋白使用指南实施后，白蛋白和免疫球蛋白的当年成本分别降低了50%和10%，为该医院节省成本10万美元。

我国政策也鼓励将HB-HTA作为工具应用到药品管理中来。2018年9月，国家卫生健康委员会正式成立国家药物和卫生技术综合评估中心,负责组织、协调、推动我国药物和 HTA 项目实施。2019 年 4 月,国家卫生健康委员会发布《关于开展药品使用监测和临床综合评价工作的通知》,提出"鼓励医疗机构等充分运用 HTA 方法及药品常规检测工具,对药品临床使用的安全性、有效性、经济性等开展综合评价,并将评价结果作为本单位药品采购目录制定、药品临床合理使用、提供药学服务、控制不合理药品费用支出等的重要依据"。2021 年 7 月,国家卫生健康委办公厅印发了《关于规范开展药品临床综合评价工作的通知》,对各地和各类医疗卫生机构药品临床评价工作进行部署,同时配发《药品临床综合评价管理指南(2021 年版试行)》,明确药品临床综合评价具体流程、内容与维度,聚焦技术评价与政策评价两条主线,从安全性、有效性、经济性、创新性、适宜性、可及性 6 个维度开展科学规范的整合分析与综合研判。国家政策为 HB-HTA 在医院药品管理中的应用提供了引导和支持。目前已有部分机构开展药物 HTA 用于支持医院或国家部分决策,并已取得一定成果。如北京大学医学部药物评价中心在国内率先对二肽基肽酶Ⅳ(DPP-4)抑制剂、阿瑞匹坦等 20 多个药品进行 HB-HTA 研究,并用于国家医保药品目录的决策支持;同时,还主持制定了国内首部药物快速建议指南——《基于肠促胰素治疗药物临床应用的快速建议指南》。

当今社会创新药不断涌现,我国药品"零加成"的实行、医疗保险资金压力增加、按病种付费等改革背景下,医院作为药品采购与使用过程管理的主体,需要在保证医疗质量的同时控制成本,加强药品资源配置及合理使用。HB-HTA 作为能够有效控制成本和提高质量的手段,将其应用到药品管理评价体中,作为药品准入、使用、异常情况、绩效、调整等过程的决策依据,实现对药品全周期的科学管理,对医院药品进行科学管理与决策意义深远。

(二)新药在医院内的管理

1. 新药准入管理

新药的引进是医院药事管理与药物治疗学委员会(组)的一项重要工作内容,体现了医院药事管理工作的规范性和执行相关法规的执行程度,药学部门应结合医院自身的情况有选择、有针对性地引进新药,更好地保证新药引进的科学化、规范化、合理化。此外,应充分发挥临床药师的作用。进行药物品种择优选择的时候,应该给予临床药师更多的权利,负责新药的初审、介绍以及临床评估监督等,从而更好地提升药品的采购效率。

新一轮医药卫生体制改革启动后,取消药品加成在一定程度上改变了公立医院的收入结构,药品收入不再作为医院的主要收入之一。现代医院管理制度的建设要求，坚持公立医院的公益性，坚持把社会效益放在首位，促使医院由利润中心向成本中心转变，加强医疗资源的优化配置和合理使用。在这一政策背景下，医院药品的品种优化和新药遴选需要决策者通过科学的决策方法，充分考虑药品多方面的属性进行决策。

HB-HTA 作为能够有效控制成本和提高质量的手段，对医院实现科学管理与科学决策具有重大意义，将其应用到药品管理评价体系中，作为新药准入过程的决策依据，为决策者制定系统和一致的循证决策提供了方法学工具。

2008 年，HTA 国际科学和专业协会对国际 HB-HTA 模式进行分类：①大使模式：其行动重点为临床实践，由临床专家形成专家意见向国家或机构传递相关的 HTA 意见；该模式不产生 HB-HTA 报告，可能只会对临床医生的决策产生影响，促进医院内部人员利用 HTA 推荐意见；② Mini-HTA 模式：其行动重点是管理决策制订，尤其适合医院的快速评估，主要从基本情况、技术层面、患者层面、医院层面和经济层面 5 个方面进行调查表填写与评估；③ 内部委员会模式：其行动重点是临床实践，即由医院内部多学科团队（非专职 HTA 工作人员）对卫生技术的有关证据进行分析；④ HB-HTA 部门模式：其行动重点为管理决策制订，即在医疗机构内部设立专职 HB-HTA 部门进行日常工作；该模式代表了 HB-HTA 架构的最高水平，包括独立小组、基本整合型的 HB-HTA 部门、独立的 HB-HTA 部门以及专业整合型的 HB-HTA 部门四种组织类型。这四种组织类型是 HB-HTA 部门逐渐发展成熟的过程，从非正式到正式的转变，逐渐形成规范、专业化的团队。2019 年，国家卫生健康委员会医疗管理服务指导中心对我国 30 家医院进行了调查，结果显示，参与调研的医院均在形式上建立了 HTA 制度，主要包括内部委员会模式和 Mini-HTA 模式。但是，由于目前可供参考的 HB-HTA 指南、手册、工具包等均来自国外经验，而与我国医院的管理与发展模式存在较大差别，故仍需大量实践来探索符合我国卫生体制以及医院实际情况的 HB-HTA 药品评价模式。例如，教学医院可依托所属大学设立专 HB-HTA 部门，为各附属医院提供服务；综合医院可选择内部委员会模式，依靠院内多学科团队开展 HB-HTA；专科医院病种、药品类别较为集中，成立内部委员会或 HB-HTA 单元均可；中小规模医疗机构如社区医院等，如无条件成立专职 HB-HTA 部门，可联合所属医联体中有条件的上级医院开展 HB-HTA 工作。当然，各医疗机构均可选择相对易行的 Mini-HTA 模式，通过调查问卷的填写与分析开 HB-HTA。

目前，HTA 方法主要涉及以下几个方面：①快速评估：即根据医院需求，针对需要紧急决策的问题，简化系统评价步骤，获取当前最佳证据并快速合成证据以满足决策者需求的方法，通常评估时限小于 1 个月；②系统评价：通常针对具体的临床使用问题进行全面的数据库检索，评估时限通常为 6 个月～2 年；③传统评估：通常针对需决策的重大卫生技术进行全面评估，耗时长，评估时限通常为 1~2 年。三种方法中快速评估由于时间短、时效性强，逐渐被用于医院的新药遴选与准入。医院药学部门可尝试先从快速评估入手开展 HB-HTA，为药品的准入、使用过程的监管提供了循证依据，满足决策者的决策需求；在时间充足的情况下再开展系统评价。可结合欧盟 AdHop HTA 工具包中的方法对医院自主采购的药品进行探索评估。以其中的 Mini-HTA 方法为例，该评估工具由 5 个部分内容构成：①概要：包括说明为何对此药品开展 HTA，该药品的安全性、有效性经济性，与院内同类品规进行比较的结果及评估建议等；②基本信息：包括评估发起者、报告撰写者、是否存在利益相关方等；③一般方法：包括文献检索情况，纳入分析的信息、数据、研究质量等；④多结构的 HTA 评估结果：包括药品的临床有效性、安全性、经济性，药品的患者使用感受、对医院是否有战略层面价值等；⑤讨论、结论和推荐意见。通过上述评估分析形成 HB-HTA 报告，可以为医院药品的引入、合理使用、调出提供依据。由于我国各医院管理模式及组织机构与国外存在差异，因此，需在实践中逐渐建立"本土化"评估模式和方法，形成适合各医院实际情况的药品评价标准与操作指南。近年来，我国有多个学术团体对医疗机构内药品遴选的方法进行了深入的探索和研究，并根据适用范围和研究方法的不同，构建了多个药品遴选评价工具，其指标体系及量化评分方法各不相同，甚至存在较大的差异性。一方面，积极推动了国内关于药品遴选研究进程；另一方面，也为医疗机构选择评价方法和工具带来了困惑。目前已有的遴选评估工具包括《中国药品综合评价参考大纲（第 2 版）》（2015 年）《药品临床综合评价管理指南（2021 年）》《中国医疗机构药品评价与遴选快速指南（2020 年）》《医疗机构药品遴选指南（2021 年）》《医疗机构中成药品种遴选与临床应用评价指标体系构建江苏专家共识（2022 年）》《基于证据与价值对决策的影响（EVDEM）理念的医疗机构押品李璇多注册循证决策框架探究（2021 年）》，详见表 13-1。

对于药品遴选过程中的方法和工具选择，建议如下：①应根据不同评估工具的适用范围及评估药品类型，选择适合本医疗机构药品遴选决策目标的评估方法和工具；②应综合考虑药品多维度特性，以全面评价药品，避免以偏全；③药品的评估维度和指标应具有客观性，以高质量证据作为指标评估分级的标准和基础，避免客观指标主观化；④基于不同级别、不同诊疗特色的医疗机构具有不同的药品需求，可在规范化指标评估的基础上，适当根据自身需求进行量化权重上的调整，以提高决策结果与决策目的契合度；⑤应考虑医疗机构内药品遴选过程中药品评估工作的工作量和时效性。

第十三章　创新技术（含药品）推广应用

表 13-1　医疗机构药品遴选方法和工具情况汇总

指南或文献名称	发布时间	制定方	类型	制定方法	使用范围	评估药品类型	评价维度	指标体系	指标权重/量化方法
中国药品综合评价参考大纲（第2版）	2015	中国药品综合评价指南项目组	指南	未注明	建立适合中国特色、同时具有可操作性的药品综合评价体系，对医院药事管理与药物治疗学委员会对药品的遴选和淘汰、诊疗指南和处方集的编写起到技术指导作用	未限定药品类型	9个维度	安全性、有效性、体内药学特性、药品质量、经济性、临床价值、药品信息服务和相关领域	未提出整体量化指标
药品临床综合评价管理指南	2021	国家卫生健康委托国家卫生健康委药物和卫生技术综合评估中心等制定	指南	主要围绕我国临床重大疾病防治基本用药需求，根据我国药品临床应用现状、政策与药物监管国际有益做法和经验，重点明确药品临床综合评价的目的、原则，组织管理，规范流程、内容方法，质量控制和结果应用等内容	用于国家和省级卫生健康部门基于遴选重大疾病防治基本用药、拟定重大疾病防治基本用药政策、加强药品供应管理等决策目的，组织开展的药品临床综合评价活动；同时，为医疗卫生机构，科研院所、大专院校和行业学会（协）会等主体开展药品临床综合评价活动提供药品管理规范和流程指引	未限定药品类型	6个维度	安全性、有效性、经济性、创新性、适宜性和可及性	未提出整体量化指标
中国医疗机构药品评价与遴选快速指南	2020	北京天坛医院发起、由健康中国药品与健康产品专家委员会等联合组织相关专家共同制定	专家共识	参考循证研究结果，结合我国国情，综合评估采取Mini卫生技术评估方法及量化记录表，作为医疗机构药事管理与药物治疗专委会（小组）、药师、医师等相关人员及相关政府部门制定药物政策的技术参考	适用于一级及以上医疗机构药品评选与遴选技术指导、基本原则、评价技术与方法及综合SOJA法，运用多属性评分工具建立	化学药品、生物制剂以及中成药	5个一级指标，17个二级指标	药学特性、有效性、安全性、经济性和其他属性	评价维度及权重由指南指导组和专家组通过Delphi法确定：每个一级指标20分

续表

指南或文献名称	发布时间	制定方	类型	制定方法	使用范围	评估药品类型	评价维度	指标体系	指标权重/量化方法
医疗机构药品遴选指南	2021	天津医科大学总医院发起，中国药学会科学传播专业委员会、中国药学会医院药学专业委员会和中国药学专业委员会联合发布	标准指南	严格遵循了美国医学研究所关于指南的最新定义，并符合世界卫生组织标准指南制定方法学为基本依据，中国药学会指南研究与评价工具（AGREE Ⅱ）的六大领域	适用于有药品遴选管理需求的各级医疗机构：指南为各级医疗卫生机构使用人群为各级医疗机构管理人员、药事管理人员、药品遴选决策者及相关环节工作人员；指南关注的领域为医疗机构药品的遴选过程、管理办法及综合评价体系等	化学药品、生物制剂及中成药、中药饮片、疫苗不在该指南研究范围内	10个一级指标，30个二级指标	临床必需性、临床有效性、安全性、经济性、临床适用性、药品质量、不可替代性、政策归属性、生产企业评价和药品可及性	基于层次分析模型构建了评价指标体系的量化指标模型，且具有可调节性
医疗机构中成药品种遴选与临床应用评价指标体系构建江苏专家共识	2022	江苏省中医药学会、南京医学会中药专委会	专家共识	采用文献研究法、头脑风暴法、层次分析法和德尔菲法进行共识构建	构建了中成药品种遴选与临床应用评价指标体系，供医疗机构进行中成药遴选或临床应用评价	中成药	7个维度（一级指标），24个二级指标，102个三级指标	安全性、有效性、创新性、经济性、适宜性、可及性和临床应用（其中"临床应用"指标用于医疗机构现有品种的评价）	安全性30分，有效性30分，经济性5分，创新性10分，适宜性10分，可及性15分，临床应用30分
基于证据与价值对决策的影响（EVIDEM）理念的医疗机构华蟾素注射液循证决策框架探究	2021	河北省人民医院	文献研究	基于EVIDEM理念建立源的、可共享的医疗机构药品遴选多准则循证决策框架	建立药品遴选多准则循证决策框架，包括药品价值矩阵、标准化药品评估报告及药品遴选决策流程，用于解决医疗决策选决策的技术问题	未限定药品类型	5个维度（评估领域），13个指标准则（评估准则）	临床需求、临床价值、患者价值、经济价值和社会影响	基于EVIDEM框架定义了每项准则的评分要点，将权重与通过线性加计算价值加以确定过程中所评价药品的优先级

作为独立的第三方卫生技术评估机构，中兴公益HTA中心通过学习借鉴国际先进经验并进行方法学创新，与试点医院开展战略合作，针对医院实际进药流程及管理需求，研发出基于"4A架构"的医院药品目录动态调整机制，即：① Application：药企准备材料，医生提出申请；② Assessment：医生或药师执行新药的评估，评估内容包括药品价值评估（药品临床与经济价值评估）以及临床需求评估；③ Appraisal：将评估报告科学成果及医院自行价值维度评估得分，请主审委员或药师进行汇报，请医院药事委员会委员使用药品多维度价值评估表或者药品临床综合评价表就该新药是否纳入医院现场评分；④ Authority：统计分数，汇总意见，最后交由医院决策者裁决。医院在必要时可开展新药引进后的动态再评估（Re-Assessment），对同类药品进行多维度评估，选择合理用药或删除最劣药品。HTA决策的"4A架构"体现了医院新药引进有流程，有证据，多维度以及可量化的理念，做到了让药品价值有尺可量。2021年，在深圳市卫生健康委员会的指导和支持下，由中兴公益HTA中心提出框架构想，打造了HB-HTA的"深圳模式"，在保障评估过程更科学严谨的前提下，实现HTA报告的价值最大化。"深圳模式"经过1年多的运转，初步形成"7+1"推广形式（7家试点医院+1家第三方HTA机构），且已取得了一定的成果，如已发布药品评估报告39份、组织开展评估师培训、搭建共享平台等，实现了评估联动、报告共享的联动机制，有效助力医院合理进药。

2. 新药过程管理

药品临床综合评价是以人民健康为中心，以药品临床价值为导向，利用真实世界数据及文献证据等开展药品实际应用评价，促进药品回归临床价值，巩固和完善基本药物制度和药品供应保障制度，优化药品供应保障决策的重要技术工具。2021年，国家卫健委办公厅下发《关于规范开展药品临床综合评价工作的通知》，发布《药品临床综合评价管理指南（2021年版试行）》，要求各省级卫生健康部门指导和构建一套科学、规范的适用于药品临床综合评价的质量控制体系，确保医疗机构药品临床综合评价的规范开展和结果转化应用等工作顺利实施。

构建质量控制体系是推进药品临床综合评价工作标准化、规范化、科学化、同质化的关键所在。2021年12月，由湖南省、湖北省、广东省、河南省、江西省、广西壮族自治区"中南六省"的卫生健康委药政处组织的中南地区药品临床综合评价研讨会上，明确了各省临床综合评价协作机制，其中南昌大学第一附属医院作为质控协作单位。我国目前尚未建立统一的医疗机构药品临床综合评价质量控制评价体系，但目前有多个学术团体对药品临床综合评价质量控制评价体系的方法进行了深入的探索和研究。2022年，由南昌大学第一附属医院牵头制定，江西省卫生健康委员会药政食品处、医政医管处，江西省医学会药物临床研究与评价学分会，江西省整合医学学会药物临床研究与评价学分会，中南地区药品临床综合评价质控协作单位组织相关专家和各方代表协助制定的《中国医疗机构药品临床综合评价质量控制体系共识》发布。该共识运用德尔菲专家咨询法征求专家意见，并对意见进行整理、归纳、统计、反馈、修订，确立药品临床综合评价质量控制体系。结果构建了药品临床综合评价的三级质量控制主体及其职责，并建立了质量控制体系制度、标准操作规程、进度质量核查、问题反馈流程等系列质量控制核查文件，充分发挥了各级质控主体对评价项目全过程监督和质量控制的作用，确保了药品临床综合评价项目的标准、规范、科学化、同质化实施的运行。药品临床综合评价质量控制体系制度见图13-1。

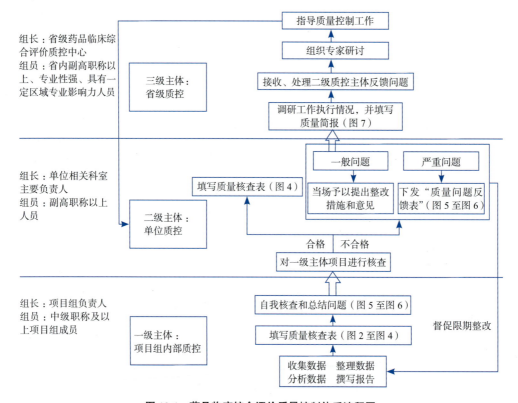

图13-1　药品临床综合评价质量控制体系流程图

该共识指出药品临床综合评价工作质量检查分为立题阶段、启动阶段、在研阶段以及结题阶段质量核查。

药品临床综合评价工作立题阶段质量检查包括对医疗机构药品临床评价主题的遴选和立项进行质控，包括组织流程合规程度、主题信息完整准确性、数据可靠性以及从业人员资质符合度4个方面的审查内容。

组织流程合规程度，包括指定专门机构或专人管理主题遴选过程，建立规范的主题清单遴选程序，按照既定规则汇集主题信息，公正组织无利益冲突外部专家咨询选题，主题在国家综合评价信息平台登记，按既定程序进行主题修订调整。

（1）主题信息完整准确性：包括提供疾病负担（包括流行病学负担和经济负担）、疾病特征、诊治方法及治疗患者人数等数据信息，提供主题药品及可替代药品的临床使用情况及主要问题分析数据信息，提出拟解决的临床药物管理或药物政策问题，如说明书适应证扩展、规范特定用药行为等。根据评估问题，按照PICOS原则提出科学、规范的研究设计，包括目标人群、干预对照措施、评估维度/指标，以及数据来源、数据收集和分析方法等。

（2）数据可靠性：引用官方发布的权威信息（诊疗规范、指南和说明书）或提供循证医学证据、如涉及二次研究，所选用方法科学，分析结果可靠，有质量控制声明。

（3）从业人员资质符合度：主要负责人具有等同于副高级以上研究水平资质，团队人员具备本主题所属专业领域工作经验，掌握综合评价方法技术。

药品临床综合评价工作启动阶段，质量检查主要审查的内容有以下4个维度。

（1）组织流程合规程度：主要包括主要负责人是否具有等同于副高级以上研究水平资质，是否指定专门机构或专人管理主题遴选过程，是否公正组织无利益冲突的专家咨询选题，团队人员是否具备本主题所属专业领域工作经验并掌握综合评价方法技术。

（2）主题信息完整准确性

1）药品特性：主要包括药品的药学特性评价、质量评价、稳定性评价等药学报告，主题药品的药物政策信息、临床使用适应证、本院不同年度药品费用，主题药品国家或区域性的药品费用、用药金额数量排序、用药需求或对诊疗服务体系的影响等综合信息。

2）有效性评价：通过评估主题药品在诊疗规范、指南、专家共识的推荐程度及证据级别，判断该药品的临床应用价值。

3）安全性评价：重点关注主题药品在临床应用的安全性，主要从药品的不良反应分级或不良事件通用术语标准（CTCAE）V5.0版分级、特殊人群、药物相互作用和其他共4个方面进行考察。

4）经济性评价：考察主题药品与同通用名药物及主要适应证可替代药品的日均治疗费用差异。价格包括中标价、医院销售价格、国际参考价（药品流通各环节价格及国际价格），费用包括药品费用、直接医疗费用、医保报销及患者负担，成本包括直接医疗成本、直接非医疗成本、间接成本，增量分析包括增量成本效果、增量成本效用，预算影响分析。

5）其他：适宜性评价、可及性评价、创新性评价、拟解决的临床药物管理或药物政策问题、主题药品未来研究方向的展望及建议。

（3）数据可靠性：评估真实世界数据来源、文献来源数据是否可靠，数据采集是否规范，数据计量单位是否统一。

（4）评价方法学：根据选题提出科学、规范的研究设计，包括评估维度/指标、数据来源、数据收集以及分析方法等，引用官方发布的权威信息或高质量文献提供的循证医学证据，临床研究设计方法科学合理，如涉及二次研究，所选用方法科学，分析结果可靠。

药品临床综合评价工作在研阶段质量主要核查内容有以下5个方面。

（1）评价过程记录及数据的溯源：包括数据的原始记录，核查数据与电子病历、电子病程、检验科、影像科、心电图室等信息系统等的一致性，文献来源是否为来源于同行评议的期刊，来源于文献数据提取的精确性。

（2）评价方法学：根据选题提出科学规范的研究设计，包括评估维度/指标，数据来源，数据收集和分析方法等，引用由学会或协会组织编写发布的权威信息如规范指南和说明书或高质量文献提供的循证医学证据，临床研究设计方法科学、合理，如涉及二次研究，所选用方法科学，分析结果可靠。

（3）资料管理：药品临床综合评价文件是否专柜存放、查阅方便、条理清楚。

（4）质控：是否进行二级质控并签字，上一次的质控、检查中发现的问题是否得到整改和解决。

（5）项目进展情况：药品临床综合评价工作结题阶段质量主要核查内容包括：①评价报告首页：需要包含标题、评价单位及评价报告完成时间；②摘要：包含评价目的、药品基本信息、适应证及使用人群、对照药品、评价方法、评价结果、评价建议和结论；③正文：主要包含评价目的、评价结果及评价结论。

赵锐等以全面质量管理理论为指导，借鉴英、德两国开展卫生技术评估的成功经验，结合戴明环等质量管理方法和工具，按照我国有关政策要求和地方实际，构建药品临床综合评价全面质量管理体系。从组织体系、管理流程、考核制度、评价监管平台、支撑保障机制5个方面构建我国药品临床综合评价全面质量管理体系，药品临床综合评价全面质量管理组织体系详见图13-2。其中，管理流程应围绕主题遴选、评价实施、结果转化应用3个阶段的重点环节进行要求，并配合建立考核制度、评价监管平台、支撑保障机制，以进一步提高药品临床综合评价全面质量管理的科学性、合理性、实用性和规范性。

医疗机构等评价主体可成立内部质量控制工作组，主要负责落实各项药品临床综合评价规章制度，规范药品临床综合评价工作的开展，加强评价人员的质量教育和培训，定期组织开展质量控制活动，查找质量缺陷和隐患，制订和落实整改措施，促进医疗机构药品临床综合评价工作质量的持续改进。特别是对数据的采集、整理和使用等环节，医疗机构应遵循真实世界数据管理和使用的有关指南，确保评估方案设计合理、流程严谨、科学，数据真实、可靠、有代表性，评估结果规范、可用。医疗机构需指定专人作为药品临床综合评价质量管理责任人，负责医疗机构内部的质量管理、监督和整改工作，完善药品临床综合评价全面质量管理流程与重点环节。

1）主体资质准入审核：从国际经验来看，对主体资质准入的审核是质量控制工作的重要环节，且英、德两国均以公开透明的形式发布了主体资质的准入标准。结合我国实际，一是要对承担药品临床综合评价工作任务的评价机构或人员资质进行审核，仅允许符合条件的机构或人员承担评价工作；评价机构主要包括医疗机构以及科研院所、大专院校、行业学（协）会等，从业人员包括医师、药师以及从事科研、咨询的研究人员等；评价机构应在我国境内依法注册，具有独立民事行为能力，征信状况良好，具有开展药品临床综合评价的专业能力和工作基础；二是要对参与各阶段咨询工作的专家进行资质审核，要根据专家资质、工作职能、专业领域、社会声誉等方面进行总体考量，确保参与工作的专家在覆盖评价所需领域和满足工作需求的同时，严格规避利益冲突；各省评价联席会议应定期对评价机构和专家的专业素养实施考核测评，对于不满足要求的评价机构应及时撤销项目实施权限，将有违规行为或能力不足的专家予以清退。

2）主题遴选：国家拟定重大疾病防治基本用药主题的遴选原则，建立主题遴选质量控制的统一规范和主题清单遴选的样式模板，为各省开展省级区域主题遴选提供管理规范和流程指引。各级评价主体或机构均应严格按照国家及各省主题遴选程序，遵循客观公正、公开透明的原则，经充分论证及专家咨询后选定有价值的评价主题。在汇集拟定的主题信息后，各级评价主体或机构针对汇集的主题组织专家进行技术咨询并形成主题清单。拟评价主题清单遴选的质量控制要点主要涉及拟评价主题是否科学规范、是否必要迫切、是否可量化评估3个方面。

3）评估实施过程：首先，应对评价项目方案进行审核。省级卫生健康行政部门和药品临床综合评价技术中心应组织专家对委托牵头机构开展的项目实施方案进行审核，并可通过召开联席会议就评价主题设定、评价流程、评价方法、数据来源等环节充分听取专业人员、专业机构、患者代表的意见。其次，应对评价过程进行技术审核。应重点关注研究设计是否科学、规范；采用的统计分析方法是否根据研究目的、试验方案和观察指标进行科学选择；真实世界数据来源是否可靠，能否确保数据源信息的完整、准确、一致、可获得，能否减少数据源本身的缺失和偏差；是否在采集数据前制订了详细的研究设计方案、分析计划、处理流程，在数据整理和分析时是否能保证操作的可重复性，是否能保证数据使用的安全透明，是否能保证数据使用符合伦理要求。最后，应在医疗机构评价主体内部建立数据审查制度，对数据获取、数据质量、分析过程、结果阐释等关键环节进行质量控制，强化科研伦理管理及患者隐私保护，避免数据收集及分析偏倚。具体可参考较为成熟的评价工具或国内外指南评价其研究质量。有条件的地区，可依托药品临床综合评价信息平台等对实施过程进行质量控制。

4）评价报告验收：可召开专家评审会对报告中的证据、主要结果等关键信息进行审核，并判断报告是否达到委托方对研究成果的认定标准。会议召开前，专家应接受相关培训；评审过程中，专家应遵守信息保密、利益澄清、廉洁公正等合同协议，违反协定者应被追究相关责任（图13-2）。

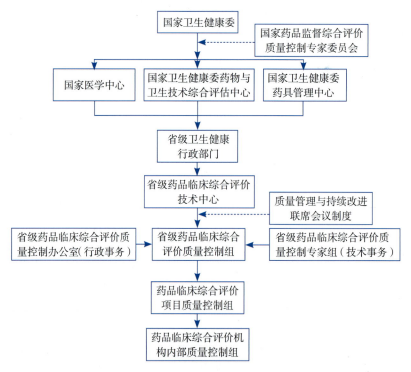

图 13-2 药品临床综合评价全面质量管理组织体系示意图

江苏省作为全国第一批药品临床综合评价工作试点省份之一，在国家卫生健康委药政司及江苏省卫生健康委药政处的指导下，由苏州大学附属第一医院与中国药科大学牵头，全国30余家医疗机构与科研院所共同参与制定，中国药科大学国际医药商学院与药物经济学评价研究中心给予指南制定方法学支持，制订《江苏省药品临床综合评价项目质量控制指南》，初步构建药品临床综合评价质量控制规范与质控指标体系，为评价机构开展科学、严谨、规范的质量控制提供标准化指导文件。该指南从项目过程管理、技术应用与评价报告等3个方面，细化制订药品临床综合评价项目质量、控制规范，初步构建相应的质量控制指标体系，推动药品临床综合评价项目主持单位及相关参与单位规范实施全过程质量控制，详见表13-2。

表13-2 江苏省药品临床综合评价项目质量评价表

质控指标	赋分	评价内容	核查重点
项目过程管理（10分）	3	评价主体资质	核查项目单位、项目负责人，项目质控员的资质
	7	组织流程的合规性	核查主题遴选、方案论证、方案实施、方案修改、中期汇报、结题评审等过程管理文档与记录是否齐全
技术应用（60分）	10	评价类型与设计的合理性	基于拟解决的临床问题、可获取的研究资源、研究任务紧迫性等因素，判断评价类型选择与设计的合理性（评价方法选择不合理、研究方案设计严重违反相关技术规范时一票否决）
	30	评价内容的合理性	核查评价维度（5）、评价指标（7）、研究方案（10）、质量评价工具（8）等选择的合理性
	20	评价方法的严谨性	文献研究法重点核查：研究者是否按照HTA、系统评价/meta分析等相关标准流程执行（10）；文献质量评价工具选择及评价实施的准确性（5）；文献证据通用性评价的合理性（5） 真实世界研究法重点核查：数据管理流程规范性（8）、统计分析的科学性（8）：是否进行偏倚与混杂因素的控制（4）等（存在数据不真实、统计造假时一票否决）
评价报告（30分）	3	基本信息的完整性	核查基本信息的完整性，如全文摘要对潜在利益冲突、资金/资助来源、委托情况、人员分工及职责、外部评审等进行的情况说明
	3	研究背景与目的的合理性	核查报告中是否对疾病概况、干预措施基本信息、开展本次项目评价的原因目的及拟解决的临床或政策问题、评价项目的受众范围、评价维度、实施时间与规划等内容进行阐述
	8	评价内容与方法的合理性	核查报告中是否清晰阐述了各维度的评价指标、评价方法、评价过程等内容
	8	评价结果的科学性	核查报告中是否针对各维度的评价结果进行阐述．是否对评价结果进行质量评价
	8	结论和讨论的严谨性	核查报告中是否清晰阐述了评估结论。明确评价结论是否解决了拟解决的问题：阐述本次评价和过去相关研究的异同及可能的原因：阐述本次评价在流行病学、人群特征、地域特征、临床实践或资源适用模式等方面的适用程度、差异性：指出本次评价可能存在的主要问题和局限：阐述评价结论对医疗服务资源可能产生的影响及对未来医疗决策的意义

其中，项目过程管理质量控制是指对评价主体资质、组织流程合规性等进行质量控制。

- 评价主体

（1）评价机构：应具备组织开展药品临床综合评价的能力，并能给予评价团队人力、物力等方面的支持。其中，评价团队应具备独立或协作开展药品临床综合评价的能力。评价团队成员的专业方向应包括但不限于临床医学、药学、循证医学、卫生经济学、流行病学、统计学与管理学等；

（2）项目负责人：应取得医学或药学相关专业高级职称，并具备3年及以上的药物评价工作经验，同时应有国家或省级组织的药品临床综合评价相关培训经历。其中，多中心项目负责人应取得医学或者药学相关专业高级职称，并具备5年及以上药物评价工作经验，且有组织多中心研究的影响力；

（3）项目质控员：应取得中级以上的专业技术职称，专业方向包括但不限于管理学、临床医学、药学、循证医学、卫生经济学、流行病学与统计学等，应有国家或省级组织的药品临床综合评价质量控制相关培训经历。所有参与药品临床综合评价的研究人员与评审专家均应签署利益冲突声明表。

- 组织流程

药品临床综合评价的组织流程质量控制要点包括主题遴选、方案论证、方案实施、方案修改、中期汇报与结题评审等。

- 主题遴选

药品临床综合评价主题遴选应基于临床需求，聚焦解决临床实践中的重点与难点问题。为保证主题遴选的合理性，江苏省医学会应根据国家和省确定的评价领域，组织召开多方代表的专家论证会，围绕必要性、重要性、迫切性及可评估性等方面进行论证，以确定评价主题，并提出项目单位建议。论证专家应包括临床医学、药学、循证医学、流行病学、卫生经济学、卫生决策等专业技术人员，必要时可邀请厂商代表、患者及家属参与。主题遴选的相关文档资料应有详细记录，留存备查。

- 评价实施

（1）方案论证：评价主题及项目单位经审核确定后，项目单位应在项目正式启动前制订《项目实施方案》。江苏省医学会组织相关专业领域的专家对《项目实施方案》进行论证。论证会应明确开展本次评价的目的与意义，评估研究方案的合理性与可行性，重点论证目标人群选择、评价维度选择、对照药品选择、评价指标选择、评价方法选择与相关伦理学问题等，并提出修改建议。项目单位应根据专家论证会的修改建议优化《项目实施方案》，修改的实施方案应当记录为不同版本。经专家论证会通过后的《项目实施方案》方可执行，并保存相关会议记录，备查。

（2）方案实施：项目单位应严格按照《项目实施方案》开展药品临床综合评价工作，评价实施过程中应保留相应的文件资料与记录。项目质控员应规范执行各环节的质量控制工作，相关质量控制检查记录留存备查。

（3）方案修改：评价实施过程中，项目单位若发现《项目实施方案》无法实施或存在重要缺陷，或因决策目的改变而需修改实施方案，应当及时向江苏省医学会提出调整申请，在咨询相关领域专家或召开专家咨询会的基础上对《项目实施方案》进行修改。《项目实施方案》修改应书面记录，内容包括但不限于修改日期、修改理由、修改内容、专家咨询结果等相关信息，原版及更新后的《项目实施方案》应标记为不同版本，留存备查。

（4）中期报告：项目单位应当按照《项目实施方案》要求，组织相关专业领域的专家召开中期报告会，对项目进展、实施情况、下一步计划等内容进行讨论，相关会议记录留存备查。

（5）结题评审：项目评价完成后，项目单位应汇总形成完整的《评价报告》。组织独立的评审专家组，对《评价报告》等结果进行结题评审。评审专家应为来自于国内外相关研究领域的外部专家，包括临床医学、药学、循证医学、流行病学、卫生经济学、卫生决策等专业人员，必要时可邀请厂商代表、患者及家属参与。结题评审的相关文档资料应有详细记录，留存备查。项目单位应根据评审专家的建议修改完善《评价报告》。

3. 新药评估及档案管理

药品临床综合评价是评价主体应用多种评价方法和工具开展的多维度、多层次证据的综合评价，其中评价维度是药品临床综合评价的基石。药品临床综合评价发展至今，评价维度也一直在发生转变。2011年11月中国药学会医院药学专业委员会发布了《中国药品综合评价指南参考大纲》，2015年4月该专业委员会又发布了《中国药品综合评价指南参考大纲（第二版）》，2021年7月国家卫生健康委发布了《药品临床综合评价管理指南（2021年版试行）》，三者关于药品临床综合评价的维度及其内容各不相同（表13-3）。我国药品临床综合评价的维度数量虽然在减少，但其评价内容的覆盖面更广、科学性更高、实施性和应用性更强。

目前，药品临床综合评价方法大体可分为证据收集和综合分析决策两方面：①证据收集可采用文献分析、问卷调研、真实世界数据分析等方法；②综合分析决策可采用德尔菲法、层次分析法、多准则决策分析法等分析方法，每种方法各有利弊，每种维度适宜的评价方法也大不相同。在证据收集层面，有效性、安全性及经济性评价建议采用文献分析和真实世界数据分析，创新性、适宜性和可及性评价建议采用问卷调研。在综合分析决策层面，应根据实际情况选用合适的分析方法，如专家数量足够时，可采用德尔菲法，对同类别临床药品开展不同品种间的比较评价时可采用层次分析法进行直观比较。而如何基于目前指南要求的评价维度和内容，利用现有的评价方法进行药品临床综合评价方案的设计与执行仍是今后研究的重点。

表 13-3 我国药品临床综合评价相关指南中维度及内容的变化

发布时间	发布主体	文件名称	评价维度数量	具体评价内容
2011 年 11 月	中国药学会医院药学专业委员会	《中国药品综合评价指南参考大纲》	9 个	安全性、有效性、药品质量、药品原料、药品工艺、药品包材、药品顺应性、药物经济性、药物临床价值
2015 年 4 月	中国药学会医院药学专业委员会	《中国药品综合评价指南参考大纲（第二版）》	8 个	安全性、有效性、体内药学特性、药品质量、药品顺应性、临床药物经济性、药物临床价值、药品信息服务

三、新技术推广

新技术项目结题验收后转入临床常规技术，根据新技术的实际情况，决定是否进行进一步推广，通过如继续教育班、培训班等多种形式积极进行推广应用，促进新技术的成果转化。

原发性肝癌 miRNA 检测试剂盒

1. 研发过程

肝细胞癌（以下简称"肝癌"）是世界上最常见、恶性程度最高的肿瘤之一，被称为癌中之王。我国是肝癌高发国，全世界 55% 的肝癌发生在中国。肝癌起病隐匿，总体 5 年生存率只有 7% 左右；超过 60% 的肝癌患者在首次就诊时已经进入晚期，从而失去根治性治疗的机会；而早期肝癌手术治疗后 5 年生存率可达 70%~80%。因而积极研究肝癌的早期诊断方法具有重要意义。

临床上常用的肝癌诊断标记物为甲胎蛋白（AFP）。然而，AFP 诊断肝癌的敏感度和特异度并不是特别理想。在妊娠妇女、急慢性肝炎、生殖细胞肿瘤、先天性胆管闭塞、消化道肿瘤等人群中 AFP 亦可能升高。而大约 40% 的肝癌患者 AFP 并不升高。因此，寻找特异度和敏感度高的肝癌患者早期诊断分子标记物成为临床的重点和难点。

绝大多数肿瘤标记物均为蛋白质分子，而蛋白质分子的复杂多样及其稳定性不佳常常成为制约其成为肿瘤标记物的瓶颈。核酸和蛋白质被认为是两种最基本的生命物质，核酸在肿瘤发生发展中所扮演的角色并不逊于蛋白质，但核酸作为肿瘤分子标记物的应用却凤毛麟角。复旦大学附属中山医院肝癌研究所樊嘉、周俭教授领衔的课题组另辟蹊径，从外周血核酸入手，首先利用高通量芯片在 934 份血浆样本中筛选并验证到由 7 种微小核糖核酸（miRNA）。miRNA 是一类短链不编码蛋白质的短片段核酸，在机体细胞中一种 miRNA 可调控上百种基因的表达。课题组利用这 7 种血浆 miRNA 的表达水平建立了肝癌的诊断模型，该模型不但可以准确地诊断早期肝癌（敏感度可达 86.1%，特异度可达 76.8%），在 AFP 无法做出判断的患者（甲胎蛋白< 400ng/ml）中该模型仍能做出准确的诊断（敏感度可达77.7%，特异度可达 84.5%）。该研究成果于 2011 年发表在国际著名肿瘤学期刊《临床肿瘤学杂志》（Journal of Clinical Oncology）上，该杂志同期配发了由肿瘤学权威专家撰写的对该研究成果的述评，述评指出"该诊断模型可能成为肝癌筛查的首选手段"。该成果获得中国、日本、韩国、香港等国家和地区的授权发明专利。

以前期科研成果和相关专利为基础，研究团队联合高新生物科技企业进一步研制开发 miRNA 检测试剂盒。对该诊断模型进行优化，并在多中心进行验证，开发出与肝癌相关的 7 种微小核糖核酸（miRNA）检测试剂盒，完成 GMP 车间生产、中检所注册检。并在复旦大学附属中山医院、东方肝胆外科医院、协和医院三个临床中心收集并完成了 1800 余例的临床试验。miRNA 7 试剂盒已于 2017 年通过 CFDA 审批，目前已广泛应用于临床。此项成果临床应用的重要意义在于：利用该血浆 miRNA 诊断模型可以早期诊断肝癌，使一大批原来由于缺乏有效诊断而失去根治性治疗机会的患者得到及时的治疗，整体上提高肝癌患者的生存率。

2. 推广模式和方法

依据肝癌早筛和早期干预的国家政策导向进行本技术的推广。2019 年，国家卫健委等发布《健康中国行动——癌症防治实施方案（2019—2022 年）》，提出到 2022 年，总体癌症 5 年生存率比 2015 年提高 3%，患者疾病负担得到有效控制。各地针对本地区高发、早期治疗成本效益好、筛查手段简便易行的癌症，逐步扩大筛查和早诊早治覆盖范围。2022 年，国家卫健委发布《健康中国行动 2022 年工作要点》，强调聚焦癌症等重大疾病防治需求。卫健委《原发性肝癌诊疗规范（2022 年版）》，建议高危人群至少每 6 个月进行一次筛查。血清 AFP 是诊断肝癌和疗效监测常用且重要的指标。对血清 AFP 阴性人群，可以借助 miRNA 7 检测试剂盒进行早期诊断。

随着经济收入的增长、生活质量的提高，国民健康意识逐渐增强，越来越多的人会进行定期体检和癌症筛查。从居民收入端来看，根据国家统计局数据 2018 年我国人均年收入（可支配收入）5 万元以上的人口约占 20%，约为 2.8 亿人。按照 GDP 增速计算，我们认为 2035 年这部分群体人均年收入有望达到 9.5 万元，能够支撑起每年一次的癌症早筛检测费用。

　　肝癌以及肝病的早期筛查，诊断在我国具有特殊的社会意义。我国是世界上肝炎负担最重的国家；中国慢性肝病高发，预计潜在人群超过 3 亿人。2020 年中国肝癌新发病例数为 41.0 万例，排名第 5；死亡病例 39.1 万例，排名第 2。肝癌症状不明显，早期肝癌甚至没有任何症状。我国肝癌患者五年总体生存率不足 20%，约 80% 的肝癌患者在确诊时已是中晚期。而 0 期肝癌的 5 年生存率就能高达 90%。

　　随着核酸检测的普及影响，目前基于核酸的分子生物学方法获得了极大的关注度。目前常用的肝癌早筛手段血清标志物甲胎蛋白 AFP 检测、影像学检查以及液体活检（microRNA，ctDNA）。

　　基于以上分析我们采用以下推广模式：

　　1）依托产品合规性优势，加大全国范围内进院力度，尽最大努力拓展 IVD 客户群：开展上市后研究，建立肝癌早筛早诊专家群，确定不同临床场景下的研究思路，完善临床研究方案，快速启动大规模的应用型研究或小规模的探索性研究。

　　2）寻找肝病人群的临床检查点，整理产品在肝病人群中的使用数据积累，继续拓展和拓宽使用科室。

　　目前上海，浙江等地已经将 miRNA 7 试剂盒的检测纳入医保支付范畴，从而为进一步大范围应用打下了基础。

3. 新技术推广辐射和效应

　　依托肝癌早筛相关课题，开展以中山医院牵头的全国多中心 miRNA 在高危人群中的肝癌筛查、诊断及监测临床试验；通过建立健康门诊、绿色通道等形式搭建三级诊疗转诊平台，辐射全国近千家三甲医院。miRNA 7 试剂盒作为卫健委《原发性肝癌诊疗规范（2022 年版）》中早筛推荐手段之一，在多地纳入医保支付，进一步辐射全国。

（孙　湛、锁　涛）

第十四章　多层次医疗服务供给

一、医院商业健康保险管理模式

(一)国内医院商业健康保险管理模式

1. 松散式管理

在某些医疗机构，患者在就医结束后前往签约的健康保险机构进行理赔，在就医过程中可能未提及商保待遇或未向医师提供与商保有关的服务，该些医疗机构通常与保险公司不具有任何协议，且具有商保待遇的患者较少，患者与医疗机构之间的联系并没有因商保而改变。这一类的商保管理通常称为"松散式"管理。在国内，可能由于医疗机构与商保机构没有更深一步的合作，大部分医疗机构商保运营都属于松散式管理。

2. 合作共建式管理

在部分医疗机构，商业健康保险机构与医疗机构合作，服务于共同的患者。在患者入院前应告知工作人员自己的商保待遇，出院后可根据所签署的保险套餐完成一站式理赔，打通了医疗服务"最后一公里"。医疗保障是客户对商业保险的最大需求。商保的价值则体现在两方面：一是在基本医保基础上，商保的附加价值，二是商保能够给予客户怎样的极致体验。随着国家鼓励发展商业保险配套政策相继出台，商保与基本医保在医疗保障支付体系中相辅相成的作用日益凸显。但在传统健康险理赔模式下，患者须在出院后备齐各种资料申请理赔，通过理赔审核后再拿到赔款，不仅耗费时间长，也增加了客户的经济压力。

对于公立医疗机构而言，随着药品零加成等医改政策纵深推进，公立医院正面临着前所未有的压力。公立医院在保持公益性的同时，还需面对社保基金支付力度不足的现状，商保无疑成为其重要的合作伙伴。商保不仅能承担提升医保服务效率、打造客户极致体验等重任的商保支付结算平台,还是被给予创新健康保险产品、延伸健康管理服务、拓展支付能力等多重厚望的医险合作基础平台。

商保作为社保的有效补充,承担着探索符合中国国情的医险结合合作模式。随着内外部市场向大健康战略方向发展,医院对商保的接受程度逐渐加强,但泰康与医院的合作不会仅仅停留在业务流程的对接上,更多在于探索与医院的各种新型合作模式。

3. 全覆盖式管理

以高端医疗保险为主要服务群体,主要为高收入、高保障、高社会阶层、高要求的高端人群提供优质的医疗服务,代表着医疗服务质量高、技术高、服务的高档次和服务对象的高端性,这种商保管理方法称为全覆盖式管理。而公立医疗机构提供的高端医疗资源有限,因此高端医疗保险和全覆盖式商保管理通常存在于民营医院。然而,高端医疗保险的市场份额仍然较小,高端医疗资源分配不均衡,或是认为高端医保参保人群的道德风险等原因,高端医疗保险在我国医疗机构并不多见。

公立医院掌握了医疗市场最前沿、最尖端的医疗技术,在不断加强公立医院高端医疗服务规范化的同时,公立医院可逐步尝试利用自身发展优势和学科特色有倾向性地逐步推进高端医疗,如体验医疗服务、特需医疗服务等。与高端商保公司合作,关注高端就医人群,丰富高端医疗保险产品,有针对性地开展高端医疗服务。

(二)国内医院商业保险管理模式发展方向及思考

在国内医疗机构高质量发展的今天,医疗服务市场已不再仅仅是供方(医院)与需方(患者),会有更多的第三方参与,如政府主推的城市定制型商保产品,保险公司为主推的个人医疗险,使患者在就医的同时不断提高与医生的对话权,医患双方的信息不对称也在逐步改变,医疗机构引入商保服务,从松散式管理向合作式管理转变,以签订协议的方式同时约束医院和保险公司,通过提高服务质量,优化服务流程,完善理赔通道,不断地吸引优质群体就医,提高患者就医体验度和满意度。

在此过程中,最重要的一环就是快速辨认商保参保人以及打通一站式理赔通道,在保险公司确认患者身份后,患者在就医结算时直接完成商保理赔。医院方与公司方信息互通,保证数据安全、患者隐私、合作共赢。

二、多层次医疗服务供给及管理

（一）基本医疗保险下医疗供给及管理

该层次为国内绝大部分医疗机构的医疗服务供给管理模式，从医疗资源分配角度，医院在执业许可范围以内开设各类专科、专病、专家以及多学科联合门诊医疗服务、急诊医疗服务，并且根据学科定位和特色开设住院诊疗服务、临床医学中心、一站式住院和日间医疗中心等。该层次提供的是最全面，最广泛的医疗服务以满足各基本医疗保险患者的需求。从医疗服务角度，医疗机构提供卫生医保规定的所有医疗保障服务，包括门急诊、住院医疗服务咨询，医疗设施项目、药品耗材价格的咨询、医疗费用结算等。同时接受各类患者的咨询、投诉及接待，是多层次下的医疗供给管理中范围最大的一类。该层次的医疗服务供给包括了全国各类型的医疗机构，包括公立医疗机构、民办医疗机构等。

（二）补充医疗保险下医疗供给与管理

该层次为社会医疗保险之上的补充医疗保险，一般体现为特殊人群的医疗保障，如公务员、机关干部统筹、离退休人员、老红军等人员的特殊医疗保险，这一类的医疗保险人员通常拥有特殊的待遇，在该层次下需提供不同于第一层的医疗供给和管理，如设立特殊人员专有咨询窗口，特殊门诊区域，配套挂号收费、检查检验、取药等窗口，方便该类患者就医；此外提供满足特殊人群的住院病房服务，通常与普通社会保险的人群有所区分，以楼层或者楼宇单独区分，设有独立的医技检查，手术操作区域，并配备专业医护人员为其提供医疗服务以及符合国家规定的补充医疗保险结算服务。该层次的医疗服务供给多数只包含于国内公立二三级医疗机构，民办医疗机构中存在较少。

干部保健是特定的历史时期、对特定人群，开展特定的医疗诊治服务。它作为医疗卫生保障中的一个单列领域，既基于面上医疗卫生水平的整体支撑，同时对服务和技术的要求又高于面上，干部保健服务有规范的组织架构、人员配置、医疗管理、设施要求、信息保密、任务保障以及安全要求等。

（三）商业医疗保险下的医疗服务供给管理

该层次医疗服务供给取决于该医疗机构的商业医保管理模式，在国内不同的医疗机构根据与商业保险公司的合作程度不同，有松散式管理、合作共建式管理以及全覆盖式管理等，这里主要阐述合作共建式管理。

在医疗资源配置方面，配置相应的门诊及住院楼层用于提供参保人的商业医保保障，门诊一般体现为特需诊疗区域，国际医疗服务部、多学科联合诊疗服务等。住院一般分为特需病房、商保规划区域等。医技检查及手术区域一般为与普通社会保险患者共用，但不排除有一定程度上的优先权。

在医疗服务方面，国内医疗机构一般选择本机构学科较强的临床科室与商业保险公司合作，一方面便于集中管理，一方面保证优质患者群体。商业保险公司通过与医疗机构的合作，将患者的保险产品和套餐嵌入至医院信息系统，患者持卡就医只需告知医院挂号及住院窗口，随即查询到患者的参保类型及商保套餐，在出院后按患者的社保待遇及商保套餐属性即可完成一站式理赔结算，解决患者理赔"最后一公里"，增强患者就医体验和付费体验。最后，由商业保险公司针对自身客户在医疗机构的就医情况，将原先由公司给到患者的理赔金额直接拨付到医疗机构，完成商保理赔的最后一道关，真正地将商业保险下的医疗供给落实到位。该层次的医疗服务供给以民营医院提供居多，近年来公立医院的数量及占比也逐渐攀升。

（四）社会救济下的医疗服务供给管理

在基本医疗保险、补充保险、商业保险层次外，存在着社会救济下的医疗保障，该人群可能由于地区的差异，所涵盖的范围和人群不同，一般包括以下几类特殊人群：失业丧劳（残疾）人员、互助帮困人员、中小学生、婴幼儿、高龄老人等。此外，根据就诊原因还能分为工伤人员、突发公共卫生事件（群死群伤、食物中毒）涉及人员、第三方逃逸无支付能力涉及人员（交通事故、道路救援）等。由于人群占比较低，该层次的医疗服务一般不再设有独立的诊疗区域，取而代之的是部分绿色无障碍通道或是人道主义救援，在医疗资源配置与服务提供方面均与第一层社会保险无较大差异。该层次的医疗服务供给一般仅存在公立医疗机构，作为公立医院的公益性，本身人道主义精神，不可避免地提供医疗服务，当上述人群就医时，作为政府托底的医疗救济，一般也免收部分医疗费用及住院押金，全由各事业单位及委办局负责医疗费用的拨付。

（五）多层次医疗服务供给管理的总结及发展方向

在我国，多层次的医疗服务供给是针对多层次的医疗保障而言的，由于人群的复杂性和多元化医疗保障待遇，各层次的医疗保障并非完全独立的，而是可能具有交叉互补的特性，其中国家及政府主导的社会医疗保险及社会救济组成了两大主要人群，在此基础之上形成了特殊人群的补充医疗保障及商业补充医疗保险，进而形成了四个层面的医疗保障模式。

对医疗机构而言，最基本的职能即为医疗服务提供。在医疗市场上，存在着需求方、攻击方以及第三方，近年来，随着我国社会保险制度的不断完善和归并，社会保险参保人员不断增加，保障覆盖面不断扩大，医保战略性购买对医疗要素市场的再分配，以及随着各医疗保险待遇在医疗机构不断落地，就诊人群对医疗机构供给服务的需求也日益增加，表现为不仅是医疗服务的需求，还包括医疗保障，就医体验，付费流程的需求。在此背景下，医疗机构在不断提升学科特色及病种难易度的前提下，为体现公立医院高质量发展，在医疗服务及流程方面也需作出相应的尝试和转变，打破机构合作的壁垒，开阔更大的视野，取得更长足的进步和发展。

（六）全国医疗机构多层次医疗供给案例

1. 全国百强医院多层次医疗供给服务现状

据统计，全国106所百强医院只有31家建立了国际医疗部，与保险公司直接合作不到10家。医院在设立国际医疗部初期，应及时与商业保险对接并明确保险内容、报销范围，为患者简化繁琐的流程，减轻经济负担，保障及时就医。

由于缺乏国家层面的规范引导，各医院国际医疗部设立情况差异较大，且服务流程和商业保险与国际接轨不够，国际医疗服务存在一定的问题。应充分了解我国国际医疗的现状与不足，做好国际医疗的顶层设计，积极开展国际合作。如下列表14-1、表14-2所列。

表14-1 国内百强医院国际医疗部设立情况

医院名称	外籍就诊门诊
中国医学科学院北京协和医学院	国际医疗部
四川大学华西医院	特需门诊
复旦大学附属华山医院	国际医疗部
华中科技大学同济医学院附属协和医院	国际医疗部
中南大学湘雅医院	国际医疗部
上海交通大学医学院附属仁济医院	国际医疗部
郑州大学第一附属医院	国际医疗部
中南大学湘雅二医院	国际医疗部
北京大学人民医院	合作
山东大学齐鲁医院	国际医疗部

续表

医院名称	外籍就诊门诊
中国医学科学院肿瘤医院	特需医疗
上海第六人民医院	国际医疗部
首都医科大学附属北京天坛医院	国际医疗部
首都医科大学附属北京同仁医院	国际眼科
中国医学科学院阜外医院	特需门诊
中国医科大学附属盛京医院	国际医疗部
中日友好医院	国际医疗部
吉林大学第一医院	特需医疗
中山大学孙逸仙纪念医院	国际医疗部
西安交通大学第一附属医院	国际医疗部
天津医科大学总医院	国际医疗部
山东省立医院	国际医疗部
上海第一人民医院	外籍门诊
北京积水潭医院	特需医疗
中国科学技术大学附属第一医院（安徽省立医院）	—
安徽医科大学第一附属医院	国际医疗部
首都医科大学附属北京友谊医院	国际医疗部
河南省人民医院	国际医疗部
武汉大学口腔医院	特诊部
北京大学第六医院	特诊接待外宾
新疆医科大学第一附属医院	国际医疗部

表 14-2　国内医院设立国际医疗的基本情况

医院名称	设立年份	门诊/住院	涉及科室	病房/床位	保险公司合作数量
中国医学科学院北京协和医院	1951	门诊+住院	30多个临床科室	9个病房；单间及套间200余间	27
复旦大学附属华山医院	1989	门诊+住院	25个临床科室	26间单人病房	25
华中科技大学同济医学院附属协和医院	2015	门诊	40多个临床科室	—	—
中南大学湘雅医院	2015	门诊+住院	—	内科、外科综合病房各1个，床位36张	与商业保险对接

续表

医院名称	设立年份	门诊/住院	涉及科室	病房/床位	保险公司合作数量
山东大学齐鲁医院	2019	门诊	20多个临床专科	—	
中国医科大学附属盛京医院	2009	门诊+住院	10多个专业诊室		
中日友好医院	1984	门诊+住院	30多个科室设置	—	28
西安交通大学第一附属医院	2018	门诊	20个专业科室	—	自费
北京积水潭医院	2004	门诊+住院	—	床位63张	—
中国科学技术大学附属第一医院	2017	门诊+住院	内、外、妇、眼科等临床专科	单间和套间共35个房间	—
首都医科大学附属北京友谊医院	1952	门诊+住院	涵盖各个科室	16个中、高档单人病房	多个

代表城市主要为上海和北京，医院有复旦大学附属华山医院国际医疗中心、北京协和医院国际部和中日友好医院国；由于多方面原因，其合作规模仍然较低，但增长率较显著。而对于普通医疗的合作方面，如基本医疗保险自付部分的二次报销、普通科室就诊费用的直接理赔或住院免押金等创新服务等，由于信息系统对接和财务灵活性等问题，成功的合作案例较少。

2. 上海市国际商业健康保险现状分析

2021年6月，国务院办公厅颁布《关于推动公立医院高质量发展的意见》提出了提升公立医院高质量发展的"新效能"：健全运营管理体系。整合医疗、教学、科研等业务系统和人力、财力、物力等资源系统，建立医院运营管理决策支持系统，推动医院运营管理的科学化、规范化、精细化，引导医院回归功能定位，提高效率。此外，提出了激活公立医院高质量发展"新动力"：深化医疗服务价格改革；稳妥有序试点探索医疗服务价格优化；建立健全适应经济社会发展、更好发挥政府作用、医疗机构充分参与、体现技术劳务价值的医疗服务价格形成机制。建立灵敏有序的价格动态调整机制，定期开展调价评估，达到启动条件的要稳妥有序调整医疗服务价格，理顺比价关系，支持公立医院优化收入结构。

与此同时，上海"十四五"规划中提出了建设亚洲医学中心的新目标，新要求，上海作为国际经济、金融、贸易及航运中心，在国际商保应占在全国领先及全球前沿的地位。

国际商业健康保险业务是由医疗机构特需（特诊）部或国际医疗部提供的，与国际商业健康保险机构通过理赔结算形式取得医疗收入的相关业务。与普通商业健康保险和重大疾病保险等保险类型相比，国际商业健康保险与国际先进经验接轨，无论国内外，患者灵活地选择医疗机构就医，突破了普通医保就医、用药范围限制，可与医疗机构签约支付，保险内容可涵盖门急诊和住院治疗、健康体检、疫苗接种等服务项目。

结合《公立医院高质量发展》《"十四五"全民医疗保障规划》等制度文件，提出了公立医院发展商业健康保险的新思路、新格局。而市级医院是本市医疗服务体系重要组成部分，借助国际商业健康保险，可以有效拓展国内和国际患者高端医疗服务，优化服务模式，增强服务理念，提高医疗服务的国际竞争力、影响力、渗透力和辐射力。此外，市级医院进一步拓展国际商业健康保险业务，可以提高医疗服务收入占比，促进优化医院经济结构。同时，医院通过资源整合，加强统筹管理，能有效改善医院整体经济运行状况，弥补基本医疗服务的运营成本，反哺基本医疗。国际商业健康保险对国际化医疗服务有着重要支撑作用，是连接国际化医疗服务需求与市级医院医疗服务供给的重要纽带。开展国际商业健康保险业务，有助于本市更好地承载起国际化医疗服务供给的任务，推进打造与卓越全球城市相匹配的高品质健康医疗服务业体系。市级医院在公立医院高质量发展导向下，在特需医疗基础上，进一步发展国际医疗服务，配套国际商业健康保险支付，在医疗服务市场进一步取得优势，具有相当的实践意义。

截至2021年，有22家市级医院（含合作共建、部队医院）与49家国际商保机构签约合作344家次，占全部医院的63%，其中2021年新增签约46家次。各医院中，一院、华山、华东等3家医院签约国际商保机构最多，分别为41家、30家、26家，瑞金、仁济、曙光、儿童、儿中心等5家医院签约20家以上；一院、中山、华山、儿中心、儿科等5家设立国际医疗部且配备独立诊疗区域，其余医院主要依托特需部开展业务。

另外，与医院合作较多的国际商保机构包括万欣和（MSH）、中间带（Medilink）、平安健康、泰康养老、太平洋健康、友邦、招商信诺（Cigna），签约医院数量在16～20家。

目前来看，公立医院通过与国际商业健康保险机构合作提供医疗服务主要包括：24小时门急诊及住院治疗、电话预约专家门诊或出诊服务、组织院内外与市内外各科专家会诊、国际会议医疗保健服务、门诊或住院VIP健康体检、疫苗注射、出国健康体检、外籍人士驾驶健康体检、海外紧急转运等以及服务过程中通常包含的全流程引导陪护及外语交流、免现金商业保险直付等服务。

医疗机构根据自身发展特点提供国际医疗服务，包括必要的诊疗过程和随访，为提高国际医疗服务影响力，提高国际医疗服务的品牌效应，应当同时做好诊后、术后等随访工作，并针对部分的慢性病、肿瘤等国际医疗服务患者，建立健康管理和健康档案，不断提高患者对医疗机构的品牌忠诚度，树立"医疗服务"+"诊后随访"+"健康管理"的全生命周期管理的"大卫生观"、"大健康观"的发展理念。此外，通过国际医疗服务中提供的较为前沿的医学技术，加快成果转化，提高影响力。

基于上述发展理念，加快突破医疗技术国际医疗技术瓶颈，允许医疗机构在保证医疗安全和质量的前提下在国际医疗试点新兴前沿的医疗技术，开展前端的临床试验，试用美国FDA已上市的医疗新器械或新药，巩固公立医院学术影响力和辐射力，以获得与亚洲医学中心城市相匹配的医疗资源倾斜。

根据现有的医疗服务价格规定，仅门诊诊查费、住院诊查费、床位费、护理费四项特需收费可由医疗机构自主定价和备案。在此基础上，需打破基本医疗服务价格限制，在现有的四项特需收费基础上，对国际医疗服务过程中所提供的大型检查、手术和治疗等项目收费同样实行医疗服务价格备案管理，由医院自主定价，既体现收费价格对优质医疗服务实际成本的合理补偿，理顺不同层次医疗服务项目价格关系，促进医疗服务价格与国际医疗相适应，真正体现医务人员的医疗技术和医疗服务，同时也能促进本市医疗机构国际医疗服务的市场化竞争，助推提升本市医疗健康服务业的国际竞争力。

由于大部分医疗机构国际医疗服务与特需医疗兼并，所产生的服务人次、医疗费用、院内HIS报表所呈现的均为"特需医疗"。在国家三级公立医院绩效考核（2022版）中，特需医疗服务占比为考核指标之一，考核导向为监测管理。由于此前《中共中央、国务院关于深化医药卫生体制改革的意见》（中发〔2009〕6号）提出控制公立医院特需服务规模，提供特需服务的比例不超过全部医疗服务的10%的规定，在充分考虑并支持公立医院开展国际商业健康保险的同时，建议淡化"特需占比"这一指标的考核方向。

鼓励市级医院结合公立医院高质量发展战略，认真做好评估，完善国际商业健康保险业务规划，引导和推动市级医院在不影响基本医疗服务提供和落实公益性职能定位的前提下，统筹医院资源，开设独立且具有闭环管理的门诊及住院诊疗区域，以自身学科优势为契机开设具有鲜明特色的诊疗科目、医疗设备和专业医护团队，并提供全流程外语引导、陪护服务，实行差异化竞争战略；配备专门的费用结算人员，建立规范、及时、高效、温馨的服务流程。

统筹遴选商业保险合作伙伴，商讨设计符合医疗机构特点的合作模式，兼顾各类公平。在与商业健康保险公司合作时，应事先针对合作模式、参保人就医流程、理赔模式、准入规则等重点部分进行商议谈判，必要时可请法务审核。可要求保险公司提供医院驻场服务，协助开展患者、医院和保险公司三方沟通，并建立对保险公司的评价体系，完善约束和激励措施。

探索与第三方平台合作，加强对患者身份确认、理赔范围确认等以风险共担。在费用结算时，需关注保险公司的担保额度，并注意保险公司回款拖延时限、评估坏账风险，必要时可使保险公司支付一定比例的保证金。绩效分配方面，做好内部考核和分配制度，鼓励医护人员参与国际商业健康保险业务的同时，兼顾与其他人员薪酬分配的平衡，维护各类医护人员的利益。

3. 上海市医疗机构国际商业健康保险实践经验分享

案例一：上海市某三甲综合医院

该院为上海市级医院里较早推行国际医疗服务的医疗机构，医院设立独立的国际医疗部、VIP体验中心，并与国外医学院合作，加强两院的人才交流和医疗服务深度融合，为国内外患者提供优质的国际医疗服务，与该院签约的商业保险公司达30多家，业务量以该院特色的消化内科、肾脏内科、泌尿外科、风湿免疫科等科室为主。患者就医大多以商业健康保险直接赔付，依托商保服务平台，减少了患者的费用负担，提高了保险支付效率。

案例二：上海市某三甲专科医院

该院为上海市级专科医院中较早与国内和国际商业健康保险公司合作的医疗机构，医院设立对外交流部，建立诊前预检、诊中医疗、诊后随访的"全生命周期"医疗服务理念，借助医院强势学科、以国际医疗服务为平台开展国内外较为前沿的诊疗技术和服务，体现了"十四五"规划下医院将建立独立的国际诊疗大楼，配备专业并具有双语能力的医护团队为各类国际医疗患者提供多层次的医疗服务。

开展国际商业健康保险，具有十分重要的现实意义。

首先，开展国际商业健康保险有助于优化医院收入结构。公立医院进一步拓展国际商业健康保险业务，可以提高医疗服务收入占比，促进优化医院经济结构。同时，医院可通过资源整合，加强统筹管理，能有效改善医院整体经济运行状况，弥补基本医疗服务的运营成本，反哺基本医疗。

其次，开展国际商业健康保险可满足国际化医疗服务需求。国际商业健康保险对国际化医疗服务有着重要支撑作用，是连接国际化医疗服务需求与市级医院医疗服务供给的重要纽带。开展国际商业健康保险业务，有助于本市更好地承载起国际化医疗服务供给的任务，推进打造与卓越全球城市相匹配的高品质健康医疗服务业体系。

最后，开展国际商业健康保险可推动亚洲医学中心城市建设。市级医院是本市医疗服务体系重要组成部分，借助国际商业健康保险，可以有效拓展国内和国际患者高端医疗服务，优化服务模式，增强服务理念，提高医疗服务的国际竞争力、影响力、渗透力和辐射力。公立医院在推进建设巩固亚洲医学中心城市中发挥着积极的作用，为提升城市软实力作出贡献。

（俞骏仁、姜　若、狄建忠）

第十五章 医院绩效管理

一、医院绩效管理方法

（一）医院绩效管理简述

绩效管理是指组织及其管理者在组织的使命、核心价值观的指引下，为达成愿景和战略目标而进行的绩效计划、绩效监控、绩效评价以及绩效反馈的循环过程，其目的是确保组织成员的工作行为和工作结果与组织期望的目标保持一致，通过持续提升个人、部门以及组织的绩效水平，最终实现组织的战略目标。

医院绩效管理是基于医院战略目标，为改善组织或个人工作行为、提高预期工作成果开展的一系列管理活动。医院绩效管理系统能够将员工具体的工作活动与医院的战略目标联系起来，通过从战略目标出发，建立科学规范的绩效评价指标体系，把组织、团队和个人的绩效紧密地联系在一起，在引导个人、团队绩效提高的同时促进医院整体绩效的提升，确保医院战略目标的实现。

医院绩效管理的主要步骤包括绩效计划、辅导实施、绩效评价、绩效反馈和结果应用五个环节：①绩效计划是指在新的绩效周期开始前，管理者和员工根据战略规划和年度计划，通过绩效面谈，共同确定组织、部门和个人的绩效目标，形成年度目标责任的过程；②辅导实施是指在绩效管理实施过程中，管理者与下属通过持续的绩效沟通和数据分析，对员工的行为及绩效目标的实施情况进行监控，并提供必要的指导和支持的过程；③绩效评价是根据绩效目标和绩效评价标准，对团体或个人一定周期内的绩效水平进行评价和考核，并形成考核结果的过程，绩效考核是绩效管理过程中的核心环节，也是技术性最强的一个环节；④绩效反馈是在绩效评价结束后，管理者通过书面或面谈等方式，将评价结果反馈给被考核对象，并共同分析绩效问题及原因，制定绩效改善计划的过程；⑤结果应用是指将绩效评价结果可用于奖金分配、评优评先、职称晋升、岗位聘任、职工培训、资源配置等方面，以强化激励机制，更好地促进绩效改善。有效的医院绩效管理应具备五个基本要素，即组织战略的清晰性、目标的挑战性及可衡量性、保证目标实现的高效组织结构、有效的绩效沟通、绩效评价与反馈机制及恰当的绩效结果应用。

（二）绩效管理的分类

按照实施主体的不同，医院绩效管理可分为外部绩效管理和内部绩效管理。

外部绩效管理是指医院以外的主体对医院整体或某一方面的绩效管理，其中最主要的是管理部门考核和第三方评价。管理部门考核是指政府、办医机构等管理部门为履行管理职责，跟踪评价医院绩效水平和重点工作推进情况，对医院开展的考核和评价，可以由管理部门自行组织实施，也可以委托第三方实施，我国最具代表性的政府医院评价是全国三级和二级医院绩效考核。第三方评价在国外医院评价中普遍采用，较具有代表性的包括美国医疗机构评审联合委员会（JCAHO）、德国医疗透明管理制度与标准委员会（KTQ）、英国保柏集团（BUPA）、澳大利亚卫生服务标准委员会（ACHS）、日本医院机能评价研究会等机构开展的医院评价。第三方评价普遍具有较好的专业性和独立性，而且越来越强调考核评价的量化基础，可选择特定维度（如科研、专科等）进行评价，有利于形成完善的社会监督机制。

内部绩效管理指医院内的管理机构或科室管理者根据医院的中长期规划、发展目标等对科室、医疗组或个人设定绩效目标，进行沟通、反馈，开展考核和评价。内部绩效管理的实施部门既包括专门负责绩效管理的部门，也包括承担绩效管理工作的职能部门。从考核主体与被考核对象的关系看，包括上级评价、下级评价和同级评价，其中上级评价主要来自被考核者的直接领导和分管领导，下级评价主要来自被考核对象的直接下属，同级评价主要来自有业务联系和合作关系的同级别其他部门。内部考核是外部考核评价在医院内部管理中的延伸，也是医院战略目标的实现路径，医院通过对不同岗位、不同职级医务人员实行分级分类考核，能够将政府、举办主体对医院的绩效考核落实到科室和医务人员的医疗行为中，能够有效推动医院绩效目标的实现。

无论是外部绩效管理还是内部绩效管理，绩效评价都是其中重要的一环。医院绩效评价，就是指运用科学规范的管理学、财务学、数理统计方法和运筹学方法，对医院一定时期内的社会效益、运作效率、投入产出、医疗质量、发展能力等进行定量与定性的对比分析，以做出客观、公正的综合评价。一般由5个基本要素构成：①目标：即整个评价系统的指南和目的，主要是明确通过绩效评价能为管理者提供哪些有用信息；②内容：包括社会效益、运作效率、投入产出、医疗质量、发展能力等许多方面，要能全方位地反映医院整体工作状况；③指标：收集、整理、选择、确定能够反映社会效益、运作效率、投入产出、医疗质量、发展能力各块内容的适宜指标；如何选择绩效评价指标并确定其权重，是医院绩效评价系统设计中最关键的问题；④标准：是用于评价业绩优劣的指标基准值；⑤绩效评价结果：是绩效评价系统的结论性文件。

（三）医院外部绩效评价

1. 国外医院外部评价

1918年，美国设计了第一个医院评审制度，即医院标准化方案，标志着医院评审的开始。1952年，美国医院评审联合委员会（JCAH）成立，规定只有通过评审的医院才可参加针对老年人和穷人的保险服务，国家给予营业执照。1988年，美国将JCAH改为美国医院联合评审委员会（JCAHO），其范围不仅包括医院，还包括门诊服务、家庭护理等各种类型的保健组织。该系统包括28项绩效测量，被分为五类：病人护理、员工及服务提供者、物理环境与安全、组织管理水平、特殊部门需求。1959年，加拿大成立了医院评审委员会（CCHA），规定只有通过评审的医院可向政府申请新的项目和投资，评审办法和美国类似。1974年，澳大利亚成立了医院卫生标准委员会（ACHS）。1979年，荷兰组织了独立的医院质量保证机构（CBO），由其管理医院执照系统，规定经过评审的医院方可得到政府卫生医疗保险基金。

1995年，日本成立了一个第三方医院评价机构，即财团法人日本医疗职能评价组织（原名为财团法人日本医疗机能评价事业）。该机构不为医院确定"星级"，主旨是为医院寻找问题并予以改进或解决。1995年7月，日本正式成立医院质量评审组织，开始正式评审工作。评审以书面审查和访问审查相结合的方式进行。最新的评价标准主要由8个方面的内容组成，前6个方面的标准可用于评价所有类型医院，第7个方面专用于精神病院的评价，第8个方面专用于长期保健医院的评价。

1999年，澳大利亚成立了国家卫生系统绩效委员会（NHPC），负责发展和完善卫生系统绩效评价框架。NHPC于2000年制定的绩效评价框架包括健康状况和健康结果、影响健康的决定因素、卫生系统绩效3个评价层次。每个层次都设定了评价维度，提出了需要解决的问题，并推荐了一系列指标来解决上述问题。其中卫生系统绩效评价层次中有6个评价维度，为效果、安全、反应性、连续性、可获得性、效率与持续性。医院绩效评价的框架涵盖了 NHPC 框架中的 4 个评价维度，设计了 11 项指标，其中有 5 项指标需要报告给 NHPC，用于综合的评价分析，其他指标则可自行选择。

2000 年，新加坡公立卫生系统实施重组，成立了两个垂直的服务网络，国立健保集团（National Healthcare Group，NHG）和新加坡保健服务集团（Singapore Health Services，SingHealth）。两大医疗集团对医院绩效的评价以病人价值为核心，具体包括四个方面，即服务质量更好（better）、医疗消费更廉价（cheaper）、运转效率更高（faster）、医疗服务更安全（safer）等方面。

2. 我国医院外部绩效评价

公立医院的监管和评价工作是我国医药卫生体制改革的重点工作之一，建立科学合理的评价指标体系是公立医院改革的重要内容。2015 年 5 月发布的《国务院办公厅关于城市公立医院综合改革试点的指导意见》（国办发〔2015〕38 号）中提出，要建立以公益性为导向的考核评价机制，卫生计生行政部门或专门的公立医院管理机构制定绩效评价指标体系，突出功能定位、职责履行、费用控制、运行绩效、财务管理、成本控制和社会满意度等考核指标。2015 年年底，前国家卫计委等四部委联合发布《关于加强公立医疗卫生机构绩效评价的指导意见》（国卫人发〔2015〕94 号），提供了包括公立医院在内的四类公立医疗卫生机构的绩效评价指标体系。2017 年，《国务院办公厅关于建立现代医院管理制度的指导意见》（国办发〔2017〕67 号）要求，建立以公益性为导向的考核评价机制，定期组织公立医院绩效考核以及院长年度和任期目标责任考核，考核结果与财政补助、医保支付、绩效工资总量以及院长薪酬、任免、奖惩等挂钩。2019 年 1 月，《国务院办公厅关于加强三级公立医院绩效考核工作的意见》（国办发〔2019〕4 号）发布，当年 4 月，《关于启动 2019 年全国三级公立医院绩效考核有关工作的通知》（国卫办医函〔2019〕371 号）发布，全国三级公立医院绩效考核工作全面启动。由此，我国第一次在国家层面统一三级公立医院绩效考核指标体系，并在全国 2800 余家三级公立医院全面实施。

根据评价目标和对象的不同，我国医院外部评价总体上可分为医院评价、专科评价和专项评价。①医院评价：以医院为单位、将医院作为一个整体进行的评价，如我国目前实施的三级公立医院绩效考核，以及北京、上海、深圳等地实施的公立医院或院长绩效考核等。②专科评价：对不同医院的同一个专科进行的评价，如国家临床重点专科建设项目评分标准（分若干专科），以及三级医院服务能力指南中的临床专科服务能力标准。医院评价和专科评价具有紧密联系，所以很多医院评价体系同时对医院和专科进行评价和排名，如复旦医院管理研究所于 2010

年开展的中国医院及专科声誉排行榜,每年根据声誉、科研提供医院及37个专科的排行榜,以及北京大学临床学科评估发布的中国最佳临床学科评估排行榜。③专项评价:对医院的某一方面绩效表现或特定重点工作项目的评价,如国家卫健委为推动医联体工作制定了《医疗联合体综合绩效考核工作方案》,为指导推动全国"平安医院"创建工作制定了《全国"平安医院"创建工作考核办法及考核标准》,为推动对口支援工作制定了《城乡医院对口支援考核评估指标》等,又如北京大学的"中国最佳临床学科评估排行榜",以及中国医学科学院医学信息研究所自2014年以来每年对中国医院的科技实力进行的评价。

(四)医院内部绩效评价

1. 国外医院内部绩效评价

英国国家服务体系(NHS)对的员工开展绩效考核的目的并不是为了绩效分配,而是帮助员工总结工作得失,促进其职业生涯发展。绩效考核与年度工作计划和总结相结合,类似于年度工作目标考核。NHS医院通过积极参与塑造愿景、制定服务计划等方式激励员工。通过协调个体和团队之间的绩效评估使得绩效评估的效应最大化,整合多种激励手段来激发员工的工作动力以得到持续的绩效改善。医生必须每年提交一份年度工作计划,包括临床工作、参加培训和科研工作的安排,医务主任负责对每个员工年度计划的具体性、可操作性、承诺进行监督,必要时可一对一面谈,确保每个员工都明确在NHS中的角色,自觉参与其中,将个人职业发展聚焦于服务国家、地区和本地的服务目标。以此作为年度考核评估依据,与薪酬水平是否调整挂钩。剑桥大学医院认为,个人年度目标的细节可能会有所不同,但英国国家医疗服务系统的要求是基本原则,只有让每个员工未来一年工作责任和努力方向与医院绩效管理要求相一致,医院的服务才是可持续的。通过协调个体与团队之间的绩效评估,激发员工参与的工作动力,最终将实现医院绩效评估效应的最大化。

美国马里兰大学医疗集团对职员实行分级考核制度。CEO的考核聘任和薪酬安排如下:①医院CEO由UMMS理事会聘任,集团理事会下设专门机构,每年对CEO进行绩效考核,考核主要包括管理和质量等内容。②CEO薪酬由基本薪酬(约70%)和绩效奖励(约30%)两部分组成,年度考核结果决定了CEO薪酬中30%浮动绩效奖励的部分。员工的考核聘任和薪酬安排如下:①医院工资总额核定:UMMS根据各医院的工作量和发展需要,核定医院岗位和员工人数,再根据当地医疗行业各岗位的平均工资水平核定医院工资总额。医院年度工资总额须符合UMMS的财务管理规定,若有较大差异,医院须向集团报告、获批后执行。

②医生护士的聘任和薪酬：在医院内部，医生和护士由医院聘任（部分医生由马里兰大学医学院聘任，医生可以双聘，医院购买服务），聘期均为两年，合同期满后医院根据员工绩效表现决定是否续聘。医生、护士的薪酬基本都有行业价格，医生个人收入多少与其资质、工作年限有关。

新加坡保健集团将平衡计分卡引入集团层面和医院内部的绩效管理，集团非常强调集团与医院平衡计分卡的同步，而医院的运营行为持续围绕其关键绩效指标进行。在集团、医院以及科室等各个层面，平衡计分卡的四个方面（市场、财务、内部运营效率和科研培训）以及具体指标，均不划分权重，每个方面或指标也不进行定量计分，均用"好"或者"不好"来衡量，虽然所有指标均为量化指标，且考核时要求计算运营结果相对初始目标的高/低百分比，但总的绩效是一个定量考核和定性综合的结果。绩效目标完成比例对应的花红均有详细约定。

2. 我国医院内部绩效评价

针对公立医院内部绩效考核实践中的主要问题，党和国家围绕公益公益性，以建立科学有效的激励机制为抓手，积极引导公立医院探索构建现代医院管理制度，建立适应行业特点的绩效管理和人事薪酬制度。2017年，《国务院办公厅关于建立现代医院管理制度的指导意见》（国办发〔2017〕67号）中关于健全绩效考核制度的指导意见则更为具体，要求"对不同岗位、不同职级医务人员实行分类考核，……突出岗位职责履行、工作量、服务质量、行为规范、医疗质量安全、医疗费用控制、医德医风和患者满意度等指标"。同年，人社部等四部门《关于开展公立医院薪酬制度改革试点工作的指导意见》（人社部发〔2017〕10号）要求公立医院要制定内部考核评价办法，综合考虑岗位工作量、服务质量、行为规范、技术能力、医德医风和患者满意度等因素，考核结果与医务人员薪酬挂钩。

医院根据组织架构建立了分级绩效考核和薪酬管理体系。开展医院对科室、科室对员工、医院对员工的多层次绩效考核，主要考核效率、质量、成本和目标等内容，其中，医院对员工的考核，主要是根据职称和岗位不同津贴基数，分配系数向临床、医技、护理人员倾斜，向风险大、责任重的岗位倾斜，向值班、中夜班等劳动辛苦岗位倾斜。医院针对不同类别人员建立了分类绩效考核和薪酬分配机制。按职务类别分，有中层干部、护士长、普通员工等；按业务类别分，有医疗、护理、医技、科研、行政管理等。对不同类别的人员分别设置考核体系，强化了门诊人次、住院人次、手术人次、病种难度、护理等级等体现工作量与劳动强度的量化指标科学确定工作量；通过明确规定处方（病历）合格率、大型设备检查阳性率、床位利用率、平均住院天数、院内感染率、均次药品费用、医疗事故差错发生率等，进一步规范医生合理用药、合理检查，提高医疗资源利用效益，保证医疗安全；通过考核药品、耗材、人力成本及水电消耗等指标控制可变成本；通过例行告知义务，加强医患、医护之间的沟通，落实一日清单制度，拒收"红包"、回扣，倡导廉洁行医，重视患者满意率等，加大医德医风考评。

中国香港公立医院的绩效考核分为两个层面：一是香港医管局对联网医院的绩效考核与拨款，二是通过年度检讨对各级各类人员进行的绩效考核。年度检讨（Staff Development Review，SDR）是一年一度开展的员工绩效考核，由上级医师/主管评价下属员工的年度目标完成情况、核心技能和整体表现。SDR绩效考核采用等级评定法，属定性评价。包括三部分主要内容：一是年度目标考核，二是"核心才能"评价，三是"整体表现"评价。除上述评价外，SDR还有员工发展计划等工作内容和流程，考核结果作为年度增薪、续签合约的依据。

中国台湾已设立医师费近20年，起初用简单的点数法和收入－支出的原则来解决分配矛盾和收受红包、回扣现象，使偏低的医生收入适度增长一定比例，大多数医务人员奖金和年收入会在偏低的工作量前提下得到较低的报酬，也就是用托底的方法解决红包回扣问题。过去10年奖金增幅很大，保持了较长一段时间的高福利。但近5年来医生的总收入虽工作量增加而收入增幅不明显。为了进一步平衡医教研全面发展，设立了医师费分配的原则，其中1/3为科室收入比，1/3为医生年资收入比，另外1/3为科研收入比，这三个方面均由不同的内容来组成，设计200多项分配细则累计成相应的点数，只有把科室内总点数做大才能有个人点数所获得收入增加。科室总分配金额数÷全科医师总点数＝每点数的奖金基数，后者再与医生个人月工作点数相乘即为医师个人费用。近2年来，为了鼓励临床专科发展，把收入比提高到50%，既鼓励临床业务发展，又导向年资高的医生对年轻医生很好发挥传帮带的作用。住院医生不参加医师费的分配，而是统一由医院和科室共同按照平均数字给予分配。

（五）绩效管理方法

医院是一个复杂、多元的体系，常用的绩效管理方法种类较多，我们按不同的管理视角，将各类绩效管理方法进行梳理，归纳为战略管理、人力资源管理、服务能力评价管理三大类，挑选其中常用的几项进行简单介绍。

1. 战略角度的评价方法

指从高层管理者的角度，把医院中长期发展规划分解成年度目标、科室目标等进行考核。常用的工具和方法有以下几种。

1）综合评价法：该方法是定性和定量方法的结合，一般包括指标的筛选、权重的估计、指标的评判和计分方法。由于医院的复杂性和特殊性，综合评价的指标体系尚未有统一标准，一般包含医疗、科研、教学、人才队伍、经济效益、社会效益等多个方面。在针对医院的外部考核和评价中，由评价主体对医疗机构的引导方向、评价目的决定，在医院内部绩效管理中，与医院评审、外部考核评价指标高度相关。涉及的评价方法种类多样，包括综合指数法、加权综合法、模糊评判法、层次分析法、灰色关联度分析、因子分析法、秩和比法以及多元统计分析法等。近年来，综合评价方法在对医院外部绩效考核和评价中使用较多。

2）平衡计分卡（BSC）：这种方法平衡医院的财务、非财务、短期和长期目标，考虑内部评价和外部评价的目标，形成财务、客户、内部管理、学习与成长四个视角，这四大类指标可用于评价医院绩效水平。本质是一种构建和分解战略指标体系的工具和方法。美国杜克儿童医院运用成功后，被医院广泛学习和使用。自2000年起，国内医疗机构逐步开始使用。平衡记分卡中的一些非财务指标难以量化，如在学习和成长方面，业绩指标体系常常前后矛盾缺乏明确的分界线，应用难度较大。

3）关键业绩指标法（KPI）：源于战略管理工具关键成功要素（CSF），通过标杆学习对标管理，依据同行业标杆医院的CSF建立医院内部的KPI。当前医院多依据管理需要，从大量的综合管理指标中，提取出一部分重要指标作为KPI用于绩效评价。在选取指标时应把握关键、客观、可反馈的原则，在各项指标的目标值、评分标准和所占权重的设置上，是保证绩效体系公平的重要影响因素。

2. 人力资源角度的评价方法

绩效管理是人力资源管理的一个重要分支，从人力资源管理角度出发，有多种绩效管理方法。人力资源角度的绩效评价，多是透过岗位职责、任期目标去评价人力资源的产出。经典的有分类法（图表评估、目录清单评估）、比较法、关键事件法、行为锚定法、目标管理法、岗位系数法等。国内医院内部绩效管理中常用的是岗位系数管理和岗位任期目标管理法，主要用于行政管理人员的绩效评价。岗位系数法使用岗位系数和岗位工作目标两个要素进行绩效评价，通过使用岗位定量工具评价得出的岗位系数，岗位工作目标使用关键业绩指标进行评价，公立医院也经常从德、能、勤、绩四个维度对个人或岗位进行评价。

3. 服务能力角度的评价方法

主要有诊断相关分组法（DRGs）法、相对价值尺度法（Resource-Based Relative Value Scale，RBRVS）、工作负荷法等。

1）疾病诊断相关分组（DRGs）：是将临床表现和（或）资源消耗相当的病例分类组合成若干组别，并赋予各组不同的权重，其基本原理是同一个主诊断、次要诊断和并发症的疾病，在使用相同的诊疗手段、病人年龄及性别相同的前提下，不同医院的收费水平应当是一致的。在此基础上，将DRGs作为绩效评价工具，理论上是可以变通成为一种较为公平的评价服务量的方法，克服了由于不同医院收治患者的病情和数量的不同而产生绩效评价结果缺乏横向比较性的难题，其评价时常用的指标主要分为医疗服务能力、医疗质量和服务效率三类。其中，医疗服务能力主要采用 DRGs 组数和病例组合指数（CMI），服务效率指标主要包括费用消耗指数和时间消耗指数，医疗质量安全采用低风险死亡率等指标来反映。应用 DRGs 系统不仅可以进行医院内部的科室绩效考评，还可以进行医院整体的机构绩效、学科绩效以及重点专科绩效考评。

2）相对价值尺度法（RBRVS）：由哈佛大学萧庆伦教授领衔的专家团队开发而成，指以资源消耗为基础，以相对价值为尺度，来支付医师费的方法。RBRVS 的总点数，可以分成三个部分构成：一是医生的劳务点数或劳动价值点数（Work RVU）；二是执业成本的点数（Practise Expense RVU），这一部分又分成器械类点数（Facility Practise Expense RVU）和非器械类点数（Nofacility Practise Expense RVU）；三是保险责任点数（PLI，Professional Libility Insurance RVU）。在绩效管理的应用中，一般选用劳动价值点数（Work RVU）作为医务人员工作量的绩效评价依据，从劳动强度、技术含量和风险角度评价医务人员的绩效。RBRVS 可以定量评价完成不同诊疗项目的医务人员的劳动付出，包括工作强度、知识和技能要求、风险程度，既考虑了同专业间的可比性，也考虑了跨专业的可比性，所以可以作为一个比较公平的评价医务人员工作绩效的工具。但其来源于美国，在具体应用时需要注意方法的本土化，使其更贴合我国的具体情况。

3）工作负荷法：工作负荷法常用于护理、医技部门的绩效评价，在护理团队绩效评价中，护理工时制也是一种工作负荷方法。工作负荷理论认为，超过标准工作时间的 80% 即超负荷工作，应当给予绩效工资激励。工作负荷法很难做到跨专业的公平评价，例如对于不同病区护理病人的难度和护士的专业层级不同，使用工作负荷法很难区分谁做的量虽少，但是护理难度较高的问题。同样，对医技部门一个技师的劳动负荷和一个病理复诊医生的劳动负荷，很难用工作时间是否饱和来区分其劳动价值。

医院绩效评价方法各有特点，在使用时要立足公立医院的定位和发展目标综合运用。在医院内部的绩效分配上，医生、护理、医技、以 RBRVS 为工作量评价基础，临床医生可以组合使用 DRGs 相关指标，窗口、药学等部门使用工作负荷法，行管岗位以岗位评价为基础，建立以多劳多得和优绩优酬为目标的绩效分配方案。对医疗机构、科室或个人的绩效评价，结合综合评价法、平衡计分卡或关键指标法，建立一种较为公平的，兼顾诊疗服务、质量安全、运营成本、科研发展等多个方面的绩效评价体系，发挥绩效管理的引领带动作用。

二、医保支付方式改革下的医院绩效管理策略

深化医疗保险支付方式改革是新医改的重要内容。近年来，随着我国医疗卫生费用激增，对医保资金造成巨大压力，推行能够有效控费的医保支付新模式势在必行。2017年，国务院办公厅印发《关于进一步深化基本医疗保险支付方式改革的指导意见》，要求全面推行以按病种付费为主的多元复合式医保支付方式，自此我国DRG支付模式开启了大规模推进的进程。2020年，中共中央、国务院印发《关于深化医疗保障制度改革的意见》，要求建立管用高效的医保支付机制，持续推进医保支付方式改革。国家医保局于2019年5月在30个城市开展按疾病诊断相关分组（DRG）试点工作，2020年10月在27省71个城市开展区域点数法总额预算和按病种分值付费试点（DIP）工作。

基于DRG的医保支付体系在一定程度上激励医院合理利用医疗卫生资源，控制成本，提高效率，有助于推动医院实现精细化管理。但在实际操作的过程中，医疗机构采取编码高靠、推诿重症患者、过度缩短住院天数、减少新技术运用等一系列行为以达到降低成本的目的，对医疗服务质量和医疗新技术的创新反而造成了不利影响。因此，过去只专注于医疗机构内部绩效分配的传统绩效管理模式，已不适用于医保支付制度改革下的新形势，绩效管理也应顺应新的支付方式进行变革，不断拓展完整。

（一）医院绩效管理目标

当前医保支付方式改革背景下的现代医院绩效管理，应以推动医院高质量发展为总体目标，以促进医院科学化、专业化、精细化管理为主线，坚持公立医院高质量发展的内涵建设。由原本单纯的医院内部绩效考核和分配，转为逐渐推进绩效评价促进与医院日常管理工作深度融合，有效推动医院发展方式从规模扩张转向提质增效，运行模式从粗放管理转向精细化管理转变。

应充分发挥绩效管理的引领带动作用，以绩效为抓手，将绩效管理与医院中长期发展规划、年度工作目标、运营管理、学科建设有机结合，建立合理的绩效管理指标体系，并将其与医院内部绩效考核、薪酬分配等紧密挂钩，强化指标的评价与促进作用，推动医院可持续发展。同时，按照公立医院数字化转型和智慧医院建设的要求，持续强化医院信息化建设的集约化、规范化，不断提升公立医院数据智能管理能级。

(二)医院绩效管理系统观

在新形势下,公立医院绩效管理不断深化拓展,管理体系涵盖机构、专科、病种、人员四个层面,包含服务提供、运营管理、科技创新三大维度,涉及医疗服务、诊疗能力、医疗质量、资源配置、成本管控、科研投入、科研产出等多个方面内容。

绩效管理体系可按照不同的管理内容划分基本分类单元,从不同层面、不同角度反映医院的管理状态,应用于监测对比、评价分析、绩效考核等不同的管理层级,从而实现以绩效为引领、各业务条线协同推进的医院绩效管理新模式。

(三)绩效管理职责

一是制定工作方案。医院根据公立医院改革和高质量发展要求,对标国际先进水平,以推进高质量临床诊疗、高品质医疗服务、高水平医学科技创新和高效能医院治理为目标,制定与医院发展战略相适应的绩效管理工作方案,并根据方案制定医院绩效管理工作计划,明确职责分工和任务分解,统筹协调、推进落实。

二是强化绩效考核。医院要以医院发展规划和年度工作计划为目标,对接国家三级公立医院绩效考核以及政府主管部门的绩效考核评价工作要求,建立完善医院绩效管理指标体系,并将指标体现到各部门、各科室的日常工作中,落实绩效目标责任制,推动绩效表现持续改善。制定医院内部绩效考核方案,实施全员分级分类绩效考核,包括考核指标体系设计、考核方法完善、考核结果分析反馈等。

三是完善薪酬分配。根据国家、地区的相关文件精神,医院要不断深化内部分配制度改革。以绩效为基础、以考核为依据,制定医院内部绩效薪酬分配方案并负责实施,指导审核科室二次分配方案。薪酬分配坚持"多劳多得、优绩优酬",重点向临床一线关键和紧缺岗位、高风险和高强度岗位、承担公共卫生任务的岗位、业务骨干和业绩突出的员工倾斜,充分发挥绩效分配的激励导向作用。

四是加强运行分析。医院要建立绩效运行数据搜集、处理、监测、分析的相关制度和工作机制,动态监测医院业务运行与经济运行指标,及时掌握绩效与运营管理的工作进展及实施效果。定期形成医院绩效运行分析报告,开展全院分析讲评,指导各部门和科室持续改进,为管理决策提供有效支撑。围绕学科发展战略和科室运行管理目标,协同推进科室运营管理,做好科室业务与经济运行分析,提升科室绩效管理水平和学科竞争力。

（四）医院绩效管理支撑体系

1. 完善组织架构

医院要加强组织领导，建立健全"医院－部门－科室"三级绩效管理架构。医院可结合自身实际情况，成立院内绩效管理委员会或领导小组，由医院主要领导直接负责，医院领导班子成员、主要职能部门负责人等参加，主要负责建立并完善医院绩效管理组织框架体系及各项规章制度，确定医院绩效管理年度工作目标、指标和计划，审议医院绩效管理分析评价报告，研究确定相关工作方案等。

同时，成立由医院分管领导牵头，绩效、医疗、财务、人事、运营、信息、病案等主要职能部门参加的绩效管理工作小组，对医院绩效管理工作提出意见和改进措施，研究制定绩效管理工作方案和相关评价指标体系，协同推动绩效管理各项举措有效实施。医院绩效管理职能部门牵头统筹协调绩效管理工作小组各项工作，针对绩效管理评价指标及各主管部门考核评价结果，组织各相关部门开展相关分析研究，确定绩效目标和工作任务，促进绩效表现持续改善提高。

科主任作为临床医技科室综合目标管理的责任人，全面负责科室的绩效管理工作，明确专人落实科室的绩效考核、运营管理等相关工作，有效推动科室绩效指标持续改进与管理目标实现。

2. 工作机制

围绕国家对公立医院高质量发展的目标，结合国家、地区公立医院绩效考核的各项要求，医院绩效管理工作小组应定期研究制定绩效管理工作方案和相关评价指标，经医院绩效管理委员会讨论并经医院相关决策流程后，由绩效管理小组组织相关职能部门与临床医技科室落实。同时，进一步健全绩效管理工作环路，包括确定目标－计划制定－任务分解－组织实施－沟通协调－信息反馈－绩效评价－结果应用，有效推动绩效管理目标和各项指标的顺利完成。

医院应组织各相关部门以绩效管理指标体系为核心，完善医疗质量安全、人力资源、财务资产、绩效考核、人才培养培训、科研教学、后勤保障、网络信息、便民服务等各项管理制度，建立各部门之间高效有序的日常协作机制，在制度上保证医院绩效管理工作有效开展。

3. 人才队伍建设

医院应根据工作实际配备相应的绩效管理专职人员，包括医疗、财务、统计分析等专业背景人员，注重学历结构和职称结构提升，形成一支与医院高质量发展相适应的专业化绩效管理人才队伍。积极组织开展相关培训，鼓励绩效管理专职人员与相关管理人员积极参与，不断提高人员业务素养和实务能力。培训内容主要包括医改政策、医疗管理、绩效管理、经济运营等专业理论,以及成本管控、病案管理、统计分析、数据管理等实务操作能力。

4. 信息化建设

医院要积极推进医院管理数字化转型,充分发挥信息化平台支撑作用。按照绩效管理工作需要,组织医疗、护理、财务、人事、后勤、科研、病案、信息等各个部门组建医院数字化专项工作小组,做好牵头抓总和统筹协调,建立融合HIS、LIS、PACS、EMR等业务系统实时数据指标的数据集成平台或数据中台,形成覆盖医疗业务、财务分析、后勤资产和临床研究等多系统的标准化、规范化、一体化的数据汇聚与治理机制。以此为基础,构建涵盖医院业务运行、经济运行、成本控制、质量管理、绩效考核、内部分配等数据信息的绩效管理信息平台。在此基础上,逐步推动医院之间和医院与上级管理部门间的信息平台互联互通、协同联动,实现医疗质量、财务运营分析、后勤运维、医用设备管理、临床研究等数据的共享。

医院要高度重视绩效管理相关数据的质量,推动建立基于统一标准、多部门共同参与、信息部门负责技术支持的数据质量持续改进工作机制与资源配置机制,夯实数据基础,持续提升数据质量,切实加强数据质控与信息安全保护,确保绩效管理工作有效推进。

三、医院绩效管理模式

(一)机构(医院)层面的医院绩效管理模式

上海申康医院发展中心(简称申康中心)成立于2005年9月,是全国第一个省部级(直辖市)层面卫生管办改革的试点产物,肩负着上海市级公立医院办医主体与国有资产出资人管理的责任。申康中心自成立之初就积极探索对市级医院实行绩效管理,针对公立医院改革的关键问题探索转变医院运行机制的有效路径,从院长绩效考核入手,逐步开展诊疗难度、病种、专科、运行成本等绩效评价,改革内部绩效考核分配制度,构建了涵盖机构、专科、病种和人员的公立医院绩效考核体系。

近年来,为贯彻落实国家和上海市公立医院高质量发展工作要求,推动公立医院实现发展方式从规模扩张转向提质增效,运行模式从粗放管理转向精细化管理转变,申康中心把握目前数字化发展新机遇,在原有绩效管理的工作基础上,不断深化拓展完善,努力构建以数据为驱动,以信息系统为支撑的绩效管理体系,持续推动上海市级医院专业化、精细化管理。

1. 绩效管理体系设计

1）设计原则

围绕"坚持公益性、保持高效率、调动积极性、发展可持续"的引导方向，申康中心绩效管理体系设计的总体思路为：体现医院公益性；保证医院管理运行；设立正向的衡量标准；设置客观性、量化性和可比性的指标。

2）指标体系构建

从绩效管理出发，围绕引导方向，按照系统化、标准化、精细化的要求，凝练各业务条线指标，形成绩效管理指标体系，具体涵盖服务提供、运营管理、科技创新三个方面。其中，服务提供包含医疗服务、医疗费用、诊疗能力、医疗质量、医疗新技术、服务满意6个维度，运营管理包含资源配置、成本管控、内部控制3个维度，科技创新包含科研投入、科研产出、高层次人才3个维度，具体内容详见表15-1。绩效管理指标体系按照不同的管理内容划分基本分类单元，从不同层面、不同角度反映医院的管理状态，应用于监测对比、评价分析、绩效考核等不同的管理层级。

表 15-1 综合绩效管理指标体系

方面	维度	内容
服务提供	医疗服务	业务运行、数字化便民、健康科普
	医疗费用	医疗总费用、均次费用、费用构成
	诊疗能力	诊疗难度、手术难度、诊疗模式
	医疗质量	死亡率、重返类、感染类、安全类、合理用药
	医疗新技术	服务费用、项目数量、服务人次
	服务满意	患者满意、医务人员满意
运营管理	资源配置	资产效率、人力资源效率、床位资源效率、手术室效率、大型医用设备效率
	成本管控	收支平衡、预算执行、医疗成本、后勤运维成本、大型医用设备成本
科技创新	科研投入	科研项目和经费、临床研究开展
	科研产出	科技论文、科研成果
	高层次人才	国家级、省部级、青年人才

2. 绩效管理具体举措

1）围绕关键目标，构建院长绩效考核体系：2006年起在全国率先开展以公益性为核心、兼顾运行绩效的大型三级公立医院院长绩效考核，并连续16年在上海三级公立医院实施。在指标设计上，按照公立医院改革方向与内在运营规律，由定量指标和定性指标构成。定量考核选取 23 项定量指标，涵盖社会满意、管理有效、资产运营、发展持续、职工满意等五个维度。定性考核重点对政府指令性任务完成情况、平安医院建设、办院方向等难以量化的因素进行综合评议。为推进年度重点工作，增设附加分指标，2012 年起相继增设医疗收支预算和工资总额预算执行、病种难度和手术难度、临床研究、支持区域性医疗中心建设以及检验检查结果互认等指标。在结果运用上，绩效考核等级根据得分高低分为 A、B、C、D 四等，向市级医院公布、反馈，直接作为院长年度绩效奖惩、选拔任用、评优评先的重要依据，也是医院年度预算核定的重要依据。

2）围绕改变行为，实施医院内部绩效考核和分配制度改革：2012 年起实施以"两切断、一转变、八要素"为核心的医院内部绩效考核和分配制度改革。"两切断"是指切断医务人员收入与科室经济收入之间的关系，切断医务人员收入与药品、检验检查、耗材收入之间的关系；"一转变"是指将以科室收支结余为基数的分配模式，转变为以内部绩效考核为依据的收入分配制度；"八要素"则是指根据医生、医技、护士等人员岗位特点，以工作量、服务质量、工作难易度、病人满意度、费用控制、成本控制、医德医风、临床科研教学等要素为核心构建新的内部绩效考核体系，并与收入分配直接挂钩，形成"总量调控、结构优化、多劳多得、优绩优酬"的分配新模式，在调动医务人员积极性的同时将其行为导向公益性目标。

3）围绕优质发展，开展病种绩效分析评价：从 2013 年起开展市级医院病种绩效分析评价，引导三级公立医院转变发展方式，走提高学科水平、临床诊疗能力的内涵发展之路。一是定期公布重点病种绩效指标。以恶性肿瘤、急症急救、微创介入和重大手术为重点，选择严重危害人民群众生命健康、反映三级医院诊疗能力和技术水平的病种，定期向三级公立医院公布收治量、费用结构、平均住院天数、术前等待时间和医疗质量等关键指标。目前的重点监测病种从 19 个专科 54 个病种拓展到 33 个专科 205 个病种，监测指标从服务能力、资源消耗、服务效率拓展到质量安全、诊疗疗效，引导医院加强疑难杂症、急危重症诊治和临床新技术应用，从病种层面规范临床路径、优化服务流程、加强质量安全、提升诊疗质量，公布方式从按季度优化为按月展示，增加数据的时效性。二是考核评价住院病种结构和诊疗难度。借鉴国际先进经验，运用 DRG 分组器，基于大数据分析，科学合理评价医院住院病种结构和诊疗难度。三是考核评价住院手术难度。制定符合上海三级医院临床实际的手术分级目录，评价医院三四级手术情况。四是将诊疗难度纳入院长绩效考核。连续 8 年作为附加分纳入院长绩效考核，2019 年度由附加分纳入百分制，鼓励医院收治疑难杂症和急危重症、开展高难度手术，全面提高综合救治能力，凸显三级医院功能定位，为推进分级诊疗打好基础。

4）围绕运营管理，开展成本绩效评价：为引导上海三级公立医院强化运营管理，加强成本管控，优化成本结构、合理配置资源，提高运营效益，逐步开展成本绩效评价。2018年起，申康中心依托医疗大数据开展成本绩效分析，定期向市级医院公布。一是跟踪分析医疗成本，聚焦药品和卫生材料两个管控重点。卫生材料成本深入分析可收费耗材、不可收费耗材，尤其是检验试剂，通过病种结构校正，消除病种结构对医疗成本的影响，客观反映各医院医疗成本水平；药品成本则聚焦"4+7"药品、靶向用药、抗生素、辅助用药等；通过医疗成本绩效评价，规范医疗行为，引导医院合理用药、合理检查化验、合理收费。二是强化管理成本管控，向管理要效益，压缩出"真金白银"。把握管理成本管控关键点，重点分析物业安保、设备维保、能耗管理等管理成本，推动医院优化管理模式、规范管理行为，强化内部管理，建设节约型医院。三是以手术室、大型医疗设备等重要医疗资源的配置和使用情况分析为抓手，从资源配置、成本效率、成本效益三个角度分析，推动资源合理配置，实现其社会和经济效益最大化，推动资源有效利用，为广大患者提供更多更优质的医疗服务。四是针对各类病种成本特点，进行精细化的病种成本管控分析。不同病种费用成本构成有其自身特点，对卫生材料占比较高且卫生材料品种相对集中的病种如冠状动脉支架植入术和椎间盘手术，进行高值耗材使用量和采购进价成本分析；对检查化验占比较高的病种，如恶性肿瘤非手术治疗中基因检测费用较高，则比较基因检测试剂成本和试剂采购价；对手术辅助材料使用较多的外科手术（如肺癌手术等），分析手术缝线、止血材料、胶水等辅助材料使用情况。

5）围绕核心竞争力，深化科研绩效评价：引导医院全面加强临床研究工作，着力提升临床研究水平和研究成果在沪快速转化能力，支撑本市生物医药产业高质量发展；鼓励医院注重自主科研创新，提升核心竞争力和影响力。在2019年度院长绩效考核中，优化完善科研成果指标，增设临床研究指标。一是完善科研成果指标，引导医院注重科研成果转化，在国际医疗界发出中国声音，增加获得发明专利、成果转化、科研成果被引入国际临床指南三个方面的指标。二是将临床研究指标纳入附加分，引导医院注重临床研究，逐步建立全面的临床研究管理体系、架构和制度，提升临床诊疗能力，考核内容覆盖临床研究中心建设情况、高水平GCP项目、纵向临床研究三个方面。

3. 主要成效

经过17年的实践，上海市级医院公益性日益强化。门急诊和住院次均费用年年增幅低于5%，明显低于全国三级医院平均水平（6%~7%）。①功能定位更加凸显。手术量年均增幅＞出院病人量＞门急诊量；2013年以来高难度病例数量增加91%，三四级手术数量增加95%，疑难杂症和急危重症诊治能力不断提升。②运营效率不断增强。平均住院日从2005年的16.09天降至2021年的5.46天，有限医疗资源得到充分利用。每医生平均手术量、出院量、门急诊量年均增幅分别为11.1%、6.2%、3.3%，人力效率居全国前列。③运营成本有效控制。单位建筑面积能耗量和每万元医疗收入能耗量年均分别下降1.0%、8.3%，成本控制和节能降耗取得实效。在卫生材料价格上涨、病种和手术难度持续提升的情况下，每万元医疗收入卫生材料支出接近零增长。④病种绩效明显改善。89%的病种平均住院日缩短，90%的手术病种术前等待日缩短，37%的病种住院次均费用降低，85%的病种次均药费降低，91%的病种药占比降低。⑤科技创新能力不断提升。近三年，获得国家级项目、纵向科研经费、发明专利、成果转化到账金额年均分别增长6.3%、24.3%、47.1%和52.6%。一批研究成果被纳入国际临床指南，形成了疾病诊治的"上海方案"。

（二）医院内部绩效管理模式

1. "组团式"运营助理新模式助推医院精益化管理：上海某三甲综合性医院绩效管理实践

上海某三甲综合性医院创建于1958年，是新中国成立以来上海自行设计建设的首家综合性医院，是全市三级医院中唯一一所同时拥有围产和完整儿科亚专业的综合性医院，为首批国家级儿童早期发展示范基地。

2015年医院成立运营绩效部，多年来围绕目标构建了以医疗质量安全、运营效率、医疗业务、学科人才、团队协作为核心的多维度、多层次的临床精益化考核体系。基于病种绩效分析结果，进一步优化管理内涵与病种绩效管理模式；以医技科室作为试点，引入CCHI、RBRVS等临床医疗服务价值评估工具，优化医疗服务项目绩效分级体系，测算医技科室绩效变动，平衡科室间绩效差异，最终确定绩效分级管理体系；进行护理垂直管理专题调研，梳理护理垂直管理实施成果，对于护理垂直管理绩效体系提供优化管理建议；梳理现有作业模式和管理结构，建立临床科室标准化的日常运营管理模式，设计日常运营管理评价体系，建立个性化决策支持模型，制定《临床业务科室绩效考核手册》，主动服务明确目标；积极参与临床专科运营管理的探索工作。

为了实现公立医院高质量发展的目标，努力打破临床科室之间、临床科室与医技平台科室之间、业务科室与职能部门之间的壁垒，同时培养符合现代公立医院管理要求的人才队伍，上海某三甲综合性医院创新性提出了"紧密型搭档党委委员＋选拔的专科运营助理（兼职）＋财务（或绩效）管理人员＋科室"攀登计划"管理干部＋科室主管护士（长）"五人组成的"组团式"专科运营管理模式并付诸实践。

1）总体设计

①明确指导思想，打破"三个壁垒"：一是明确指导思想，打破三个"壁垒"。在院党委"紧密型搭档"总体实施框架下，依靠临床科室与职能部门间"共享共赢共发展"的密切关系，依托院"攀登者计划（Climber）"人才计划等战略，不断提升管理能级和运营效能提升，努力打破临床科室之间、临床科室与医技平台科室之间、业务科室与职能部门之间的壁垒。

②凝练管理特色，体现"组团式"理念：上海某三甲综合性医院创新性提出了"组团式"专科运营队伍的建队方针。每一个临床专科运营助理团队由"紧密型搭档党委委员＋选拔的专科运营助理（兼职）＋财务（或绩效）管理人员＋科室"攀登计划"管理干部＋科室主管护士（长）"五人组成，同时具备了临床背景与管理背景。其中，紧密型搭档党委委员、财务（或绩效）管理人员同时对标三到五个试点科室开展工作。

③创新工作机制，求落地讲实效：上海某三甲综合性医院采取了多样化的工作机制，力求落地出实效。主要包括："双向选择制"：对口科室与助理团队双向选择、竞聘上岗，委派过程中充分考虑双方主观意愿，确保快速融合、无缝衔接；"问题清单制"：建立科室反馈的问题清单，明确问题级别（低、中、高）、处理时效（绿、橙、黄、红）、进展程度、所需资源等要素；"绿色通道制"：对于问题级别标签为"高"、处理时效标签为"红"的问题，直接开通院长办公会"绿色通道"专题解决；"项目化解决机制"：针对其中共性问题、长期未解决的问题或由于内外部政策变化等因素需从快从速处理的问题采取"立项"机制，并通过组建专项工作小组、项目组组长负责制等方式督促项目开展。

2）应用过程

①完成顶层设计，建立管理体系：首先，医院开展了相应的顶层设计，建立起了完整的管理体系。成立"临床专科运营管理领导小组"，由党委书记、院长亲自挂帅，总会计师牵头，依托党委委员紧密型搭档工作机制，拟定实施框架和总体蓝图；设立"临床专科运营管理办公室"，负责协调财务、医务、绩效、资产、信息、人事等职能部门和临床业务科室协同配合，推进日常工作。

②借力工作抓手，深化运营管理：上海某三甲综合性医院以前期全面预算管理和病种成本管理为抓手，深入开展专科运营分析，围绕业务结构、病种难度、服务质量、运行效率等要素，跟踪分析临床科室业务和经济运营状况；同时围绕

临床科室人力、设备、床位、空间等资源投入和运营状况开展资源评价，进行资源优化配置、改善运营质效、优化业务流程、降低运营成本。

③打破人才界限，打造运营团队：运营管理团队设置了"助理""专员""主管"等不同层级的运营助理岗位，建立末位淘汰制。全院招募反响热烈，共有来自各职能部门及临床科室的51位业务骨干报名，遴选出18位同志组成首批组团式临床专科运营助理团队，综合淘汰率65%。同时，全院遴选了学科特色明显、处在重要发展期或运营管理面临瓶颈等的重点科室，通过科主任与运营助理之间双向选择，确立对口支撑。

④明确实施路径，健全工作机制：运营助理深入参与所在科室的科务会、早交班、科室学习、日常活动，并作为院周会参会对象列席；定期召开工作例会，交流科室运行存在的问题，讨论相应解决方案；定期完成科室运营分析报告，分析问题并提出解决对策。在积累实践经验的基础上，可立项相关运营管理院级专项课题研究，以期形成具有特色的临床专科运营助理模式，实现管理经验的提炼和升华。

⑤落实保障措施，确保工作落地：上海某三甲综合性医院党委"紧密型搭档"为做好临床运营助理工作提供组织保障；建立健全专科运营管理的相关工作制度，厘清专科运营管理与财务、资产、医务、绩效等工作职责的边界划分，建立专科运营助理日常管理、考核评价、人才培养等配套制度，为做好临床运营助理工作提供制度保障。建立运营助理专项奖励机制，并赋予运营助理临床科室资源投入的审核权限、遇到"疑难杂症"解决问题的"绿色通道"，为做好临床运营助理工作提供实施保障。

⑥以党校培训为载体，确保培养体系系统化、科学化：上海某三甲综合性医院以中共上海交通大学医学院附属某三甲综合性医院党校培训班为培训载体，开展了为期1个半月、累计30学时的运营助理专项培训，体现了"党管干部、党管人才"的思想和院党委"紧密型搭档"在具体工作指引方面的重要作用。培训包含讲座、答疑、座谈、辅导、院外交流、案例教学等多种形式，培训效果显著。同时建立了运营助理考核机制，将科室运营绩效的提升情况、科室满意度、会议、培训等出勤率、运营分析报告撰写水平、专项任务完成情况等维度作为对专科运营助理的工作考核评价指标，合理评价工作业绩。

3）工作成效

①实现了管理触角从院级向科、医疗组的有效延伸：目前临床专科运营助理已全部下沉各对口科室，并与科主任、护士长、"攀登计划"储备干部建立了密切联系，从而形成管理合力提供有力抓手。开展至今，临床专科运营助理生累计

参加对口科室晨会、早交班、各工作会议600余次；完成了对临床业务流程的全程跟踪分析，熟悉、掌握了所在科室的基本业务流程，在此基础上独立完成了内容涉及学科概况、专科特色、资源使用情况、运营指标分析、存在瓶颈、建议与举措等内容的科室调研分析报告，实现了医院管理视角的"微分效应"，管理举措、管理视野网格化、多元化趋势明显，管理触角有效延伸。

②为医院管理政策的落地提供了有力抓手：临床专科运营助理进行了门急诊流程、手术流程、医技检查流程梳理、科室内部床位调剂、多科室协作（MDT）的协调、新诊疗技术项目的梳理、年度科主任目标（预算目标）的解读、诊疗收费项目的梳理与规范、病历书写的规范解读、手术室成本模型的建立等临床科室服务运营服务，出台推进门急诊、儿科等复工复产举措16条，科室间MDT协作举措7条，保障运营效益提升举措5条，严控成本举措3条及安全保障举措2条，同时推进面上重大服务管理项目3项，分别是内科、门诊组的以年度预算为指引，通过流程优化提高门急诊运营效益；儿科、医技组的手术室成本模型的建立与应用展望初探；外科组的基于病种收益视角的日间病房业务发展策略及流程优化探索，全面推动医院医疗服务流程优化与再造。

③医院运营效率稳步提升：医院运营效率逐步提升，也为"复工复产"提供有力支撑。复工复产阶段，2022年8月该院医院医疗收入环比增长6.56%，医疗成本有效控制，医院收支结余情况持续向好。从门急诊服务量来看，2022年8月门急诊人次环比增长12.70%，剔除核酸检测人次增幅为23.88%，门急诊业务的含金量显著提升。从住院服务量来看，2022年8月住院人次环比增长5.94%；微创手术人次环比增长6.91%，四级手术人次环比增长8.61%。

④人才梯队得到完善：人才梯队得到完善、干部储备更加丰富，"人才宝塔"建设成效逐步显现。临床专科运营助理团队成员均作为后备管理干部进行储备和培养，为医院年轻职工展示才华提供了良好的平台。并且，院党委在开展医院学科人才建设和医学人才储备的同时，复合型的管理类人才储备也同步得到了丰富，人才梯队和内部结构有所完善，夯实了该院医院党委"人才宝塔"的建设基础。

⑤有效助推管理部门能级提升：经过两轮遴选，目前配备了37人的兼职临床专科运营助理，团队中具有财务专业的11人、医疗护理2人、绩效管理2人、其他行政管理的18人，还有4位来自临床业务科室。开展过程中，运营助理主动、积极、乐观、奉献的精神得到了临床科室的高度评价，包括医疗组日常运营分析、与职能部门或临床医技科室间的横向沟通等管理工作效率明显提升，工作路径针对性更强，为探索职能部门能级制改革提供了新的经验借鉴，真正实现了"把时间还给医生""把医生还给病人""管理服务临床"。

2. 基于人力资源价值的医院绩效管理：上海市某三甲综合性医院绩效管理实践

上海市某三甲综合性医院深刻领会国家绩效管理改革、现代医院管理制度建设的内涵，以高质量发展为背景，推进了一系列绩效考核及分配体系改革。以绩效管理为"杠杆""抓手"，持续提升医院各学科的综合实力，提高运营管理能力和资源配置效率。围绕院内绩效管理制度，将绩效管理与人力资源管理紧密结合，使绩效管理更好地为实现医院愿景服务。

1）将绩效考核融入职称晋升：自2014年9月起，医院在医师高级专业技术职务聘任工作中进行了一系列重要改革，组织全体临床科室进行了医师类高级专业技术职务的竞聘。聘任工作采用绩效考核分值与专家评审相结合的方法，已经取得相应专业技术职务任职资格者参加院内专业技术职务的竞聘，必须通过年度绩效考核，经院内学术委员会评审择优后予以聘任。

①设定量化、科学的绩效考核指标体系

为了更好地体现聘期考核的公平性，医院制定了医师绩效考核办法作为绩效考核的依据。考核坚持医德医风、临床水平和学术标准并重，主要考核指标包括：

医疗考核指标：采用计分制，对参聘者医疗工作时间、医疗工作量、医疗工作质量、医疗安全以及执业的合规性、规范性等临床综合能力进行考核。

科研考核指标：采用计分制，对参聘者承担科研项目、发表学术论著（含核心期刊）、获得专利或奖项等情况进行考核。

教学考核指标：采用计分制，对参聘者进行本科或研究生教学、住院或专科医师规范化培训、继续医学教育等教学能力和教学成果进行考核。

精神文明考核指标：采用计分制，对参聘者道德品质、病人表扬、病人投诉、违纪违规等方面进行考核。

纪委监察考核：采用"一票否决制"，对于医德医风差、违反职业道德或因行为不当造成严重不良影响的参聘者，实行纪委监察考核一票否决。

②开拓临床医师分型制的绩效考核办法

根据医师不同的职业发展特点，将其分为复合型、临床型及科研型三类，分类进行考核，考核总分分别为100分。通过对三类医师的医疗、科研、教学和精神文明得分在总分中的占比分别设置不同权重，并将各项目的实际得分按照设定的权重比例折算成相应的考核分值，使考核分值更加符合个人的实际情况和发展需求，更加科学合理。其中，对于临床型医师，提高其医疗指标在总分中的权重，而相应降低其科研指标权重；对于科研型医师，降低其医疗指标在总分中的权重，而相应提高其科研指标权重。

③采用院内外专家及全员竞聘三级评审

医院建立了院外专家、院学术委员会及同类科室全员竞聘三级评审制。参聘者首先需参加由院外专家作为评委的一级评审会（科室层面组织）；通过者需参加由院学术委员会成员作为评委的二级评审会（医院层面组织）。未通过一级或二级评审者皆为竞聘落选人员。在同类科室可聘岗位余额出现结构性空缺的情况下，医院对首次竞聘未通过人员组织同类科室全员性竞聘。

全员性竞聘资格的确定依据为经过修正的综合考评最终得分值。该评分由首聘未通过医师所在科室（亚专科）的绩效考评调整分、考评等次的转换值和院外专家同行评议的结果共同确定。基本合格线为60分。首聘未通过人员中，绩效考核结果为"D"及以上，得分超过60分者，在全院可聘岗位余额出现结构性空缺的基础上，可参加医院组织的同类学科全员性竞聘；考核结果为"D"且得分低于60分者，不参加全员性竞聘，应降级聘任。全员竞聘会经实到专家讨论后，实行缺额评审。竞聘人员区分正高、副高岗位，分别按得票数多少进行排序。竞聘通过者须获得评审专家实到成员三分之二及以上同意票。三级评审制的评聘方法充分体现了评聘的公开、公平、公正性。

2）将绩效考核结果应用于人力资源价值评估：医院将美国学者弗兰姆·霍尔茨（Famholtz）提出的"随机报酬价值模型"理论应用到了高级医师专业技术职务绩效考核得分的评价中，利用随机报酬模型公式对科室人力资源价值进行计算，提出了公立医院人力资源价值会计计量的随机报酬模型。

随机报酬模型是一个动态的计量模型，其考虑了医院员工胜任某一岗位的能力和其在某一岗位连续工作的时间，对于公立医院人力资源价值的计量比较合理，考虑到了人力资源成长的不确定性，而这正是公立医院人力资源的一大特点。医院从绩效考核分值着手，通过制定一套合理的绩效考核方案，使专业技术人员聘任工作更加科学。再从绩效考核分数到会计计量之间建立起一个合理的数理模型，用以推算出员工在某岗位持续工作的概率，从而将绩效考核的结果用于人力资源价值评估，使人力资源价值评估更加科学、更加精细。

3）着力推动月度薪酬分配体制改革：除了将绩效考核融入职称晋升、人力资源价值评估工作外，医院还有序地推进月度绩效考核与分配制度改革，体现医护人员技术劳务价值，突出工作量、服务效率、服务质量、医德医风等要素；坚持多劳多得、优绩优酬，重点向临床一线关键和紧缺岗位、高风险和高强度岗位、承担公共卫生任务的岗位、业务骨干和业绩突出的员工倾斜，充分发挥月度绩效分配的激励导向作用。

2022年，经对上级主管部门的相关指标进行整理、汇总，统计得出院内适用的指标 214 个，经过数轮筛选，进一步从中确定了和月度绩效分配挂钩的院内 KPI 绩效考核指标。月度绩效改革中，对医疗、护理、医技等不同系列的科室，在月度绩效额度的基本分配公式的基础上，设置细化的绩效分配公式。

4）初步成效

①人才成长空间有效拓展，医师积极性极大调动

通过将绩效考核机制引入职称评审，原先的"一潭死水"激活了。优秀青年医师的发展使医院充满了活力。医院近几年承担国家级项目共454项，总金额达4.25亿元，长期位列上海市前 6 位；获国家科技进步二等奖 2 项、上海市科技进步一等奖 2 项；入选新世纪百千万人才工程国家级人选、长江学者特聘教授、国家杰出青年科学基金和国家优秀青年科学基金等国家和上海市人才 221 人次，共引进海内外优秀人才 50 余人。

②医疗服务功能不断增强，社会效益逐步凸显

2019 年，医院国考以 880.4 的总分取得了全国排名 12 名，等级为 A++ 的好成绩。2020 年，以 863 的总分取得了全国排名 26 名，等级为 A+。CMI 值 1.3，排名 22，科研经费总额排名 24，四级手术人数排名 30。在专项绩效激励杠杆的持续引导下，医疗质量、诊疗难度快速提升，2022 年重点病种收治率达 37%，比 5 年前提高 5%。其他各项指标均得到了不同程度的提升。

3. 以数据为驱动的绩效管理模式：上海市某三甲专科医院绩效管理实践

上海市某三甲专科医院是我国最早建立的集医疗、教学、科研为一体的，以诊治心、肺、食管、气管、纵隔疾病为主的三级甲等专科医院，在 2018、2019、2020 年国家三级公立医院绩效考核中连续三年获得手术组全国五强。为始终坚持公益导向，调动医务人员的积极性、主动性和创造性，贯彻落实国家和本市推动公立医院高质量发展工作要求，建立健全现代医院管理制度，提升医院综合运营能力，胸科医院坚持问题和结果导向，构建起了多部门横向联动协同、以信息化平台底座为基础的绩效管理工作机制，建立了以预算管理为引领、以绩效考核为依据的多通道薪酬管理体系，探索符合专科医院特色的高质量发展之路。

1）主要举措

①遵循战略和绩效导向，开展工资总额预算管理

通过有效实施工资总额预算管理，强化绩效考核和分配的激励约束作用，合理规划薪酬水平和结构，规范各级各类人员的收入分配秩序。在预算编制阶段，各科室明确各自的年度绩效目标，据此制定的科室工资总额预算，将其作为年度薪酬分配的管理依据。在预算执行阶段，关注差异，重视问题，提醒各科室根据运行情况与绩效目标的偏差及时做出调整和改善。

A. 预算管理以战略目标为导向，以绩效考核为依据

"以战略目标为导向"和"以绩效考核为依据"是该院编制工资总额预算的核心原则。"以战略目标为导向"是指，根据科室的年度绩效目标编制其工资总额预算，同时，围绕医院年度重点工作配置专项预算，如鼓励开展新技术的专项预算。"以绩效考核为依据"是指，基于管理部门对医院的考核要求和医院的管理目标，设置各科室的绩效考核指标，年中跟踪、年底考核，当年的绩效考核结果将影响下一年度工资总额预算。

B. 分类编制工资总额预算，合理规划薪酬水平和结构

按照医院人员薪酬的分类，将工资总额预算分为基本工资、津贴补贴和奖励性绩效工资（下简称绩效工资）三部分，按照各类薪酬的计算方法编制相应预算。其中，基本工资和津贴补贴按照国家统一政策执行和调整，预算编制主要依据本年的员工数量（包括计划招聘的新员工数量）、职称职级等；绩效工资基于临床、医技、护理、科研、管理等各类人员的绩效考核结果确定，随着工作量等绩效指标的变化而变化，预算编制主要以各科室的年度绩效目标为依据，并结合上一年度预算执行情况和绩效考核结果。由于各类薪酬具有不同的属性，其比例关系也体现了医院的管理导向。如果基本工资和津贴补贴部分比重大，则分配水平变化相对较小，不同系列、不同科室人员之间的差异也较小；如绩效工资部分比重大，则分配水平对工作量等绩效指标的变化更为敏感，差异也会相对更大。目前，该院绩效工资占比约为50%，既发挥了基本工资和津贴补贴的稳定器作用，也能够配合考核导向形成较为有效的激励。

C. 实施预算执行过程监管，强化预算执行结果评价

按上述方法编制的工资总额预算经"三重一大"集体讨论通过后执行，作为当年薪酬发放的基本框架。每年年中，每月跟进预算执行情况，及时分析差异及原因，如遇特殊原因造成业务运行与预算存在较大偏差的，通过讨论决定是否调整预算。每年年底，评价各系列、各科室预算执行情况，主要评价内容包括工资总额预算执行率、各级各类人员分配水平及结构、科室年度绩效目标完成情况等，评价结果作为下一年度预算编制的重要参考。

②以绩效考核为依据，构建多通道职业发展和薪酬体系

从工作职责、人员特性、培养方向等维度，对临床医务人员、专职科研人员、管理部门人员进行分类规划、分类考核，设计多通道的职业发展路径和灵活多样的薪酬分配形式，通过考核和激励贯彻落实医院的管理导向，重点向关键和紧缺岗位、高风险和高强度岗位、高层次人才、业务骨干和成绩突出的人员倾斜，充分调动员工的积极性和主动性。

A. 构建四维绩效考核体系，提高科室、个人激励相容

该院构建了以病种难度、手术难度、学科厚度和人才梯度四个维度为核心的临床绩效考核体系，鼓励科室收治高难度的病种、开展高难度的手术，加强学科和人才梯队建设。一是细化临床工作评价，体现病种难度和手术难度导向，以外科为例，该院基于数据分析和专家咨询设计了手术"分级＋点数"量化评价方法，按人力投入、技术难度和风险程度，将胸外、心外专业的手术细分为九级，并赋予不同点数，同时对达芬奇辅助机器人手术、心肺联合手术、器官移植等手术设置附加点数，作为外科工作量评价的基础，同时配合综合绩效考核，更好地体现了外科医务人员的知识劳务价值。外科的手术评价，与内科病种评价、医技点数评价一起，构成了该院临床绩效评价的基础。二是设置学科建设价值系数，体现学科厚度和人才梯度导向，为鼓励科室积极加强学科建设，推动亚学科发展，重视人才培养，加快梯队建设，该院对国家级、省部级重点学科和专科建设项目、各级各类人才项目分别设置不同的系数，予以绩效奖励倾斜。三是按照医院考核导向，完善科室内部绩效分配机制，组织各科室按照《上海市胸科医院关于科室绩效二级分配的指导意见》要求，围绕工作量、工作质量等核心要素完善科内绩效分配制度，按职称分配的部分原则上不超过40%。仍以外科为例，其内部医生个人分配主要以手术"分级＋点数"为依据，每例手术的主刀、一助、二助按比例细分，从而贯彻了医院对科室的考核导向，提高了科室和个人激励的相容性。

B. 分类实施科研人员积分制进阶薪酬体系

为促进该院学科发展，充分发挥科研人员在该院学科建设中的作用，加速基础和临床研究的转化，获取高层次重大项目，形成高水平科研产出，建立科研人员积分制进阶薪酬体系。一是实施科研人员年薪制，将科研人员按照不同遴选标准分成不同级别，包括学术团队负责人（PI）、双聘 PI、研究骨干（CO-PI）、科研助理等，并按照不同的级别实施不同的年薪制。二是采用积分制进阶考核，针对不同级别的科研人员，分别制定相应的科研产出积分制考核体系，考核周期分为年度、中期和终期考核，考核结果分为特优、优秀、合格和不合格四类，并将考核结果与薪酬调整紧密挂钩，有效发挥了导向作用。自 2019 年实施科研人员年薪制以来，新获得国自然项目者占 85%；经科研产出积分制评估后，年薪上调 7.5%～15% 者占 87.5%。

C. 创新开展管理人员积分制绩效考核体系

为进一步加强医院职能部门内部绩效管理，强化激励约束机制，为职能部门的管理岗位人员创新积分制晋升通道和绩效考核体系。一是建立管理岗位考核指标体系，涵盖在该院的从业年限、工作业绩、管理成果、年度考核等 4 个维度 10

个指标。二是建立管理岗位科员绩效档案，每年年底作一次考核评估，考核指数采取积分制，设定累积满"100分"，可上调一档绩效系数。从而为管理人员提供了发展空间和努力方向。

③强化绩效运营分析，构建闭环管理体系

考核和激励的最终目标是促进绩效改善，为提升管理效能，形成管理闭环，该院根据《关于推动公立医院高质量发展的意见（国办发〔2021〕18号）》《关于加强公立医院运营管理的指导意见（国卫财务发〔2020〕27号）》等文件精神，建立健全运营管理体系，积极开展绩效运营分析，促进绩效持续改善。面临疫情等风险因素，医院聚焦精益运营管理，加强综合绩效管理，取得了初步成效。

A. 建立绩效管理机制

为持续提升管理的科学化和精细化水平，强化绩效管理的引导力和协同力，市胸科医院建立了包含"三级组织架构、两个关键环节、一套工作流程"的绩效管理工作机制。三级组织架构包括负责决策的院级运营管理委员会，牵头执行推动的运营管理部，承担联系科室、信息采集、数据分析、策略研究等具体任务的四个专业组；两个关键环节即议事决策环节和执行落实环节，运营管理委员会召开例会审议决策运营管理重大事项，精于业务和经济运行分析的运营管理部牵头各职能部门根据委员会的决议分工落实工作任务。一套工作流程即规范了综合绩效管理从调查研究、提案上报、会议审议、方案实施到效果评价的管理路径，确保工作开展规范有效。

B. 强化绩效数据分析

一是将绩效分析深度融入医疗业务。发挥绩效管理的"综合"优势，依托运营绩效信息平台，集中采集、融合分析医疗、财务、后勤和临床研究等不同管理条线、不同信息系统的关键指标，聚焦医疗服务提供深化综合运行分析。二是使数据时效满足主动干预需要。将绩效数据监测分析周期从月细化到日，每日早报展示医院和各科室当月业务恢复率和床位效率等绩效看板、晚报列示当日各项业务量和医疗收入等数据报表。应每天呈报日报至运营管理委员会，发现的问题由相关职能部门及时反馈、约谈科室和医疗组。同时，月度讲评会的医疗和运营分析数据也从以往的截至会议前一个月底调整为截至会议前一日24时。三是以数据证据实现精准施策。针对分析中发现的数据问题，运营管理部会迅速协同医务部门和临床科室组建项目组，深入一线调研，提出改善建议。

C. 落实绩效改善措施

对于运营分析中发现的问题，各职能部门根据职责分工负责，以解决问题为目标制定改善计划，并形成具体工作项目。一是建立年度重点项目计划库，每个项目均设置明确的牵头部门、配合部门、预期产出、实施步骤和时间节点，经沟通审核后入库。二是院部根据项目计划对职能部门实施管理，在周会上通报每个重点项目的最新进展，沟通推进的难点和需要协调的问题；年中对项目进展情况进行评价，对执行不力的发送督办通知；年底对各项目完成情况进行评价，并作为职能部门综合评价的重要内容，以此促进医院各项工作的有力推进。

2）初步成效

通过一系列措施的实施，该院运行质量和管理水平持续提升。

①三级医院功能定位持续巩固

一是住院服务能力持续提升，医院门诊人次数与出院人次数之比为8.7∶1，远低于全国三级医院平均水平（19∶1），为上海市属三级医院最低。二是手术治疗技术优势更加凸显，年心胸外科手术量超过20 000人次，其中达芬奇机器人胸外科手术例数超过700例，多年蝉联单中心全球第一。三是急危重症和疑难复杂疾病诊治能力不断提高，出院病人中的手术病人比例、初治病人比例逐年上升，外科出院病人手术率高于96%。

②医疗质量与技术能力同步提升

在病种难度和手术难度持续提升的情况下，肺部恶性肿瘤手术术前诊断与术后病理诊断符合率为92%，出院患者四级手术比例、微创手术占比分别为77%、68%，均远高于国家三级公立医院绩效考核满分要求，低风险死亡率、手术患者并发症发生率、I类切口手术部位感染率等医疗质量指标保持在极低水平。

③资源使用效率稳步提高

2021年上半年每名执业医师日均住院工作负担为4.50床日，明显高于我国医院医师日均担负住院量。2020年平均住院日4.36天，远低于全国三级医院平均水平，且较少上年下降0.19天。DSA、CT等大型设备的年服务人次数较上海三级医院相应指标中位数分别高35%、56%。

④医疗费用控制有效

2019年"国考"数据显示，该院门诊次均费用增幅、门诊次均药品费用增幅、住院次均费用增幅、住院次均药品费用增幅，以及医疗服务收入（不含药品、耗材、检查检验收入）占医疗收入比例等指标均获得满分；在大量开展心胸大手术、心内介入的情况下，重点监控高值医用耗材收入占比仅为46.12%。

⑤临床创新能力持续提升

2020年获得国家自然基金26项，其中重大项目1项、重点项目2项；获得包括国际多中心、一类新药I期研究在内的高水平GCP项目27项。新获得授权发明专利3项，实现科技成果转化1项，获得省部级以上奖励1项，研究成果被国际指南引用4项。2019年"国考"数据显示，该院科研经费位列全国同类医院第4名。

⑥"以患者为中心"理念逐步强化

医院不断推出各类改善服务、便民利民措施，包括在胸部肿瘤手术病人中推行加速康复外科（ERAS），缩短了患者住院时间，减轻了患者费用负担，为疑难复杂病例开设一站式多学科诊疗门诊与病房，让最疑难的患者精准对接最优质的专家团队，为复诊患者开设了"复诊一日通"服务，大幅节约了患者的时间、交通和住宿成本，深受患者好评。随着核酸检测安排优化、"医技检查一日清"、鼓励开展互联网医疗等服务优化项目的开展，住院患者术前等待时间已经低于疫情前水平，手术准时开台率明显提高，主要医技检查等待时间缩短57%，互联网门诊服务量增长5倍以上，患者体验度和获得感大幅提升。2020年"国考"数据显示，该院门诊患者满意度较上年提升，住院患者满意度保持满分。

（三）绩效管理的发展趋势及难点

在医保支付制度的重大变革、国家对公立医院高质量发展的工作要求、以及医院发展模式转型的内在需求等多重驱动下，数字技术与医疗服务、医院管理的深度融合，是促进医院管理更加精细化、科学化、专业化的一个重要引擎。当下应把握数字化发展新机遇，以数据为关键要素，推动数字技术与绩效管理深度融合，将绩效管理理念与大数据应用相融合，发挥大数据优势，从而更好体现绩效管理的"精、准、细、严"。

1. 绩效管理与信息技术的深度融合

申康中心在原有绩效管理的工作基础上，不断深化拓展完善，努力构建以数据为驱动，以信息系统为支撑的上海市级医院综合绩效管理体系，建设以数据质量为基础，以指标体系为支撑的上海市级医院绩效监测评价与促进平台，进一步落实三级公立医院功能定位，规范内部管理，提升医疗服务整体效率，推动实现公立医院的高质量发展。

1）建立数据闭环管理，不断夯实数据质量：通过建立内部协调工作机制、构建完整的数据逻辑校验规则、定期进行数据质量反馈与评价分析等方法，对数据的准确性进行校验、反馈、核对、修正，建立对数据质量的闭环管理，保证各平台、各系统相同口径数据的一致性和准确性，解决大数据应用中数据标准不一致、缺乏统一的管理知识库支撑等常见问题，从而满足不同管理部门、不同管理层级差异化管理的需要。

2）建设绩效信息化展示平台，实现"中心端+医院端+业务融合模式"的应用:以"上海市级医院临床信息交换共享平台"(即医联工程)数据为基础,以第三方公开数据及医院填报数据为补充,针对市级医院绩效管理相关信息进行收集、整理、分析和反馈,开发建设上海市级医院绩效监测评价与促进平台。一是开展院际层面绩效管理分析,对各市级医院的业务运行、资源效率、诊疗能力、医疗质量、成本管控、科研创新等方面进行数据广覆盖、指标多角度、监管精细化的综合分析和客观评价,展示趋势变化,开展院际比较。二是开展医院内部管理及业务融合模式应用,充分发挥绩效管理的引领带动作用,将绩效管理与医院中长期发展规划、年度工作目标、运营管理、学科建设有机结合,将平台数据与医院内部绩效管理指标相结合,通过医院自行定制的方式,将平台相关数据和指标推送并嵌入到医院内部的相关业务系统,实现与医院内部业务的融合应用,帮助推动市级医院健全绩效管理工作环路,实行绩效闭环管理。三是推进多业务条线融合应用,上海市级医院绩效监测评价与促进平台(包含申康中心各部门)推进的医疗质量、后勤运维、大型医用设备全生命周期管理、财务运营分析、临床研究管理与促进等多个条线管理的融合应用,从而构建市级医院"一网统管、一屏观医"全方位多维度的综合管理。

2. 工作难点及对策

数据质量是整个绩效监测评价与促进平台的基石,是推行综合绩效管理的前提,也是绩效管理精细化、科学化的基础。无论是医院层面的绩效管理还是医院内部绩效管理,其数据来源都非常复杂,包含临床信息、会计核算信息、后勤管理信息、医疗设备信息等,还来源于多个第三方公开数据或委托相关专业部门提供的相关信息,存在基础数据量庞大、数据来源不一、数据关系复杂等各种数据问题。数据的可获取性及数据质量,对分析结果的准确性和绩效管理的支撑作用尤为密切。

建立一套职责清晰的内部协调工作机制,建立绩效引导、各业务条线协同推进的综合绩效管理模式,将有助于数据质量的提升,实现绩效管理数据一盘棋。在医院外部,政府层面可以建立以绩效为引领,信息技术为支持,各相关部门共同组成的协同机制,以绩效考核、绩效评价分析、绩效管理数据为抓手,围绕各相关业务部门核心工作,梳理相关业务指标,确定指标的规范名称、指标定义、统计口径、数据来源等,并借助计算机系统,按照规则定时自动进行数据核对,逐步推进数据的一致性和准确性。在医院内部,设立绩效管理委员会-绩效工作小组,在医院内部,建立绩效、医疗、财务、人事、运营、信息、病案等主要职能部门协同联动的综合管理机制,保障医院内部管理数据的一致性和准确性。

绩效管理的发展趋势,体现了"技术推动、需求牵引"的双轮驱动特点,一方面来自于信息化发展技术进步的外在动力,另一方面也是医院发展模式转型的内在需求,更好地诠释了系统化、科学化、精细化的绩效管理的内涵。建立在大数据基础上的绩效管理是将大数据融合到绩效管理中,发挥大数据优势,数据质量的提升是核心和关键。未来,随着医疗数据的不断丰富、数据质量的不断提高、指标体系的不断完善,绩效管理理念的不断更新,医疗大数据和绩效管理的深度融合将发挥出更大的作用、体现出更高的价值。

(张娴静、许 岩、邵 红、蔡 蕾、柏 杨)

http://www.gov.cn/zhengce/zhengceku/2021-06-04/content_5615473.htm［2021-06-04］.

［36］PSDATA.各省市医疗资源对比［EB/OL］.http://edp.epsnet.com.cn/html/20220412113340112.html［222-04-12/2023-02-27］.

［37］习近平.高举中国特色社会主义伟大旗帜　为全面建设社会主义现代化国家而团结奋斗——在中国共产党第二十次全国代表大会上的报告［EB/OL］.https://www.gov.cn/xinwen/2022-10-25/content_5721685.htm［2022-10-25/2023-02-27］.

［38］胡静林.推动医疗保障高质量发展［EB/OL］.https://www.gov.cn/xinen/2021-03-09/content_5591863.htm［2021-03-09/2023-02-27］.

［39］王文君.全国统一医保信息平台将带来什么［EB/OL］.https://www.codi.gov.cn/toutiaon/202205/t20220527_195296.htm［2022-05-27］.

［40］应亚珍.医保支付方式改革与医院经济管理［EB/OL］.［2020-10］.

［41］国家医保局人力资源社会保障部.2022年版国家医保药品目录［EB/OL］.https://www.gov.cn/xinwen/2023-01/18/content 5737837.htm［2023-01-18/2023-01-30］.

［42］国家医保局人力资源社会保障部.关于印发国家基本医疗保险、工伤保险和生有保险药品目录(2022年)的通知助策解读［EB/OL］.https://www.gov.cn/zhengce/2023-01/18/content_5737838.htm?eqid=f2409d590000fc5000000006645c4bea［2023-01-18/2023-01-30］.

［43］集贤网.最新医保谈判落地:对创新药影响几何?［EB/OL］.https:www.xianjichina.com/special/detail_521972.html［2023-01-19/2023-1-30］.

［44］北京市医疗保障局.关于印发CHS-DRG付费新药新技术除外支付管理办法的通知(试行)(京医保中心发〔2022〕30号)［EB/OL］.http://ybj.beijing.gov.cn/tzgg2022/202207/t20220713_2798069.html?eqid=d97cbdc4000871e20000000664373b68［2022-07-13］.

［45］国务院办公厅.关于促进"互联网+医疗健康"发展的意见(国办发〔2018〕26号)［EB/OL］.https://wmw.gov.cn/zhengce/content/2018-04/28/content_5286645.htm［2018-04-28］.

［46］卫生健康委,中医药局.关于印发互联网诊疗管理办法(试行)等3文件的通知(国卫医发〔2018〕25号)［EB/OL］.https://www.gov.cn/gongbao/content/2019/content_5358684.htm?eqid=b048ca0d00000db50000000464784e09［2018-07-17］.

［47］国家医疗保障局.关于完善"互联网+"医疗服务价格和医保支付政策的指导意见(医保发〔2019〕47号)［EB/OL］.http://www.nhsa.gov.cn/art/2019/8/30/art_37_1707.html?eqid=b2f879d00012f3bd00000006644b6830［2019-09-01］.

［48］中华人民共和国国家卫生健康委员会.关于印发"十四五"全民健康信息化规划的通知(国卫规划发〔2022〕30号)［EB/OL］.https://wjw.fujian.gov.cn/xxgk/fgwj/gjwj/202211/t20221110_6043696.htm［2022-11-07］.

［49］国家远程医疗与互联网医学中心,健康界.2022中国互联网医院发展报告［EB/OL］.http://zk.cn-heathcare.com/doc-show-69233.html［202-08/2023-02-04］.

［50］张晓旭.《2021互联网医院报告》发布,1140家数据分析、109家全维度调研,揭示了这些核心趋势［EB/OL］.https://www.vbdata.cn/52404［2021-09-10］.

［51］国家远程医疗与互联网医学中心,健康界.2022中国互联网医院发展报告［EB/OL］.http://zk.cn-heathcare.com/doc-show-69233.html［202-08/2023-02-04］.

［52］赛柏蓝器械.国家通知,互联网医院参与抗疫(8图解析)［EB/OL］.https://www.cn-healthcare.com/articlewm/20221215/content-1484149.html［2022-12-15/2023-02-03］.

[53] 刘阳, 刘谦. 基于"互联网+"的医联体多学科联合诊疗模式探究［C］. 第四届中国智慧医院建设与发展大会投论文, 2022.

[54] 重庆晨报上游新闻. 重庆首例互联网医院远程多学科联合会诊实施［EB/OL］. https://baijiahao.baidu.com/s?id=1732680469132669726&wfr=spider&for=pc［2022-05-13/2023-02-05］.

[55] 董慧, 健康界. 谈到互联网诊疗, 总绕不过这家医院［EB/OL］.https://www.cn-healthcare.com/article/20210719/content-557445.html［2021-07-19/2023-02-06］.

[56] 体制改革司. 国务院深化医药卫生体制改革领导小组简报 (第59期) 浙江省邵逸夫医院探索"互联网+医疗服务"新模式提升医疗服务和医院管理水平［EB/OL］. http://www.nhc.gov.cn/tigs/s7847/201906/6eaf95c05ad94e39b6bbd2fe29ba4f34.shtml［2019-06-04/2023-01-18］.

[57] Prades J, Coll-Ortega C, Dal Lago L, et al. "Use of information and communication technologies (ICTs) in cancer multidisciplinary team meetings: an explorative study based on EU healthcare professionals"BMJ Open, 2022; 12: e051181.

[58] Chowdhury AR, et al. "Cost-effectiveness of Multidisciplinary Interventions for Chronic Low Back Pain – A Narrative Review"Clin J Pain, 2022; 38: 197-207.

[59] Turing AM. "Computing machinery and intelligence" Mind, New Series, 1950, 59(236): 433-460.

[60] Kaul V, Enslin S, Gross SA. History of artificial intelligence in medicine. Gastrointest Endosc, 2020, 92: 807-812.

[61] Floridi L. "AI and its New Winter: from Myths to Realities"Philosophy & Technology, 2020, 33: 1-3.

[62] Lamb LR, et al. "Artificial intelligence (AI) for screening mammography" American Journal of Eoentgenology, 2022, 219 (3): 369-380.

[63] 与非网, 佳能医疗AI算法获FDA批准, 将应用于公司的MR设备［EB/OL］. http://www.chinaaet.com/article/3000116399［2020-03-24/2023-02-12］.

[64] 中国国际电子商务中心.美敦力首个起搏器远程监控app获FDA批准［EB/OL］. http:/gpj.mofcom.gov.cn/article/zuixindt/201511/20151101195305.shtml［2015-11-26/2023-02-12］.

[65] 国家药品监督管理局(NMPA). 2021年度医疗器械注册工作报告［EB/OL］. https:/www.nmpa.gov.cn/yaowen/ypigyw/20220127090648139.html［2022-01-27/2023-02-13］.

[66] 医师周刊. 聊一聊国内人工智能医疗器械注册证审批现状［EB/OL］. https:/www.163.com/dy/article/H4ER8QU60514CDOS.html［2022-04-08/2023-02-13］.

[67] 国家药品监督管理局. 2022年度医疗器械注册工作报告［EB/OL］.https://www.nmpa.goy.cn/directory/web/nmpa/yawen/ypjgyw/20230208090055135.html［2023-02-28/2023-02-13］.

[68] Tina Hernandez-Boussard, et al. "Digital twins for predictive oncology will be a paradigm shift for precision cancer care" Nature Medicine, 2021, 12(27): 2065-2069.

[69] 海南省人民政府办公厅. 关于印发海南省加快推进数字疗法产业发展若干措施的通知(琼府办〔2022〕46号)［EB/OL］. https://www. hainan.gov.cn/hainan/jdzcwj/202210/9571aca56bad4cd283a0b86278724b41.shtml［2022-10-10］.

［70］叶俊. 我国基本医疗卫生制度改革研究［D］. 苏州大学, 2016.

［71］施丽. "医疗、医保、医药"联动机制构建研究［D］. 湘潭大学, 2016.

［72］苟正先, 陈启勋, 陈瑾, 等. 临床重点专科与医学重点学科的不同点研究［J］. 现代医院管理, 2014, 12(4): 55-57.

［73］邱恒, 朱宏, 邹俐爱, 等. 广东省医疗服务价格改革对公立医院运营的影响［J］. 中国卫生经济, 2021, 40(4): 76-79.

［74］李永强, 朱宏, 李晓东, 等. 医疗服务价格改革对医院发展影响研究——江西省某公立医院实证分析［J］. 中国农村卫生事业管理, 2020, 40(11): 791-794.

［75］张远妮. 公共政策视角下医疗服务价格改革政策效果及风险评估研究［D］. 南方医科大学, 2019.

［76］黄辉, 陈坚, 单海华, 等. 某三甲公立医院医疗服务价格改革实施效果评价［J］. 中国医院管理, 2017, 37(9): 25-27.

［77］马达. 借鉴海外案例谈基本医保和商业医疗险的有效衔接［J］. 中国保险, 2022(6): 33-37.

［78］郭姝婷. 公立医院"1+N"管理模式优化研究［D］. 云南财经大学, 2022.

［79］张馨元, 韩优莉, 薄云鹊, 等. 由后付制向预付制转变对医生行为影响的实验研究［J］. 中国卫生经济, 2020, 39(4): 28-32.

［80］常媚. 医保支付方式对医疗行为的影响研究［J］. 当代经济, 2021(7): 110-115.

［81］韩优莉. 医保支付方式由后付制向预付制改革对供方医疗服务行为影响的机制和发展路径［J］. 中国卫生政策研究, 2021, 14(3): 21-27.

［82］宋斐斐, 赵坤元, 申俊龙. 国外医疗保险费用支付方式的分析及对我国的启示［J］. 广西医学, 2016, 38(2): 291-293.

［83］雷璐倩, 张伶俐, 颜建周, 等. 德国医疗保险支付方式改革及对我国的启示［J］. 中国卫生资源, 2020, 23(2): 176-181.

［84］贺湘焱, 杨玉清, 刘爱澜. 国外医疗保障模式对我国新型农村合作医疗保障制度的启示［J］. 中医药管理杂志, 2015, 23(13): 136-138.

［85］张娟, 冉永兰. 国外医疗保障模式比较及对我国的启示［J］. 卫生经济研究, 2010(7): 19-21.

［86］常峰, 纪美艳, 路云, 等. 新加坡储蓄型医疗保障制度的医保控费效果研究［J］. 中国卫生经济, 2016, 35(3): 93-96.

［87］廖藏宜, 闫俊. 我国医保支付方式的改革历程及发展趋势［J］. 中国人力资源社会保障, 2019 (6): 13-15.

［88］王宗凡. 总额预算应是支付方式改革的核心［J］. 中国社会保障, 2019(6): 84.

［89］聂淇竹. 医疗保险支付方式改革探究［J］. 时代金融, 2020(24): 193-194.

［90］薛迪. 按病种付费的发展和管理关键点［J］. 中国卫生资源, 2018, 21(1): 27-31.

［91］王轶, 唐忻, 戴小喆, 等. DRG付费体系下医院成本控制思路与关键点［J］. 中国卫生经济, 2022, 41(5): 74-78.

［92］杨雅棋, 齐新红, 韩笑, 等. 按病种分值付费下公立医院全面预算管理与成本核算探讨［J］. 中国医院, 2021, 25(11): 5-7.

［93］黄邕生, 赵颖旭, 张振忠. 我国按床日付费制度改革的主要做法的比较［J］. 中国卫生经济, 2013, 32(6): 15-17.

［94］欧阳明, 刘剑龙, 蔡艳姬, 等. 基于DRG和RBRVS的按病种价值定价理论研究［J］. 卫生软科学, 2022, 36(1): 8-11.

［95］潘政. 医院人力资源管理中基于RBRVS的绩效考核运用研究［J］. 财经界, 2022(25): 171-173.

［96］李倩. RBRVS绩效管理体系在医院人力资源管理中的应用及启示［J］. 现代医院, 2022, 22(5): 748-750.

［97］张素, 王红波, 宫佳宁. 基于价值的医保支付概念演变、国外探索与中国框架［J］. 中国卫生经济, 2022, 41(3): 30-35.

［98］胡琳琳, 龙飞, 李佳, 等. 康复病组按价值付费的"长沙模式"［J］. 中国医疗保险, 2022 (6): 74-79.

［99］DUDLEY R A, ROSENTHAL M B. Pay for performance: a decision guide for pur-chasers［R］. Washington: Agency for Healthcare Research and Quality, 2006, 6: 1-47.

［100］王婷婷, 张欲晓, 崔丹, 等. 美国医疗保险按绩效支付的经验与启示［J］. 中国卫生资源, 2020, 23(6): 619-623.

［101］杨立群、王小万. 基于绩效支付的方法与评价［J］. 卫生经济研究, 2009(10): 21-23.

［102］孙利华, 李世琪, 范嘉宁. 创新药阈值及其医保支付模式探讨［J］. 中国医疗保险, 2022 (8): 53-55.

［103］Lakdawalla DN, et al. Defining Elements of Value in Health Care-A Health Economics Approach: An ISPOR Special Task Force Repor［J］. Value Health, 2018 Feb;21(2): 131-139.

［104］孙磊, 林晶, 尹鹏, 等. 创新药物临床评价技术平台成本核算方法探讨［J］. 中国卫生产业, 2015, 12(13): 52-54.

［105］茅雯辉, 谢泽宁, 祝菁菁, 等. 浙江省城镇职工基本医疗保险门诊统筹的经验与启示［J］. 中国卫生资源, 2016, 19(5): 372-375.

［106］熊先军, 李静湖, 吴静, 等. 城镇居民基本医疗保险门诊统筹支付政策研究［J］. 中国医疗保险, 2012(10): 34-37.

［107］赵斌, 马勇. 基层普通门诊统筹支付方式的国际经验借鉴［J］. 中国医疗保险, 2017(11): 24-29.

［108］李娇娇, 杜清, 相静, 等. 山东省县级公立医院医保支付方式改革实施现状研究［J］. 中国医院管理, 2018, 38(1): 59-61.

［109］贾宁. 坚定多元复合式医保支付方式改革［J］. 中国医疗保险, 2022(1): 10-12.

［110］黄晓勇, 胡鑫燕, 席文娟, 等. DRG付费与按床日付费相结合的复合型医保支付方式探索［J］. 卫生经济研究, 2021, 38(12): 41-43.

［111］陈其林, 韩晓婷. 准公共产品的性质: 定义、分类依据及其类别［J］. 经济学家, 2010(7): 13-21.

［112］蒋帅. 我国医疗服务价格形成机制及定价模型研究［D］. 华中科技大学, 2018.

［113］韩晓婷. 医疗产品的公益性及实现方式［J］. 厦门理工学院学报, 2016, 24(4): 47-53.

［114］侯晶楠. 中国医疗服务市场的经济学分析［D］. 东北财经大学, 2010.

［115］吴筱. 卫生服务市场中的需求、市场特征和政府干预原则［J］. 中国卫生政策研究, 2010, 3(2): 48-52.

［116］Grossman M. 1. On the Concept of Health Capital and the Demand for Health［M］//

Determinants of Health. Columbia University Press, 2017: 6-41.

[117] 唐芸霞, 覃田. 公立医院补偿机制改革研究[J]. 卫生经济研究, 2022, 39(4): 79-82.

[118] 周莹, 阚鹰, 章燕静, 等. 公立医院医疗服务项目定价策略研究[J]. 现代医院管理, 2022, 20(2): 78-81.

[119] 仲原, 田红, 江其玟, 等. 公立医院医疗服务价格动态调整模型构建与应用[J]. 中华医院管理杂志, 2022, 38(2): 81-86.

[120] 李永强, 姚东明, 李军山, 等. 公立医院医疗服务定价方法研究[J]. 卫生软科学, 2020, 34(3): 23-26.

[121] OMAHA秘书处. 医疗机构绩效分配方法——RBRVS基础介绍[EB/OL]. 2022-06-28[2022-09-15]. https://www.omaha.org.cn/index.php?g=&m=article&a=index&id=385&cid=12.

[122] 江其玟, 戴静宜, 胡靖雯, 等. 我国公立医院医疗服务价格调整模型构建与应用[J]. 卫生经济研究, 2019, 36(6): 38-41.

[123] 李利平, 张永庆, 吴振献, 王建芳, 张峰亮, 郭延庆. 估时作业成本法在医疗服务项目成本测算中的应用[J]. 卫生经济研究, 2016(8): 36-38.

[124] 陈玉洁. 医疗服务项目定价方法探析[J]. 现代经济信息, 2017(15): 257.

[125] 夏培勇, 徐迅, 杨中浩, 黄玲萍. 公立医院成本核算工作的思考与建议[J]. 中国卫生经济, 2021, 40(7): 68-71.

[126] 胡宏伟, 龚曦, 马迎花. 地方医疗服务价格改革政策体系预评估: 指标体系与价值讨论[J]. 中国医疗保险, 2022(3): 11-15.

[127] 贾洪波. 我国医疗服务价格制度变迁及其展望[J]. 价格理论与实践, 2016(7): 10-15.

[128] 王虎峰, 崔兆涵. 医疗服务价格动态化调整: 大转折与新思路[J]. 价格理论与实践, 2017(6): 30-35.

[129] 朱恒鹏, 昝馨, 向辉. 财政补偿体制演变与公立医院去行政化改革[J]. 经济学动态, 2014(12): 61-71.

[130] 许敏旋. 城市公立医院补偿机制改革对医院经济运行的影响[D]. 山东大学, 2018.

[131] 丁锦希, 李伟, 钭江苑, 赵雨铭, 董锐, 郑翠微, 陈烨. 我国专利药谈判"五环"机制设计研究[J]. 中国新药杂志, 2016, 25(18): 2142-2148.

[132] 蒋昌松. 相生相伴的带量采购与医保谈判[J]. 中国卫生, 2022(4): 51-53.

[133] 中国医疗保险. 我国医保药品目录调整的回顾与展望[EB/OL]. 2022-10-14[2022-11-23]. http://www.phirda.com/artilce_29207.html?cId=4.

[134] 郭兴. 构建多层次医疗保障体系[N]. 中国纪检监察报, 2022-03-09(4).

[135] 苏敏, 张天娇, 张莘乐. 多层次医疗保障体系的精细化治理路径[J]. 卫生经济研究, 2022, 39(7): 83-87.

[136] 王笑. 商业保险发挥多重功能助力医保改革[N]. 金融时报, 2022-06-22(12).

[137] 葛旻书, 于博闻. 商业保险公司参与医保服务体系建设的挑战与应对研究[J]. 新金融, 2020(12): 54-57.

[138] 蔡海清. 多层次医疗保障体系视角下的医疗救助及罕见病救治[J]. 中国医院院长, 2021, 17(13): 72-73.

[139] 袁成, 于雪. 多层次医疗保障体系改善我国家庭金融脆弱性的效果评估[J]. 东南大学学

报(哲学社会科学版), 2022, 24(3): 51-60, 147.

［140］宋占军, 李静. 医疗互助与多层次医疗保障体系建设［J］. 中国医疗保险, 2020(12): 34-37.

［141］邹龙. 职工医保个人账户购买商业健康保险开展模式的比较研究［J］. 上海保险, 2020(9): 34-39.

［142］任美伶. 基于健康管理视角的城市定制型商业医疗保险发展现状及建议［J］. 质量与市场, 2022(3): 190-192.

［143］徐徐, 姚岚. 城市定制型商业医疗保险可持续性发展思考［J］. 中国保险, 2022(1): 37-41.

［144］朱萍, 师梦娇. 多层次医疗保障体系推进 医保商保衔接成关键［N］. 21世纪经济报道, 2022-08-02(003)

［145］许飞琼. 中国多层次医疗保障体系建设现状与政策选择［J］. 中国人民大学学报, 2020, 34(5): 15-24.

［146］姚晓维, 周莹燕, 王莹洁. 城市定制型商业医疗保险发展研究［J］. 金融纵横, 2022(5): 82-88.

［147］俞骏仁, 陶敏芳. 某院孕产妇住院费用风险预警评估系统［J］. 解放军医院管理杂志, 2019, 26(11): 1011-1013, 1020.

［148］中华人民共和国药品管理法［N］. 人民日报, 2020-03-17(15). DOI: 10. 28655/n. cnki. nrmrb. 2020. 002715.

［149］中共中央、国务院关于深化医药卫生体制改革的意见［J］. 中国药房, 2010, 21(4): 289-294.

［150］关于全面实施药品挂网公开议价采购的通知［N］. 上海市医药集中招标采购事务管理所. https: //www. smpaa. cn/xxgk/gggs/2018/09/30/8437. shtml.

［151］江艳. 大型综合性医院药品采购与供应分离管理模式探索［J］. 中国卫生产业, 2016(4): 152-154.

［152］杨谨成, 王会凌, 费小非, 等. "新医改"背景下对医院药剂科改革的思考［J］. 中国药业, 2019, 28(2): 93-95.

［153］刘雁, 修赤英, 赵熠. 新常态下医院廉政风险管理和监督的实践［J］. 中国医院, 2016, 20(7): 75-77.

［154］刘宇静, 商洪涛, 钟子红. 医院药品采购管理现状分析与对策［J］. 中国医学装备, 2017, 14(9): 141-144.

［155］屈建, 刘高峰, 朱珠, 等. 我国医院药学学科的建设与发展(上)［J］. 中国医院药学杂志, 2014, 34(15): 1237-1246.

［156］孙洪林. 业务流程管理是大势所趋［J］. 信息方略. 2008, (19): 18-20.

［157］何倩. 缩小供应链信息技术差距: 2007年美国医院供应链调查［J］. 中国医院院长. 2008, (7): 46-48.

［158］李勇. JBL公司供应链采购管理研究［D］. 上海交通大学, 2008.

［159］王兴鹏. 现代医院SPD管理实践［M］. 上海: 上海科学技术出版社, 2019.

［160］张宏, 姚辉, 曾开奇, 等. 新监管模式下深圳市公立医院高值医用耗材的使用情况［J］. 医疗装备. 2021, 34(18): 42-47.

［161］王璐, 王珊珊. 加强公立医院医用耗材成本精细化管理的思考［J］. 纳税. 2021, 15(15):

185-186.

[162] 翁怡毅, 江一峰, 王伟明, 等. 公立医院医用耗材监管策略研究 [J]. 中国医疗设备. 2022, 37(1): 155-158.

[163] 徐家富, 常晓云, 任斌, 等. 医用高值耗材追溯管理系统的设计与实现 [J]. 中国医学装备, 2020, 17(3): 4.

[164] 姚洪生, 吴军, 张少博. 基于B/S架构的医疗耗材溯源管理系统的构建 [J]. 中国医学装备, 2020, 17(2): 5.

[165] 赵茜倩, 耿丽丽, 孙燕楠. 基于全过程管理的医院医用耗材内部控制体系建设研究 [J]. 中国总会计师, 2020, (2): 2.

[166] 杨燕军. DRGs支付方式下医院成本管理思路探索 [J]. 财会学习, 2021(16): 120-122.

[167] 任毅, 李风芹, 于蔚, 等. DRG支付方式下医院成本管理特征、路径选择与策略 [J]. 中国卫生经济, 2020, 39(9): 84-87.

[168] 程薇. 新《医院财务制度》下的成本管理 [J]. 中国医院, 2011, 15(6): 5-7.

[169] 刘艳玲. 桑克模式下我国公立医院战略成本管理研究 [D]. 广东外语外贸大学, 2019.

[170] 蔡丹丹. 基于价值链视角的公立医院战略成本管理 [J]. 西部财会, 2019(8): 69-71.

[171] 徐元元. 宏观公益性医疗改革探索与微观医疗服务机构应对举措——基于公立医院战略成本管理的视角 [J]. 会计研究, 2014(12): 46-52, 96.

[172] 李晗. 成本动因理论框架研究 [D]. 湖南大学, 2006.

[173] 秦永方, 张新苹, 韩冬青. 基于综合指数法的DRG与DIP病种(组)成本核算研究 [J]. 现代医院, 2021, 21(8): 1197-1201.

[174] 程明. 价值链视角下的医院成本管理策略——基于上海XH医院的实践案例 [J]. 会计之友, 2020(24): 2-7.

[175] McKay NL, Deily ME. Comparing high-and low-performing hospitals using risk-adjusted excess mortality and cost inefficiency [J]. Health Care Manage Rev, 2005, 30(4): 347-360.

[176] 简伟研, 胡牧, 张修梅. 诊断相关组(DRGs)的发展和应用 [J]. 中华医院管理杂志, 2011, 27(11): 817-820.

[177] Willim C. Hsiao, Harvey M. Sapolsky, Daniel L. Dunn, et al. Lessons of the New Jersey DRG Payment system [J]. Health affair, 1986, 5(2): 32-35.

[178] Burik D, Nackel J G. Diagnosis-related groups: tool for management [J]. Hospital & health services administration, 1981, 26(1): 25-40.

[179] 黄葭燕, 陈洁, 陈英耀. 临床路径的研究现况及特点 [J]. 中国卫生质量管理, 2006, 18(5): 757-758.

[180] 郭志伟. DRGs的原理与方法及在我国的应用对策. 中国卫生经济, 2010, 29(8);37-39.

[181] 杨天桂, 石应康, 莫春梅. 单病种管理研究综述. 中国卫生质量管理, 2010, 17(6): 53-56.

[182] 王敬昆. 以病种为质量单元的评价方法 [J]. 中国医院管理, 1986, 6(2): 17-20.

[183] 钱大为, 李明子, 陈丹. JL-DRGs在综合医院管理中的应用探讨 [J]. 中国医院管理, 2015, 35(12): 93-94.

[184] 王发强. 研究型医院发展历程与展望 [J]. 中华医院管理杂志, 2016, 32(1): 7-11.

[185] 林锦标, 林添寿, 胡永狮. 创建研究型科室的实践与思考 [J]. 东南国防医药, 2014, 16(3): 323-324.

［186］王华. 新加坡医院实施临床路径的体会［J］. 解放军护理杂志, 2003, 20(2): 96-97.
［187］朱玉久, 程刚. 临床路径与病种付费方式的改革［J］. 华夏医药, 2006, 483-487.
［188］郭永瑾, 岑珏, 许岩, 等. 上海公立医院实施病种绩效评价的初步探索［J］. 中华医院管理杂志, 2015, 31(8): 574-578.
［189］Fetter, Robert B, Brand, et al. DRGs: Their design and development［M］. Health administration Press(Ann Arbor, Mich.), 1991: 9-13.
［190］潘惊萍, 方勇, 王时美. 单病种医疗质量综合评价. 中国卫生事业管理, 1992, (11): 688-689.
［191］马骏. DRGs系统新模式的研究［J］. 中国医院管理, 1994, 14(9): 10-13.
［192］张力, 董军, 黄峰军. 病例分型在病例质量评价中的应用［J］. 中华医院管理杂志, 2000, 16(7): 394-398.
［193］王晓钟, 董军, 代伟, 等. 新形势下医院医疗质量管理模式转变与实践［J］. 解放军医院管理杂志, 1999, 6(6): 436-437.
［194］曹阳. 病种质量管理方法在医院管理中的应用［J］. 解放军医院管理杂志, 2000, 7(4): 294-295.
［195］李明, 王发强, 刘勇, 等. 单病种临床路径与DRGs成本控制绩效研究与实践. 卫生经济研究, 2007, (6);15-16.
［196］中国医院协会. 单病种质量管理手册2.0［M］. 北京: 科学技术文献出版社, 2010.
［197］石玮. 医院利用病种管理实施绩效经营的实践与体会［J］. 中国医院统计, 2009, (4): 348-351.
［198］张乐辉, 陈颖, 佟朝霞, 等. 以DRGs为驱动的病种管理应用探索［J］. 中国医院管理, 2015, (4): 48-49.
［199］杨柳, 陈晖, 闻思源. 病种质量评价模型的构建流程［J］. 中华医院管理杂志, 2014, 30(9): 666-668.
［200］郭默宁, 刘婉如, 张瑾慧, 等. 基于DRGs的住院医疗服务绩效评价平台介绍［J］. 中华医院管理杂志, 2015, 31(11): 878-880.
［201］Organization, J. C. O. A. , A Comprehensive Review of Development and Testing for National Implementation of Hospital Core Measures［Z］. 2003.
［202］Int J Qual Health Care, Towards actionable international comparisons of health system performance: expert revision of the OECD framework and quality indicators［J］. International Journal for Quality in Health Care, 2015, 2(27): 137-146.
［203］Organization, W. H. , Performance Assessment Tool for Quality Improvement in Hospital［Z］, 2007.
［204］Standards, A. C. O. H. , AUSTRALASIAN CLINICAL INDICATOR REPORT［Z］, 2020.
［205］Stevens C L, Brown C, Watters D A K. Measuring outcomes of clinical care: Victorian emergency laparotomy audit using quality investigator［J］. World journal of surgery, 2018, 42(7): 1981-1987.
［206］刘芳, 张丽, 王悍. 多学科诊治与病种质量控制体系塑造——德国综合癌症中心认证的经验与启发［J］. 中国研究型医院, 2021, 8(1): 5.
［207］王吉善, 张振伟. 开展病种质量管理提高医疗服务水平. 中国医院, 2010. 14(5): 1-3.
［208］张振伟. 医疗质量与患者安全持续改进–从结构、到过程、到结果三级综合医院评审标准(2011): "医院评审标准与评审管理办法解读"培训班［C］, 2011.

[209] Agency For Healthcare And Quality, A. Quality Improvement and monitoring at your fingertips [EB/OL]. (2020-07-01) [2022-06-20]. https://www.qualityindicators.ahrq.gov.

[210] 复旦大学管理学院健康金融研究室. 价值医疗在中国: 推动行业合作和业务模式创新加速医疗体系转型 [R/OL]. (2019-11-23) [2020-05-19]. http://www.accessh.org.cn/wp-content/uploads/2019/11/unnamed-file-1.pdf.

[211] Michael EP, Elizabeth OT. Redefining health care: creating value-based competition on results [M]. Brighton : Harvard Business School Press, 2006 : 98-105.

[212] 金春林, 王海银, 孙辉, 等. 价值医疗的概念、实践及其实现路径 [J]. 卫生经济研究, 2019, 36(2) : 6-8.

[213] Raftery J. Value based pricing: Can it work? [J]. BMJ, 2013, 347: F5941.

[214] Prada G. Value-based procurement: Canada's healthcare imperative [C]. in Healthcare management forum, 2016, Sage CA: Los Angele S: CA SAGE Publications.

[215] 人民网人民日报. 习近平在中国共产党第十九次全国代表大会上的报告 [EB/OL] (2017-10-28) [2020-05-19]. http://cpc.people.com.cn/n1/2017/1028/c64094-29613660.html.

[216] 王冬. 基于价值医疗的医疗保险支付体系改革创新 [J]. 社会保障评论, 2019, 3(3): 92-103.

[217] 王隽, 胡春平, 王沅. 以价值医疗为导向的DRG付费制度剖析 [J]. 卫生软科学, 2022, 36(2): 40-42.

[218] 姜立文, 刘晨红, 蔡美玉, 等. 价值医疗视角下医院按DRG付费制度实施效果分析 [J]. 中国医院管理, 2022, 42(3): 67-69.

[219] 王奕婷, 冯芮华. 医保支付方式改革推动价值医疗实现的概念框架 [J]. 中国卫生经济, 2022, 41(2): 21-23.

[220] 洪蒙, 时松和, 陈雪娇, 等. 基于价值医疗的整合型医疗卫生服务体系在医共体建设中应用研究 [J]. 中国医院管理, 2020, 40(11): 25-27.

[221] 石晶金, 晏雪鸣, 王淼, 等. 价值医疗推动我国医疗服务模式转型 [J]. 中国医院, 2021, 25(1): 30-32.

[222] 陈芸, 吴世超, 卢红, 等. 基于价值医疗理念的智慧医院建设研究 [J]. 中国卫生信息管理杂志, 2021, 18(2): 153-158.

[223] 于婷, 严波. 以"价值医疗"为导向重塑医院运营管理模式 [J]. 中国卫生经济, 2020, 39(10): 65-67.

[224] 龙芸. 弹性预算: 价值医疗下的一种医院资源配置模式 [J]. 卫生经济研究, 2019, 36(10): 18-22.

[225] 金春林, 王海银, 孙辉, 等. 价值医疗的概念、实践及其实现路径 [J]. 卫生经究, 2019, 36(2): 6-8.

[226] 肖月, 邱英鹏, 赵羽西, 等. 价值医疗视角下高值医用耗材的综合治理改革 [J]. 中国医院管理, 2021, 41(3): 1-5.

[227] 黄秋月, 郑大喜. 基于价值医疗导向的公立医院绩效考核探讨 [J]. 中国卫生经济, 2020, 39(11): 75-79.

[228] 中华人民共和国国家卫生健康委员会令(2018年)第1号《医疗技术临床应用管理办法》

[229] 鲁蓓, 林芳芳, 李志远. 第三类医疗技术取消非行政许可审批后的管理与思考 [J]. 中国医院管理, 2015, 35(10): 28-29.

[230] 桑秋菊, 胡波, 刘波. 取消第三类医疗技术准入审批的做法[J]. 解放军医院管理杂志, 2016, 23(3): 280-282.

[231] 吕兰婷, 傅金澜, 林夏, 等. 中国医院卫生技术评估的困境与出路[J]. 中国医院管理, 2019, 39(2): 7-10.

[232] 魏艳, 明坚, 何露洋, 等. 临床医生视角下新技术的转化应用与卫生技术评估[J]. 中国医院管理, 2018, 38(3): 12-14, 22.

[233] 吕兰婷, 施文凯, 林夏, 等. 新医改背景下基于知证决策的医院卫生技术评估功能与机制[J]. 中国循证医学杂志, 2020, 20(3): 335-339.

[234] 唐惠林, 门鹏, 翟所迪. 药物快速卫生技术评估方法及应用[J]. 临床药物治疗杂志, 2016, 14(2): 1-4.

[235] 陈英耀, 魏艳, 王薇, 等. 中国卫生技术评估的实践与挑战[J]. 中国农村卫生事业管理, 2019, 39(2): 83-87.

[236] 鲁蓓, 林芳芳, 李志远. 第三类医疗技术取消非行政许可审批后的管理与思考[J]. 中国医院管理, 2015, 35(10): 28-29.

[237] 桑秋菊, 胡波, 刘波. 取消第三类医疗技术准入审批的做法[J]. 解放军医院管理杂志, 2016, 23(3): 280-282.

[238] 国家卫生计生委, 科学技术部, 前国家食品药品监督管理总局, 国家中医药管理局, 中央军委后勤保障部卫生局. (2016)关于全面推进卫生与健康科技创新的指导意见[EB/OL]. [2016-9-30] [2022-9-5]. http://www. gov. cn/xinwen/2016-10/12/content_5118171. html.

[239] 国家卫生计生委, 科学技术部, 前国家食品药品监督管理总局, 国家中医药管理局, 中央军委后勤保障部卫生局. (2016) 关于加强卫生与健康科技成果转移转化工作的指导意见[EB/OL]. [2016-9-30] [2022-8-3] http://www. gov. cn/xinwen/2016-10/12/content_5117948. html.

[240] 中国人社部. 人社部社保中心副主任徐延君介绍医保药品目录谈判有关情况[EB/OL]. [2017-7-28] [2022-8-15]. http://www. mohrss. gov. cn/SYrlzyhshbzb/shehuibaozhang/gzdt/201707/t20170728_274815. html.

[241] 国务院办公厅. 国务院办公厅关于改革完善医疗卫生行业综合监管制度的指导意见. [EB/OL]. [2018-8-3] [2022-8-3]. http://www. gov. cn/zhengce/content/2018-08/03/content_5311548. html.

[242] 国务院办公厅. 国务院办公厅关于改革完善医疗卫生行业综合监管制度的指导意见. [EB/OL]. [2018-8-3] [2022-8-3]. http://www. gov. cn/zhengce/content/2018-08/03/content_5311548. html.

[243] 国家卫生健委. 施行《医疗技术临床应用管理办法》的通知. http: //www. nhfpc. gov. cn/fzs/s3577/201809/ e61d0999c95d4eb7b8a6658bf6af149c. shtml.

[244] Pennell CP, Hirst AD, Campbell WB, et al. Practical guide to the Idea, Development and Exploration stages of the IDEAL Framework and Recommendations. Br J Surg. 2016;103(5): 607-615.

[245] Nikkels C, Vervoort AJMW, Mol BW, et al. IDEAL framework in surgical innovation applied on laparoscopic niche repair. Eur J Obstet Gynecol Reprod Biol, 2017, 215: 247-253.

[246] 锁涛, 黄丽红, 纪颖, 等. 外科学创新技术评估方法: IDEAL框架[J]. 中国医院管理,

2019, 39(11): 4.

[247] 国家卫健委. 施行《医疗技术临床应用管理办法》的通知［EB/OL］. http: //www. nhfpc. gov. cn/fzs/s3577/201809/ e61d0999c95d4eb7b8a6658bf6af149c. shtml［2009-03-16］.

[248] 何江江, 王海银. 医院卫生技术评估: 手册与工具包［M］. 上海: 上海交通大学出版社, 2017: 136-151.

[249] 吴舒婷, 涂兰英, 林孟波, 等. 公立医院医疗新技术新项目精细化管理［J］. 现代医院管理, 2021, 19(2): 44-46.

[250] 李静, 梁宁霞, 王振宇, 等. 综合性医院医疗新技术临床应用的全过程管理［J］. 江苏医药, 2015, 41(3): 3.

[251] 国家卫生健康委办公厅. 关于印发国家限制类技术目录和临床应用管理规范(2022年版)的通知(国卫办医发〔2022〕6号)［EB/OL］.［2022-04-20］.

[252] 中华人民共和国国家卫生健康委员会. 国家限制类技术目录和临床应用管理规范(2022年版)解读［EB/OL］.［2022-11-10］.

[253] DEMIRDJIAN G. A 10-year hospital-based health technology assessment program in a public hospital in Argentina［J］. Int J Technol Assess Health Care, 2015, 31(1-2): 103-110.

[254] 杨海. 医院卫生技术评估在医用耗材管理中的应用. 中国医疗设备, 2017, 32(5): 123-126.

[255] 欧盟AdHopHTA项目组. 医院卫生技术评估: 手册与工具包［M］. 上海: 上海交通大学出版社, 2017.

[256] Cicchetti, A. , 2013. Il ruolo dell'HTA nei processi di acquisto dei medical devices, Report. Available from: https: //www. bravosolution. com

[257] What is the role of a PICO question for a EUnetHTA assessment? https: //www. eunethta. eu/pico/ (2022-09-22)

[258] Poulin P, Austen L, Kortbeek JB, et al. New technologies and surgical innovation: five years of a local health technology assessment program in a surgical department. Surg Innov, 2012, 19(2): 187-199.

[259] Szlez k NA, Bloom BR, Jamison DT, et al. The global health system: actors, norms, and expectations in transition. PLoS Medicine, 2010, 7(1): e1000183.

[260] World Health Organization. Global survey on health technology assessment by national authorities. Main findings. 2015［EB/OL］.［2021-8-3］. https: //www. who. int/publications/i/item/9789241509749

[261] World Health Organization. Global survey on health technology assessment by national authorities. Main findings. 2015［EB/OL］.［2015-3-3］［2021-8-3］. https: //www. who. int/publications/i/item/9789241509749

[262] 王海银, 何达, 王贤吉, 等. 国内外卫生技术评估应用进展及建议［J］. 中国卫生政策研究, 2014, (8): 19-23.

[263] 陈英耀, 刘文彬, 唐檬, 等. 我国卫生技术评估与决策转化研究概述［J］. 中国卫生政策研究, 2013, 6(7): 1-6.

[264] 吕兰婷, 傅金澜, 林夏, 等. 中国医院卫生技术评估的困境与出路［J］. 中国医院管理, 2019, 39(2): 7-10.

[265] 徐思敏, 戴泽琦, 吴雪, 等. 国内外医院卫生技术评估的概况性综述［J］. 中国中药杂志,

2022, 47(12): 3136-3143.

[266] 黄进, 张永刚, 刘钰琪, 等. Mini卫生技术评估简介 [J]. 中国循证医学杂志, 2014, 14(8): 901-904.

[267] 徐思敏, 戴泽琦, 吴雪, 等. 国内外医院卫生技术评估的概况性综述 [J]. 中国中药杂志, 2022, 47(12): 3136-3143.

[268] 赵志刚, 董占军, 刘建平. 中国医疗机构药品评价与遴选快速指南 [J]. 医药导报, 2020, 39(11): 1457-1465.

[269] 张红. 医院卫生技术评估在医用耗材管理中的运用 [J]. 中国医疗器械信息, 2019, 25(19): 157-158.

[270] 杨海, 罗莉, 唐密, 等. 基于增量费用比的医用耗材分类的循证评价探索 [J]. 中国循证医学杂志, 2020, 20(3): 340-344.

[271] 欧盟AdHopHTA项目组. 医院卫生技术评估: 手册与工具包 [M]. 上海: 上海交通大学出版社, 2017.

[272] 矩阵工具(Matrix4 Value tool)是一个决策支持工具, 主要用于决定各类技术的优先顺序。该工具可以将各个卫生技术在"风险–价值矩阵"上的相对位置进行形象化地呈现, 从而有助于决策制定。该工具可用于在固定预算和给予医院环境的情况下来确定卫生技术的优先等级。

[273] What is the role of a PICO question for a EUnetHTA assessment? https://www.eunethta.eu/pico/ (2022-09-28)

[274] Corabian, P., Tjosvold, L., & Harstall, C. (2018). OP71 Evidence Grading Systems Used In Health Technology Assessment Practice. International Journal of Technology Assessment in Health Care, 34(S1), 25-26.

[275] Almeida N.D., Mines, L., Nicolau, I., et al. A framework for aiding the translation of scientific evidence into policy: the experience of a hospital-based technology assessment unit. International journal of technology assessment in health care, 2019, 35(3): 204-211.

[276] 崔洋海, 李小莹, 冀冰心, 等. 医疗新技术临床应用的监管与档案管理 [J]. 中国病案, 2020, 21(12): 3.

[277] 卫生部国家中医药管理局总后勤部卫生部关于印发《医疗机构药事管理规定》的通知 [EB/OL]. http://www.satcm.gov.cn/fajiansi/gongzuodongtai/2018-03-24/2269.html [2011-1-30] [2022-10-25].

[278] 王庆, 张蓉. 医院卫生技术评估在药品管理中的应用现状与发展思路 [J]. 中国药房, 2020, 31(7): 773-777.

[279] 王海银, 陈珉惺, 何江江, 等. 医院技术评估的应用价值及在我国的发展策略 [J]. 中国卫生资源, 2018, 21(2): 83-85

[280] 国家卫生健康委员会. 关于开展药品使用监测和临床综合评价工作的通知 [EB/OL]. http://www.nhc.gov.cn/yaozs/pqt/201904/31149bb1845e4c019a04f30c0d69c2c9.shtml [2019-04-09] [2022-10-25].

[281] 国家卫生健康委办公厅关于规范开展药品临床综合评价工作的通知 [EB/OL]. http://www.nhc.gov.cn/yaozs/s2908/202107/532e20800a47415d84adf3797b0f4869.shtml [2022-07-28] [2022-10-25].

［282］门鹏, 顾歆纯, 翟所迪. 维格列汀治疗2型糖尿病的卫生技术评估［J］. 药物流行病学杂志, 2016, 25(9): 533-540.

［283］门鹏, 唐惠林, 翟所迪. 沙格列汀治疗2型糖尿病的有效性、安全性和经济性的快速卫生技术评估［J］. 中国新药杂志, 2015, 24(23): 2751-2755.

［284］张萌萌, 徐晓涵, 翟所迪. 阿瑞匹坦用于化疗所致恶心呕吐的卫生技术评估［J］. 中国医疗保险, 2016(11): 50-56.

［285］基于肠促胰素治疗药物临床应用的快速建议指南［J］. 中华内分泌代谢杂志, 2016, 32(6): 448-454.

［286］MARIE-PIERRE G. Hospital-based health technology assessment: developments to date［J］. Pharmacoeconomics, 2014, 32(9): 819-824.

［287］林夏, 吕兰婷, 金盾, 等. 在我国推广医院卫生技术评估的可行性分析［J］. 中国医院管理, 2019, 39(2): 11-13.

［288］王庆, 张蓉. 医院卫生技术评估在药品管理中的应用现状与发展思路［J］. 中国药房, 2020, 31(7): 773-777.

［289］唐惠林, 门鹏, 翟所迪. 药物快速卫生技术评估方法及应用［J］. 临床药物治疗杂志, 2016, 14(2): 1-4.

［290］欧盟AdHop HTA项目组. 医院卫生技术评估: 手册与工具包［M］. 上海: 上海交通大学出版社, 2017: 301-306.

［291］王庆, 张蓉. 医院卫生技术评估在药品管理中的应用现状与发展思路［J］. 中国药房, 2020, 31(7): 773-777.

［292］李正翔, 段蓉. 国内医疗机构药品遴选评估方法和工具的研究现状及思考［J］. 中国医院用药评价与分析, 2022, 22(3): 257-260, 264.

［293］国家卫生健康委办公厅关于规范开展药品临床综合评价工作的通知［EB/OL］. http://www.nhc.gov.cn/yaozs/s2908/202107/532e20800a47415d84adf3797b0f4869.shtml［2022-07-28］［2022-10-25］.

［294］胡锦芳, 吕燕妮, 胥甜甜, 等. 中国医疗机构药品临床综合评价质量控制体系共识［J］. 中国药业, 2022, 31(15): 1-9.

［295］赵锐, 胡若飞, 石秀园, 等. 我国药品临床综合评价全面质量管理体系的构建［J］. 中国药房, 2022, 33(12): 1409-1414, 1429.

［296］张晶晶, 李洪超, 朱建国, 等. 江苏省药品临床综合评价项目质量控制指南［J］. 中国药学杂志, 2022, 57(10): 862-866.

［297］中国药品综合评价指南项目组. 中国药品综合评价指南参考大纲［J］. 药品评价, 2011, 8(18): 6-23.

［298］中国药品综合评价指南项目组. 中国药品综合评价指南参考大纲: 第二版［J］. 药品评价, 2015, 12(8): 6-25.

［299］国家卫生健康委办公厅关于规范开展药品临床综合评价工作的通知［EB/OL］. http://www.nhc.gov.cn/yaozs/s2908/202107/532e20800a47415d84adf3797b0f4869.shtml［2022-07-28］［2022-10-25］.

［300］董名扬, 王舒, 菅凌燕. 药品临床综合评价方法的应用现状［J］. 中国药房, 2021, 32(22): 2813-281

［301］冯鹏程. 多层次医疗保障制度下商业健康保险发展的国际经验及启示［J］. 中国医疗保险, 2022(4): 112-117.

［302］严晓玲, 王洪国, 陈红敬, 等. 新医改环境下我国商业健康保险发展的现状、问题与对策［J］. 中国卫生政策研究, 2013, 6(5): 50-54.

［303］孙鹏鹤, 赵宁, 周晓宁, 等. 我国部分医院国际医疗部门设置现状研究［J］. 中国医院, 2022, 26(6): 51-53.

［304］唐佳骥, 张彤彦, 许欣悦, 等. 公立医院开展商业健康保险合作实践与探索［J］. 中国医院, 2020, 24(11): 59-61.

［305］丁少群, 周宇轩. 全民医保"十四五"规划发展方向与商业保险的发展建议［J］. 中国保险, 2021(1): 15-19.

［306］何帆, 申思, 方沅湘, 等. 公立医院开展商业医疗保险直接理赔相关问题探讨［J］. 协和医学杂志, 2014, 5(2): 246-248.

［307］魏晋才. 医院绩效管理［M］. 第二版. 北京: 人民卫生出版社, 2017.

［308］张鹭鹭, 王羽. 医院管理学［M］. 北京: 人民卫生出版社, 2014.

［309］李为民. 医院运营管理［M］. 北京: 中国协和医科大学出版社, 2022.

［310］工兴鹏. 医院全质量管理［M］. 上海: 上海交通大学出版社, 2016.

［311］薛晓林, 陈建平. 中国医院协会医院管理指南［M］. 北京: 人民卫生出版社, 2016.

［312］俞卫. 公立医院薪酬制度与激励机制研究［M］. 北京: 经济科学出版社, 2020.

［313］李林贵, 杨金侠. 医疗机构人力资源管理［M］. 北京: 北京大学医学出版社, 2006.

［314］WILLAMC. HSIAO(1992): An overview of the Development and Refinement of the Resource—BasedRelativevalueScale MEDICALCARE30: 11.

［315］钱庆文著,《医院绩效管理》, 台湾医疗产业管理发展学会, 中国台北, 2006.

［316］张丽华, 张瑞迪, 等. 精细化绩效管理助推公立医院高质量发展［J］. 中国卫生质量管理, 2022, 29(1): 43-46.

［317］徐雨虹, 吴建, 王建清, 等. DIP付费模式下医院成本管理数字一体化平台建设研究［J］. 中国卫生经济, 2022, 41(8): 89-92.

［318］向炎珍. 运用大数据方法构建医院全资源智慧管理平台［J］. 中国卫生信息管理, 2022, 19(3): 305-311.

［319］陈越, 侯常敏. 基于大数据分析的公立医院运营信息化平台建设及应用［J］. 中国卫生经济, 2020, 39(3): 38-40.